"十三五"国家重点图书出版规划项目

国家自然科学基金应急项目系列丛书

中国扶贫开发的战略与政策研究

孙久文　林万龙／主　编

科学出版社
北　京

内 容 简 介

　　贫困问题是困扰人类的世界性难题，作为最大的发展中国家，中国在世界范围内消除贫困的长期实践中做出了卓越的贡献。本书梳理我国扶贫开发的战略与政策，探讨扶贫开发的政策评估与未来政策设计，探究经济增长、收入分配、人口动态变化对扶贫开发的影响机理。本书既涉及中心城镇培育角度，又涉及农村特色农业扶持角度，政策研究既以全国层面为对象，又以甘肃、青海、新疆、西藏、武陵山片区等贫困地区为样本。本书综合了经济学、管理学、社会学等多学科的研究方法与研究成果。

　　本书适合于希望全面了解我国扶贫开发战略与政策的人员与管理人员阅读及参考。

图书在版编目（CIP）数据

中国扶贫开发的战略与政策研究 / 孙久文，林万龙主编. —北京：科学出版社，2018.6

国家自然科学基金应急项目系列丛书

ISBN 978-7-03-056154-1

Ⅰ. ①中⋯ Ⅱ. ①孙⋯ ②林⋯ Ⅲ. ①扶贫–研究–中国 Ⅳ. ①F126

中国版本图书馆 CIP 数据核字（2017）第 317775 号

责任编辑：魏如萍 / 责任校对：孙婷婷
责任印制：霍　兵 / 封面设计：蓝正设计

科 学 出 版 社 出版

北京东黄城根北街 16 号
邮政编码：100717
http://www.sciencep.com

三河市春园印刷有限公司 印刷

科学出版社发行　各地新华书店经销

*

2018 年 6 月第　一　版　开本：720×1000　1/16
2018 年 6 月第一次印刷　印张：24 1/4
字数：476 000

定价：195.00 元

（如有印装质量问题，我社负责调换）

国家自然科学基金应急项目系列丛书编委会

本书课题组成员名单

组　长　孙久文　中国人民大学区域与城市经济研究所所长、教授
　　　　林万龙　中国农业大学经济管理学院教授

成　员　汪三贵　中国人民大学中国扶贫研究院院长、教授
　　　　赵作权　中国科学院科技战略咨询研究院研究员
　　　　李　实　北京师范大学中国收入分配研究院执行院长、教授
　　　　洪名勇　贵州大学哲学社会科学研究院教授
　　　　戴宏伟　中央财经大学经济学院教授
　　　　张耀军　中国人民大学社会与人口学院副院长、教授
　　　　王美艳　中国社会科学院人口与劳动经济研究所研究员
　　　　陆汉文　华中师范大学社会学院教授
　　　　张永丽　西北师范大学商学院院长、教授
　　　　肖春梅　新疆财经大学经济学院教授
　　　　杨　斌　西藏大学经济与管理学院院长、教授
　　　　游　俊　吉首大学党委书记、教授

总　序

　　为了对当前人们所关注的经济、科技和社会发展中出现的一些重大管理问题快速做出反应，为党和政府高层科学决策及时提供政策建议，国家自然科学基金委员会于1997年特别设立了管理科学部主任基金应急研究专款，主要资助开展关于国家宏观管理及发展战略中急需解决的重要的综合性问题的研究，以及与之相关的经济、科技和社会发展中的"热点"与"难点"问题的研究。

　　应急研究项目设立的目的是为党和政府高层科学决策及时提供政策建议，但并不是代替政府进行决策。根据学部对于应急项目的一贯指导思想，应急研究应该从"探讨理论基础、评介国外经验、完善总体框架、分析实施难点"四个主要方面为政府决策提供支持。每项研究的成果都要有针对性，且满足及时性和可行性要求，所提出的政策建议应当技术上可能、经济上合理、法律上允许、操作上可执行、进度上可实现和政治上能为有关各方所接受，以尽量减少实施过程中的阻力。在研究方法上要求尽量采用定性与定量相结合、案例研究与理论探讨相结合、系统科学与行为科学相结合的综合集成研究方法。应急项目的承担者应当是在相应领域中已经具有深厚的学术成果积累，能够在短时间内（通常是 9~12 个月）取得具有实际应用价值成果的专家。

　　作为国家自然科学基金的一个特殊专项，管理科学部的"应急项目"已经逐步成为一个为党和政府宏观决策提供科学、及时的政策建议的项目类型。与国家自然科学基金资助的绝大部分（占预算经费的 97%以上）专注于对管理活动中的基础科学问题进行自由探索式研究的项目不同，应急项目有些像"命题作文"，题目直接来源于实际需求并具有限定性，要求成果尽可能贴近实践应用。

　　应急研究项目要求承担课题的专家尽量采用定性与定量相结合的综合集成方法，为达到上述基本要求，保证能够在短时间内获得高水平的研究成果，项目的承担者在立项的研究领域应当具有较长期的学术积累。

　　自 1997 年以来，管理科学部对经济、科技和社会发展中出现的一些重大管理问题做出了快速反应，至今已启动 45 个项目，共 323 个课题，出版相关专著16 部。其他 2005 年前立项、全部完成研究的课题，其相关专著亦已于近期出版发行。

从 2005 年起，国家自然科学基金委员会管理科学部采取了新的选题模式和管理方式。应急项目的选题由管理科学部根据国家社会经济发展的战略指导思想和方针，在广泛征询国家宏观管理部门实际需求和专家学者建议及讨论结果的基础上，形成课题指南，公开发布，面向全国管理科学家受理申请；通过评审会议的形式对项目申请进行遴选；组织中标研究者举行开题研讨会议，进一步明确项目的研究目的、内容、成果形式、进程、时间结点控制和管理要求，协调项目内各课题的研究内容；对每一个应急项目建立基于定期沟通、学术网站、中期检查、结题报告会等措施的协调机制以及总体学术协调人制度，强化对于各部分研究成果的整合凝练；逐步完善和建立多元的成果信息报送常规渠道，进一步提高决策支持的时效性；继续加强应急研究成果的管理工作，扩大公众对管理科学研究及其成果的社会认知，提高公众的管理科学素养。这种立项和研究的程序是与应急项目针对性和时效性强、理论积累要求高、立足发展改革应用的特点相称的。

为保证项目研究目标的实现，应急项目申报指南具有明显的针对性，从研究内容到研究方法，再到研究的成果形式，都具有明确的规定。管理科学部将应急研究项目的成果分为四种形式，即一本专著、一份政策建议、一部研究报告和一篇科普文章，本丛书即应急研究项目的成果之一。

为了及时宣传和交流应急研究项目的研究成果，管理科学部决定将 2005 年以来资助的应急项目研究成果结集出版，由每一项目的协调人担任书稿的主编，负责项目的统筹和书稿的编撰工作。

希望此套丛书的出版能够对我国管理科学政策研究起到促进作用，对政府有关决策部门发挥借鉴咨询作用，同时也能对广大民众有所启迪。

国家自然科学基金委员会管理科学部

前　　言

改革开放以来，在扶贫战略与政策和经济发展的双重推动下，我国贫困人口不断减少，贫困发生率不断下降，扶贫攻坚工作取得了巨大成就。改革开放初期我国贫困人口 2.5 亿人，到 21 世纪初下降至 9 422 万人，截至 2017 年我国贫困人口降为 3 046 万人，贫困发生率由 30.7%降低到 3.1%。虽然我国扶贫与开发事业成就巨大，但扶贫任务仍然艰巨，深度贫困地区人口"空心化"导致劳动力基础缺失、经济发展程度和贫困减缓绩效地区差异明显等问题突出。这些问题的存在给我国 2020 年实现全面彻底脱贫，完成全面建成小康社会的目标带来了巨大挑战。

中华人民共和国成立以来，我国的扶贫政策体系经历了从无到有、从零散到系统、从间接到直接、从局部到全局、从大水漫灌到精准扶贫的演化。1978 年以来，我国的扶贫开发政策大致经过了四阶段，即制度变革背景下的扶贫政策（1978~1985 年）、反贫困政策体系形成时期的扶贫政策（1986~2000 年）、十年扶贫开发时期的扶贫政策（2001~2010 年）、新十年扶贫开发时期的扶贫政策（2011~2020 年）。为顺利实现 2020 年我国全面建成小康社会的战略目标，保证困难群众与全国各族人民一道进入小康社会，党的十八大以来，在以习近平同志为核心的党中央的坚强领导下，提出"精准扶贫"战略，脱贫攻坚被放在更加突出的地位。十九大报告指出，重点实现深度贫困地区脱贫，在习近平新时代中国特色社会主义思想的指引下，贫困人口和贫困地区将同全国一道进入全面小康，打赢脱贫攻坚战。

实际上，贫困问题由来已久，产生的原因也极其复杂，它受到社会经济因素、政策制度因素、人口因素、自然环境资源因素、历史因素等多方面的影响，而且这些因素并不是独立地影响着贫困，而是相互作用、相互影响。本书从地方经济发展、城镇化、劳动力转移等因素出发，探求减贫的影响因子，为制定与完善扶贫政策提供支持。本书探讨了我国扶贫开发的政策评估与设计，为科学实行扶贫工作提供工具和手段，在政策研究层面既以全国层面为对象，又以甘肃、青海、新疆、西藏、武陵山片区等贫困地区为样本，为我国脱贫攻坚工作特别是深度贫困地区的脱贫工作提供了参考。

2015 年 10 月，国家自然科学基金委员会管理科学部设立了"中国扶贫开发的战略和政策研究"应急管理项目。经过科学论证和严格筛选，最终确定由中国人民大学、中国农业大学等十余家单位的 15 个课题组联合进行研究。其中各课题名称、承担单位、负责人的信息见本书课题组名单。

在各课题组的共同努力下，历经 2015 年 12 月召开的项目开题论证会、2016 年 6 月召开的项目中期汇报会、2017 年 2 月召开的项目结题验收会，项目最终圆满结题。本书针对我国扶贫开发的政策与战略开展了深入研究，并在此基础上提出了相应的对策建议。虽然项目的多项研究成果已经通过不同渠道报送给有关部门，产生了良好的评价反馈，由林万龙教授提交的研究成果获李克强总理、汪洋副总理和刘延东副总理重要批示，其他子课题研究成果也被中共中央办公厅、国家发展和改革委员会（简称国家发改委）、国务院扶贫开发领导小组办公室（简称国务院扶贫办）等有关部门采纳。课题组成员多次在《人民日报》、光明网、《中国改革报》等主流媒体刊文，多篇成果发表在《中国工业经济》《中国人民大学学报》《中国农村经济》等核心期刊。但是为了更全面地反映研究成果，现将各分课题组的研究成果汇总整理并出版。当然，考虑到结构的合理性，我们对部分课题研究成果进行了整合，最终形成了本书的研究框架。

本书各部分的分工如下：第一章由孙久文、李坚未、唐泽地、闫昊生撰写；第二章由汪三贵、孙凯撰写；第三章由赵作权、赵璐撰写；第四章由林万龙、李成威、陆汉文、曹洪民撰写；第五章由李实、詹鹏、沈扬扬撰写；第六章由洪明勇、潘东阳、吴昭洋撰写；第七章由戴宏伟、曾冰撰写；第八章由张耀军、唐诗雅、王若丞撰写；第九章由王美艳、都阳、贾朋撰写；第十章由林万龙、余漫、孙翠清撰写；第十一章由陆汉文、杨永伟撰写；第十二章、第十三章由张永丽撰写；第十四章由肖春梅、李红、王英平、马远、胡安俊、秦春艳撰写；第十五章由杨斌、徐爱燕、史磊撰写；第十六章由游俊、冷志明、丁建军撰写。

在此，要特别感谢国家自然科学基金委员会管理科学部对此次课题研究给予的高度重视和大力支持；特别感谢国务院扶贫办原主任范小建对此次课题研究给予的指导与关心；感谢国家自然科学基金委员会管理科学部常务副主任李一军、高杰等对课题研究的全程支持；感谢各位评审专家在百忙之中抽出时间参加课题研究的开题、中期和结题验收会，为课题研究提出了许多宝贵意见。

另外，感谢科学出版社马跃、魏如萍编辑为本书出版提供的帮助和支持，再次衷心地向他们一并表示诚挚的谢意！

尽管我们在课题研究的过程中秉承扎实、可靠、科学和高度负责的态度，力求从长远性和总体性两方面把握观点，在整理编纂书稿的过程中也力求认真仔细，在编辑的帮助下也反复修改多次，但是书中仍不可避免地存在不足之处，恳请读者批评指正！

孙久文

2017 年 10 月 19 日

目　　录

第一章 我国扶贫开发进程的战略演变与当前政策①

第一节 我国贫困状况的演变和现状

在人类发展的峥嵘历史中,贫困问题始终是世界各国孜孜探索的古典难题。得益于工业化浪潮、大规模战争停息及全球贸易一体化等因素的推动,近代以来世界经济的增长规模获得了前所未有的持续性扩张,贫困人口也随着大幅度减少。而在世界范围内消除贫困的长期实践中,中国的贫困问题获得了广泛的关注。受益于中国过去40年整体经济的腾轩飞跃,为缓解整体贫困状况提供了坚实有力的经济基础。相比过去,中国的整体贫困状况得到了极大改善,中国扶贫工作也因此受到国际社会的瞩目与赞扬。但进入"十三五"规划新时期以来,由于中国日益庞大的经济体量与发展规模,经济增速在一定程度上放缓,同时中国经济进入转型换挡期,全面改革踏入深水区,未来中国的进一步减贫工作必然受到更大压力和挑战,如何让改革发展的成果更好地惠及贫困人口,进一步消除绝对贫困,扫除全面建成小康社会的最大障碍,是未来中国亟须面对的严峻课题。

一、贫困的概念及测度

贫困问题的研究绝不仅仅是理论或技术上的难题,它更是关系到社会公平与经济效率平衡的长期化、动态性探究。因而,贫困概念的界定、贫困测度指标的

① [作者简介] 孙久文,中国人民大学区域与城市经济研究所,教授;李坚未,中国人民大学区域与城市经济研究所博士生;唐泽地,中国人民大学区域与城市经济研究所博士生;闫昊生,中国人民大学区域与城市经济研究所博士生。

选择及相应贫困线的划定是研究贫困问题的关键。

（一）贫困概念界定

近百年以来，各国学者从不同的角度对贫困的概念做出了深入、全面的诠释与理解，相关的学术研究取得了较为长足的进步与发展。贫困概念的科学解释也由最初的收入或物质贫困，逐渐扩延至能力贫困，并在此基础上提出"广义福利贫困"等多维度贫困概念。同时，随着贫困研究的不断深入，贫困状况的界定也不仅仅局限于客观的统计数据，它还关注并评估个人经历、感情及自由度等感知因素，因而出现了客观贫困与主观贫困之间的概念区分。不过，主观度量来研究贫困具有较大的局限性，它无法比较不同地区之间的贫困状况，进而不能为相关的公共政策措施提供较客观的决策依据。因而，本章节将主要介绍以下几个贫困概念的界定。

1. 绝对贫困

绝对贫困的概念最早是由19世纪末英国学者朗特里（S. Rowntree）在其著作《贫困：城镇生活的研究》（*Poverty：A Study of Town Life*）中提出。其定义的核心是最低生理上的生存需要：食物、衣着、住房与医疗。而随着对贫困研究的不断深入，逐渐将最低生理需要扩展为人的基本需要。此时，除了基本生理上的需要，还包括其他的基本需要，如接受教育、参与娱乐等方面需求。

尽管绝对贫困的界定是以基本的生理需求作为基础，但在不同的时空下并不是一成不变的，基本需求的确定往往会具有显著的时空特性。而且，不同时期或不同民族的人群对于它的理解程度和定义也会产生很大的差别。因此，这是一种相对的绝对贫困。

2. 相对贫困

最早明确提出相对贫困概念的学者是来自于美国斯坦福大学的法克斯（Victor Fuchs），他认为相对贫困是通过社会的平均生活状况来衡量的，如果一个人或者一个家庭以收入或消费衡量的生活状况低于社会平均水平并达到某个程度，则可认定其为相对贫困。因此，由相对贫困的定义可知，它与实际生活水平并无联系，它只是不同个体之间相对收入或生活水平的相对比较而已。相对贫困与社会经济发展水平无关，而仅仅与收入差距有关，只要存在着收入差距，就存在低收入的阶层，从而贫困就无法消除。因而，绝对贫困是可以随着经济增长以及社会发展水平的提高而削减的；但相对贫困却只能随收入不平等现象的减少而缓解，并最终依据人们收入的完全均等化而根除。目前，发展中国家一般使用绝对贫困概念进行贫困测度，而欧美等发达国家则大多采用相对贫困概念进行贫困测度。

3. 能力贫困

诺贝尔经济学奖获得者阿马蒂亚·森（Amartya Sen）首次提出以能力视角来认识贫困这一概念。他认为，收入或消费水平低只是贫困的一种结果，而并不成为贫困的真实状态，贫困本质的解释不能以经济资源占有的多寡为标准，而是要以人们取得收入、社会地位及其他生活条件的能力为出发点。阿马蒂亚·森坚持认为，衡量贫困的标准就应该是个人的福祉高低，它表现在能力的剥夺以及机会的缺失方面（森，2002）。根据此定义，能力由一系列的个体功能所构成，那么功能的丧失既是贫困的表现，也成为贫困产生的根本原因。因而，界定一个人或一个家庭是否贫困可直接观测这一系列功能是否有缺失，又在多大程度上存在缺失。由于该判断具有一定的主观性，同时如何在个人及家庭之间进行贫困的比较也存在较大困难，因此，该定义往往出现于定性式贫困解释，而无法用作定量标杆。

（二）贫困指标测度

1. 一维贫困测度法

一维贫困测度方法是指立足于绝对贫困和相对贫困的概念界定，主要通过划定一条既定贫困线来衡量个人或者家庭是否处于贫困状态。该测量方法主要有以下几条。

（1）收入比例法。

该方法的提出以相对贫困为理论基础，将贫困线标准设定在一定时期社会平均收入水平的一定程度下调比例上。根据各国的实践经验，一般将比例设定为50%~60%。该方法的贫困标准设定较为简单易得，只需知晓某一地区居民平均收入水平就能通过比例下调得到该地区的贫困线。

（2）恩格尔系数法。

该方法是基于恩格尔定律（Engel's Law），从而对恩格尔系数进行界定：恩格尔系数=饮食消费支出/收入。假定利用某一恩格尔系数值设定某一地区的贫困水平，根据营养协会的营养标准及营养报告数据，计算出最低的食品消费支出水平，通过对恩格尔系数计算公式的变换，计算出最低收入的保障水平，就得到所求的贫困线。

（3）ELES 法。

$$p_i q_i = r_i p_i + \beta_i \left(I - \sum_{i=1}^{n} r_i p_i \right) \tag{1.1}$$

其中，p_i 和 q_i 分别表示第 i 种物品的价格和需求，包括基本和非基本需求；γ_i 表示第 i 种物品的基本需求量；I 表示收入；β_i 表示第 i 种物品在消费支出中所占的比重。如果用 PL 表示以货币形式表示的最低收入保障，则贫困线为

$$PL = \sum_{i=1}^{n} r_i p_i \qquad (1.2)$$

令 $y_i = p_i q_i$，$\alpha_i = r_i p_i - \beta_i \sum_{i=1}^{n} r_i p_i$，则式（1.1）可变换为

$$y_i = \alpha_i + \beta_i I + \mu_i \qquad (1.3)$$

根据统计数据分组收入和消费支出数据，运用普通最小二乘法（ordinary least squares，OLS）方法，求出参数 α_i 和 β_i，进而求出贫困线。

2. 多维贫困测度法

在多维贫困测度法中，基于对维度选择、权重确定及综合指数合成等关键理解的差异，现已形成一系列多维贫困测度方法。本节仅对影响深远、应用广泛的几类方法进行阐述。

1）Watts 方法

该方法的测算公式为

$$P_W(X;Z) = H\left[\rho \sum_{i=1}^{k} w_i \left(P_{W,\mathrm{GAP}_i} + L_{gi} \right) \right]$$

其中，$P_W(X;Z)$ 代表贫困强度；H 代表贫困人口占总人口的比重，令 $(z_1, z_2, z_3, \cdots, z_k)$ 为 k 个维度的基本需求的临界值；P_{W,GAP_i} 代表相对于贫困标准线 Z_i，贫困人口在维度 i 上的平均相对福利的短缺；ρ 代表不同贫困维度间的相关系数；w_i 代表贫困维度 i 相应的权重；L_{gi} 表示维度 i 上贫困人口的 Bourguigonon-Theil 不平等指数（Bourguignon，1979）。

2）A-F 贫困"重识别"法

A-F 方法可分为识别、加总和分解三个步骤。在贫困识别阶段，假定 $Z_i = (z_1, z_2, z_3, \cdots, z_i)^{\tau}$ 为特定维度能力剥夺的临界值，对于每个个体，当其福利水平 $x_{ij} < Z_i$，意味着个体福祉在 i 维度上丧失。贫困加总建立在 FGT 方法之上，在该阶段产生三个参数，分别为：$M_0 = HA$，$M_1 = HAG$，$M_2 = HAS$，其中，H 为贫困发生率（incidence of poverty）；A 表示贫困个体受剥夺的平均份额，即贫困平均强度；G 为贫困平均距；S 为贫困平均距的平方，强调最大贫困平均距的影响作用。第三阶段，基于多维贫困可分解性，上述三组参数可作如下分解：

$$M_\sigma = \sum_{1}^{n} \frac{m(a_n)}{m} M_\sigma(a_n, z), \sigma = 0,1,2$$

其中，$a_1, a_2, a_3, \cdots, a_n$ 表示不同的维度，$\dfrac{m(a_n)}{m}$ 表示维度 a_n 的人口占总人口的比重。

3）HPI 法

$\mathrm{HPI}(l_1, l_2, l_3) = \left(w_1 l_1^\beta + w_2 l_2^\beta + w_3 l_3^\beta \right)^{\frac{1}{\beta}}$，其中，$l_1, l_2, l_3$ 分别对应三个维度；w_1, w_2, w_3 是相应的权重系数；β 则是三个维度相互关系的调节系数。

这三种方法的归纳如表 1.1 所示。

表 1.1 多维贫困主要测量方法之间的区别

测量方法	维度选择	权重确定	识别与加总	公理性条件
Watts 法	基于过去经验自由选择	$\delta_i = n_{pi} / \sum\limits_{i=1}^{k} n_{pi}$	交集、并集；加权求和	满足
A-F 法	基于过去经验自由选择	权重相同	双临界值	满足
HPI 法	寿命、读写能力、生活水平	权重相同	加权求和	不完全满足

综上所述，根据测算出的贫困线标准，能够得到以下常用的贫困指标：贫困发生率、贫困缺口（poverty gap）等。

（1）贫困发生率。

贫困发生率是指根据贫困线划定的贫困人口占总人口的比重，它是世界上衡量贫困程度的最基本指标。其公式为：$H = \dfrac{q}{n}$。其中，q 是指贫困人口的总数；n 是指总人口的数量；H 就是贫困发生率。这一指标较为直接地体现了贫困现象存在的广泛程度。

（2）贫困缺口。

贫困缺口是指贫困人口收入与贫困线标准的差距，它衡量了贫困人口收入低于贫困线标准的程度。其公式为 $I = \dfrac{1}{q} \sum\limits_{i=0}^{q} \dfrac{z - y_i}{z}$。其中，$z$ 是指贫困线标准；q 是指贫困人口的总数；y_i 是指第 i 个贫困者的收入值。由上式可知，I 处于[0，1]这一区间中，且其值越大，贫困现象越严重。这一指标主要体现了贫困现象存在的强度，但对于贫困人群内部的收入分布状况不敏感。

二、贫困问题的时间演进

贫困本身是一个历史的、动态的和多层次的概念，发展中国家尤其是中国的减贫理论模式亟须与日益多维化的贫困认识相适应。自改革开放以来，中国每隔

一段时期就要调整国内的贫困衡量标准，从改革发展、基础设施建设、特殊减贫
政策措施这三大要素来看，中国的减贫业绩是卓有成效的。如图1.1所示，中国自
改革开放以来已调整了三次国家贫困线标准，分别为 1978 年、2008 年和 2010
年。相应地，每次调整也更加符合人们日益提高的生活水平。

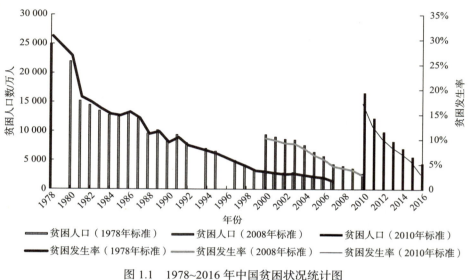

图 1.1　　1978~2016 年中国贫困状况统计图

资料来源：根据《中国统计年鉴 2016》和《中华人民共和国 2016 年国民经济和社会发展统计公报》整理

　　改革开放以来，我国的扶贫工作扎实向前推进，取得了巨大的成果。1978
年改革开放初期，贫困发生率显著下降，由 1978 年的 30.7%迅速下降到 1981 年
的 18.5%，改革开放的政策激发了我国的经济活力，经济的发展对于我国贫困状
况的改善起了巨大作用。从 20 世纪 80 年代起至 21 世纪，我国贫困状况平稳改
善，1988 年贫困发生率降低至 10%以下，至 2000 年贫困发生率降低至 3.5%，虽
然在个别年份贫困情况出现了反复，但是并没有出现连续年份贫困发生率增加
的情况。

　　21 世纪以来，我国贫困情况持续改善，2000~2007 年贫困发生率下降速度较
快，而 2008 年后贫困发生率降低的速率减缓。同时 2008 年我国调整了贫困标
准，以 2008 年贫困标准 2006 年的贫困发生率减低到了 6%以下。2010 年我国再一
次调整了贫困发生率，按照 2010 年贫困标准，2010 年以来贫困发生率持续下
降，至 2016 年已降至 3.1%。

　　由此可以看出，改革开放以来，我国贫困发生率不断下降，贫困人口不断减
少，扶贫攻坚工作取得了巨大成功，根据 1978 年的贫困标准贫困人口从改革开放
初期的 2.5 亿人，到 21 世纪初下降至 9 422 万人，截至 2016 年我国贫困人口降为

4 435 万人。尽管部分年份贫困发生率存在升高的现象，但是整体上改革开放 40 余年来，我国的贫困情形呈现出下降的趋势。然而，随着贫困发生率下降的速度持续下降，扶贫攻坚工作的难度不断提升，贫困人口脱贫的困难不断增强，未来的扶贫脱贫工作亟须新方法新思路，更加有效地推进。

我国的扶贫脱贫的推进是伴随着全球的整体脱贫进程的，改革开放 40 多年来我国的经济发展取得了举世瞩目的成绩，同样我国的减贫成果也在世界上引人注目，并且我国的贫困人口脱贫也为全球范围内贫困问题的解决做出了巨大贡献。根据世界银行（World Bank）制定的国际贫困标准线（按照 2011 年购买力平价原理计算，以每人每天 1.9 美元作为国际贫困线标准），世界各地贫困人口由 1981 年的 19.82 亿人，快速减少为 2012 年的 8.96 亿人（表 1.2）。

表 1.2　1981~2012 年世界各地区贫困发生率

地区	1981 年	1990 年	1999 年	2008 年	2012 年
东亚及太平洋地区	80.60	60.56	37.45	14.96	7.21
中南美洲加勒比海地区	19.65	15.47	13.87	7.12	5.58
发展中国家	53.48	44.12	34.34	21.87	14.88
全球国家	43.96	36.91	29.08	18.65	12.73

注：贫困人口和总人口数据单位均为百万人；贫困缺口是用于衡量贫困人口的收入低于国际贫困线程度的指标

资料来源：World Bank，　Poverty & Equity Data

而在世界范围内消除贫困的长期实践过程中，中国得到了广泛的认可与称赞。Chen 和 Ravallion（2004）的大量研究发现，自 20 世纪 80 年代早期以来，发展中国家在减少绝对贫困方面的工作卓有成效。其中，由于中国在减贫工作方面的显著成效，全球贫困减少的预测率显示为 1%，这比之前的估测值还略微高一些。而当使用贝叶斯混合方法时，这一趋势值甚至会更高。在 1981 年，三分之二的中国人生活在每天一美元的贫困标准线（按照 1993 年的国际物价计算）以下，而到 2004 年，在同样的标准下只有不到十分之一的中国人存在如此的贫困现象（Ravallion，2008）。值得肯定的是，全世界贫困人口的大幅度下降绝大多数是发生在中国。因此，在如何在一代人的时期内摆脱贫困并成为全球舞台主角方面，中国成为最为闪耀的典型案例。

按照 2011 年购买力平价原理计算，以每人每天 1.9 美元的国际贫困线标准，中国和世界其他地区的贫困人口发展趋势如图 1.2 所示。在 1990~2012 年的 20多年时间里，除撒哈拉沙漠以南的非洲地区以外（该地区的贫困状况在 2002 年后才开始发生略为明显的好转），世界各地贫困人口的发展状况持续好转，始终保持了稳定下降的趋势。其中，中国的贫困减少状况尤为清晰明显。在 20 世纪末，中国的贫困状况甚至比撒哈拉沙漠以南的非洲地区还要恶劣，但自中国政府致力于扶贫工作并加入国际扶贫组织以来，中国贫困人口减少速度显著高于全世界的整体水平，并且在 2005 年中国贫困人口比例首次低于世界平均水平。在此后的时间里中国政府进一步推动扶贫工作，为世界各国的贫困发展态势做出示范性贡献，2005 年以来中国的贫困发生率降低与东亚及太平洋地区高度吻合，说明中国对于该地区的减贫工作做出了巨大的贡献，中国贫困减少幅度始终引领着东亚及太平洋地区的减贫趋势。正是鉴于自 20 世纪 80 年代以来贫困状况改变的悬殊分化，有学者甚至提议中国或许可以成为非洲国家的"经济发展模板"。

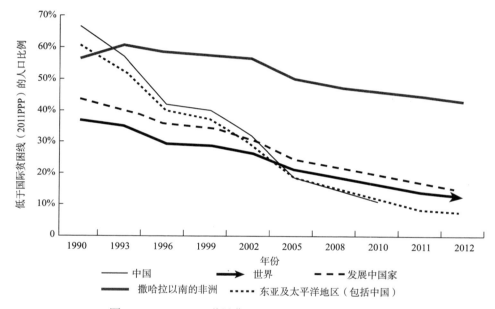

图 1.2　1990~2012 世界贫困人口发展状况趋势统计图

注：本次统计图中国际贫困线采用的是每人每天 1.9 美元标准（2011 PPP\$），使用家庭个人消费支出（individual consumption expenditure by households）的 PPP 值转换为本国的价格水平

资料来源：World Bank，Poverty & Equity Data

与我国贫困人口减少的趋势相似，按照 2011 年购买力平价原理计算，以每人每天 1.9 美元的国际贫困线标准，我国贫困缺口在 1981~2012 年也出现了明显的下降。如图 1.3 所示，1981 年，我国贫困缺口高达 50%，远远高于世界平均水平、东亚和太平洋地区的整体水平。经过改革开放以来我国政府在扶贫脱贫方面的努力，贫困缺口迅速减小，尽管在个别年份出现了较大的波动，但是在 2010 年我国的贫困缺口首次低于发展中国家和世界的整体水平，在 2012 年逼近东亚和太平洋地区的整体水平。贫困缺口是反映贫困程度的指标之一，它衡量了贫困人口收入

低于贫困线标准的程度。我国贫困缺口的迅速下降反映出我国的扶贫工作不仅在量上取得了巨大进展，也在质上获得了重大的提升。

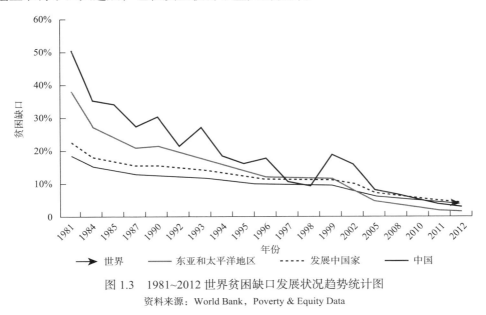

图 1.3　1981~2012 世界贫困缺口发展状况趋势统计图
资料来源：World Bank，Poverty & Equity Data

三、贫困问题的空间分布及空间统计分析

改革开放以来，在扶贫攻坚工作的有序推进下，我国的贫困问题得到了很大程度改善，减贫工作取得了丰硕的成果，无论是贫困人口的数量还是贫困的程度均大幅度减少或降低，在世界上取得了令人瞩目的成效。但是，随着扶贫攻坚工作的推进，现存贫困人口的脱贫难度不断加大，解决贫困问题的压力不断提升，同时，贫困现象从全国范围内的普遍贫困，转变为在部分地区集中的状态。因此，考察贫困问题在空间上的分布，明确贫困在国土空间上的分布状态和聚集情况对于判断我国贫困现状具有重要意义。

（一）我国贫困问题的空间分布

按现行国家农村贫困标准测算，2014 年我国一半以上的农村贫困人口仍集中在西部地区。西部、中部、东部地区农村贫困人口占全国农村贫困人口的比例分别为 51.3%、35.1% 和 13.6%。

2014 年贫困地区农村贫困人口在 500 万人以上的省份有 2 个，分别是贵州 545 万人、云南 536 万人；贫困人口 300 万~400 万的省份有 3 个，分别是甘肃 381

万人、湖南 343 万人、河南 328 万人；贫困人口 200 万~300 万人的省份有 4 个，分别是四川 273 万人、河北 265 万人、安徽 252 万人、陕西 227 万人；贫困人口 100 万~200 万人的省份有 5 个，分别是湖北 180 万人、江西 176 万人、广西 164 万人、新疆 111 万人、山西 107 万人；贫困人口 100 万人以下的省份有 8 个，分别是内蒙古 95 万人、重庆 83 万人、黑龙江 82 万人、西藏 61 万人、青海 52 万人、宁夏 30 万人、吉林 14 万人、海南 12 万人。

根据《中国农村贫困检测报告 2015》，14 个连片特困地区覆盖我国 21 个省（自治区、直辖市）680 个县。2014 年连片特困地区农村贫困人口 3 518 万人，贫困发生率 17.1%。其中，农村贫困人口规模在 300 万人以上的连片特困地区有 6 个，分别是滇桂黔石漠化区 488 万人，贫困发生率 18.5%；武陵山区 475 万人，贫困发生率 16.9%；秦巴山区 444 万人，贫困发生率 16.4%；乌蒙山区 442 万人，贫困发生率 21.5%；大别山区 392 万人，贫困发生率 12.0%；六盘山区 349 万人，贫困发生率 19.2%。

2014 年扶贫重点县农村贫困人口比上年减少 630 万人，下降 14.7%；贫困发生率比上年下降 2.7 个百分点。其中，扶贫重点县中农村贫困人口较上年减少 50 万人以上的省份有 3 个，分别是贵州减少 95 万人，云南减少 74 万人，河南减少 60 万人。个别省份扶贫重点县农村返贫人数超过脱贫人数，贫困人口数量较上年有所上升。

（二）我国贫困问题的空间统计分析

本节利用 2013 年全国各省、自治区和直辖市的贫困人口和贫困发生率的数据，对我国贫困现象在空间上的分布进行分析，数据来源为《中国扶贫》2014 年第 8 期。贫困问题的空间分布在市域或者县域的空间尺度上更容易得到准确的分析，然而，由于数据可获得性的原因，本节在省级层面对贫困的空间分布做一概览。本节利用 ArcGIS 的空间统计分析工具，使用贫困人口和贫困发生率两个指标，对贫困空间分布以及分布概况，贫困的冷热点以及贫困现象的聚集情况进行分析。

贫困人口的空间分布表明了我国贫困问题在数量上的分布特征。从省级行政单元上看，西南地区和中部部分省区是贫困人口较多的地区，西南的四川、云南、贵州和广西，以及与这些区域接壤的中部省份湖南和河南的贫困人口居全国较高水平，西北地区和中部其他省份次之，人口较少的边疆地区和经济发展程度较高的东部沿海地区以及东北地区贫困人口较少。贫困人口的空间分布受到我国人口整体分布的影响，因此空间分布方向为从西南指向东部，与"胡焕庸线"接近平行，标准差椭圆的中心位于中部地区和西部地区交汇处，1 个标准差的椭圆范围覆盖了中部和西南的大部分地区，表明我国贫困人口的空间以人口分布为基础，主要分布在西南中部地区。

贫困发生率表明了各个空间单元贫困的程度，其空间分布表现出了明显的基于四大板块的分异。东部沿海地区贫困发生率最低，东北地区其次，中部地区处于中间水平，西部地区贫困发生率最高。这种贫困水平和经济发展水平上的相关性暗示过去40多年来经济发展对于贫困问题的解决存在一定作用。与贫困人口不同，贫困发生率在西北地区特别是新疆、西藏和甘肃地区最高，这种差异的原因在于其人口较少，尽管贫困发生率较高，贫困人口却相对较少。值得注意的是贵州省，无论是贫困发生率还是贫困人口均居于较高的水平，表明了贵州扶贫攻坚任务的艰巨性。贫困发生率的标准差椭圆和贫困人口的标准差椭圆存在较大的差异，其主要分布方向为从西北到东南，且偏度增大，1个标准差的椭圆范围内覆盖了中部和西南、西北的大部分地区，这说明去除整体人口分布的因素后，贫困情况的空间分布以东西差异为主体，贫困现象主要分布在西北地区。

冷热点分析可以识别高值和低值的空间聚类，利用这个方法可以对我国贫困水平的严重区域进行识别。贫困人口的高值分布在西南地区，主要集中在四川、云南和贵州三省，由于空间上的毗邻性陕西、重庆和广西也在一定程度上被分析为贫困人口分布的高值地区。贫困发生率的高值地区位于新疆、西藏和青海三地，四川紧邻西藏和青海也是一个热点，贫困发生率的低值地区在浙江和安徽，其他低值地区主要分布在东部地区和距离东部较近经济发展较好的地区。

在水平和分布的分析以及高低值识别的基础上，笔者进一步对贫困人口和贫困发生率的空间聚集情况进行分析。人口空间聚集表现在西南地区，四川、云南、贵州和广西四省区表现出了贫困人口的高高聚类的现状，然而重庆作为西南重镇经济发展水平较高，因此在西南范围内呈现出高低聚类的状态，因此如何发挥重庆市在西南的带动作用，是解决西南地区贫困人口高度聚集的方向之一。与上文分析相符，贫困发生率的聚类呈现出明显的区域特征，东部沿海地区的山东、江苏、浙江和福建四省呈现出低低聚类的情形，而西北地区新疆、西藏和青海呈现出明显的高高聚类，其他地区并未呈现出明显的聚类现象。

综合以上分析，我国贫困情况的空间分布呈现出显著的在西部聚集的状态，从贫困人口的聚集上看，贫困最严重的地区在西南各省，从贫困发生率上看贫困主要聚集在西北地区。因此，目前我国西部边疆、少数民族和自然条件不利的地区成为贫困的主要聚集区域，探究西部地区贫困聚集的成因，并设计推进西部地区贫困问题解决的政策是我国现阶段全面脱贫的重点和关键之一。

第二节　我国扶贫开发战略政策演变与当前政策

一、制度变革背景下的扶贫政策：1978~1985 年

改革开放和农村经济的快速发展，为农村创造了大规模减贫的宏观环境。1979~1985 年是中国农村贫困状况得到快速缓解的时期，这期间贫困人口明显减少。按世界银行的贫困线标准衡量，中国贫困发生率从 33%下降到 11.9%，贫困人口由 2.6 亿人下降到 0.96 亿人。这时期的扶贫政策体现在以工代赈、"三西"农业建设及扶贫方针的初步确定。

（一）以工代赈

为了改善贫困地区落后的公路、通信、饮水等基础设施状况，由国家计划委员会（现国家发展和改革委员会）安排投资，于 1984 年开始实施以工代赈。也就是说救济对象通过参加社会工程建设，可以获得振济实物或资金。以工代赈的投入是无偿的，但是在具体实施过程中有附加条件，要求贫困人口通过出工投劳来获得救济。事实上，以工代赈是以开发贫困地区剩余劳动力为手段，以缓解和最终消除贫困为目的，通过食物或现金的投入，使贫困地区基础设施条件得到改善，同时为贫困地区和贫困人口的经济发展创造一个相对优越的外部环境，进而提高贫困地区经济自我增长的能力。以工代赈的实施取得了良好的效果，在贫困地区建设了一大批公路、通信设施、人畜饮水工程等基础设施，改造了大批耕地，为贫困地区的进一步发展创造了条件并为贫困人口提供了直接的生产生活服务设施，同时也为项目实施地区的贫困人口提供了增加实物收入的机会。

（二）"三西"农业建设

"三西"地区是指甘肃河西地区 19 个县（市、区）、甘肃中部以定西为代表的干旱地区 20 个县（区）和宁夏西海固地区 8 个县，共计 47 个县（市、区），总面积 38 万平方千米，农业人口约为 1 200 万人。

1982 年 12 月 10 日，国务院决定对甘肃省以定西为代表的中部干旱地区、河西地区和宁夏西海固地区实施"三西"农业建设计划，专项拨款 20 亿元，建设期 10 年。在实施过程中，制定了"兴河西之利，济中部之贫"的发展战略，特别是对于特殊干旱地区摸索出了"水路不通走旱路，旱路不通另找出路"的经验，实

施了大规模的自愿移民搬迁。"三西"农业建设从改变农业生产条件入手,通过兴修水利工程增加水浇地面积,大力修造水平梯田、发展以"种、养、加"为主要内容的支柱产业开展科技服务和人员培训,组织移民开发和劳务输出等措施,达到河西地区商品粮基地和解决中部、西海固地区群众温饱问题的目的。"三西"建设在中国扶贫史上,具有重要的意义,它开创了中国区域性扶贫的先河,并为之后有计划、有组织、大规模的全国性扶贫开发积累了大量经验(张磊,2007)。

(三)扶贫方针的初步确定

1984年,国务院发布了《关于帮助贫困地区尽快改变面貌的通知》,该通知明确提出了针对贫困地区的优惠政策,包括以下几方面内容:①对贫困地区从1985年起,分别情况,减免农业税。最困难的免征农业税五年,困难较轻的酌量减征一至三年。②鼓励外地到贫困地区兴办开发性企业(林场、畜牧场、电站、采矿、工厂等)五年内免交所得税。③乡镇企业、农民联办企业、家庭工厂、个体商贩的所得税是否减免以及减免幅度和时间由县人民政府自定。④一切农、林、牧、渔、副、土特产品(包括粮食、木、竹),都不再实行统购、派购办法,改为自由购销,有关的国营部门和供销合作社应积极开展代购代销业务。⑤部分缺衣少被的严重困难户,可由商业部门赊销给适量的布匹(或成衣)和絮棉,需要蚊帐的赊销给蚊帐,赊销贷款免息。

之后制定的《中华人民共和国国民经济和社会发展第七个五年计划》中,专门将老、少、边、穷地区的经济发展作为一章来阐述,明确了贫困地区的发展目标及政策支持。《关于帮助贫困地区尽快改变面貌的通知》和《中华人民共和国国民经济和社会发展第七个五年计划》成为中国很长时间内扶贫开发工作的主要指导文件。

二、反贫困政策体系形成时期的扶贫政策:1986~2000年

1985年之后随着东部14个沿海港口城市的对外开放,东部地区的经济高速发展,造成了东西部的不平衡。由于西部地区属于欠发达地区,生态环境脆弱,基础设施落后,产业结构单一,群众生活困难,经济和社会发展水平远远滞后于全国,贫困人口减少的速度远远要小于东部地区和全国平均水平,农村贫困人口的分布更加向西部省份集中。20世纪80年代中期,中国农村扶贫开发战略发生了根本的转折,即从过去通过经济增长来增加贫困人口收入为主并辅以适当救济的反贫困战略,转向实行以促进贫困人口集中区域自我发展能力提高与推动区域

经济发展来实现稳定减贫和消除贫困为目标的战略（王朝明，2008）。

（一）成立反贫困组织

1986 年 5 月，国务院贫困地区经济开发领导小组（1993 年改为国务院扶贫开发领导小组）成立，标志着中国扶贫实现了道义性扶贫向制度性扶贫的转变，以及救济性扶贫向开发性扶贫的转变。国务院扶贫开发领导小组第一任组长由时任国务院副总理回良玉同志兼任，成员包括国务院办公厅、国家发展和改革委员会、财政部、中国人民银行、教育部、科学技术部、国家民族事务委员会、民政部、劳动和社会保障部、国土资源部、交通部、水利部、农业部、卫生部、国家人口和计划生育委员会、环保总局、统计局、林业局、经贸委、商务部、中国农业银行、全国总工会、共青团中央、全国妇女联合会、全国供销总社、中国残疾人联合会等有关部门的负责同志。

国务院扶贫办是国务院扶贫开发领导小组常设的办事机构，具体负责与扶贫有关的日常工作，其主要职责是：①拟定扶贫开发的法律法规、方针政策和规划；②审定中央扶贫资金分配计划；③组织调查研究和工作考核；④协调解决扶贫开发工作中的重要问题；⑤调查、指导全国的扶贫开发工作；⑥做好扶贫开发重大战略政策措施的顶层设计。

（二）构建扶贫瞄准机制

1986 年中央政府第一次确定了国定贫困县标准：以县为标准，1985 年人均收入低于 150 元的县和年人均纯收入低于 200 元的少数民族自治县；对民主革命时期做出过重大贡献、在海内外有较大影响的老区县，给予重点照顾，放宽到年人均纯收入 300 元。1994 年制定《国家八七扶贫攻坚计划》时，中央政府重新调整了国定贫困县的标准。具体标准是：以县为单位，凡是 1992 年人均纯收入低于 400 元的县全部纳入国家贫困县扶持范围，凡是 1992 年人均纯收入高于 700 元的原国定贫困县，一律退出国家扶持范围。根据这个标准，列入《国家八七扶贫攻坚计划》的国家重点扶持的贫困县共有 592 个，分布在 27 个省、自治区、直辖市。国家重点扶持贫困县数量较多的省区是：云南（73 个）、陕西（50 个）、贵州（48 个）、四川（43 个）、甘肃（41 个），从集中连片的角度看，这些贫困县主要分布在 18 个贫困地区。

中央扶贫资金的国定贫困县瞄准，在"八七扶贫攻坚计划"阶段得到了更加明确的强化。《国家八七扶贫攻坚计划》和《财政扶贫资金管理办法》明确规定：中央的财政、信贷和以工代赈等扶贫资金要集中投放在国家重点扶持的贫困县，有关省、区政府和中央部门的资金要与其配套使用，并以贫困县中的贫困乡作为资金投入和项目覆盖的目标。

（三）合理安排扶贫资金

"八七扶贫攻坚计划"阶段，我国用于扶贫工作的资金投入主要有三大类：第一类主要通过中央财政转移支付，向贫困地区投入专项扶贫资金。1980 年我国开始向贫困地区投入专项扶贫资金。第二类主要是通过财税优惠政策，来减轻贫困地区政府的财税负担，主要涉及：①对国家确定的"老少边穷"地区实行税收优惠，对于新办企业，所得可以在 3 年先征后返还或部分返还，对贫困地区的耕地占用、民族贸易企业、边境贸易等也都在税收政策上给予了适当照顾。②1994年的分税制财政体制改革保留了原来体制中对贫困地区的定额补助和专项补助，此外在结算补助和过渡期转移支付中对贫困地区都给予了适当倾斜。③对民族省区实行了定额补助的财政体制，即民族自治地区收入全留，支出基数大于基数部分，由中央财政定额补助。第三类是扶贫贴息贷款，它的主要目标是为贫困地区和贫困户的生产活动和经济发展直接提供信贷支持。

1997 年开始生效的《国家扶贫资金管理办法》不但明确规定了国家扶贫资金的地区投向和项目投向，而且规定国家各项扶贫资金必须全部用于国家重点扶持的贫困县，并以这些县中的贫困乡、村、户作为资金投放、项目实施和受益的对象。

（四）创建东西协作机制

东西协作扶贫是《国家八七扶贫攻坚计划》实施期间提出的一项措施，目的是动员东部发达省市的力量对口支持贫困地区的发展和贫困人口的脱贫。国务院扶贫开发领导小组在 1996 年全国扶贫工作会议上决定让东部沿海的 13 个发达省市分别帮助西部的 10 个贫困省和自治区，并做出了具体的扶贫安排。具体的帮扶方式有四种（张磊，2007）：①无偿捐赠资金用于教育、卫生和其他基础设施建设；②捐赠生产和生活物资，用于支持农户的农业生产和救济农民的日常生活；③经济技术协作，如利用发达地区的资金、技术、管理、市场和贫困地区的资源及廉价劳动力进行合作生产和经营；④人员的双向交流，发达省市派技术人员和青年志愿者到贫困省区提供服务，贫困省区派行政和技术干部到发达省市接受培训和挂职锻炼，输送劳动力到发达地区就业。据不完全统计，1996~1999 年东部13 个省市政府和社会各界累计捐赠钱物 10 亿多元，签订协议项目 2 600 多个，实际投资近 40 亿元，从贫困地区输出劳动力 25 万人。

（五）推行定点扶贫政策

定点扶贫是指党政机关、企事业单位和社会团体利用自己的资源，定点扶持部分国定贫困县。其目的是动员政府部门、国家的企事业单位和社会团体参与扶贫工作，以补充中央的扶贫投入，并利用各业务部门的专业力量进行扶贫。1986年有 10 个中央部门开始定点扶贫工作，到 2000 年共有 138 个中央党政机关、企事业单位和社会团体参与定点扶贫工作，共计扶持了 350 个贫困县。进行定点扶贫较多的单位包括农业部（21 个县）、国家林业局（16 个县）、国防科学技术工业委员会（16 个县）、交通部（16 个县）、中国农业银行（11 个县）、中国建筑工程总公司（8 个县）、水利部（7 个县）、国家开发银行（7 个县）、科学技术部（6 个县）、信息产业部（6 个县）。通常一个部门扶持的贫困县都在一个片区，如农业部定点扶持的贫困县都在武陵山区，水利部定点扶持的贫困县都在三峡地区。部门定点扶贫的资金有三个来源：从其他活动中调剂的资金；各部门自己节省的预算外收入；部门职工的个人捐赠（张磊，2007）。

（六）特殊困难群体的扶贫政策

中国政府重视少数民族、残疾人等特殊贫困群体的扶持开发工作。早在 1986年，国务院贫困地区经济开发领导小组确定贫困县时，就将革命老区和少数民族自治县的标准扩大到 200 元（国定贫困县的基本标准是 1985 年人均纯收入低于150 元）。对内蒙古、新疆和青海的一部分有特殊困难的少数民族自治县的标准提高到 300 元。从 1994 年到 2000 年，国家共向内蒙古、广西、西藏、宁夏、新疆 5 个自治区和贵州、云南、青海 3 个少数民族人口较多的省投入资金 432.53 亿元，占全国总投资的 38.4%。其中，财政资金 194.15 亿元（含以工代赈资金127.22 亿元），占全国的 40%；信贷资金 238.38 亿元，占全国的 37.8%。在西藏近 6 年中，国家和地方政府先后投入资金 12.2 亿元，实施了多个扶贫开发建设项目。

残疾人是一个特殊而困难的社会群体。中国的残疾人口约占人口总数的 5%，其中绝大部分残疾人生活在农村，相当数量处于贫困状态。据调查测算，1992 年全国有贫困残疾人约 2 000 万人。在农村贫困残疾人中，30%生活在 592 个国定贫困县。针对这些人口，1998 年国家制定的《残疾人扶贫攻坚计划（1998—2000年）》，对残疾人扶贫工作进行了全面部署，政策实施取得了明显的效果，到2001 年贫困残疾人口下降到 979 万人。

（七）反贫困行动的纲领性文件

虽然中国有组织的扶贫始于 1986 年，但是《国家八七扶贫攻坚计划》的出台，意味着中国农村扶贫行动有了一次新的"飞跃"。1994 年国家颁布《国家八七扶贫攻坚计划》，1996 年颁布《中共中央国务院关于尽快解决农村贫困人口温饱问题的决定》。这两个纲领性文件的颁布实施，标志着中国农村反贫困行动体系的完成。

《国家八七扶贫攻坚计划》明确提出要集中人力、物力、财力，动员社会各界力量，力争用 7 年左右的时间，到 2000 年底基本解决当时全国农村 8 000 万名贫困人口的温饱问题。这 8 000 万名贫困人口相对集中在中西部少数自然条件恶劣地区，对于这部分特殊困难区域的贫困人群来说，经济体制改革和区域经济发展的扶贫带动效应逐步弱化，必须采取更有针对性的攻坚战略（刘娟，2009）。"八七扶贫攻坚计划"的主要措施包括：①帮助贫困户进行土地改良和农田基本建设，增加经济作物和果树的种植，增加畜牧业生产，创造更多的非农就业机会；②使大多数乡镇通路和通电，改善多数贫困村的人畜饮水问题；③普及初等义务教育和初级预防与进一步放到中西部地区；④加强扶贫资金管理，减少扶贫资金的漏出，提高扶贫投资的可持续性；⑤动员各级党政机关、沿海省份和重要城市及国内外其他机构广泛参与扶贫。

三、十年扶贫开发时期的扶贫政策：2001~2010 年

进入 21 世纪后，由于 20 多年经济的快速增长，中国社会、政治和经济发展开始进入一个矛盾交织的时期。"八七扶贫攻坚计划"的顺利结束，标志着中国基本解决了贫困人口的温饱问题，在经济增长的强力推动和国家开发式扶贫战略的强力干预下，单纯的收入贫困问题已经不再是中国社会发展的最主要问题，而以收入差距、城乡差距、工农差距及农村内部分化为主要特点的差异格局，构成了当时社会发展的主要挑战。

相对于"八七扶贫攻坚计划"时期，进入 21 世纪后扶贫环境发生了显著的变化：①从社会成员的普遍贫困到贫富差距的日益扩大，这要求在 21 世纪前 10 年的扶贫战略需要考虑控制贫富差距，更要直接瞄准穷人，扩大政府的转移支付来帮助穷人。②依靠资金和项目投入促进区域经济增长的方式，减贫效果已经不再明显；区域性的瞄准和扶贫计划不能很好地解决瞄准区域以外的贫困人口的脱贫问题（都阳和蔡昉，2005）。③从区域性贫困到阶层性贫困，中国的贫困分布从社会贫困、18 个贫困地带、592 个贫困县和 14.8 万个贫困村逐渐演变，表明贫困

问题不再是区域经济发展不足的问题，而逐渐演变为群体性贫困。贫困的主要人群，如弱势群体、边缘群体等已经不能直接受益于区域经济发展战略，这要求扶贫战略更加以人为本，直接指向穷人。④战略上由救济式扶贫向开发式扶贫转变，由单纯地向贫困地区"输血"向增强贫困地区"造血"功能转变，由单纯的政府主导型扶贫向动员全社会力量、加强国际合作的全方位的扶贫转变（匡远配，2005）。

（一）农村发展政策

1. 全面建设小康社会

党的十六大明确提出，中国要在 21 世纪头 20 年全面建设小康社会。其关于农村全面小康社会的目标是农村人均可支配收入达到 6 000 元、农村合作医疗覆盖率达到 90%、农村养老保险覆盖率达到 60%、恩格尔系数 0.4 以下、农村文化娱乐消费支出比重 7%等。扶贫专项政策可以视为全面建设小康社会的具体达到路径，但是其覆盖面不仅仅是扶贫。

2. 中央一号文件

从 2004 年开始，中央连续 14 年出台以"三农"为主题的一号文件，强调了"三农"问题在中国社会主义现代化建设和全面建设小康社会时期"重中之重"的地位。这些政策文件或多或少都与农村扶贫有关系，如 2004 年的降低农业税税率、取消农业特产税和对农民直补，2005 年的继续加大"两减免、三补贴"、加大对农村基础设施和农村科教文卫事业投资力度等，2006 年的新农村建设，2009 年的继续加强惠农政策，等等，这些政府文件不仅为农村现代化发展提供了支持，也为农村扶贫工作提供了帮助。

（二）政府扶贫专项政策

2000 年底，中国基本完成了"八七扶贫攻坚计划"，绝对贫困人口下降到了3 000 万人左右，贫困发生率仅为 3%，基本解决了贫困人口的温饱问题。但是扶贫工作形式依然严峻，需要扶持的贫困群体数量依然庞大，剩余的贫困人口主要分布在生产生活条件更差的地区，不仅脱贫难度大，而且极容易返贫，扶贫工作仍是中国政府的一项重要任务。2001 年 5 月，中国召开了第三次中央扶贫开发工作会议，对 21 世纪前 10 年的农村扶贫开发工作做了全面部署，并且颁布了《中国农村扶贫开发纲要（2001—2010 年）》。

该纲要提出新时期中国扶贫工作的的奋斗目标是：尽快解决少数贫困人口温

饱问题,进一步改善贫困地区的基本生产生活条件,巩固温饱成果,提高贫困人口的生活质量和综合素质,加强贫困乡村的基础设施建设,改善生态环境,逐步改变贫困地区经济、社会、文化的落后状况,为达到小康水平创造条件。

1. 扶贫开发对象和实现途径

扶贫开发的基本对象包括:尚未解决温饱问题的贫困人口和初步解决温饱问题的贫困人口。扶贫开发的重点区域是:中西部少数民族地区、革命老区、边疆地区和特困地区,并在上述四类地区确定扶贫开发工作重点县。扶贫工作的主要途径为:发展种养业、推进农业产业化经营、改善贫困地区的基本生产生活条件、科技扶贫、提高扶贫地区群众的科技文化素质、扩大贫困地区劳务输出、推进自愿移民搬迁、鼓励多种所有制经济组织参与扶贫开发。

2. 扶贫资金使用投向

在区域投向上,"八七扶贫攻坚计划"时期的财政扶贫资金必须全部用于国家重点扶持的贫困县,并以这些县中的贫困乡、村、户作为资金投放、项目实施和受益对象,而非贫困县中零星分散的贫困乡、村和户。这引起了一些争论,因为国家贫困县中并不是所有的人口都是贫困人口。21世纪初,扶贫资金区域投向上进行了重新规定,允许部分资金用于非重点县的扶贫工作,但其比例不能超过30%,投向重点县的资金比例不得超过70%。这样,一方面保证了国家非重点县中的贫困人口也能得到扶贫支持,另一方面也反映出扶贫工作重点县的贫困发生率仍然要高于非重点县。资金投向区域上的变化也反映了中国扶贫工作机制逐步走向完善。

3. 扶贫瞄准机制

20世纪80年代,通过土地制度创新和相关政策及扶贫干预活动,农村贫困问题从普遍贫困变成了区域性贫困,政府的专项扶贫工作也就落在区域内。1986年政府开展有组织的扶贫工作后,为了更好地组织工作,将有限的资源运用到最需要的地方,划定了国家级贫困县,当时确定了331个国家级贫困县,后来增加到592个。从那时候起,以县为基本单位来分配使用资金成为中国贫困工作的一个特点,扶贫瞄准方法采取县级瞄准。进入21世纪后,贫困人口聚集在更小的地理范围内,贫困人口的分布从区域分布逐渐转为点状分布,贫困人口在空间更加分散;同时"八七扶贫攻坚计划"的完成极大缓解了贫困问题,国家级贫困县贫困人口和贫困人口所占比例均大幅度下降,所以如果仍按照"贫困县瞄准机制"将会导致扶贫资源和目标产生偏离。因此,贫困瞄准机制的调整势在必行。

2001年9月,中国政府把参与式扶贫规划作为"整村推进"工作的主要理念和方法,贫困资源倾向于到村到户,以实施村级扶贫规划为内容的整村推进，标志着中国扶贫工作在实际操作中，将资金分配开始由县级瞄准转向村级瞄准。

4. 扶贫干预途径

（1）整村推进扶贫。

整村推进扶贫是 21 世纪初期扶贫开发的三大重点内容之一。目的是利用较大规模的资金和其他资源在较短的时间内使被扶持的贫困村在基础和社会服务设施、生产和生活条件及产业发展等方面有较大的改善，并使各类项目间能相互配合以发挥更大的综合效益，从而使贫困人口在整体上摆脱贫困，同时提高贫困社区和贫困人口的综合生产能力及其抵抗风险能力。整村推进的技术手段就是制定和实施参与式村级扶贫规划。

（2）产业扶贫开发。

《中国农村扶贫开发纲要（2001—2010 年）》明确提出，要"积极推进农业产业化经营。对具有资源优势和市场需求的农产品生产，要按照产业化发展方向，连片规划建设，形成有特色的区域性主导产业。积极发展"公司加农户"和订单农业。引导和鼓励具有市场开拓能力的大中型农产品加工企业，到贫困地区建立原料生产基地，为贫困农户提供产前、产中、产后系列化服务，形成贸工农一体化、产供销一条龙的产业化经营。加强贫困地区农产品批发市场建设，进一步搞活流通，逐步形成规模化、专业化的生产格局。"21 世纪初将产业开发作为扶贫工作的重点之一。产业化扶贫的内容包括确立主导产业，建立生产基地；提供优惠政策，扶持龙头企业；探寻运行机制，实现农户和企业双赢；等等。

（3）劳动力培训。

随着中国宏观经济结构的变化，劳动力市场的供需也出现了结构性短缺。一方面是制造业发达的东部地区劳动力市场需求巨大，技能型人才严重短缺，用工单位找不到技术工人。另一方面，中西部地区有大量文化程度低，没有经过任何技能培训的农村剩余劳动力转移就业困难。在这样的背景下，国务院扶贫办决定将贫困地区劳动力转移培训作为扶贫工作的主要途径和工作重点。2004 年 8 月，国务院扶贫办发布《关于加强贫困地区劳动力转移培训的工作的通知》，宣告贫困地区劳动力培训工作的正式开始。

（4）自愿式开发移民。

中国政府有组织的扶贫开发移民开始于 1983 年的"三西"建设，当时国务院"三西"地区农业建设领导小组和甘肃、宁夏共同研究，按照中央对"三西"建设"兴西济中""山川共济"，走共同富裕道路的战略构想，提出了"有水走水路、无水走旱路、水旱不通另找出路"的建设方针，走水路、走旱路就是在有条件的地方，兴办水利，建设保土、保水、保肥基本农田。对于自然条件特别严酷，人口严重超载，一方水土养不活一方人的贫困山区，实施有组织的移民，迁到新开发的灌区，重建家园，发展生产。在《中国农村扶贫开发纲要（2001—2010 年）》中，将自愿搬迁扶贫作为扶贫工作的主要途径和手段，并明确规定：稳步推进自愿移民搬迁。对目前极少数居住在生存条件恶劣、自然资源贫乏地区的特困人口，要结合退耕还林还草实行搬迁扶贫。要在搞好试点的基础上，制定具体规划，有计划、有组织、分阶段地进行；要坚持自愿原则，充分尊重农民意愿，不搞强迫命令；要因地制宜、量力而行、注重实效，采取多种形式，不搞一刀切；要十分细致地做好搬迁后的各项工作，确保搬得出来、稳得下来、富得起来。因此，移民搬迁依然是一项主要的工作。

（三）十年扶贫的成就

经过十年的扶贫开发，我国扶贫工作取得了可喜的成就，主要是贫困人口和贫困发生率都普遍减少和降低。

（1）贫困人口的减少。按国家公布的绝对贫困标准衡量，我国贫困人口从 2000 年的 3 209 万人减少到了 2008 年的 1 004 万人，绝对贫困人口减少了 2 205 万人，平均每年减少 275 万人，贫困人口平均每年减少速率为 15%。扶贫重点县的贫困人口从 2002 年的 4 828 万人减少到 2010 年的 1 693 万人，贫困人口年均减少 391 万人。

（2）贫困发生率减少。以绝对贫困指标衡量，中国农村的贫困发生率从 2000 年的 3.5%下降到 2008 年的 1%，农村扶贫工作成就显著。

（3）扶贫重点贫困县。按低收入指标衡量，扶贫重点县的低收入人口从 2002 年的 4 828 万人减少到了 2010 年的 1 693 万人，贫困人口年均减少 391 万人。扶贫重点县的贫困发生率从 24.3%下降到 8.3%，表明贫困已经得到有效缓解。

四、新十年扶贫开发时期的扶贫政策：2011~2020 年

2011 年，中共中央、国务院印发《中国农村扶贫开发纲要（2011—2020 年）》，该纲要提出"稳定实现扶贫对象不愁吃、不愁穿，保障其义务教育、基本医疗和住房"，简称"两不愁、三保障"的总体目标，反映出我国扶贫形势从过去以解决温饱为核心向巩固温饱成果、加快脱贫致富、改善生态环境、提高发展能力、缩小发展差距的新阶段转变。这一时期，在扶贫标准以下具备劳动能力的农村人口成为扶贫工作主要对象，连片特困地区成为扶贫攻坚的主战场。2013 年 11 月，"精准扶贫"重要思想的提出，明确了新时期扶贫攻坚的指导思想。

（一）新十年扶贫开发的环境

1. 国民经济增长放缓，产业转型压力陡增

2008 年国际陷入金融危机，全球经济陷入长期低迷的状态，在国际经济联系日益紧密的环境下，任何一个国家都不可能免受经济危机的侵蚀。随着人口红利衰减、"中等收入陷阱"、风险累积、国际经济格局深刻调整等一系列内因与外因的作用，2011 年以后，中国经济增速持续放缓，拉动经济增长的"三驾马车"动力下降，经济发展由年均增长 10%左右的高速增长转变为 7%左右的中高速增长，经济步入"新常态"，2015 年以来经济增速低于 7%，2016 年经济增长为 6.7%。经济增长放缓的同时我国制造业也面临沉重的转型压力，由于外需疲软和劳动力价格高企，东部地区企业成本陡增，因此东部地区企业或者转型或者转移。此外，我国还存在大量的产能过剩行业，要清理这些行业势必会对地方经济发展带来压力，还有势必会带来下岗工人就业问题。所以，新十年中国扶贫工作的压力也势必非常沉重。

2. 贫困标准的提高

在新十年以前的扶贫工作中，扶贫工作的目标主要是保证贫困户的温饱问题。但是，该目标忽略了贫困户的精神和社会需求，况且还存在贫困标准远远低于国际贫困标准线的问题。因此，在迈入全面小康时期新十年，我国贫困标准线势必提高，这也会对新时期扶贫工作产生影响。2000 年，我国低收入标准为 865元，2008 年为 1 196 元，2011 年为 2 300 元。此后，我国的贫困标准以 2011 年2 300 元不变价格为标准定期调整。在 2011 年国家将贫困标准调整为 2 300 元之后，我国贫困人口增加了 9 955 万人，为 12 238 万人，因此贫困标准的变化对扶贫工作影响甚大。

3. 贫困人口呈现新特征

在新时期，我国贫困问题日益复杂化和多元化。虽然我国绝对贫困问题得到有效的缓解，但是相对贫困却开始攀升，"因病、因灾、因残、因学、因婚"等致贫问题开始日益突出。此外，现存贫困人口日益分散，并且贫困人口生存的自然条件也比较恶劣。

（二）中央扶贫政策

2011 年，《中共中央　国务院关于加快水利改革发展的决定》的文件，明确了新形势下水利的战略定位，制定和出台了一系列针对性强、覆盖面广、含金量

高的加快水利改革发展的新政策、新举措。2012 年，中央政府出台的一号文件强调将农业科技摆在更加突出的位置上，文中表示要持续加大对农业科技的投入力度，确保农业科技投入增量和比例均有所提升。2013 年，中央发布了《中共中央　国务院关于加快发展现代农业进一步增强农村发展活力的若干意见》，提出要围绕现代农业建设，充分发挥农村基本经营制度的优越性，着力构建新型农业经营体系，并且鼓励以家庭农场形式提高农业集约化经营水平。2015 年，《中共中央　国务院关于加大改革创新力度加快农业现代化建设的若干意见》提出加快构建新型农业经营体系、推进农村集体产权制度改革、稳步推进农村土地制度改革试点、推进农村金融体制改革、深化水利和林业改革、加快供销合作社和农垦改革发展，以及创新和完善乡村治理机制。

2016 年 3 月，《中华人民共和国国民经济和社会发展第十三个五年规划纲要》发布，其中将"全力实施脱贫攻坚"作为一个篇章，从推进精准扶贫精准脱贫、支持贫困地区加快发展、完善脱贫攻坚支撑体系三个方面进行阐述。2016 年 11 月，国务院印发《"十三五"脱贫攻坚规划》，确定了"十三五"时期贫困地区发展和贫困人口脱贫主要指标，从产业发展脱贫、转移就业脱贫、易地搬迁脱贫、教育扶贫、健康扶贫、生态保护扶贫、兜底保障、社会扶贫等角度对扶贫开发工作给予指导。

（三）政府扶贫专项政策

1. 扶贫目标

新十年扶贫攻坚的总体目标是到 2020 年，稳定实现扶贫对象不愁吃、不愁穿，保障其义务教育、基本医疗和住房。贫困地区农民人均纯收入增长幅度高于全国平均水平，基本公共服务主要领域指标接近全国平均水平，扭转发展差距扩大趋势。

2. 扶贫开发对象和实现途径

扶贫开发的基本对象为在扶贫标准以下具备劳动能力的农村人口。在扶贫工作中，要健全扶贫对象识别机制、做好建档立卡工作，实行动态管理，确保扶贫对象得到有效支持。扶贫范围：六盘山地区、秦巴地区、武陵山区、乌蒙山区、滇桂黔石漠化地区、滇西边境山区、大兴安岭南麓山区、燕山-太行山区、吕梁山区、大别山区、罗霄山区，以及四省藏区、新疆南疆三地州。扶贫途径：异地搬迁、以工代赈、整村推进、产业扶贫，通过龙头企业发函带动贫困户脱贫，加强对贫困户的技能培训确保其就业，对贫困家庭学生学业补贴，培育科技龙头企业、加大科技成果推广、发展农产品专业类合作组织。

3. 扶贫资金使用投向

在新时期，我国贫困形式已经发生了很大变化，贫困人口分布比较分散，山区和边境少数民族地区贫困人口较为集中。同时，非贫困县的贫困人口在 2010 年时达到了 995 万人，占全国贫困人口比例为 37%。因此，扶贫资金需要重点投入山区中的集中连片特困区，同时也可适当地考虑到非贫困村的贫困人口。此外，以往通过县级财政大水漫灌式的扶贫成果收效越来越低，很多贫困开发项目将弱势的贫困人口排挤出收益范围，从而偏离了政策制定目标，因此贫困资金投入的对象需要精确到贫困户。

4. 扶贫瞄准机制

进入 21 世纪后，贫困人口聚集在更小的地理范围内，贫困人口的分布从区域分布逐渐转为点状分布，贫困人口在空间更加分散；同时，贫困户的类型也开始发生变化，主要以"因病、因残、因学、因灾、因婚" 五大类型为主。所以，开发式的扶贫已经无法根除贫困，这些贫困类型或者是突发的和长期的，或者是暂时的，而并非发展机会、自身能力等问题致贫。因此，在新时期扶贫工作中，扶贫资金使用对象瞄准到贫困户，实施精准扶贫。新十年扶贫规划纲要中明确指出，建立健全扶贫对象识别机制，做好建档立卡工作，实行动态管理，确保扶贫对象得到有效扶持。

（四）精准扶贫战略

一方面，从区域性发展带动扶贫开发的战略到精准扶贫战略的提出，其产生与发展一方面离不开中国特色社会主义理论体系，另一方面，也是针对当前经济社会特征等现实状况而提出（孙久文和唐泽地，2017）。

1. 精准扶贫战略的提出

"精准扶贫"的重要思想最早是在 2013 年 11 月提出的，习近平总书记到湖南湘西考察时首次做出了"实事求是、因地制宜、分类指导、精准扶贫 "的重要指示（王金和秦华，2016）。精准扶贫提出有以下三个依据。

（1）"共同富裕"根本原则是精准扶贫思想产生的理论源流，共同富裕是中国特色社会主义的本质规定、奋斗目标和根本原则，也是中国特色社会主义理论体系中的重要基石。党的十八大会议重申，中国必须坚持走共同富裕道路，偏离了"共同富裕"原则的导向，中国特色社会主义理论体系的基础就不复存在。

（2）"全面建成小康社会"宏伟目标是精准扶贫思想产生的现实需求。在2020 年完成"全面建成小康社会"的宏伟目标，是党的十八大根据中国经济社会实际做出的重大决策，将为中华民族的伟大复兴奠定坚实基础。根据"木桶理论"，贫困人口是实现小康的主要短板。如果我们要补全面建成小康社会的短板，那就是解决贫困人口的脱贫问题。

（3）处理好做大蛋糕与分好蛋糕的关系。为什么要提出精准扶贫的战略？经济发展只解决做大蛋糕的问题，发展并不必然会惠及穷人，只有通过收入再分配合理分蛋糕才能实现有利于穷人的发展。

当前，重视收入的再分配问题十分重要。只有为贫困农民提供更多、更好的公共服务和基本社会保障才能提高穷人抗风险能力，避免返贫问题的出现。从理论上讲，基尼系数与贫困发生率是正相关的。就是说，收入水平提高了，但分配差距大，仍然会有很高的贫困发生率。剩余的贫困人口，主要是老年人、生病致贫的人员、没有劳动技能或劳动能力的人，以及当地生存条件极端困难地区、交通十分不方便的地区的人群。这些人群，无论经济如何发展，都很难通过涓滴效应惠及他们。精准扶贫的关键，就在于精准识别，把那些真正的贫困人口识别出来，通过发展生产、移民搬迁、教育扶贫、生态扶贫、社保兜底等手段，实现精准脱贫。

2. 精准扶贫核心理念及工作基础

第一，精准化理念是精准扶贫思想的核心要义。精准体现在"扶贫对象精准""项目安排精准""资金使用精准""措施到户精准""因村派人精准""脱贫成效精准"六个方面。当前，我国扶贫工作不论是在识别贫困人群方面，还是在扶贫政策的制定实施方面，都需要精准理念的融入。

第二，分批分类理念是精准扶贫思想的基础工具。"五个一批"具体包括：发展生产脱贫一批，涉及了特色产业扶贫、旅游扶贫、电商扶贫、资产收益扶贫；易地搬迁脱贫一批，到 2020 年实现 1 000 万人搬迁脱贫；生态补偿脱贫一批，加大贫困地区生态保护修复力度，增加重点生态功能区转移支付；发展教育脱贫一批，涉及了基础教育、高等教育、职业教育，通过人才培养增强贫困人口的脱贫能力；最后，通过社会保障兜底一批。

第三，"建档立卡"是精准扶贫的工作基础。从区域性发展带动扶贫开发的战略到精准扶贫战略的提出，体现出中央更加重视较低贫困发生率条件下贫困人口的识别问题。"建档立卡"对象包括贫困户、贫困村、贫困县和连片特困地区。通过建档立卡，可以对贫困户和贫困村进行精准识别，了解帮扶对象的贫困状况，也可以对地方扶贫工作开展考核与监测。

参 考 文 献

都阳，蔡昉. 2005. 中国农村贫困性质的变化与扶贫战略调整[J]. 中国农村观察，（5）：1-22.

匡远配. 2005. 中国扶贫政策和机制的创新研究综述[J]. 农业经济问题，（8）：24-28.

刘娟. 2009. 中国农村扶贫开发的沿革、经验与趋向[J]. 理论学刊，（8）：55-58.

森 A. 2002. 以自由看待发展[M]. 任赜，于真译. 北京：中国人民大学出版社.

孙久文，唐泽地. 2017. 中国特色的扶贫战略与政策[J]. 西北师大学报（社会科学版），
　　（3）：1-10.

王金，秦华. 2016-10-11. 精准扶贫的村级实践[EB/OL]. http://dangjian.people.com.cn/n1/2016/
　　1011/c117092-28767859.html.

王朝明. 2008. 中国农村 30 年开发式扶贫：政策实践与理论反思[J]. 贵州财经学院学报，
　　（6）：78-84.

张磊. 2007. 中国扶贫开发政策演变（1949—2005 年）[M]. 北京：中国财政经济出版社.

Chen S，Ravallion M. 2004. How have the world's poorest fared since the early 1980s？[J]. World
　　Bank Research Observer，19（2）：141-169.

Henderson C R. 1902. Reviewed work（s）：poverty：a study of town life. by B. seebohm
　　rowntree[J]. American Journal of Sociology，7（6）：848-849.

Ravallion M. 2008. "How many poor in the world？" A reply[J]. Economic and Political Weekly，
　　43（45）：78-79.

第二章　我国 2020 年扶贫开发的战略目标与精准扶贫[①]

第一节　精准扶贫的提出

为顺利实现 2020 年我国全面建成小康社会的战略目标，保证困难群众与全国各族人民一道进入小康社会，党的十八大以来，在以习近平总书记为核心的党中央的坚强领导下，脱贫攻坚被放在更加突出的地位。为顺利实现既定的 2020 年脱贫目标，国家各项扶贫资金投入力度不断加大，2016 年预算安排中央财政扶贫资金补助地方 660.95 亿元，比上年大幅增长 43.4%[②]。随着扶贫投入的不断增加和我国贫困状况的深刻变化，为保证扶贫资金的利用效率，确保真正的贫困户从中受益，避免以往扶贫开发瞄准不精准的弊端，精准扶贫、精准脱贫成为我国在新时期内脱贫攻坚的基本方略。

一、2020 年扶贫开发的战略目标

《中共中央　国务院关于打赢脱贫攻坚战的决定》作为我国在新时期内脱贫攻坚工作的纲领性文件，对 2020 年我国脱贫攻坚工作的总体目标做了具体规定："到 2020 年，稳定实现农村贫困人口不愁吃、不愁穿，义务教育、基本医疗和住房安全有保障。实现贫困地区农民人均可支配收入增长幅度高于全国平均水平，基本公共服务主要领域指标接近全国平均水平。确保我国现行标准下农村贫困人

[①] [作者简介] 汪三贵，中国人民大学中国扶贫研究院，教授；孙凯，中国人民大学农业与农村发展学院博士生。

[②] 中央人民政府官网：http://www.gov.cn/xinwen/ 2016-07/19/content_5092732.htm.

口实现脱贫，贫困县全部摘帽，解决区域性整体贫困。"①《中国农村扶贫开发纲要（2011—2020年）》中也做了类似规定。

需要明确的是，此处所指的贫困地区并非泛指，而是有严格的范围划定。贫困地区包括832个贫困县，具体来说，这832个贫困县由我国14个集中连片特殊困难地区共680个片区县及592个国家扶贫工作重点县组成。但是由于447个国家扶贫工作重点县同时也是片区县，只有152个国家扶贫工作重点县位于集中连片特殊困难地区之外，因此中国的贫困地区特指这832个县级单位。

在以往的扶贫工作中，无论是干部还是群众，对脱贫的一个普遍认识就是贫困户的人均收入超过贫困标准即可。随着近些年脱贫攻坚工作的持续推进，实践过程中开始逐渐认同除了需要保证脱贫户的收入达到脱贫标准，也需要保证脱贫户顺利实现"两不愁三保障"，即不愁吃、不愁穿，义务教育、基本医疗和住房安全有保障。但实际上，2020年的脱贫攻坚目标，并不仅仅局限于贫困户这一个方面，《中共中央 国务院关于打赢脱贫攻坚战的决定》中关于脱贫攻坚总体目标的阐述更为具体，涉及面更广。这一具体目标要求既包括农户层面，也包括地区层面，既要求保证贫困户个体稳定实现"两不愁三保障"、人均收入超过我国的现行贫困标准，也要求保证我国贫困地区的农民人均可支配收入增速高于全国平均水平、基本公共服务接近全国平均水平。随着贫困地区的长足发展和贫困地区农民生产生活条件的显著改善，当前的贫困县需要全部脱贫摘帽，区域性整体贫困问题基本解决。

值得一提的是，随着社会经济水平的发展，我国的贫困标准在改革开放以来调整了多次，现行贫困标准于2011年确定。2011年11月29日，中央扶贫开发工作会议在北京召开。在此会议上，中央决定将农民人均纯收入2 300元作为新的国家扶贫标准，这一标准比之前人均收入1 274元的贫困标准提高了80%，2010年全国贫困人口也由2 688万人增加到1.656 7亿人。虽然贫困人口大幅度增加，但是更多的人被纳入国家各项扶贫政策体系之中，实质上这是一种更高层次的国家扶贫干预。

如何判定贫困县是否能够退出、贫困人口是否能够脱贫？相关程序如何？2016年，中共中央办公厅和国务院办公厅印发《关于建立贫困退出机制的意见》，就贫困人口、贫困村及贫困县的退出做出了明确规定②。

贫困人口的退出以户为单位，主要衡量标准为贫困户年人均纯收入稳定超过国家扶贫标准且吃穿不愁，义务教育、基本医疗和住房安全有保障。在退出程序上，由"村两委"和驻村工作队核实、拟退出贫困户认可，村内公示无异议后公

---

① 中共中央 国务院关于打赢脱贫攻坚战的决定[Z]. 中国政府门户网站，2015-12-07.

② 中共中央办公厅国务院办公厅印发《关于建立贫困退出机制的意见》[Z]. 中国政府网，2016-10-28.

告退出并在建档立卡贫困人口中销号。

贫困村的退出以贫困发生率为主要衡量标准，统筹考虑村内基础设施、基本公共服务、产业发展、集体经济收入等综合因素。原则上贫困村贫困发生率降至 2%（西部地区 3%）以下，在乡镇内公示无异议后，公告退出。

贫困县的退出以贫困发生率为主要衡量标准，原则上贫困县贫困发生率降至 2%（西部地区降至 3%）以下，由县级扶贫开发领导小组提出退出，市级扶贫开发领导小组初审，省级扶贫开发领导小组核查，确定退出名单后向社会公示征求意见。公示无异议的，由各省（自治区、直辖市）扶贫开发领导小组审定后向国务院扶贫开发领导小组报告。国务院扶贫开发领导小组组织中央和国家机关有关部门及相关力量对地方退出情况进行专项评估核查。对不符合条件或者未完整履行退出程序的，责成相关地方进行核查处理，对符合退出条件的贫困县，由省级人民政府正式批准退出。

二、为什么实施精准扶贫

目前我国农村贫困人口已经大幅减少，贫困发生率不断下降，贫困人口生活得到显著改善，为何在当前这一阶段要深入实施精准扶贫、精准脱贫基本方略？要回答这一问题，首先需要了解何为精准扶贫，了解精准扶贫思想从产生到不断发展的全过程。

精准扶贫是指扶贫政策和措施要针对真正的贫困家庭和人口，通过对贫困人口有针对性地帮扶，从根本上消除导致贫困的各种因素和障碍，最终达到可持续脱贫的目标（汪三贵和郭子豪，2015）。

精准扶贫包括四个方面的具体内容：一是贫困户的精准识别，二是对贫困户的精准帮扶，三是对贫困户的精准管理，四是扶贫效果的精准考核。精准识别是精准扶贫的基础和前提，只有将贫困户精准识别出来，才有可能进行针对性的帮扶。精准帮扶是根据贫困户的致贫类型，提供针对性的帮扶措施，对症下药，是精准扶贫的重要环节。精准扶贫具有动态性，在这一变化过程中，需要对贫困户的信息变化进行精准管理，精准管理是精准扶贫的重要保障。精准扶贫最终必然带来贫困户的有序退出，对脱贫成效的精准考核将有效敦促各级政府将脱贫攻坚作为重点工作来抓。

目前，精准扶贫、精准脱贫已经成为国家脱贫攻坚工作的基本方略，但是精准扶贫思想正式提出及发展的时间并不长。精准扶贫最早出现于 2013 年 11 月，源于习近平总书记在湖南湘西考察时做出的"实事求是、因地制宜、分类指导、精准扶贫"的重要指示（王金和秦华，2016）。在之后的多个场合，习近平总书记对此均进行了深入阐述，精准扶贫、精准脱贫的基本脉络也逐渐清晰。

2014 年 3 月，习近平总书记参加两会代表团审议时强调，要实施精准扶贫，瞄准扶贫对象，进行重点施策，进一步阐释了精准扶贫理念（曹昆，2016）。

2015 年 6 月，习近平总书记在贵州召开部分省区市党委主要负责同志座谈会上强调，要科学谋划好"十三五"时期扶贫开发工作，确保贫困人口到 2020 年如期脱贫，并提出扶贫开发"贵在精准，重在精准，成败之举在于精准"。在这次座谈会上，习近平总书记就如何切实做到精准扶贫做出解释：各地都要在扶持对象精准、项目安排精准、资金使用精准、措施到户精准、因村派人（第一书记）精准、脱贫成效精准上想办法、出实招、见真效（燕妮，2015）。

2015 年 11 月，中央扶贫开发工作会议在北京召开。习近平总书记在重要讲话中指出，要解决好"怎么扶"的问题，需要按照贫困地区和贫困人口的具体情况，实施"五个一批"工程，即发展生产脱贫一批，易地搬迁脱贫一批，生态补偿脱贫一批，发展教育脱贫一批和社会保障兜底一批（万鹏和谢磊，2017）。至此，精准扶贫形成完整体系。

为什么在当前这一特定时期开始实施精准扶贫、精准脱贫基本方略？根源在于当前阶段的贫困状况与以往相比已经发生深刻变化，扶贫工作要取得更大成绩，以往的区域开发式扶贫模式不再适用，要求必须更加强调精准。本书第一章对我国扶贫政策的演变进行了系统梳理，自改革开放以来，我国扶贫瞄准机制逐渐下移，从农村的普遍贫困到聚焦于贫困县，再到聚焦于贫困村。

20 世纪 80 年代中国农村普遍贫困，普通农户从农业经营体制改革、农业增产及农产品价格上涨过程中就能获得显著红利，大规模减贫工作取得了显著成效。但随着制度改革及农业增收的红利迅速消耗，农村贫富差距快速拉大，一些地区的农户率先摆脱贫困，但由于区位、资源等因素的制约，仍有很多地区的贫困户难以从经济发展过程中分享更多收益，全国农村普遍贫困的局面开始转化为区域性贫困。因此，我国的扶贫开发战略开始转变为区域开发。作为扶贫开发过程中阶段性的纲领性文件，1994 年的《国家八七扶贫攻坚计划》确定了 592 个国家重点扶持的贫困县，并做出了全国贫困人口主要集中在这些贫困县，贫困县是扶贫攻坚的主战场的基本判断。贫困人口分布的共同特征是地域偏远，交通不便、生态失调、经济发展缓慢、文化教育落后、人畜饮水困难、生产生活条件极为恶劣。随着 20 世纪末，《国家八七扶贫攻坚计划》的顺利推进，我国贫困规模不断缩小。《中国农村贫困监测报告》数据显示，在当时的贫困标准下，1994 年我国农村贫困人口为 7 000 万人，贫困发生率为 7.7%，到 2000 年，贫困人口减少到 3 209 万人，贫困发生率降低到 3.5%[①]。贫困人口规模显著缩小，分布呈现"大

---

① 资料来源于《中国农村贫困监测报告 2015》。

分散、小集中"的特征，贫困县内农户之间的贫富差距也开始分化，2000 年，全国贫困县农村贫困人口占全国农村贫困人口比重降低为 54.1%[①]。在此背景下，要提高扶贫开发工作效率，扶贫对象瞄准需要进一步下移，国家的扶贫开发政策开始瞄准聚焦于贫困村。2001 年，中央政府在全国确定了 14.81 万个贫困村作为扶贫工作重点，强调以村为单位调动农民的参与性，进行农村扶贫综合开发。这些重点村分布在全国 1 861 个县，占全国行政村总数的 21%，覆盖了全国 80%的贫困人口，其中 82 256 个重点村分布在重点县，占全国重点村总数的 55.6%（杜志雄和詹琳，2015）。

　　由我国改革开放以来扶贫开发瞄准机制的发展历程可以看出，我国的扶贫瞄准不断下移，从普遍的农村地区转变为贫困县的县级瞄准，再转为贫困村的村级瞄准。扶贫瞄准机制的不断下移，根源在于我国贫困人口分布特征的不断变化，最终目标都是使有限的扶贫资源能够帮扶更多的贫困人口，提高扶贫资源的利用效率，帮助更多的贫困人口摆脱贫困。虽然精准扶贫于 2013 年正式提出，但是由扶贫瞄准机制的变化可以发现，精准扶贫的思想体现在我国扶贫开发的全过程之中。因此，在当前贫困人口分散分布的现实情况下，精准扶贫、瞄准到户是提高我国扶贫资源利用效率的必然手段，也是我国扶贫开发战略调整的必由之路。

第二节　精准扶贫的基本要求、主要做法与重要成就

一、精准扶贫的基本要求

　　2015 年 6 月，习近平总书记主持召开部分省区市党委主要负责同志座谈会，会上提出推进扶贫开发工作需要切实做到精准扶贫。扶贫开发贵在精准，重在精准，成败之举在于精准。各地都要在扶持对象精准、项目安排精准、资金使用精准、措施到户精准、因村派人（第一书记）精准、脱贫成效精准上想办法、出实招、见真效。要坚持因人因地施策，因贫困原因施策，因贫困类型施策，区别不同情况，做到对症下药、精准滴灌、靶向治疗，不搞大水漫灌、走马观花、大而化之[②]。自此，扶持对象精准、项目安排精准、资金使用精准、措施到户精准、因村派人（第一书记）精准、脱贫成效精准作为"六个精准"的主要内容，是精

---

① 根据《中国农村贫困监测报告 2001》数据计算。
② 习近平召开部分省区市党委主要负责同志座谈会[Z]. 新华网，2006-06-19.

准扶贫的基本要求。

（一）扶持对象精准

扶持对象精准是精准扶贫的前提和基础，倘若扶持对象不精准，后续的精准帮扶、精准管理、精准退出等都无法顺利实现，也必然带来扶贫资源利用的低效和浪费。

由于扶持对象精准识别工作直接影响扶贫开发全局，且过往工作中存在识别不够精准问题，因此精准扶贫的首要要求便是强调扶持对象精准。为扎实做好贫困人口的精准识别工作，自 2013 年开始，国家便开展了大规模的建档立卡工作，目的就是将符合条件的贫困人口登记造册、建档立卡，以便后续的精准帮扶、精准管理及精准考核等工作顺利进行。2015 年，为了保证建档立卡的贫困农户识别的精准性，国家组织进行了多轮回头看工作，目的是核实建档立卡贫困人口的真实性和精准度，一方面将不符合条件的农户从建档立卡贫困人口中清理出去，另一方面是将符合条件的农户纳入建档立卡群体之中，实现贫困人口的动态调整。目前，国家层面大规模的建档立卡信息系统已经建立，贫困人口的精准识别工作显著改善，有力保证扶持对象精准，为精准扶贫后续工作的开展奠定了坚实基础。

（二）项目安排精准

项目安排精准的实质就是实现精准帮扶，这也是精准扶贫的关键环节。只有通过精准帮扶，贫困人口才能受益于国家政策和各类扶贫资源。国务院扶贫办最新摸底调查显示，2015 年全国 7 000 余万名贫困人口中，因病致贫的有 42%；因灾致贫的有 20%；因学致贫的有 10%；因劳动能力弱致贫的有 8%；其他原因致贫的有 20%。而这些贫困农民绝大多数都没有增收的产业[①]。帮扶项目需要针对贫困人口的致贫原因进行安排，才能切实提高帮扶的效果。针对当前存在的致贫原因，各地实践过程中采取了一系列的帮扶措施。例如，对因病致贫农户提供新农合、大病保险、商业保险等医疗保险；对缺乏产业的农户提供到户增收产业帮扶项目；对缺乏劳动能力的贫困户提供低保、五保等社会兜底保障；对有劳动能力的农户通过安排公益性岗位等方式提供就业；对缺少技术和外出就业渠道的贫困户提供职业技能培训，帮助劳动力转移就业；对教育负担重的贫困家庭的受教育学生提供各式各样的补助；对缺少资金的贫困户提供小额信贷、贴息贷款等；对住房不安全及生存环境恶劣的贫困户提供易地扶贫搬迁、

---

① 国务院扶贫办. 全国 7 千万贫困农民 42%因病致贫[Z]. 央光网，2015-12-16.

危房改造帮扶举措；等等。对多种致贫原因的贫困户，需要多管齐下、综合施策。这些措施的实施，显著提高了贫困人口的收入水平，有效改善了贫困人口的生活条件，在实现脱贫过程中发挥了积极作用。

（三）资金使用精准

财政扶贫资金的有力支持是脱贫攻坚的重要保障。2015 年贫困地区县级扶贫资金共 1 902.6 亿元，同比增长 35.6%。其中，中央扶贫贴息贷款累计发放 290.2 亿元，中央财政专项扶贫资金441 亿元，中央专项退耕还林还草工程补贴102.3 亿元，中央拨付的低保资金344 亿元，省级财政安排的扶贫资金171.3 亿元，国际资金 2.1 亿元，其他资金 551.7 亿元[①]。2016 年中央财政安排拨付财政扶贫资金660.95 亿元，同比增长 43.4%。这说明近些年来，由中央到县级的扶贫资金投入力度在不断加大。

在扶贫资金有充分保障的前提下，如何将资金真正用于贫困人口需要的地方，实现资金使用精准？我国从体制机制上也在不断进行调整以提高扶贫资金的使用效率。以往我国的扶贫资金下拨通常都带有明确的要求，某一笔钱只能用于某个方面，即"资金跟着项目走"，但实际上上级部门的各类项目很难完全符合各个贫困县的现实需求，项目安排存在不精准的状况，而各个贫困县没有项目审批权限，直接导致各地无法将林林总总的财政扶贫资金进行有效整合，使财政资金用于当地贫困人口真正需要的地方，最终导致资金使用不精准，扶贫资金的利用效率大打折扣。最近几年，我国开始尝试下放项目审批权限。2017 年 3 月底开始生效的《中央财政专项扶贫资金管理办法》明确提出，中央财政专项扶贫资金项目审批权限下放到县级，强化地方对中央财政专项扶贫资金的管理责任。在赋予了贫困县对扶贫项目审批权限后，显著提高了扶贫资金利用的灵活程度，有力保障了资金使用精准。

（四）措施到户精准

如何使贫困户真正从扶贫项目分享收益，这是扶贫项目安排过程中的重点。易地扶贫搬迁、低保、危房改造、教育补助等扶贫项目由于自身特征，可以顺利实现到户。但是以产业扶贫项目为代表的扶贫项目，由于存在明显的市场风险，如果以贫困户为单位实行单打独斗，很难实现预期的要求。实践已经多次证明，贫困户由于技术、资金、抗风险能力等方面的不足，发展产业时面临的自然风险和市场风险很容易让产业扶贫面临失败。少数贫困户缺乏发展产业的动力，获得

---

① 资料来源于《中国农村贫困监测报告 2016》。

产业扶持后，产业发展成果往往未能进行有效的市场交换。例如，个别贫困户在获得政府给予的猪、牛、羊等扶贫资源后，并未真正投入再生产过程中，而是用于自食等用途，具有"造血"功能的产业扶贫异化成简单的转移性资源投入。但是产业扶贫如果不能到户，真正的贫困户就难以从扶贫发展过程中分享红利，摆脱贫困，也不符合国家的精准扶贫、精准脱贫基本方略。

因此，措施到户精准虽然要求贫困户从各项扶贫措施中真正受益，但并不等于扶贫措施必须直接由贫困户负责具体实施。在各地发展产业扶贫的实践过程中，通常是采用龙头企业、专业合作社、能人大户带动贫困户的形式组织进行产业扶贫项目。企业、合作社和能人大户的带动，一是通过自身的发展起到了示范效应，带动贫困户发展；二是通过自身的先进技术和抗风险能力，有效降低了产业扶贫过程中的自然和市场风险，显著提高了产业扶贫的成功率。对一些缺乏劳动能力的贫困家庭，各地往往是将提供给贫困家庭的扶贫资源投入企业、合作社及大户中，通过分红等形式使贫困户分享产业发展的成果。

（五）因村派人精准

各地的发展表明，基层党组织的战斗堡垒作用在村庄发展中的作用举足轻重。当村级党组织战斗力强时，村庄发展往往较快；村级党组织软弱涣散时，村庄发展往往陷于停滞。除了党组织的软弱涣散，一些贫困村还面临着村干部不懂产业发展、技术等现实情况，难以带领全村百姓脱贫致富。鉴于农村复杂的现实情况，因村派人精准要求选拔贫困村驻村干部时，需要针对各贫困村的现实需求。例如，对村党组织软弱涣散、凝聚力不强的村，注重选派熟悉党务的干部；对富民产业不明确，群众种养知识贫乏的村，注重选派熟悉产业发展的技术干部；对矛盾纠纷集中、上访问题多的村，注重选派熟悉法律、群众工作经验丰富的干部。

中共中央组织部、中央农村工作领导小组办公室和国务院扶贫办联合出台的《关于做好选派机关优秀干部到村任第一书记工作的通知》明确要求，第一书记由县（市、区、旗）党委组织部、乡镇党委和派出单位共同管理。在乡镇党委领导和指导下，紧紧依靠村党组织，带领村"两委"成员开展工作，注意从派驻村实际出发，抓住主要矛盾、解决突出问题[①]。

驻村第一书记的主要职责包括四个方面：一是建强基层组织；二是推动精准扶贫；三是为民办事服务；四是提升治理水平。第一书记任期一般为 1~3 年，不占村"两委"班子职数，不参加换届选举。坚持驻村工作服务，任职期间，原则

---

① 中央政府门户网站. 2015-04-30. 重点向党组织软弱涣散村和贫困村选派第一书记[Z]. 中央政府门户网站，2015-04-30.

上不承担派出单位工作，原人事关系、工资和福利待遇不变，党组织关系转到村。在实践过程中，贫困县的驻村干部通常来自于县直单位干部，少数贫困村的驻村干部来自于市直单位、省直单位乃至中央国家机关。为了推动第一书记的驻村工作，派出单位对担任第一书记的干部优先提拔任用，建立激励机制。同时组织部门和派出单位也对一些履行职责不力的驻村干部建立了召回制度，敦促驻村第一书记积极履行职责。

（六）脱贫成效精准

脱贫成效精准就是要求脱贫攻坚的成果真实可靠，经得起历史和群众的检验，不搞弄虚作假，不玩"数字脱贫"和"被脱贫"。根据中共中央办公厅和国务院办公厅印发《关于建立贫困退出机制的意见》，贫困户脱贫年人均纯收入稳定超过国家扶贫标准且吃穿不愁，义务教育、基本医疗和住房安全有保障。贫困村脱贫需要将贫困发生率降到国家标准（中部地区 2%，西部地区 3%）以下，并统筹考虑村级基础设施、产业发展、基本公共服务及集体经济收入等因素。贫困县退出则以贫困发生率为主要依据，脱贫摘帽也需降至国家标准（中部地区 2%，西部地区 3%）之下。

和以往的扶贫成效评估不同，对精准脱贫成效考核将引入第三方评估机制。和以往单一的评估主体不同，引入独立的第三方进行评估后，将实现精准脱贫成效内部评估和外部评估的有效结合，评估结果将更加客观，有助于实现脱贫成效精准。

二、精准扶贫的主要做法

精准扶贫的关键在于"怎么扶"。习近平总书记在中央扶贫开发工作会议上发表的重要讲话指出，要解决好"怎么扶"的问题，按照贫困地区和贫困人口的具体情况，实施"五个一批"工程。

一是发展生产脱贫一批，引导和支持所有有劳动能力的人依靠自己的双手开创美好明天，立足当地资源，实现就地脱贫。

二是易地搬迁脱贫一批，贫困人口很难实现就地脱贫的要实施易地搬迁，按规划、分年度、有计划地组织实施，确保搬得出、稳得住、能致富。

三是生态补偿脱贫一批，加大贫困地区生态保护修复力度，增加重点生态功能区转移支付，扩大政策实施范围，让有劳动能力的贫困人口就地转成护林员等生态保护人员。

四是发展教育脱贫一批，治贫先治愚，扶贫先扶智，国家教育经费要继续向贫困地区倾斜、向基础教育倾斜、向职业教育倾斜，帮助贫困地区改善办学条件，对农村贫困家庭幼儿特别是留守儿童给予特殊关爱。

五是社会保障兜底一批，对贫困人口中完全或部分丧失劳动能力的人，由社会保障来兜底，统筹协调农村扶贫标准和农村低保标准，加大其他形式的社会救助力度。要加强医疗保险和医疗救助，新型农村合作医疗和大病保险政策要对贫困人口倾斜；要高度重视革命老区脱贫攻坚工作。

（一）发展生产脱贫一批

要真正实现精准扶贫精准脱贫，增强贫困户的持续增收能力，最终还是要着眼于发展生产，强化产业。产业扶贫是"拔穷根"的根本之举，但也是难度最大的扶贫措施，一是因为面临着较大的市场风险，二是农业生产具有显著的自然风险，三是贫困人口的抗风险能力较差。要顺利进行产业扶贫，首先需要选准特色产业。选择特色产业的标准主要有以下几条：一是突出特色选产业，产业的选取需要充分利用当地的资源禀赋，结合当地的特色，因地制宜。二是突出市场选产业，根据市场的需求决定具体的产业，不断适应消费需求的转型升级。三是突出绿色选产业，当前农产品消费对有机、绿色等要求不断提高，贫困地区可以充分发挥当地生态环境优势，在绿色产业方面寻求突破口。四是突出融合选产业，单纯依靠种养等环节增收获取的附加值有限，农民增收效果相对一般。因此在选取特色产业时，需要着眼于延长产业链，努力实现第一、二、三产业的融合发展（刘北桦和詹玲，2016）。

选准扶贫产业是实现产业扶贫的前提和基础，但是要成功实现产业扶贫仅仅有特色产业是远远不够的。现实经验不断证明，单打独斗的贫困户要想成功通过产业实现脱贫致富的可能性很小，必须通过与企业、专业合作社、能人大户等新型经营主体合作，由新型经营主体带动才有成功的可能性。一些条件相对较好的贫困地区存在一些规模较大、带动能力强、有社会责任感的新型经营主体，此时发展产业扶贫就占有先机。但是很多贫困地区缺乏能够带动贫困户发展产业的新型主体，此时进行产业扶贫就处于劣势，要进一步发展，需要着重进行新型经营主体的培育，但是在发展新型经营主体过程中，不可盲目贪大求全，仍需要根据当地实际情况进行，关键是在实现自身发展的同时，带动更多的贫困人口发展产业、脱贫致富。

在顺利实现新型经营主体与贫困人口的对接后，如何保证贫困人口在产业发展的过程中获得长期稳定的收益？如何针对不同类型的贫困人口设计受益机制？这是产业扶贫过程中的核心问题。对有劳动能力的贫困户来说，在新型经营主体的示范和带动下，可以从事生产乃至加工、销售等环节，也可以进入新型经营主体中就业，获得劳务收入。例如，通过龙头企业带动发展产业时，有劳动能力的贫困户可以在龙头企业的支持下，从事养殖等环节，由龙头企业负责收购销售，不仅解决了市场销售问题，而且也降低了经营的自然风险，农户可以获得一定的经营收入。贫困户也可以在龙头企业中务工，获得劳务收入。对缺乏劳动能力的贫困户而言，扶贫资金也可以入股龙头企业中，年终获得一定的分红。

　　金融扶贫政策在推动产业扶贫的过程中具有显著的作用。无论是企业、新型农业经营主体还是贫困户，发展产业时均面临着资金不足的问题。尤其是新型农业经营主体和贫困户，由于缺乏有效的抵押和担保，几乎不可能从正规金融机构获得贷款。即使有合适的产业项目，也因为缺乏启动资金而放弃，错失了脱贫致富的良机。因此为了保证有发展产业意愿的农户通过产业扶贫脱贫致富，金融扶贫必须予以保障。当前在各地的实践过程中，政府及金融机构通过减免抵押担保环节、降低贷款利率、设立风险保证金、给予贴息、建立贷款保证保险等手段，将贫困户、企业、新型农业经营主体、金融机构等联结起来，既降低金融机构发放扶贫贷款的风险和成本，又切实解决贫困户、企业及新型农业经营主体的贷款难问题，最终实现助力产业扶贫，增强贫困户内生发展动力，帮助贫困户顺利摆脱贫困的发展目标。

　　为克服产业扶贫存在的受市场影响大，失能或者弱能贫困人口难以获取收益等问题，各地开始积极探索资产收益扶贫方式。以重庆市南川区为例，当地探索资产收益扶贫的具体做法是按照"资金入股、配股到户、保底分红、脱贫转股、共享收益"原则，整合各类扶贫帮扶资金作为入股资金，量化成股权后投入辖区内合作社（企业），让贫困户变成股东，从合作社（企业）的产业发展中分红受益①。这一模式设计具有明显的优势：一是贫困户的分红收益不受市场经营情况的影响；二是保证了缺乏劳动能力的贫困户也能够在此过程中获得收益；三是贫困户脱贫后配股转移，产权未固定化，保证了分红收益均用于贫困户。

　　当前的产业扶贫政策成功和失败的案例均较为普遍，国家针对产业扶贫的各项保障政策不断出台。无论是成功还是失败的案例均表明，要成功进行产业扶贫，保证贫困人口持续稳定脱贫，必须要有完整、合理的机制设计，充分调动政府、企业、新型农业经营主体、金融机构、贫困户等参与主体的积极性，保证在产业扶贫过程各方追求自身利益与实现脱贫攻坚目标的统一，靠贫困户的单打独斗很难顺利实现产业扶贫目标。同时，产业扶贫要谋求切实增强贫困户的内在能力，通过产业的发展带动贫困户自身的能力建设，保证其真正实现长期稳定脱贫。

---

① 加强资产收益扶贫的有益探索[Z]. 农民日报，2016-10-26.

（二）易地搬迁脱贫一批

由于贫困人口多集中于中西部地区，尤其是地形复杂、交通落后、缺乏产业的山区，这部分贫困人口很难就地实现脱贫致富。在此情况下，需要将贫困人口搬到条件更好的地区，解决"一方水土养不活一方人"的问题。

《"十三五"时期易地扶贫搬迁工作方案》明确规定，易地扶贫搬迁对象主要是居住在深山、石山、高寒、荒漠化、地方病多发等生存环境差、不具备基本发展条件，以及生态环境脆弱、限制或禁止开发地区的农村建档立卡贫困人口，优先安排位于地震活跃带及受泥石流、滑坡等地质灾害威胁的建档立卡贫困人口。要统筹考虑水土资源条件、城镇化进程及搬迁对象意愿，采取集中与分散相结合的安置方式。

在集中安置方面，主要包括行政村内就近集中安置、建设移民新村集中安置、依托小城镇或工业园区安置、依托乡村旅游安置等。行政村内就近集中安置是指依托靠近交通要道的中心村，引导本行政村内居住在生存条件恶劣地区的搬迁对象就近集中安置。建设移民新村集中安置是指依托新开垦或调整使用的耕地，在周边县、乡镇或行政村规划建设移民新村，引导居住在生存条件恶劣地区的搬迁对象就近集中安置。依托小城镇或工业园区安置是指结合新型城镇化建设，在县城小城镇或工业区附近建设集中安置区。安置区周边不具备基本生存条件地区，搬迁对象适度集中居住并发展乡村旅游。

在分散安置方面，主要包括插花安置、投亲靠友等。插花安置是指依托安置区已有基础设施、公共服务设施及土地、空置房屋等资源，由当地政府来回购空置房屋、配置相应耕地资源安置部分搬迁对象。投亲靠友等其他安置方式是指引导搬迁对象通过进城务工、投亲靠友等方式自行安置，除享受易地扶贫搬迁补助政策外，迁出地和迁入地政府应在户籍转移、社会保障、就业培训、公共服务等方面给予支持。

由于易地扶贫搬迁主要是为了保障建档立卡贫困人口的基本生活，为避免贫困户因建造住房再次致贫，《"十三五"时期易地扶贫搬迁工作方案》对住房面积明确予以控制。中央补助的建档立卡贫困户人均住房建设面积不超过25平方米（宅基地严格按照当地标准执行），与建档立卡贫困户随迁的一般农户的住房面积标准由各省确定。

考虑到"十三五"期间需完成1 000万人口搬迁任务，保证到2020年，搬迁对象生产生活条件明显改善，享有便利可及的基本公共服务，收入水平明显提升，迁出区生态环境有效改善，与全国人民一道同步进入全面小康社会，初步计算，"十三五"时期易地扶贫搬迁总投资约6 000亿元，资金来源主要包括以下几个渠道：一是逐年增加中央预算内投资规模，鼓励和引导农户自筹部分建房资金，两项合计力争达到 1 000 亿元；二是通过调整地方政府债务结构，由省级政府向有关市场运作的省级投融资主体注入 1 000 亿元项目资本金；三是通过国家开发银行、中国农业发展银行发行专项建设债券设立的专项建设基金，为市场化运作的省级投融资主体注入 500 亿元项目资本金。剩余约 3 500 亿元缺口部分，由国家开发银行和中国农业发展银行为省级投融资主体提供易地扶贫搬迁长期贷款。

　　易地扶贫搬迁政策针对的是"一方水土养不活一方人"的现实难题，目标是保证贫困人口的基本住房安全，满足贫困户的基本住房需求。在此目标设定下，易地扶贫搬迁政策追求的是贫困户住房条件的"够用"而非"享受"。从各地易地扶贫搬迁的情况来看，绝大多数建档立卡贫困人口均愿意搬迁，但是易地搬迁政策在实施过程中还存在一些问题。一是个别地区对国家政策理解不到位，易地扶贫搬迁过程中存在超标准、超规格的问题，本身造福贫困户的易地扶贫搬迁却成为搬迁农户新的困扰。二是部分地区结合自身实际设计的易地扶贫搬迁政策计划存在不足，贫困户如要搬迁，需要自筹部分搬迁资金，资金不足成为搬迁的主要障碍，想搬没钱搬成为新的现实问题，易地扶贫搬迁政策无法落到实处。三是人均 25 平方米的住房面积规定对部分农村地区的贫困户而言稍小，有限的面积下对户型设计也提出了更高的要求。四是易地扶贫搬迁后贫困人口的生计问题，如就业、土地等未能完全解决。当前易地搬迁实践极少涉及土地调整，农村的就业机会较少，这些现实情况使搬迁后贫困人口的生计缺乏保障。五是易地扶贫搬迁政策宣传还存在一定程度的不到位，个别地区贫困户对政策熟悉程度不足。

（三）生态补偿脱贫一批

　　我国贫困地区多位于中西部山区，资源禀赋较好，但是却面临着"富饶的贫困"这一困境。如何在保护生态环境的过程中实现对贫困人口的精准扶贫、精准脱贫？

　　2016 年，国务院办公厅出台的《关于健全生态保护补偿机制的意见》提出，在生存条件差、生态系统重要、需要保护修复的地区，结合生态环境保护和治理，探索生态脱贫新路子。生态保护补偿资金，国家重大生态工程项目和资金按照精准扶贫、精准脱贫的要求向贫困地区倾斜，向建档立卡贫困人口倾斜。重点生态功能区转移支付要考虑贫困地区实际状况，加大投入力度，扩大实施范围。加大贫困地区新一轮退耕还林还草力度，合理调整基本农田保有量。开展贫困地区生态综合补偿试点，创新资金使用方式，利用生态保护补偿和生态保护工程资金使当地有劳动能力的部分贫困人口转为生态保护人员。对在贫困地区开发水电、矿产资源占用集体土地的，实行给原住居民集体股权方式进行补偿。

当前的生态补偿扶贫还存在一些不足。一是生态补偿的金额较低，覆盖面不足，单纯靠生态补偿难以顺利实现脱贫；二是林业的生产周期长，投入较高，在短期内很难通过林业产业经营脱贫增收。

（四）发展教育脱贫一批

发展教育是阻断贫困代际传递的根本渠道，也是实现社会有序流动的基本保障。发展教育脱贫一批，实质上就是使贫困地区和贫困家庭子女享受更好的受教育条件，提高贫困人口的人力资本，增强贫困人口脱贫致富的能力。

当前教育扶贫的做法主要有以下几个方面：第一，全面改善贫困地区义务教育薄弱学校基本办学条件，重点保障贫困地区义务教育学校办学条件，提高教师队伍素质。第二，实施贫困地区义务教育学生营养改善计划，按照每生每天 4 元标准为 3 200 多万名贫困地区小朋友提供营养膳食补助。第三，实施中等职业教育学生免学费和给予国家助学金补助政策，按照每生每年 2 000 元标准对片区内中等职业学校全日制农村在校生免除学费，并给予每生每年 2 000 元的助学金补助。第四，实施面向贫困地区定向招生计划，招生高校覆盖所有"211"工程高校和 108 所中央部属高校，招生计划从 2012 年的 1 万人增加到 2016 年的 6 万人。第五，实施《乡村教师支持计划（2015-2020 年）》，从乡村教师待遇、乡村教师培训、城乡教师流动交流等方面增强乡村教师队伍建设。第六，实施学前教育重大项目，重点支持中西部地区发展农村学前教育。第七，将 44 所教育部直属高校纳入定点扶贫工作体系中，通过发挥高校自身优势来参与教育扶贫工作。

治贫先治愚，扶贫先扶智。这些教育扶贫方面的举措有效改善了我国贫困地区义务教育长期以来存在的薄弱局面，增加了贫困家庭子女通过教育改变自身命运的机会，是实现精准扶贫的根本举措。当前在教育扶贫过程中，需要着重处理好高等教育与职业教育之间的关系，在发展高等教育的同时，要积极转变以往重高等教育、轻职业教育的局面，加大对职业教育领域的投入，充分发挥职业教育在教育脱贫过程中的重要作用。

（五）社会保障兜底一批

前四类精准扶贫做法具有一定的针对性，如产业扶贫偏重于有劳动能力的贫困户，生态扶贫偏重于自然资源丰富地区，教育扶贫侧重于有受教育子女的贫困家庭，易地扶贫搬迁针对的则是"一方水土养不活一方人"地区的贫困户。考虑到当前我国仍然存在大量的缺乏劳动能力、体弱多病的贫困人口，这部分人群由于无法通过上述举措予以帮扶，此时更适用于以社会保障进行兜底。

　　针对社会保障兜底问题，贵州省的做法具有代表性。2015 年，贵州省发布《关于开展社会保障兜底推进精准扶贫的实施意见》[①]，该实施意见明确提出到 2020 年，农村低保与扶贫两个标准实现统一，2016 年贵州低保平均标准达到 3 184 元/年，今后将根据经济发展情况逐步提高。同时，针对纳入低保的老年人、重度残疾人、重病患者、在校学生、单亲家庭成员等特殊困难群体，在发放基本保障金的基础上，根据困难程度，按照当地低保标准的 10%~30%分类别增发特殊困难补助金给予生活保障，对农村低保中的季节性缺粮户实施好粮食救助。

　　此外，贵州省在其他方面也在不断提高对贫困人口的社会保障水平。例如，逐年提高农村五保供养标准，确保五保供养对象生活水平不低于当地农村居民平均生活水平。保证散居孤儿基本生活费不低于 600 元/月，集中供养孤儿基本生活费不低于 1 000 元/月。提高贫困人口的医疗救助保障水平，完善临时救助制度和受灾人员救助制度，完善城乡居民基本养老保险制度，确保贫困群众老有所养。

　　总体来说，社会保障兜底在顺利实现贫困户的脱贫过程中发挥了重要作用，社会保障水平的不断提高有利于保障贫困人口的基本生活，使贫困人口不愁吃、不愁穿，义务教育、基本医疗和住房安全有保障。贵州的各项做法实际也反映了当前在社会保障兜底过程中所存在的一些问题。一是一些地区社会保障水平仍然不足，以低保为例，多数地区分为 A、B、C 三类，即使是保障标准最高的 A 类低保年补贴金额也不足 2 500 元，离脱贫标准有明显距离，这说明针对贫困人口的社会保障程度还不足以完成兜底，让贫困户真正实现脱贫。二是低保政策与扶贫工作衔接仍不到位。贫困人口未必能享受低保政策，享受低保政策的未必是贫困人口，而且低保政策通常以人为单位进行评定，而贫困户是以户为单位进行认定，低保保人不保户与扶贫保户不保人的关系之间存在一定冲突。三是基层干部重社会保障兜底，轻产业发展等能力扶贫手段。由于社会保障操作简单、效果明显、风险较小，在一些基层的实践中，往往更愿意争取更多的社会保障指标对贫困户进行兜底保障，产业扶贫往往被忽视。四是部分地区存在"精英俘获"现象，村干部在分配扶贫资源时掌握决定权，上级难以有效监管时，就容易出现优亲厚友，各种社保资源难以瞄准真正贫困户，导致扶贫资源利用效率低下等。

三、中国精准扶贫取得的重要成就

　　得益于近些年来国家不断增加的扶贫投入，贫困地区自身的经济发展以及精准扶贫政策理念的深入贯彻落实，我国的贫困人口和贫困发生率均持续下降，对

---

　　① 关于开展社会保障兜底推进精准扶贫的实施意见[Z]. 贵阳网，2015-11-12.

世界的减贫事业做出了突出贡献。中国的贫困地区条件明显改善，发展速度超过全国的同期水平。与全国农村水平相比，贫困地区农户的收入、消费、吃饭、穿衣、住房及耐用消费品等虽然相对落后，但是发展普遍较快，差距显著缩小，一些指标和全国水平已较为接近。

第一，中国的贫困人口和贫困发生率显著下降。在 2010 年贫困标准下，2016年中国的贫困人口为 4 335 万人，2012 年这一数字高达 9 899 万，是 2016 年贫困人口的 2.28 倍，短短 4 年间中国的减贫人口超过 5 500 万人。同期中国的贫困发生率由 10.2%下降到 4.5%，农村的贫困面明显收窄，贫困程度和深度均不断下降。

第二，中国的精准扶贫对世界的减贫工作也做出了突出贡献。除了在减贫人口方面对世界做出突出贡献外，中国的精准扶贫政策理念也为世界的减贫工作起到了示范作用。在贫困人口数量逐渐减少、分布日益分散、减贫难度越来越大的新的现实情况下，中国的精准扶贫理论及实践为世界范围内的减贫工作提供了可参考借鉴的范本，有利于推动世界减贫事业的发展。

第三，中国的贫困地区整体发展取得了显著成效。近几年来人均可支配收入增速已经达到或者超过全国平均水平，基本公共服务取得长足进步，主要指标也已接近全国平均水平。表 2.1 显示，自 2013 年以来，全国农村居民人均可支配收入和贫困地区农村居民人均可支配收入均在不断提高，虽然增速存在下降趋势，但是贫困地区农村居民的收入实际增速一直比全国农村居民收入实际增速高 2 个百分点以上。得益于更高的收入增速，贫困地区农村居民的人均可支配收入占全国农村居民人均可支配收入的比重也由64.5%提高到 67.0%。这说明近几年来，随着国家对贫困地区支持力度的不断加大，贫困地区农民的收入增长更快，与全国农村居民的收入差距也在快速缩小，也说明《中共中央　国务院关于打赢脱贫攻坚战的决定》中关于农民人均可支配收入增速高于全国平均水平的脱贫目标目前已经提前得以实现。

表 2.1　全国及贫困地区农村居民人均可支配收入及增速

年份	全国农村居民人均可支配收入/元	全国农村居民人均可支配收入实际增速	贫困地区农村居民人均可支配收入/元	贫困地区农村居民人均可支配收入实际增速	贫困地区农村居民人均可支配收入占全国比重
2013	9 430	9.3%	6 079	13.4%	64.5%
2014	10 489	9.2%	6 852	10.7%	65.3%
2015	11 422	7.5%	7 653	10.3%	67.0%

资料来源：《中国农村贫困监测报告 2016》

《中共中央　国务院关于打赢脱贫攻坚战的决定》明确提出，到 2020 年，贫困地区基本公共服务主要领域指标接近全国平均水平。由于全国农村地区基本公共服务相关指标缺失，无法对两者进行对比，但从近些年来贫困地区基本公共服务指标数据可以看出，贫困地区的基本公共服务已取得显著进步，除教育外的主要指标均超过 80%。

在行政村层面，如表 2.2 显示，贫困地区有文化活动室的村比重由 2012 年的 74.5%提高到 2015 年的 83.8%，增长幅度达到 9.3 个百分点。2015 年有卫生室（站）的村比重和有合法行医证医生/卫生员的村比重均已超过 90%；在乡镇层面，有综合文化站的乡镇比重和有政府办卫生院的乡镇比重均已超过 98%，基本实现综合文化站和公办卫生院对乡镇一级的全覆盖。有全科医生的乡镇比重也达到 87.1%，大多数乡镇都已拥有全科医生。由此可见，即使缺乏全国农村地区的相应数据，但是可以认为贫困地区在文化和医疗方面的公共服务已经接近全国农村的平均水平。在公共教育服务方面，2015 年贫困地区有幼儿园/学前班的村比重为 56.7%，有小学且就学便利的村比重稍高，达到 63.6%，虽然 2012 年以来，两项指标均在不断提高，但仍低于其他公共服务类指标。鉴于当前国内农村学生生源普遍减少，一些地区的学校数量也随之不断减少，因此教育方面的指标数据相对较低也符合常理。

表 2.2　贫困地区基本公共服务指标情况

指标	2012 年	2013 年	2014 年	2015 年
有文化活动室的村比重	74.5%	75.6%	81.5%	83.8%
有卫生室（站）的村比重	86.8%	92.6%	94.1%	95.2%
有合法行医证医生/卫生员的村比重	83.4%	88.9%	90.9%	91.2%
有幼儿园/学前班的村比重	43.2%	50.4%	54.7%	56.7%
有小学且就学便利的村比重	58.1%	60.4%	61.4%	63.6%
有综合文化站的乡镇比重	87.0%	94.8%	97.2%	98.4%
有政府办卫生院的乡镇比重	92.1%	97.1%	98.2%	99.4%
有全科医生的乡镇比重	69.0%	77.8%	83.2%	87.1%

资料来源：《中国农村贫困监测报告 2016》

第四，贫困地区农户的生产生活条件也在不断改善，部分耐用消费品拥有量和全国水平已经较为接近。2015 年，居住竹草土坯房的农户比重下降为 5.7%，住房不安全的农户比重较低。使用照明电的农户比重超过 99%，用电问题已基本解决。饮水无困难的农户比重提高到 85.3%，农户的日常饮水需求初步得到满足。在耐用消费品方面，如图 2.1 所示，贫困地区农户的汽车拥有量虽然低于全国农村的水平，但是每百户拥有量也已达到 8.3 辆。洗衣机和电冰箱的拥有量已经和全国农村水平比较接近，计算机的拥有量每百户也已超过 10 台。值得一提的是，贫困地区农户移动电话的每百户拥有量达到 208.9 台，平均每户农户的移动电话拥有量超过 2 台，稍低于全国农村，这说明贫困地区的移动电话普及率已经达到较高水平。

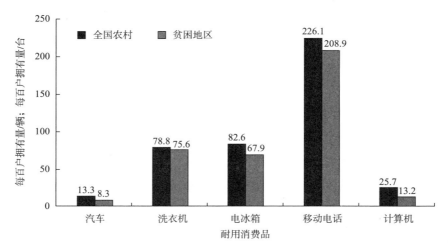

图 2.1　2015 年全国农村居民及贫困地区农村居民每百户耐用消费品拥有量

资料来源：《中国农村贫困监测报告 2016》

　　第五，区域性整体贫困问题开始解决。随着贫困地区的快速发展和农户生产生活条件的不断改善，一些条件较好、扶贫工作成效突出的贫困县开始摘帽退出，区域性贫困问题初步开始解决。2017 年 3 月 27 日，河南省举行兰考县退出贫困县新闻发布会，经国务院扶贫开发领导小组评估并经河南省政府批准，兰考县成为河南省贫困退出机制建立后首个脱贫的贫困县。经核查评估，兰考县综合测算贫困发生率 1.27%，符合贫困县退出标准[①]。

　　对比《中共中央　国务院关于打赢脱贫攻坚战的决定》中的总体目标要求，当前我国的扶贫事业已经取得显著成效，到 2020 年需实现的总体目标已有部分提前实现。例如，贫困农户不愁吃、不愁穿，贫困地区农村居民人均可支配收入增速高于全国平均水平以及贫困地区基本公共服务接近全国农村平均水平等目标均已基本实现。

第三节　精准扶贫存在的问题与建议

一、精准扶贫存在的问题

　　当前，随着国家扶贫资源的不断投入与各种扶贫机制的建立完善，我国的扶

① 兰考脱贫成河南首个"摘帽"贫困县[Z]. 人民网，2017-03-04.

贫工作取得了长足进步，贫困地区与全国农村地区的差距迅速缩小，一大批贫困人口摆脱贫困，生产生活条件显著改善，吃穿以及教育、医疗、住房问题基本解决。我国的扶贫工作对世界减贫的贡献也超过 70%，目前已经进入精准扶贫、精准脱贫的新阶段。虽然我国的减贫工作取得了巨大成效，但是在成绩背后，仍然存在一些问题需要进一步重视。

第一，各地的精准识别工作仍然存在"瞄不准"现象。精准识别是精准扶贫工作的首要环节与前提保障，若精准识别出现偏差，后续的精准帮扶、精准管理、精准退出等各项工作都难以有效开展，直接影响脱贫攻坚的有效性和精准度。由于我国的贫困人口总数是国家统计局根据大样本的调查数据计算收入指标后推算得出，贫困人口的具体分布仍需要依靠各地下到基层进行筛选识别。但是考虑到农户的实际收入指标难以掌握，在实际工作中通常采取分配指标数量，通过民主评议手段进行贫困户的认定。这一精准识别问题存在以下几方面的具体表现。

（1）各地的发展水平不一，各地分配到的指标很难真正符合当地的实际经济发展及农村贫困状况，进而导致条件相对较好的地区指标较多，不该评为贫困户的评上贫困户，条件相对较差的地区指标较少，应该评为贫困户的因为缺少指标无法评上，最终必然导致精准识别工作的不精准。在对中部地区个别贫困县的调研过程中，我们发现个别贫困户，乃至现已脱贫的农户在精准识别填写具体致贫原因时，均是缺少技术。但是对该农户进行具体分析时，发现家庭并不缺少劳动力，也有建筑行业的从业技术，究其原因，根源在于当地为国家扶贫开发工作重点县和集中连片地区特殊困难地区县，贫困指标较多，但是没有那么多真正符合条件的贫困人口，只能让不应评为贫困户的被识别为建档立卡贫困人口，最终导致精准识别工作的不精准。

（2）贫困人口动态变化，导致进入及退出不够及时。由于建档立卡工作直接针对具体的农户，分散的农户分布导致这项工作的行政成本非常高且建档立卡后的动态调整面临现实困难。贫困农户的脆弱性问题容易使其重新返贫，如家庭成员生大病、发生意外丧失劳动能力、市场行情差、自然灾害等，都有可能使脱贫户重新返贫，使一般农户变成实质上的贫困户，但由于建档立卡工作的动态调整机制难以适应现实情况的千变万化，一定程度上也使精准识别工作面临现实挑战。

（3）当前我国扶贫机制的设定使重点工作以外地区的贫困户容易遗漏。例如，我国在全国层面上划设了 592 个国家扶贫工作重点县、14 个集中连片特殊困难地区（包含 680 个县）和数以万计的贫困村，这些区域的设立使各级地方政府的工作重心主要放在贫困县、片区县和贫困村，面上县和面上村的贫困户容易遗漏。2015 年，我国贫困地区的贫困人口为 3 490 万人，占全国农村贫困人口的

62.6%，仍有 37.4%的贫困人口分布于贫困地区以外，这部分群体的识别工作由于各种因素，更容易产生偏差。

（4）村干部在贫困户评议过程中发挥关键作用，容易发生权力寻租、优亲厚友等现象。虽然扶持对象精准识别工作拥有一套严格程序，但是在各地的实践过程中，上级部门由于信息不对称等因素，难以对负责具体实施的村级干部进行有效监管，村干部利用扶贫资源优亲厚友现象屡见不鲜，容易导致扶贫对象不够精准。有研究表明，乌蒙山片区的贵州、云南和四川三省 2013 年建档立卡贫困户中有 40%的农户人均收入超过贫困线，非建档立卡户中有 58%的农户收入低于贫困线。在武陵山片区的贵州、重庆、湖南和湖北 4 省市调查数据显示建档立卡户中 49%的农户收入高于贫困线。

第二，精准帮扶过程中仍然存在一定问题。精准帮扶是实现精准扶贫、精准脱贫的核心环节，也是贫困户直接从扶贫资源中获益的关键环节。如何实现精准帮扶，让真正的贫困户受益，一直是精准扶贫过程中的关键问题。当前精准帮扶举措多种多样，如产业扶贫、易地扶贫搬迁、劳务输出扶贫、教育扶贫及社会保障兜底等，各类举措针对不同类型的贫困户。精准帮扶的不足主要有以下几个方面。

（1）政府主导的扶贫体制，市场参与不足。这一点尤其体现在产业扶贫的过程中，由于产业扶贫需要与市场进行交换，在政府主导的扶贫体系中，产业的选择和发展主要由政府决定，容易带来产业发展过程中的市场问题，相关的失败案例屡见不鲜，由此需要动员市场主体去参与扶贫工作，政府与市场主体相互配合，不断提高扶贫工作的效率。

（2）部分政策设计不完全适应贫困农户的现实需要，针对性不足。发展产业扶贫时，不同致贫原因的贫困户发展产业的基础不同，导致针对贫困户的同一政策效果差距较大。例如，有劳动力和一定技术基础的贫困户可以通过参与种养殖环节融入产业扶贫的产业链之中，但是缺乏劳动力和技术基础的贫困户自身就缺少发展产业的能力，需要进一步设计产业扶贫机制。实施易地扶贫搬迁时，各地的做法不同，一些地区贫困户搬迁需要事先垫付资金，并且由于政府补助标准不足以完全覆盖搬迁成本，农户需要自筹部分资金，此时便出现贫困户愿意搬但没钱无法搬的状况。

第三，贫困户的精准退出也面临着一定的挑战。随着精准识别和精准帮扶工作的顺利开展，贫困户的精准退出是精准扶贫、精准脱贫的必然结果。当前贫困户要实现精准退出，必须满足脱贫的收入条件，贫困户不愁吃、不愁穿，义务教育、基本医疗和住房安全有保障，在达到这一标准后，贫困户的退出也需要有一定的组织程序才可退出。当前贫困户的精准退出存在操之过急的现象，贫困户长期发展的能力仍然不足。由于全国要求在 2020 年前消除现有贫困标准下的贫困人口，各县市也设定了明确的脱贫时间表，实现精准脱贫的时间往往比全国更早，这导致条件相对一般的地区在实施精准扶贫过程中，贫困户虽然能从精准帮扶中获益，但是没有完全达到贫困户的脱贫标准就被退出，实际上贫困户自身的能力仍然不足，面临着再次返贫的风险。

二、精准扶贫的相关建议

随着精准扶贫精准脱贫成为新时期内我国脱贫攻坚的基本方略，各项精准扶贫具体政策也在不断制定、出台，并逐渐贯彻落实，目前贫困程度较轻、容易脱贫的贫困人口受益于各项精准扶贫政策，已基本顺利脱贫，剩下尚未脱贫的农户贫困深度和致贫原因更加复杂，扶贫工作面临的阻力和困难更大，毫无疑问，现在已经进入扶贫工作的攻坚克难时期。

在脱贫难度逐渐加大的现实情况下，要在 2020 年前完成《中共中央 国务院关于打赢脱贫攻坚战的决定》中规定的脱贫攻坚的总体目标，需要做到以下几点。

第一，继续坚持精准扶贫精准脱贫基本方略，不断提高扶贫工作的针对性和精准度，做好贫困人口的动态调整，动态帮扶。在贫困人口数量不断减少但贫困程度加深的情况下，需要继续坚持精准扶贫精准脱贫基本方略，提高各项政策实施的精准度，确保贫困人口能够真正从精准扶贫政策中获益。同时，要积极应对可能出现的返贫人口，对贫困人口进行动态调整，对返贫人口进行再帮扶，确保精准扶贫不漏一人。

第二，加强对贫困户的综合帮扶、分类施策、多管齐下。由于尚未脱贫人口贫困程度普遍较深，致贫原因较为复杂，单一的扶贫政策很难完全起到帮扶脱贫的作用。因此对贫困人口的帮扶工作需要更加注重帮扶措施的综合性，针对其致贫原因分类施策、多管齐下，解决贫困户的现实问题，保证其顺利脱贫。

第三，精准扶贫过程中需要加强贫困户的能力建设，着眼于帮扶举措的长期效果，避免短期行为。在对贫困户的帮扶过程中，需要不断加强体制机制创新，让贫困户从帮扶过程中提高自身的发展能力，激发其内生动力，最终实现长期稳定脱贫。同时各项帮扶政策需要从长远考虑，切实提高措施的长期效果，避免因为追求政绩的短期行为导致的贫困户再次返贫，扶贫工作效率低下等弊端。

第四，扩大县级政府的自主权，加强上级政府的监管职能。由于我国贫困地区面积广大、情况复杂，各个贫困区域的致贫原因各不相同。要实现精准扶贫，必须将"事权"下移到以县级为代表的基层政府，让其根据自身实际情况制订扶贫工作计划，自主决定各项资金的用途。鉴于扶贫工作尤其是扶贫资金使用过程中可能出现的违规违纪等现象，上级政府需加强对扶贫工作各个环节的监管职能，既调动县级政府的工作积极性，提高扶贫工作的精准度，又保证各项扶贫工作符合精准扶贫的相关要求。

　　第五，坚持激励和问责相结合，既要对扶贫不力问责，也要对工作突出的加强激励。为保证2020年脱贫攻坚目标的顺利实现，各级党委政府和上级政府已层层签订责任书，立下军令状，这意味着脱贫攻坚工作已成为扶贫任务重的地区"十三五"期间头等大事和第一民生工程，在问责的压力下，各级党委政府均高度重视脱贫攻坚，但是要激励党委和政府的工作积极性，除了强调问责，也需要加强对工作突出的党委政府的激励，问责和激励相结合，才能更好发挥各地的积极性。

参 考 文 献

曹昆. 2016-01-03. 习近平扶贫新论断：扶贫先扶志、扶贫必扶智和精准扶贫[EB/OL]. http:// politics.people.com.cn/n1/2016/0103/c1001-28006150.html.

杜志雄，詹琳. 2015. 实施精准扶贫新战略的难题和破解之道[J]. 中国发展观察，（8）：23-26.

国家统计局住户调查办公室. 2016. 中国农村贫困监测报告[M]. 北京：中国统计出版社.

刘北桦，詹玲. 2016. 农业产业扶贫应解决好的几个问题[J]. 中国农业资源与区划，（3）：1-4，175.

万鹏，谢磊. 2017-09-06. 五个一批[EB/OL]. http://theory.people.com.cn/n1/2017/0906/c413700-29519523.html.

汪三贵，郭子豪. 2015. 论中国的精准扶贫[J]. 贵州社会科学，（5）：44.

王金，秦华. 2016-10-11.精准扶贫的村级实践[EB/OL]. http://dangjian.people.com.cn/n1/2016/1011/c117092-28767859.html.

燕妮. 2015-06-19. 习近平：谋划好"十三五"时期扶贫开发工作 确保农村贫困人口到2020年如期脱贫[EB/OL]. http://syss.12371.cn/2015/06/19/ARTI1434706227305381.shtm.

第三章 我国扶贫开发的政策评估与未来的政策设计①

扶贫开发的关键是让贫困地区与发达地区一同融入国家经济社会的一体化进程，这样不仅会增强我国社会发展的凝聚力，也会提升我国经济整体的国际竞争力。2015 年发布《中共中央　国务院关于打赢脱贫攻坚战的决定》，要求从基础设施方面，如国家铁路网、国家高速公路网、互联网等方面构建贫困地区外通内联的通道，开启了我国扶贫地区加入全国经济社会一体化进程。但是，我国贫困地区集中连片分布，几乎占据我国国土面积的半壁江山，又地处全国经济社会发展的边缘区，对我国扶贫开发及其政策设计提出了巨大的挑战。

本章围绕我国中长期脱贫攻坚工程的重大需求，利用整体政府理论、国家宪法和政策分析方法，开展我国扶贫开发的政策评估与设计研究。首先，探讨我国扶贫开发和基本公共服务两个领域政策协调的有效机制，发现这两个领域的政策协同离不开资源整合、政府部门协调、区域协同和立法，这些扶贫开发政策思想在发达国家半个世纪的集中连片贫困地区脱贫攻坚实践中得到了充分的检验。其次，论述我国扶贫开发政策协调的"伞"字型模式，分析我国以纵向协调为主、横向协调为辅的多层次、多部门协同的扶贫开发体制机制，总结我国扶贫开发政策及其实践中出现的资源整合、政府部门协调、区域协同和立法等政策一体化思想，概括我国扶贫开发一体化政策的基本思路，提出以区域扶贫委员会为主、扶贫合作区和扶贫专区为辅的横向扶贫开发模式，以期为未来我国扶贫开发一体化进程提供新的体制机制保障。

本章主要从政策设计的角度评估我国扶贫开发政策，侧重扶贫开发政策中的纵向协调、横向协调及其平衡问题，属于政策评估中的政策设计评估方向。本章不涉及我国扶贫开发政策的整体评估，如扶贫开发政策第三方评估（汪三贵等，

① [作者简介] 赵作权，中国科学院科技战略咨询研究院研究员、博士生导师；赵璐，中国科学院科技战略咨询研究院。

2016；杨园园和李裕瑞，2016）和扶贫政策评估（魏后凯和邬晓霞，2009；王艺明和刘志红，2016），也不涉及具体的、领域的或部门的扶贫政策评估，如农村专项扶贫政策评估（焦克源和吴俞权，2014）。

第一节　背　　景

在党中央、国务院领导下，我国扶贫开发工作层层推进，纵向布局不断深入，取得了举世瞩目的成就，精准扶贫战略正在发挥着十分重要的指导作用（黄承伟和覃志敏，2015；范小建，2009）。但是，我国扶贫开发横向布局相对薄弱，相邻地区特别是跨省区的扶贫开发合作风气尚未形成，各自为战的局面越演越烈，制约了我国扶贫开发整体效率的提高，不利于加快贫困地区融入国家经济社会的一体化步伐。因此，加强扶贫开发横向布局、促进区域扶贫开发合作成为我国扶贫开发政策制定的重要方向。

扶贫开发政策涉及许多政府部门和地区，有效的扶贫开发政策显然离不开相关政府部门之间和相邻地区之间的协同问题。这种多部门、多地区协同的一个主要方向是我国扶贫开发和基本公共服务建设的有效协调问题。这两个领域是我国到2020年全面建成小康社会的两项重要任务，二者之间存在着十分密切的联系。中共中央、国务院2011年印发的《中国农村扶贫开发纲要（2011—2020年）》提出的主要任务中包括教育、医疗卫生、社会保障等多项基本公共服务。国务院2012年发布的《国家基本公共服务体系"十二五"规划》强调"加大公共资源向农村、贫困地区和社会弱势群体倾斜力度"，该规划的主要目标之一就是"农村和老少边穷地区基本公共服务水平明显高"。在2015年发布的《中共中央关于制定国民经济和社会发展第十三个五年规划的建议》中，基本公共服务建设和扶贫开发成为共享发展的重要内容。中共中央既要求"实施脱贫攻坚工程……提高贫困地区基础教育质量和医疗服务水平，推进贫困地区基本公共服务均等化"，同时还要求"增加公共服务供给……加大对革命老区、民族地区、边疆地区、贫困地区的转移支付"。但目前我国这两个领域的政策实施还缺乏有效的协调体制机制保障。因此，研究如何推动这两个领域的政策协调对我国改善扶贫开发工作、完成脱贫攻坚工程具有十分重要的现实意义。

一、政策融合趋势

下面首先分析我国扶贫开发与基本公共服务两个领域的政策融合趋势，进而讨论资源整合、部门协调、区域协调及立法等思想在扶贫开发政策中的普遍性。这里使用 5 个相关文件，它们分别为：①中共中央、国务院 2015 年发布的《关于打赢脱贫攻坚战的决定》；②国家发展和改革委员会、交通运输部、国务院扶贫办《关于进一步发挥交通扶贫脱贫攻坚基础支撑作用的实施意见》（发改基础〔2016〕926号）；③中共贵州省委、省人民政府《关于坚决打赢扶贫攻坚战确保同步全面建成小康社会的决定》（黔党发〔2015〕21 号）；④中共黔南州委、黔南州人民政府《黔南州精准扶贫决战决胜同步小康行动纲要》（黔南党发〔2015〕18 号）；⑤中共长顺县委、长顺县人民政府《长顺县精准脱贫决战决胜同步小康实施意见》（长党发〔2016〕2号）。在这五个政策文件中，上级文件对下级文件具有指导作用。特别是，与《中国农村扶贫开发纲要（2011—2020 年）》《"十二五"扶贫开发规划》《基本公共服务体系十二五规划》等系列文件相比，《中共中央　国务院关于打赢脱贫攻坚战的决定》文件是目前我国最新、政策思想最丰富的扶贫开发文件。

我国扶贫开发政策与基本公共服务政策呈现了融合的态势（表 3.1）。从扶贫开发目标任务来看，《中共中央　国务院关于打赢脱贫攻坚战的决定》要求到 2020 年稳定实现农村人口"两不愁""三保障""基本公共服务主要领域指标接近全国平均水平""坚持扶贫开发与社会保障有效衔接"。《关于进一步发挥交通扶贫脱贫攻坚基础支撑作用的实施意见》要求到 2020 年，在贫困地区建设广覆盖、深通达、提品质的交通运输网络，乡村交通基础网络明显改善，区域交通骨干通道建设显著加强，铁路、高速公路基本覆盖贫困地区市（地、州）行政中心。《关于坚决打赢扶贫攻坚战确保同步全面建成小康社会的决定》强调到 2020 年末的目标任务之一是"基本公共服务水平大幅提高"。《黔南州精准扶贫决战决胜同步小康行动纲要》要求 2019~2020 年实现"两不愁、三保障"的同时，"贫困自然村村村通油路（硬化）和通电信网络，户户通电、通广播电视"。《长顺县精准脱贫决战决胜同步小康实施意见》强调 2019~2020 年"与全国同步实现全面建成小康社会目标"。从扶贫开发重点领域来看，上述政策文件同样展示了扶贫开发与基本公共服务建设的密切相关性（表 3.1）。特别是美丽乡村建设作为农村基本公共服务事业建设的重要内容，突出了文化、基础设施和环境在扶贫开发中的重要性，如《关于进一步发挥交通扶贫脱贫攻坚基础支撑作用的实施意见》强调"推动贫困地区交通运输绿色发展，建设宜居、宜行、宜游的美丽乡村和美好家园"。

表 3.1　扶贫与基本公共服务对应关系

基本公共服务	《中共中央 国务院关于打赢脱贫攻坚战的决定》	国家发展和改革委员会、交通运输部、国务院扶贫办《关于进一步发挥交通扶贫脱贫攻坚基础支撑作用的实施意见》	贵州省《关于坚决打赢扶贫攻坚战确保同步全面建成小康社会的决定》	贵州《黔南州精准扶贫决战决胜同步小康行动纲要》	贵州《长顺县精准脱贫决战决胜同步小康实施意见》
劳动就业	特色产业 劳务输出	特色产业	产业就业	产业	产业

续表

基本公共服务	《中共中央国务院关于打赢脱贫攻坚战的决定》	国家发展和改革委员会、交通运输部、国务院扶贫办《关于进一步发挥交通扶贫脱贫攻坚基础支撑作用的实施意见》	贵州省《关于坚决打赢扶贫攻坚战确保同步全面建成小康社会的决定》	贵州《黔南州精准扶贫决战决胜同步小康行动纲要》	贵州《长顺县精准脱贫决战决胜同步小康实施意见》
劳动就业	易地搬迁生态保护		生态移民	生态移民	易地搬迁
社会保障	低保兜底		社会保障兜底		社保兜底
住房保障	危房改造				
医疗卫生	医保医助		医疗保健	医疗卫生	
公共教育	教育		教育	教育就业	教育
公共文化	乡风文明			美丽乡村	美丽乡村
公共设施	基础设施	交通设施	基础设施	美丽乡村	美丽乡村
环境保护	环境整治		基础设施	美丽乡村	美丽乡村

　　资源整合、部门协调、区域协调、立法等政策思想普遍存在于上述 5 个政策文件中（表3.2），进一步显示了扶贫开发政策与基本公共服务政策的融合趋势。一方面，这些政策思想得到中央政府的高度认可，另一方面，国家部委、省区（如贵州）、地市和县在扶贫开发政策制定中遵从了中央政府的政策思想。例如，在政府部门协调方面，《中共中央　国务院关于打赢脱贫攻坚战的决定》要求：①充分发挥各级党委总揽全局、协调各方的领导核心作用；②建立健全脱贫攻坚多规划衔接、多部门协调长效机制；③强化各级扶贫开发领导小组决策部署、统筹协调、督促落实、检查考核的职能。《关于进一步发挥交通扶贫脱贫攻坚基础支撑作用的实施意见》强调建立健全上下一体、部门协同、内外联动的交通扶贫新机制，建立健全交通扶贫重大项目协调推进机制，协商解决实施过程中跨部门跨区域的重大问题。《关于攻坚打赢扶贫攻坚战确保同步全面建成小康社会的决定》要求各级党政主要领导要担负起扶贫攻坚第一责任人的责任，亲自部署和协调落实扶贫开发工作。《黔南州精准扶贫决战决胜同步小康行动纲要》和《长顺县精准脱贫决战攻坚基础支撑作用的实施意见》都强调积极推进基础设施、农业综合开发、农村危房改造、城镇保障性住房、就业培训等项目和政策整合力度。

表 3.2　扶贫一体化政策思想的普遍性

政策思想	《中共中央国务院关于打赢脱贫攻坚战的决定》	国家发展和改革委员会、交通运输部、国务院扶贫办《关于进一步发挥交通扶贫脱贫攻坚基础支撑作用的实施意见》	贵州省《关于坚决打赢扶贫攻坚战确保同步全面建成小康社会的决定》	贵州《黔南州精准扶贫决战决胜同步小康行动纲要》	贵州《长顺县精准脱贫决战决胜同步小康实施意见》
资源整合	√	√	√	√	√
部门协调	√	√	√	√	√

续表

政策思想	《中共中央国务院关于打赢脱贫攻坚战的决定》	国家发展和改革委员会、交通运输部、国务院扶贫办《关于进一步发挥交通扶贫脱贫攻坚基础支撑作用的实施意见》	贵州省《关于坚决打赢扶贫攻坚战确保同步全面建成小康社会的决定》	贵州《黔南州精准扶贫决战决胜同步小康行动纲要》	贵州《长顺县精准脱贫决战决胜同步小康实施意见》
区域协调	√	√	√	×	×
立法	√	×	√	×	×

注："√"表明相关的政策思想出现在对应文件中，"×"表明没有出现

二、学术研究进展

目前，这两个领域的政策协调问题已经引起我国学术界的关注，有关研究主要围绕基本公共服务建设与扶贫开发两个领域的政策协调、政策治理体系等方向开展。

（一）基本公共服务建设和扶贫开发的政策协调

当前研究侧重以下三个方面。

1. 基本公共服务建设和扶贫开发关系的理论与实证研究

苏明（2011）系统论述了中国基本公共服务均等化与减贫关系的理论基础。牛华和李雪峰（2013）讨论了西部贫困县基本公共服务与扶贫开发的联动关系，其中包括正向联动关系和负向联动关系。丁波和李雪萍（2014）以武陵山区为例提出了集中连片贫困地区的公共产品供给机制。岑乾明和宋卫琴（2009）以湘西自治州一个村为例探讨了欠发达地区农村公共产品供给的重要性。曾福生和曾小溪（2013）以湖南省为例从实证分析角度分析了基本公共服务对减贫的影响。杨颖（2011）从实证角度探讨了 2002~2008 年中国贫困县公共支出、经济增长对减少贫困的作用。李伟（2001）从实证角度论证了教育与健康水平对中国农村贫困地区农户劳动生产率的影响。

2. 基本公共服务建设和扶贫开发的部门协调研究

李乐为和岑乾明（2011）以湘鄂连片贫困区龙山、来凤两个县为例，论述了跨区域反贫困中的公共产品协同供给，包括组织、机制的协调问题。王春艳（2013）讨论了内蒙古贫困县基本公共服务与扶贫开发的困境，认为人事制度不健全致使人才不足，进而导致基本公共服务部门（如教育、卫生）难以胜任扶贫开发工作所需的各种服务，也导致相关部门之间协调的困难。牛华（2013）以内

蒙古贫困县武川县为例，探讨了基本公共服务与扶贫开发联动的重要性，认为需要整合扶贫开发与基本公共服务制度和组织资源，包括规划和项目方面，由此形成贫困县发展的合力。

3. 基本公共服务建设和扶贫开发的政策协调研究

苏明等（2011）探讨了中国基本公共服务均等化与减贫的理论和政策框架，认为应做好扶贫与基本公共服务均等化在规划、标准、项目和体制机制上的统筹和衔接。

（二）基本公共服务建设与扶贫开发的政策治理体系

基本公共服务建设与扶贫开发的政策治理体系一直是学术界关注的重要学术问题，主要包括以下两个方面的研究。

1. 关于基本公共服务建设的政策治理体系研究

郁建兴（2011）总结了中国公共服务体系的发展历程、社会政策与体制机制建设，建议政府加强社会政策体系建设和体制机制创新，重构政府间财政体制和职责分工等。孙建军和何涛（2010）从政策分析角度综述了基本公共服务均等化研究进展，剖析了相关政策制定和行政执行的影响因素。肖建华（2013）论述了财政保障农村基本公共服务的机制与政策体系建设，建议健全分权体制，建立一套协调政府间目标行为的机制。张铠麟等（2013）讨论了协同公共服务的政府信息化顶层设计思路，发现中国政务信息化建设中面临的部门间业务协同程度不高的问题。郑曙光（2011）从立法政策角度探讨了促进基本公共服务均等化问题，认为可以通过立法合理划分政府间纵向事权责任。

2. 关于扶贫开发的政策治理体系研究

匡远配（2005）总结了中国扶贫政策和机制的创新，认为在扶贫管理工作上还没有建立有效的分工合作机制。刘传岩和赵玉（2008）探讨了我国农村扶贫政策的协调配套问题，发现当前财政、税收、产业、金融、社会保障等各项政策协调性不高，尚未形成有机的政策体系。杨文军（2014）探讨了跨行政区划政府协同扶贫攻坚的机制制度建设问题。赵曦和成卓（2008）论述了中国农村反贫困治理的制度安排，建议"确立法律制度，完善政策体系，建设传递机制，实施扶贫计划，建立参与机制和加强监督机制等方式形成制度规范下的反贫困治理机构"。黄承伟和覃志敏（2015）探讨了基于精准扶贫的国家扶贫治理体系建设问题，认为由行业部门和地方政府来推动的片区精准扶贫在实施中面临各相关部委指导、协调不足的困境。李昌麒（2003）较早地论述了法制建设在中国实施反贫困战略的重要性。北京师范大学中国扶贫研究中心课题组（2015）论述了中国扶贫开发治理体系和治理能力建设的总体思路，建议以国家扶贫开发的法律体系建设为核心，加强和完善国家与地方扶贫开发的制度体系建设。马洪雨（2012）分析了中国扶贫开发国家立法的路径，建议通过国家立法的形式明确扶贫开发工作的实施主体、扶贫资金组织管理体制和法律责任等。

第二节　政策评估与设计的理论、依据与经验借鉴

本节首先介绍政策评估与设计的理论，即整体政府理论，然后论述中国扶贫开发政策评估与设计的宪法依据，进而讨论发达国家美国扶贫开发一体化政策模式即共识模式（consensus model），以美国阿巴拉契亚地区扶贫开发的联邦法案为例，展示了在集中连片贫困地区的扶贫开发政策设计和制度安排中如何实现扶贫资源的有效整合和政府部门的高效协同。

一、政策评估与设计的理论——整体政府理论

（一）整体政府理论

"整体政府"是一种通过横向和纵向协调的思想与行动实现预期目标的政府治理模式，代表着一种新型的政府改革治理模式，利用交互、协作和一体化的方式制定并实施特定的公共政策，提供特定的公共服务，其根本目的是提供优质的公共服务，核心思想是政府机构功能的整合、联合或协同（Pollitt，2003）。它包括以下四个方面的内容：①排除相互破坏与腐蚀的政策情境；②有效地整合使用稀缺的资源；③促使相关政策领域中不同利益主体的团结协作；④为社会公众提供无缝连接而不是分离的服务。

（二）整体政府理论应用

整体政府理论有助于从政策科学和政策设计的视角深入全面地解决基本公共服务建设和扶贫开发两个领域的多层次、多部门的政策协调问题。政策协同包括政策制定中的协同、项目管理的协同、服务供给的协同及政府部门之间的纵横的协同，不同于政策合作或政策整合（周志忍和蒋敏娟，2010，2013；Perri，2004；解亚红，2014）。特别是随着协同政府（整体政府或整体治理）理论的兴

起，一些学者开始利用包括协同政府理论在内的政策协同理论探讨基本公共服务建设和扶贫开发的政策协调问题。张立荣和曾维和（2008）认为国外的整体政府思想对改善中国公共服务模式具有借鉴意义。郭渐强和杜金穗（2013）从协同政府视角探讨了公共服务协同供给问题，强调加强政府部门之间的整合，实现不同部门间公共服务供给协同和政策协同。在扶贫开发研究领域，陈忠言（2014）利用协同政府理论探讨了中国农村扶贫中的跨部门协同机制，认为中国农村扶贫中"三位一体"的扶贫工作格局有政府内协同、政府间协同和政府与非政府组织的合作三种模式，进而剖析了这三种模式的跨部门协同机制。周志忍和蒋敏娟（2013）从政策制定、政策执行与项目管理、公共服务供给三个方面，分析了中国政府的跨部门协同机制，探讨了中国的跨部门协同失灵现象及其体制因素。但是，到目前为止还没有学者将整体政府理论应用于基本公共服务建设和扶贫开发的政策协调研究。

二、政策评估与设计的依据——中国宪法

扶贫开发和基本公共服务存在非常一致的对应关系，是我国宪法赋予的公民基本权利的延伸（表3.3）。扶贫开发的"两不愁、三保障"是劳动就业服务、社会保障、住房保障、医疗卫生等四项基本公共服务的基本体现，是我国公民的劳动权、被帮助权的显示。以文化扶贫、基础设施扶贫和农村环境整治为主要内容的美丽乡村建设丰富了扶贫开发的内涵，密切了与基本公共服务建设的关系，是公民文化权、人身自由权和休息权的体现。这里"两不愁"指不愁吃、不愁穿，"三保障"指义务教育、基本医疗和住房安全有保障。

表 3.3　扶贫与基本公共服务、公民权利对应关系

扶贫	基本公共服务	公民权利	宪法条款
不愁吃穿	劳动就业服务	劳动	第 42 条
不愁吃穿	社会保障	被帮助	第 45 条
住房安全	住房保障	被帮助	第 45 条
基本医疗	医疗卫生	被帮助	第 45 条
义务教育	公共教育	被教育	第 46 条
美丽乡村	公共文化	文化自由	第 47 条
美丽乡村	公共设施	人身自由、休息	第 37 条、第 43 条
美丽乡村	环境保护	人身自由、休息	第 37 条、第 43 条

三、政策评估与设计的经验借鉴——美国"共识"扶贫模式

美国阿巴拉契亚地区是世界上典型的集中连片特困区，横跨美国 13 个州，面积达 52.5 万平方千米，在 1960 年拥有 1 900 万名贫困人口。为了改变这个贫困地区的面貌，美国国会于 1965 年通过法案设立阿巴拉契亚区域委员会（Appalachian Regional Commission，ARC），该联邦机构的使命是实现阿巴拉契亚地区与美国其他地区的社会经济平等地位，展示联邦政府和州政府在扶贫开发中的伙伴关系。ARC 在美国跨地区扶贫开发中取得了举世瞩目的成就（Ziliak，2012）。该法案在国家法律层面确保了资源整合、政府部门协同在大规模片区扶贫开发中的战略作用。

ARC 在成立 50 周年之际发布报告，总结了自身的成就和发展前景，强调共识模式是 ARC 的扶贫开发成功的根本所在（The Appalachian Regional Commission，2015）。共识模式确保联邦政府和州政府在实现 ARC 使命方面紧密合作。共识模式有三点特征。首先，所有的项目战略、资源分配和其他政策事务必须由大多数的相关州长和联邦共同主席同意。其次，由若干县组成的地方发展区确保了既有效又充分的地方参与，地方发展区的理事局由当地的民选官员、商界领袖及其他领域的领导人组成。最后，与一般提供资金的经济发展署不同，ARC 不仅提供基金项目，还从事宣传推广、区域规划和研究活动。这些规划和技术扶持活动扩大了 ARC 基金项目的影响力和形态（The Appalachian Regional Commission，2015）。

下面分别从资源整合、政府部门协同和立法等三个方面展示该区域委员会的跨区域、跨部门扶贫的枢纽组织地位。

（一）资源整合

联邦政府每年提供给 ARC 一定数量的扶贫资金（参见 ARC 法案第 147 章第 3、21 条款）。在 2008~2012 年，联邦政府每年提供 ARC 约 0.9 亿~1.1 亿美元的资金，其中 0.1 亿多美元用于经济与能源开发计划。ARC 设立了鼓励企业发展的专门基金，其中250 万美元用于原住民艺术和手工艺品的开发示范项目，300 万美元用于能源开发示范项目。

除了经济与能源开发计划和专门基金外，这些资金主要用于如下领域——高速公路体系建设、健康示范项目、中低收入者住房项目、通信与技术计划、创业计划和区域技能伙伴关系计划。为此，ARC 每年批准几百个项目资助基于资产的开发、教育培训、领导力开发与能力建设、创业商业开发、出口贸易开发、旅游开发、能源、健康、社区基础设施、通信、交通与高速公路等。该资金主要资助

给州和地方政府的部门、政府实体（如经济开发署）、地方执行局（如县理事会）和非营利组织（如学校、低成本住房建筑组织）。这些部门组织只有按照ARC 战略规划或公开招标的要求申请才有可能获得 ARC 资金资助。

到 2013 年底，ARC 在阿巴拉契亚地区资助了 2.5 万个战略活动项目（不包括高速公路项目），ARC 的投资达 38 亿美元，州和地方的政府部门匹配了 90 亿美元，吸引了约 160 亿美元的私人投资。

（二）政府部门协同

政府部门协同包括与联邦部门协同、与州政府部门协同和与地方政府部门协同等几种方式。ARC 作为该地区各种项目的焦点和协调单元，具有多种协调协同功能（参见 ARC 法案第 143 章第 1~4 条款和第 145 章第 23 条款）。

（1）联邦政府与州政府协同。

ARC 由总统任命的联邦政府代表和相关州的州长共同组成，设两个共同主席，一个是联邦政府代表，另一个由相关州州长轮流担任。ARC 决议需要联邦共同主席和多数州长的同意才能生效，这种组织架构体现了联邦政府与州政府的组织协同。

（2）ARC 与联邦政府协同。

总统应当确保联邦政府和 ARC 之间有效和持续的连接，审阅 ARC 提交的有关联邦政府的计划和建议。总统应当建立阿巴拉契亚部际协调理事会，理事会主席由 ARC 联邦共同主席担任，成员包括在阿巴拉契亚地区开展经济发展项目的联邦部门的代表。联邦共同主席在决议前应当咨询联邦相关部门，努力协调联邦部门在该地区的经济活动或经济发展资源的利用。ARC 决议是控制性的，联邦政府部门应当接受。

（3）ARC 与联邦政府、州政府、地方政府协同。

ARC 在适当考虑联邦政府、州政府、地方政府的规划前提下开展综合性、协调性规划和项目。与联邦政府、州政府、地方政府的部门合作开展，支持该地区的调查研究，或支持有利于促进区域生产力增长的示范项目。与相关部门合作，对联邦政府、州政府、地方政府资助的项目进行评议研究并提出改进意见。ARC有权要求联邦政府部门首长与 ARC 员工执行临时的与联邦政府部门管辖相关的任务，有权安排州、地方的政府部门人员提供服务。为了阿巴拉契亚地区发展，ARC 应当向总统、州长和有关地方官员就联邦、州、地方的政府部门投入的经费额度，联邦、州、地方的立法或管理行动方面提出建议。ARC 应当提供考虑阿巴拉契亚地区问题及其解决方案的论坛，应当建立并利用特别咨询委员会和公共会议。

（4）ARC 与州政府、地方政府协同。

ARC 决议需要一定最低数量的州长同意，与州政府、地方政府的部门一起工作推进立法，形成和促进州际协议或其他形式的州际合作。

（5）ARC 与地方政府协同。

ARC 促进形成并支持由若干个相邻的县构成的地方开发区（local development districts，LDD's），旨在让 ARC 资金有效和充分地使用，加强地方的参与。每个区设有理事局，由相关县域的非营利的组织、政府部门、联合会等类似组织共同组成，负责识别当地社区的优先需求，制订相应的计划来瞄准和面对当地最紧迫的需求，筑造社区共同体和领导力。这些组织按地方开发区申请 ARC 项目资助。目前共有 73 个地方开发区，覆盖全部 420 个县，平均每个区包括近 6 个县。这些开发区组建了阿巴拉契亚开发区联合会，主办有关战略规划和经济、技术管理方面的培训班并与 ARC 共同举办开发区年度会议。

ARC 总部在首都华盛顿，没有地区办公室，成员包括联邦共同主席及其代表、13 个州长（其一是共同主席）及其代表。ARC 还拥有独立的总检察官及其办公室，负责对 ARC 项目与运行的独立和客观的审计与调查。13 个州有 2 个派驻 ARC 的首都代表。ARC 管理运行费用由联邦政府和州政府平均分摊。另外，13 个州和 ARC 有密切的组织联系，目前各有 1 名 ARC 项目经理。

ARC 日常运行管理由执行官负责，雇员有50人左右，下设交流媒体关系处、金融行政处、人力资源处、区域规划研究处和区域项目运行处，其中区域规划研究处有 8 个员工，区域项目运行处有 14 个员工。

（三）立法

ARC立法经历了5年时间，是美国联邦政府和州政府紧密互动的结果。1960年阿巴拉契亚地区的州长组成了面对当地贫困落后局面的阿巴拉契亚州长会议组织。1961 年，这些州长把当地的情况向新当选总统肯尼迪汇报，肯尼迪在竞选旅途中被位于阿巴拉契亚地区中部的西弗吉尼亚州的贫困状态所震动。1963年，肯尼迪总统设立了一个联邦-州共同委员会，即总统阿巴拉契亚区域委员会，指示该委员会起草一个阿巴拉契亚区域经济发展的综合性计划。1964 年，该委员会发布了一份非常有影响的报告，呼吁联邦政府对阿巴拉契亚地区大规模投资，为该地区提供基础设施，促进当地经济增长，为当地人民提供发展的机会。为此，该报告还呼吁建立一个区域委员会，即阿巴拉契亚区域委员会，该报告成为 ARC 法案的基本架构。1965 年美国国会通过了建立 ARC 的法案，即阿巴拉契亚区域发展法案（Appalachian Regional Development Act，ARDA），在此简称 ARC 法案，该法案由肯尼迪的继任者约翰逊总统签署生效。

ARC 的扶贫效果是十分显著的。阿巴拉契亚地区的总贫困率从 1960 年的 30% 下降到 2012 年的 17%，特困县（贫困率是全国平均值的 1.5 倍）数量从 1960 年的 295 个下降到 2012 年的 107 个。ARC 的成功还体现在它的地域不断扩张方面。ARC 在 1965 年建立时涉及 11 个州 360 个县，纽约州于 1965 年末加入 ARC，密西西比州于 1967 年加入 ARC，如今 ARC 跨越 13 个州的 420 个县，覆盖区域已经超过了地理和文化意义上的阿巴拉契亚地区。

第三节　中国扶贫开发政策评估

本节首先论述中国扶贫开发的政策协调模式，包括纵向协调和横向协调两个方面，然后评述中国扶贫开发政策及其实践中呈现的一体化扶贫思想，其中包括资源整合、政府部门协同、区域协同和立法等，这是中国扶贫开发一体化政策设计的思想基础。

一、中国"伞"字型扶贫开发政策协调模式

我国已经建立了具有中国特色的多层次、多部门协同扶贫模式，即"伞"字型模式——以党中央国务院领导为核心（"伞"字顶尖）、部省为推手（"伞"字中的人字）、扶贫办和对口帮扶（"伞"字中的两点）为抓手的扶贫开发管理体制，以纵向协调为主、横向协调为辅（"伞"字中的十字）的多层次、多部门协同机制。这种模式同样适用于我国省区、市县层次。

（一）纵向协同模式

1. 我国扶贫开发建立了以纵向协调为主的多层次部门协同机制

《中共中央　国务院关于打赢脱贫攻坚战的决定》要求"强化脱贫攻坚领导责任制。实行中央统筹、省（自治区、直辖市）负总责、市（地）县抓落实的工作机制，坚持片区为重点、精准到村到户""中央和国家机关各部门要按照部门职责落实扶贫开发责任，实现部门专项规划与脱贫攻坚规划有效衔接，充分运用行业资源做好扶贫开发工作"。

《中国农村扶贫开发纲要（2011—2020 年）》）要求"坚持中央统筹、省负总责、县抓落实的管理体制，建立片为重点、工作到村、扶贫到户的工作机制，实行党政一把手负总责的扶贫开发工作责任制"。

《中国农村扶贫开发纲要（2009—2010 年）》进一步强调"切实落实扶贫工作责任制。坚持省负总责，县抓落实，工作到村，扶贫到户。""要继续实行扶贫工作党政'一把手'负责制"，同时要求各个有关部门认真贯彻落实。

《国家八七扶贫攻坚计划》要求"国务院扶贫开发领导小组统一组织中央各有关产门和各省、自治区、直辖市具体实施""坚持分级负责、以省为主的省长（自治区主席、市长）负责制"，同时要求各个有关部门制订实施方案。

2. 扶贫开发工作纵向协同的主要方式包括扶贫开发考核和试点

（1）扶贫开发考核。

《中共中央　国务院关于打赢脱贫攻坚战的决定》要求"严格扶贫考核督查问责。抓紧出台中央对省（自治区、直辖市）党委和政府扶贫开发工作成效考核办法"。还要求"各省（自治区、直辖市）党委和政府要加快出台对贫困县扶贫绩效考核办法，大幅度提高减贫指标在贫困县经济社会发展实绩考核指标中的权重，建立扶贫工作责任清单"。《扶贫纲要Ⅱ》要求"实行扶贫开发目标责任制和考核评价制度""进一步完善对有关党政领导干部、工作部门和重点县的扶贫开发工作考核激励机制"。《扶贫纲要Ⅰ》强调"要继续实行扶贫工作党政'一把手'负责制，把扶贫开发的效果作为考核这些地方党政主要负责人政绩的重要依据"。《国家八七扶贫攻坚计划》要求"扶贫资金的投放要与使用效益和贷款的回收直接挂钩，建立综合的考核指标，实行严格的贷款使用责任制"。

国务院扶贫办与其他部委联合发布的《关于共同做好整村推进扶贫开发构建和谐文明新村工作的意见》（国开办发〔2005〕62 号），要求"建立和完善动态监测和绩效考核机制，确保各项事业在贫困村内和谐发展、整体推进"。

（2）扶贫开发试点。

《扶贫纲要Ⅱ》要求开展多方面的扶贫试点，包括"创新扶贫开发机制，针对特殊情况和问题，积极开展边境地区扶贫、地方病防治与扶贫开发结合、灾后恢复重建以及其他特困区域和群体扶贫试点，扩大互助资金、连片开发、彩票公益金扶贫、科技扶贫等试点"，还包括"扩大农村危房改造试点，帮助贫困户解决基本住房安全问题"。《中共中央　国务院关于打赢脱贫攻坚战的决定》要求开展三个方面试点工作，涉及贫困地区生态综合补偿、农民合作社信用合作和国土资源管理制度改革。《国扶贫纲要Ⅰ》要求在搞好试点的基础上，稳步推进自愿移民搬迁。《国家八七扶贫攻坚计划》强调"引导尚不具备办企业条件的贫困乡村，自愿互利，带资带劳，到投资环境较好的城镇和工业小区进行异地开发试点"。

国务院扶贫办与其他部委联合发布的《关于共同做好整村推进扶贫开发构建和谐文明新村工作的意见》强调"支持和鼓励开展整合扶贫资源和支农资源的试

点，探索良性运行机制”"逐步把国家扶贫开发工作重点县纳入新型农村合作医疗试点范围"。

（二）横向协同模式

我国扶贫开发采用了以横向协调为辅、横向协调不断加强的多部门协同机制。这里横向协同包括跨部门协同、跨地区协同两种，其中跨地区协同包括非相邻地区扶贫开发合作，如协作扶贫（或东西对口帮扶），以及相邻地区特别是跨省的相邻地区扶贫开发合作。

1. 跨部门协同

《中共中央　国务院关于打赢脱贫攻坚战的决定》将"坚持党的领导"作为我国扶贫开发的组织根基，要求"充分发挥各级党委总揽全局、协调各方的领导核心作用，严格执行脱贫攻坚一把手负责制，省市县乡村五级书记一起抓"。在加大财政扶贫投入力度中，要"建立健全脱贫攻坚多规划衔接、多部门协调长效机制"。同时"强化各级扶贫开发领导小组决策部署、统筹协调、督促落实、检查考核的职能"。

《扶贫纲要Ⅱ》强调"各级党委和政府要进一步提高认识，强化扶贫开发领导小组综合协调职能"；《扶贫纲要Ⅰ》则要求"增强扶贫开发的组织领导和协调管理能力"；《国家八七扶贫攻坚计划》要求若干个部门参与我国扶贫开发工作，但要求计划部门"做好涉及扶贫开发的宏观协调工作"。

国务院扶贫办与其他部委联合发布《关于共同做好整村推进扶贫开发构建和谐文明新村工作的意见》（国开办发〔2005〕62号）中，要求"建立情况通报制度和协调机制，各部门在规划、确定和下达相关项目计划时，相互协商，相互通报，协同配合，在推进'整村推进'过程中促进行业发展"。

跨部门计划协同是跨部门合作的一种新方式，是《中共中央　国务院关于打赢脱贫攻坚战的决定》建立健全脱贫攻坚多规划衔接、多部门协调长效机制的一种体现。它由一个主导计划和若干个分计划共同组成，即"1+N"计划协同模式。贵州省是这种模式的典型代表。贵州省委省政府制定《关于坚决打赢扶贫攻坚战确保同步全面建成小康社会的决定》（黔党发〔2015〕21号），提出了有关就业、教育、生态移民等10个配套计划。贵州省委办公厅贵州省人民政府办公厅联合发布《贵州省"33668"扶贫攻坚行动计划》（黔党办发〔2015〕13号），配套6个计划文件，实施精准扶贫"六个到村到户"，完成基础设施"六个小康建设"任务，统筹协调了若干个部门的扶贫开发工作。黔南州州委和州政府发布《黔南州精准扶贫决战决胜同步小康行动纲要（2015—2020年）》（黔南党发

〔2015〕18号〕〕，同时提出了有关产业、教育、医疗卫生、美丽乡村等9个配套计划。地处黔南州的长顺县县委和县政府发布了《长顺县精准扶贫决战决胜同步小康实施意见（1993—2000年）》（长党发〔2016〕2号），同时提出了11项配套行动计划。

2. 跨地区协同

跨地区协同呈现了以东西协作为主、片区联系为辅的区域合作局面。《中共中央　国务院关于打赢脱贫攻坚战的决定》要求"健全东西部扶贫协作机制。加大东西部扶贫协作力度，建立精准对接机制，使帮扶资金主要用于贫困村、贫困户"。《扶贫纲要Ⅱ》强调"推进东西部扶贫协作。东西部扶贫协作双方要制定规划，在资金支持、产业发展、干部交流、人员培训及劳动力转移就业等方面积极配合，发挥贫困地区自然资源和劳动力资源优势，做好对口帮扶工作"。《扶贫纲要Ⅰ》则要求"继续做好沿海发达地区对口帮扶西部贫困地区的东西扶贫协作工作"。《国家八七扶贫攻坚计划》要求沿海发达省市（如广东、北京）"都要对口帮助西部的一两个贫困省、区发展经济"。

片区联系是近年来出现的区域合作模式，但是片区之间（特别是相邻片区之间）的联系没有引起关注。中央政府在《扶贫纲要Ⅱ》中将连片特困地区作为扶贫攻坚主战场，要求"加大投入和支持力度，加强对跨省片区规划的指导和协调，集中力量，分批实施。各省（自治区、直辖市）对所属连片特困地区负总责，在国家指导下，以县为基础制定和实施扶贫攻坚工程规划。国务院各部门、地方各级政府要加大统筹协调力度，集中实施一批教育、卫生、文化、就业、社会保障等民生工程"。《中共中央　国务院关于打赢脱贫攻坚战的决定》强调"完善片区联系协调机制，加快实施集中连片特殊困难地区区域发展与脱贫攻坚规划"。最近发布的国家"十三五"脱贫攻坚规划要求"完善片区联系协调机制。进一步完善片区联系工作机制，全面落实片区联系单位牵头责任，充分发挥部省联系会议制度功能，切实做好片区区域发展重大事项的沟通、协调、指导工作。强化片区所在省级政府主体责任，组织开展片区内跨行政区域沟通协调"。

二、中国扶贫开发政策及其实践中的一体化扶贫思想

我国扶贫开发政策与实践中涌现了资源整合、部门协同和立法等政策思想，这些政策思想的融合有利于推进区域扶贫开发合作，有利于提高我国扶贫开发的整体效率。为此，通过梳理总结这些政策思想精髓，我们提出了基于整合资源、部门协同和立法的"三位一体"的我国扶贫开发一体化政策框架。

（一）资源整合——中国扶贫开发政策思想之一

资源整合是近十年来我国扶贫开发政策的主要思想之一。《中共中央　国务院关于打赢脱贫攻坚战的决定》要求"创新扶贫资源使用方式，由多头分散向统筹集中转变"。强调"统筹使用涉农资金""整合目标相近、方向类同的涉农资金"，同时"积极整合交通建设、农田水利、土地整治、地质灾害防治、林业生态等支农资金和社会资金"。

党中央、国务院在《中国农村扶贫开发纲要（2011—2020年）》中正式要求全国扶贫开发要"加大省县统筹、资源整合力度"和"建立健全协调统一的扶贫资金管理机制"。李克强总理在2015年8月26日国务院常务会上要求"我们要以扶贫为切入点，深化机制改革，整合财政资金……在这方面要力求有所突破，打破整体扶贫、精准扶贫的障碍"（王念慈，2015）。事实上，资源整合思想并没有出现在《国家八七扶贫攻坚计划（1993-2000年）》和《中国农村扶贫开发纲要（2001-2010年）》两个我国主要扶贫开发文件之中。

资源整合一般包括许多方面，在中共贵州省委办公厅贵州省人民政府办公厅《关于印发〈贵州省"33668"扶贫攻坚行动计划〉的通知（黔党办发〔2015〕13号）》中强调要整合"四类资源"。一是整合涉农资金资源。以扶贫攻坚规划为引领，优先在紫云、正安等取消GDP考核县和支农资金整合基础较好的贫困县开展涉农资金整合试点，集中解决贫困地区突出问题，并逐步扩大到50个国家扶贫开发工作重点县。二是整合部门帮扶资源，大力推进省领导集团帮扶、部门"定、帮、联、驻"、省内市县结对帮扶等模式，做到不脱贫不撤队伍、帮扶不脱钩。三是整合金融扶贫资源，发挥财政扶贫资金的杠杆作用，利用人民银行支农再贷款，开展小额信贷金融扶贫试点。四是整合社会扶贫资源。完善社会扶贫导向机制，培育多元社会扶贫主体，拓展领域，广泛动员。引导民营企业、社会组织、爱心人士参与扶贫开发，构建多元化大扶贫格局。

最早出现与扶贫开发资源整合相关的中央文件是2005年12月31日发布的中共中央国务院《关于推进社会主义新农村建设的若干意见》（中发〔2006〕1号）。该文件要求"进一步加大支农资金整合力度"、"充分利用和整合涉农信息资源"和"整合农村各种教育资源"。同样在2005年，国务院扶贫开发领导小组认可了资源整合在全国扶贫开发中的重要性。在其发布的《关于加强扶贫开发"整村推进"工作的意见》（国开发〔2005〕2号）中，要求"贫困地区要整合各类支农资金……整合扶贫资金、各类支农资金和社会帮扶资金等资源"。在2005年国务院扶贫办与其他部委联合发布的《关于共同做好整村推进扶贫开发构建和谐文明新村工作的意见》（国开办发〔2005〕62号）中，强调"支持和鼓励开展整合扶贫资源和支农资源的试点,探索良性运行机制。支持和鼓励在县级开展资源整合试点,在整合过程中完善管理和运行机制……整合扶贫、各类支农、社会帮扶和群众自筹资源"。陕西省是我国探索扶贫资源整合的少数地区之一。2007年陕西省出台了《关于加大扶贫资源整合力度、实施区域板块开发提高整村推进实效、促进贫困地区社会主义新农村建设的意见》(陕发〔2007〕5号)。

目前,扶贫资金和项目分散,"碎片化"问题突出,资金使用效率太低。根据国家审计署对贵州省丹寨县的扶贫调研,2014年该县收到的专项转移支付资金达5亿多元,涉及260多个专项,分别由县农业局、扶贫办等40个部门单位管理,其中最大的专项5 500多万元、最小仅4 800元。如果把几个项目的钱集中起来干一个项目,资金整合又与专款专用的有关规定不符(姚冬琴,2016)。

整合资源同样引起扶贫研究界的关注,一些学者讨论了贵州(李雪萍等,2015)、陕西(路高信,2007)、甘肃(宋彦峰和夏英,2011)等地方扶贫开发工作中的整合资源问题,有以下几种重要观点值得参考。

(1)通过立法来整合扶贫资源。

利用具有规范性、稳定性、可操作性和权威性的制度约束资源筹集、分配、使用、监管的全过程,提高扶贫资源利用效率(胡明宝和任大鹏,2012)。

(2)扶贫资金需要整合。

以中央政府层面上的扶贫资金管理为例,以工代赈扶贫资金由国家发改委地区司分管,财政扶贫资金由财政部农业司分管,信贷扶贫资金由中国农业银行分管,社会救助扶贫资金由民政部分管。"这种政出多门的管理架构造就了分散的资金管理方式,难以形成很好的扶贫合力,且容易导致扶贫项目的重复申报、重复建设和资金浪费"(韦亚平等,2013),导致扶贫资金利用效率低(王永平和袁家愉,2008)。例如,2014年中央财政扶贫资金投入是中央教育、医疗、社保、救助和社区发展等民生保障部门的财政投入的百分之一。但是各部门各自为政,不同部门间缺乏有效协同,严重影响了扶贫资源的整合和优化配置。需要整合碎片化的社会救助制度,统筹规划分散在教育、民政、残联、扶贫等部门的救助资源,以消除重复救助和过度救助造成的资源浪费(黄润秋等,2016)。

(二)政府部门协同——中国扶贫开发政策思想之二

扶贫开发部门协同同样引起扶贫研究界的关注(苏明等,2011;陈忠言,2014),有以下几种重要观点值得参考。

1. 扶贫组织整合

扶贫组织需要整合(赵曦等,2009;刘筱红和张琳,2013),如组建一个长期具有统一领导权的新型扶贫机构（如国家开发署或扶贫总署），统一集中分散于国务院扶贫办、国家发改委、财政部、农业银行和民政部等部门的扶贫管理权力（赵曦等，2009）；我国扶贫开发工作涉及约27个职能部门（赵玉，2011）。"多头化的扶贫组织，就使不同组织单位的决策权、财权、事权等模糊而不易确定，相互推诿责任或争抢权力"（韦亚平等，2013）。纵向扶贫组织同样需要整合。目前，我国扶贫开发工作"空间管理层级过多。就扶贫行政组织的纵向架构而言，从中央到省、地市，再到县和乡，空间管理层级过多，这也就导致项目开展和资金下放的中间环节过多、政策协调成本过高、内耗过大，严重影响扶贫工作的运作效率"（韦亚平等，2013）。

2. 扶贫政策整合

使针对扶贫开发的财政、税收、金融、产业和投资等各种政策相互配合（刘传岩和赵玉，2008；赵曦和成卓，2008）。公共扶贫政策需要和扶贫工作特别是连片特困地区的脱贫攻坚相结合（丁波和李雪萍，2014；杨颖，2011；李乐为和岑乾明，2011）。有效的公共服务供给能够提升连片特困区的治理效率（丁波和李雪萍，2014），大规模的外来援助能够提升连片贫困区（如西藏）政府公共职能的执行能力，同时在外在的监督中地方政府更愿意向低收入群体提供廉价或免费的基本公共服务（丁波和李雪萍，2014；李乐为和岑乾明，2011；朱玲，2004）。

3. 区域之间整合

政府主导、按行政区推进的扶贫开发模式在连片特困区实践中减贫效率低，很难解决跨行政区的片区性、区域性贫困问题（刘筱红和张琳，2013；万君和张琦，2016）。统筹片区层面扶贫规划，对自然、人文、社会等相似的贫困地区采用的扶贫措施，协同多样性扶贫措施，共享扶贫资源，推进连片贫困区的整体性脱贫（刘筱红和张琳，2013）。

4. 跨行政区政府间合作

建立跨行政区政府间扶贫合作的组织，统一协调各地方政府的政策，扩展区域利益主体的合作空间。目前，跨行政区划政府协同扶贫还停留在中央行政推动上，采取地方政府集体磋商的形式很少，地方政府扶贫工作主要是各自安排。中央政府、地方政府和市场组织没有一个制度性组织机构协调片区扶贫工作。国务院扶贫办、国家发改委负责片区扶贫规划的指导、协调和监督，一个中央直属部门作为跨省（市区）扶贫协调的联系单位，各省（市区）政府负责对本省片区内的规划编制与实施，片区内各地（市、州）县具体实施扶贫任务。区域扶贫仍然是靠地方领导人来推动。

（三）立法——中国扶贫开发政策思想之三

扶贫立法思想在我国起步比较晚。《中共中央 国务院关于打赢脱贫攻坚战的决定》强调"推进扶贫开发法治建设"，要求"完善扶贫开发法律法规，抓紧制定扶贫开发条例"。《扶贫纲要Ⅱ》要求"加强法制化建设。加快扶贫立法，使扶贫工作尽快走上法制化轨道（第47条）"。事实上，在《国家八七扶贫攻坚计划》、《扶贫纲要Ⅰ》和国务院扶贫办与其他部委联合发布《关于共同做好整村推进扶贫开发构建和谐文明新村工作的意见》中，没有提及扶贫立法、扶贫法律方面内容。

扶贫立法正在我国兴起。2012年成立了由全国人大农委、中华人民共和国国家发展和改革委员会、财政部、国务院扶贫办等单位组成的扶贫立法工作领导小组，开始针对农村扶贫开发问题征求各界意见稿（张贤菊，2016）。国务院扶贫办起草了《中国农村扶贫开发法》（孟勤国和黄莹，2015）。河北、贵州、四川、黑龙江等11个省建立了扶贫方面的地方性法规（张贤菊，2016）。最近，贵州省通过了《贵州省大扶贫条例》，同时废止了2013年制定的《贵州省扶贫开发条例》。《贵州省大扶贫条例》在一定程度上体现了资源整合（如整合救助资源、整合涉农资金），确立了扶贫办的部门间协调人角色，强调了东西部协作和考核的重要性，包含了多部门协调的思想，要求"促进部门间的沟通和合作""实现各级各部门数据交换、联通与共享"。

扶贫开发立法同样引起扶贫研究界的关注，有以下几种重要观点值得参考。

（1）中国农村扶贫机制改革的重点是整合扶贫资源、规范管理体制、拓展横向传递、确立法律保障和完善社会参与，这样才能克服扶贫资金管理利用碎片化、效率低，政府对社会、市场参与扶贫的激励不足等问题（赵曦和成卓，2008；万君和张琦，2016）。

（2）扶贫立法需要明确政府和市场的边界，建立政府筹措扶贫资金、监督市场（主体）使用扶贫资金的市场化扶贫机制，提升扶贫开发工作的效率（宫留记，2016）。

（3）国家扶贫立法需要明确扶贫开发工作的对象及其权利、扶贫主体、资金组织管理体制和法律责任（马洪雨，2012）。只有制定专门的扶贫法，才能避免各地扶贫工作中急于求成的短期行为、追求政绩的面子工程、频繁调整政策的半截子工程、挤占扶贫资金等浪费扶贫资源的行为（张静，2015）。现行的扶贫资金立法，无论是条例形式还是管理办法形式，都是原则性约束，缺少明确法律责任的规定（马洪雨，2012）。

第四节　未来中国扶贫开发的政策设计

　　鉴于在未来相当长时期连片特困地区是我国扶贫攻坚的主战场，中央政府应该和地方政府一起在整合资源、部门协同和立法方面加大一体化扶贫战略顶层设计。我国大量的扶贫开发政策与实践表明，资源整合、部门协同和立法等政策思想有助于从根本上解决我国区域性整体贫困问题。只有在中央政府和省政府层面实现多种扶贫资源整合和跨层次、跨地区多部门协同合作，才能更好地提高我国扶贫开发的整体效率。

　　为此，下面提出"区域扶贫委员会+扶贫合作区+扶贫专区"的横向扶贫开发模式，以期为推进我国扶贫开发一体化进程提供新的体制机制。区域扶贫委员会拥有一个双层的合作机制——扶贫合作区是跨省区、跨连片特困地区的扶贫合作机制，扶贫专区是连片特困地区中跨县的扶贫合作机制，由此构成了纵横联动的"米"字形政府扶贫开发的部门协同机制，可以弥补我国扶贫开发工作中政府横向协调能力弱的缺陷。

一、基本思路

　　创新扶贫资源使用方式，由多头分散向统筹集中转变，由多区分进向跨区域一体化协同转变。由区域扶贫委员会推进多层次的政府部门协同，由一体化扶贫合作区和扶贫专区确立区域协同关系，由区域合作扶贫基金保障扶贫资源整合，由全国人民代表大会立法构建全国扶贫一体化政策体系。

二、未来中国扶贫开发一体化政策框架

（一）建立区域扶贫委员会

　　区域扶贫委员会负责跨片区扶贫合作工作，负责扶贫合作项目的批准、执行和监督，负责扶贫合作战略规划、扶贫研究和宣传。每个区域扶贫委员会设立主任一名、共同主任一名，委员若干名，主任由国务院直接派遣，共同主任由相关省省长（区主任）轮流担任，委员由各相关省省长（区主任）兼任。区域扶贫委员会决策时在主任同意的条件下实行简单多数决策制度。区域扶贫委员会总部设在北京，接受来自合作贫困区中每个专区的项目申请并决定是否资助，工作计划、战略等需上

报国务院扶贫开发领导小组同意。

（二）设立一体化扶贫合作区

设立两个一体化扶贫合作区，整合现有的 14 个连片特困区。

（1）中部-东北合作扶贫区。主要由零散分布在我国中部、东北的 5 个连片特困区以及秦巴山区的河南和湖北部分以及武陵山区湖北部分构成，这 5 个片区是燕山-太行山区、吕梁山区、大别山区、罗霄山区和大兴安岭南麓山区。该合作区涉及 10 个省区，724 个县。

（2）西部-西南扶贫合作区。主要由连续分布在我国西部、西南部的 9 个连片特困区（不包括河南部分）构成，这 9 个片区是秦巴山区（不包括河南）、武陵山区（不包括湖北）、六盘山区、乌蒙山区、滇桂黔石漠化区、滇西边境山区、四省藏区、西藏区和新疆南疆三地州。该合作区涉及 12 个省区，152 个县。

（3）一体化扶贫合作区所在的省区设有扶贫合作专员，负责与扶贫区域委员会的联系、沟通，负责该委员会项目在本省区的执行。

（三）筹建区域合作扶贫基金

区域合作扶贫资金或单独设立，或由中央和地方（相关省区）的财政专项扶贫资金以及教育、民政、医疗、社保、救助和社区发展等民生保障部门的财政资金整合而成，包括 25%的中央财政扶贫资金和地方（相关省区）的财政扶贫资金，还包括 10%中央和地方（相关省区）的教育、民政、医疗、社保、救助和社区发展等民生保障部门的财政资金。在区域合作扶贫资金中，可单独设立基础设施发展基金，用于跨连片贫困区的基础设施建设，包括铁路、高速公路、互联网、电信网、广电网及卫生设施。区域扶贫委员会负责使用区域合作扶贫资金，包括该资金的资助方向、数额、管理办法等。

（四）建立扶贫专区

在一体化扶贫合作区设立扶贫专区，由若干个县构成。每个专区设立理事局，由相关县县长担任理事，共同代表专区向区域扶贫委员会申请项目。每个扶贫专区设有扶贫咨询委员会，由大专院校校长、职业培训机构负责人、企业负责人和著名社会人士组成。扶贫专区理事局根据相关县社会经济发展的迫切需求，设计扶贫合作项目，突出扶贫优先支持方向和领域，向区域委员会提出申请。

（五）通过区域合作扶贫法案

　　区域合作扶贫法案指明区域合作扶贫资金的来源、数量、资助方向和管理规则，明确区域合作扶贫组织，即区域扶贫委员会的权力、功能、组成和运行机制，确定区域扶贫委员会与中央政府部门的协同机制。需要说明的是，区域扶贫委员会对所属连片特困区没有行政管辖权，只有项目管理权，因此区域合作扶贫法案与现行的基于党政领导的扶贫开发组织模式可以实现互补共生关系。

　　建议我国政府现在开展 2020 年后的扶贫攻坚机制创新研究，探索跨连片特困区、跨省区的区域扶贫委员会模式，从体制机制上有效地推进我国大规模连片贫困区融入全国社会经济一体化进程，在全国土空间实现中华民族的伟大复兴。

参 考 文 献

北京师范大学中国扶贫研究中心课题组. 2015. 论中国扶贫开发治理体系和治理能力建设[J]. 中国延安干部学院学报，（1）：124-130.

岑乾明，宋卫琴. 2009. 欠发达地区农村公共产品供给的现状、问题与对策——基于湘西土家族苗族自治州吉首市马鞍山村新农村建设模式的思考[J]. 中南民族大学学报（人文社会科学版），（1）：144-148.

陈忠言. 2014. 中国农村扶贫中的跨部门协同机制分析[J]. 宁夏社会科学，（4）：19-27.

丁波，李雪萍. 2014. 集中连片贫困地区的公共产品供给机制：以武陵山区为例[J]. 重庆社会科学，（10）：55-61.

范小建. 2009. 60 年：扶贫开发的攻坚战[J]. 求是，（20）：35-37.

宫留记. 2016. 政府主导下市场化扶贫机制的构建与创新模式研究——基于精准扶贫视角[J]. 中国软科学，（5）：154-162.

郭渐强，杜金穗. 2013. 整体政府视角下公共服务协同供给研究[J]. 求索，（3）：232-234.

胡明宝，任大鹏. 2012. 立法整合扶贫资源的必要性与制度安排[J]. 农村经济与科技，（3）：129-132.

黄承伟. 2006. 中国扶贫开发道路研究： 评述与展望[J].中国农业大学学报（社会科学版），（5）：5-17.

黄承伟，覃志敏. 2015. 论精准扶贫与国家扶贫治理体系建构[J]. 中国延安干部学院学报，（1）：131-136.

黄润秋，张大方，董绪纯. 2016. 从顶层设计看精准扶贫[J]. 民主与科学，（2）：62-66.

焦克源，吴俞权. 2014. 农村专项扶贫政策绩效评估体系构建与运行——以公共价值为基础的实证研究[J]. 农村经济，（9）：16-20.

匡远配. 2005. 中国扶贫政策和机制的创新研究综述[J]. 农业经济问题，（8）：24-29.

李昌麒. 2003. 中国实施反贫困战略的法学分析[J]. 法制与社会发展，（4）：86-90.

李乐为，岑乾明. 2011. 区域公共产品协同供给：西部连片贫困区反贫困新思路——对湘鄂龙山、来凤"双城一体"的观察与思考[J]. 农业经济问题，（12）：91-96.

李伟. 2001. 教育与健康水平对农户劳动生产率的影响：对中国农村贫困地区的一项研究[J]. 市场与人口研究，（5）：45-53.

李雪萍，王蒙，龙明阿真. 2015. 主体集结整合资源：藏区贫困治理之关键——以四川省甘孜藏族自治州甘孜县为例[J]. 贵州民族研究，（3）：161-164.

刘传岩，赵玉. 2008. 我国农村扶贫政策的协调配套问题研究[J]. 宏观经济管理，（4）：35-37.

刘筱红，张琳. 2013. 连片特困地区扶贫中的跨域治理路径研究[J]. 中州学刊，（4）：82-87.

路高信. 2007. 整合资源、整村推进、板块开发——陕西省略阳县以大扶贫促新农村建设调查[J]. 经济研究参考，（5）：47-52.

马洪雨. 2012. 我国扶贫开发国家立法具体化研究[J]. 甘肃社会科学，（4）：163-166.

孟勤国，黄莹. 2015. 扶贫开发基本问题的立法建议[J]. 重庆社会科学，（3）：13-16.

牛华. 2013. 内蒙古贫困县基本公共服务与扶贫开发联动研究——以武川县为例[J]. 广播电视大学学报（哲学社会科学版），（4）：63-67.

牛华，李雪峰. 2013. 西部贫困县基本公共服务与扶贫开发联动关系探析[J]. 内蒙古师范大学学报（哲学社会科学版），（6）：131-134.

宋彦峰，夏英. 2011. 资源整合、产业扩张与扶贫新方式探索——基于甘肃省 TZ 县连片开发个案的研究[J]. 农村经济，（2）：43-46.

苏明. 2011. 转变发展方式背景下的基本公共服务均等化与减贫[M]. 北京：中国农业出版社.

苏明，刘军民，贾晓俊. 2011. 中国基本公共服务均等化与减贫的理论和政策研究[J]. 财政研究，（8）：15-25.

孙建军，何涛. 2010. 基本公共服务均等化研究述评——基于政策分析的视角[J]. 云南社会科学，（5）：31-36.

万君，张琦. 2016. 区域发展视角下我国连片特困地区精准扶贫及脱贫的思考[J]. 中国农业大学学报（社会科学版），（5）：36-45.

汪三贵，曾小溪，殷浩栋. 2016. 中国扶贫开发绩效第三方评估简论——基于中国人民大学反贫困问题研究中心的实践[J]. 湖南农业大学学报（社会科学版），（3）：1-5.

王春艳. 2013. 内蒙古贫困县基本公共服务与扶贫开发的困境与对策[J]. 内蒙古师范大学学报（哲学社会科学版），（5）：158-162.

王念兹. 2015-08-27. 李克强：决不能让第三方评估报告"束之高阁"[EB/OL]. http://www.hainan.gov.cn/hn/yw/gwyzcxx/201508/t20150827_1651123.html.

王艺明，刘志红. 2016. 大型公共支出项目的政策效果评估——以八七扶贫攻坚计划为例[J]. 财贸研究，（1）：33-47.

王永平，袁家愉. 2008. 农村扶贫开发机制、资源整合与对策建议[J]. 改革，（4）：154-157.

韦亚平，罗文靓，江簬. 2013. 区域规划视角下的贫困县政策碎化分析[J]. 浙江大学学报（理学版），（1）：87-92.

魏后凯，邬晓霞. 2009. 中国的反贫困政策：评价与展望[J]. 上海行政学院学报，（2）：56-68.

肖建华. 2013. 财政保障农村基本公共服务的机制与政策体系[J]. 宏观经济管理，（12）：49-51.

解亚红. 2014. "协同政府"新公共管理改革的新阶段[J]. 中国行政管理，（4）：19-27.

杨文军. 2014. 跨行政区划政府协同扶贫攻坚初探[J]. 国家行政学院学报，（2）：117-120.

杨颖. 2011. 公共支出、经济增长与贫困——基于 2002—2008 年中国贫困县相关数据的实证研究[J]. 贵州财经学院学报，（1）：88-94.

杨园园，李裕瑞. 2016. 2016 扶贫日论坛"精准扶贫成效评估与决策"学术研讨会在京举办[J]. 地理学报，（12）：2263-2264.

姚冬琴. 2016. 整合扶贫资源办大事　审计署在扶贫实践中出新招[J]. 中国经济周刊，（12）：54-56.

姚润萍. 2017-05-22. 十八大以来党中央引领脱贫攻坚纪实[EB/OL]. http://www.xinhuanet.com/politics/2017-05/22/c_129612970.htm.

郁建兴. 2011. 中国的公共服务体系：发展历程、社会政策与体制机制[J]. 学术月刊，（3）：5-17.

曾福生，曾小溪. 2013. 基本公共服务减贫实证研究——以湖南省为例[J]. 农业技术经济，（8）：4-11.

曾维和. 2008. 西方"整体政府"改革理论、实践及启示[J]. 公共管理学报，（4）：62-69.

张静. 2015. 精准扶贫与地方扶贫立法创新思路[J]. 人民论坛，（9）：104-106.

张铠麟，王娜，黄磊，等. 2013. 构建协同公共服务：政府信息化顶层设计方法研究[J]. 管理世界，（8）：91-100.

张立荣，曾维和. 2008. 当代西方"整体政府"公共服务模式及其借鉴[J]. 中国行政管理，（7）：108-111.

张贤菊. 2016. 我国农村扶贫立法制度的职能分析[J]. 法制与社会，（2）：50-51.

赵曦，成卓. 2008. 中国农村反贫困治理的制度安排[J]. 贵州社会科学，（9）：59-64.

赵曦，罗洪群，成卓. 2009. 机制设计理论与中国农村扶贫机制改革的路径安排[J]. 软科学，（10）：69-73.

赵玉. 2011. 多维透视扶贫治理主体合作难问题[J]. 调研世界，（10）：24-26.

郑曙光. 2011. 促进基本公共服务均等化立法政策探析[J]. 浙江学刊，（6）：145-150.

周志忍，蒋敏娟. 2010. 整体政府下的政策协同：理论与发达国家的当代实践[J]. 国家行政学院学报，（16）：28-33.

周志忍，蒋敏娟. 2013. 中国政府跨部门协同机制探析——一个叙事与诊断框架[J]. 公共行政评论，（1）：91-117.

朱玲. 2004. 西藏农牧区基层公共服务供给与减少贫困[J]. 管理世界，（4）：41-50.

Perri.2004. Joined-up government in the western world in comparative perspective：a preliminary literature review and exploration[J]. Journal of Public Administration Research and Theory，14（1）：103-138.

Pollitt C. 2003. Joined-up government：a survey[J]. Political Studies Review，1（1）：34-49.

The Appalachian Regional Commission （ARC）. 2015. Appalachia then and now：examining changes to the appalachian region since 1965[R]. Washington.

Ziliak J P. 2012. Appalachian Legacy：Economic Opportunity After the War on Poverty[M]. Washington：Brookings Institution Press.

第四章 全面深化改革背景下我国社会扶贫政策的创新[①]

中国特色社会扶贫对中国农村贫困面貌的改变做出了重要贡献。本章简要总结了中国社会扶贫体系和取得的成绩，以党的十八大和十八届二中、三中全会精神为指导，剖析了全面深化改革背景下社会扶贫面临的新形势，提出了社会扶贫政策创新的基本思路和具体建议，为社会扶贫政策的创新提供参考。

第一节 中国特色社会扶贫体系

中国特色的社会扶贫，泛指专项扶贫和行业扶贫之外，由社会各界参与的扶贫开发事业。它包括定点扶贫、东西扶贫协作、社会组织扶贫、企业扶贫和个人扶贫五种形式。

中国特色社会扶贫在我国的扶贫事业中扮演了重要角色，对我国农村贫困面貌的改变做出了重要贡献。在新形势下，社会扶贫工作应进一步解放思想、开拓思路、深化改革、创新机制，使市场在资源配置中起决定性作用和更好发挥政府作用，建立和完善广泛动员社会各方面力量参与扶贫的开发制度，构建政府、市场、社会协同推进的社会扶贫新格局。本节将在总结中国社会扶贫体系和所起作用的基础上，以党的十八大和十八届二中、三中全会精神为指导，剖析全面深化改革背景下社会扶贫面临的新形势，提出社会扶贫政策创新的基本思路和具体建议，为社会扶贫政策的创新提供参考。

---

① 国家自然科学基金应急项目"中国扶贫开发的战略和政策研究"（71541036）阶段性研究成果。

[作者简介] 林万龙，中国农业大学经济管理学院，教授；李成威，财政部财政科学研究所，研究员；陆汉文，华中师范大学社会学院，教授；曹洪民，深圳国际公益学院，研究员。

一、中国特色社会扶贫体系^①

（一）定点扶贫

定点扶贫是指根据党中央和国务院要求，由中央和国家机关各部门、各单位，人民团体参照公务员法管理的事业单位和国有大型骨干企业、国有控股金融机构、国家重点科研院校、军队和武警部队所承担的扶贫任务；国家同时还鼓励、引导、支持各民主党派中央、全国工商联、各类非公有制企业、社会组织承担定点扶贫任务；同时要求地方各级党政机关和有关单位也要切实做好定点扶贫工作。

20 世纪 80 年代中期，定点扶贫工作在中央和地方陆续开展。当时，一些与农村关系比较密切的政府部门，如国家科学技术委员会、农牧渔业部、商业部、水利部和林业部等，投身农村扶贫开发工作，积极发挥了各部门的专业作用，从而实现稳定长效的扶贫效果。1987 年，国务院召开第一次中央、国家机关定点扶贫工作会议之后，越来越多的国家机关参与定点扶贫中来，参与扶贫的国家机构成为执行中央政府下达的一项政治任务，它们在贫困地区发展方面承担的责任就是国务院贫困地区经济开发领导小组赋予它们的责任。

各省（自治区、直辖市）党政机关的定点扶贫工作也始于 20 世纪 80 年代中期。与中央、国家机关定点扶贫类似，地方定点扶贫机构也是分批动员起来的，有一个从内生自发到政府动员进而逐步制度化的过程。

（二）东西扶贫协作

这是国家动员社会力量进行扶贫攻坚的又一项重要战略举措，是指东部发达省市根据党中央和国务院的要求对西部省区发展的对口支持。东西部扶贫协作双方制定规划，在资金支持、产业发展、干部交流、人员培训及劳动力转移就业等方面积极配合，发挥贫困地区自然资源和劳动力资源优势，其目的不仅是推动西部地区的减贫工作，也包括实现东西优势互补和经济协作。另外，要求积极推进东中部地区支援西藏、新疆经济社会发展的制度和措施；各省（自治区、直辖市）也应在当地组织开展区域性结对帮扶工作。

1994 年，党中央、国务院决定实施《国家八七扶贫攻坚计划》。在该计划的第七部分"社会动员"当中明确指出：北京、天津、上海等大城市，广东、江

---

① 部分内容参考了共济（2012）。

苏、浙江、山东、辽宁、福建等沿海较为发达的省，都要对口帮助西部的扶贫一两个贫困省、区发展经济。

1996 年，中央政府发出专门针对东西扶贫协作的指导文件《国务院办公厅转发国务院扶贫开发领导小组关于组织经济较发达地区与经济欠发达地区开展扶贫协作报告的通知》，文件明确安排了 10 对经济较发达地区与经济欠发达地区的对口扶贫协作关系，这一年可以看作是东西扶贫协作真正制度化、规范化的起始。

除了全国性的东西扶贫协作外，许多省也制定了省内的区域扶贫协作项目，如山东省对鲁西南地区的扶贫协作、江苏省的苏南支援苏北的扶贫协作等。

（三）社会组织扶贫

社会组织扶贫是指在党政体系、市场体系之外的，具有非政府、非营利性、公益性特征的各类社会组织（主要是基金会和民办非企业单位）参与的扶贫活动。

20 世纪 80 年代中后期至 90 年代，国内一些重要的扶贫组织建立起来，主要的非盈利性扶贫机构或扶贫项目有中国扶贫基金会、中华慈善总会、全国妇联巾帼扶贫行动、全国残联扶贫活动、希望工程、光彩事业、幸福工程、宋庆龄基金会扶贫救助项目、中国社会科学院小额信贷中心、爱德基金会、香港乐施会等。

在上述大型机构之外，一些小规模的、非公募型的基金会及越来越多的草根非营利性组织也积极地加入了扶贫工作中。

2001 年出台的《中国农村扶贫开发纲要（2001—2010 年）》进一步指出，"要积极创造条件，引导民间组织参与和执行政府扶贫开发项目""逐步规范民间组织开展的扶贫开发活动。通过多种渠道、不同方式争取国际民间组织对我国扶贫开发的帮助和支持。"

（四）企业扶贫

在 1992 年之前，企业介入扶贫事业是一个非自主的阶段。1992 年底，党的十四大正式提出建立社会主义市场经济体制。企业的影响力越来越大，企业的社会责任开始受到重视。1994 年，中国政府颁布并实施《国家八七扶贫攻坚计划》，国有（控股）企业定点扶贫是其中一项内容。同年 4 月，刘永好等 10 名民营企业家联名倡议《让我们投身到扶贫的光彩事业中来》，民营企业积极参与扶贫的光彩事业问世。此外，外资企业在介入中国市场竞争的同时，也将先进的公益理念带入中国。

2002 年起，在国家信贷扶贫、财政扶持、税收优惠、土地使用优惠等一系列政策的激励下，各类企业从自身发展的需要出发，在参与扶贫和慈善捐助方面显得越来越成熟，越来越制度化。

2008 年 9 月，由国务院扶贫办主办的"企业社会责任"研讨会在陕西府谷召开，对"府谷现象"等企业扶贫行为进行了深入探讨，企业扶贫正式纳入了社会扶贫工作体系（陕西"府谷现象"课题研究组，2010）；2009 年，国务院扶贫办组织召开了多个企业参与扶贫开发的政策研讨会，之后，支持企业参与扶贫开发的各项政策、举措逐步在全国推行，企业参与扶贫开发工作渐次在全国铺开（课题组，2012）。

（五）个人扶贫

个人扶贫指各类扶贫志愿者、扶贫捐赠者和以其他方式积极投身于扶贫活动的公民个人。

为鼓励个人扶贫行为，1993 年修正的《中华人民共和国个人所得税法》〔19931031〕即已规定，"个人将其所得对教育事业和其他公益事业捐赠的部分，按照国务院的有关规定从应纳税所得额中扣除"，此后于 2006 年、2011 年两次修订的该法对此规定都予以了重申。

2007 年财政部、国家税务总局联合签发的《关于公益救济性捐赠税前扣除政策及相关管理问题的通知》（财税〔2007〕6 号）规定，经民政部门批准成立的非营利性的公益性社会团体和基金会，凡符合有关规定条件，并经财政税务部门确认后，纳税人通过其用于公益救济性的捐赠，可按现行税收法律法规及相关政策规定，准予在计算缴纳个人所得税时在所得税税前扣除。该政策的出台，扩大了公益捐赠可享税前扣除优惠范围[①]，有助于提高企业、个人进行慈善捐赠的热情。

二、中国特色社会扶贫的作用

20 世纪 80 年代以来，社会扶贫力量在消除和减缓农村贫困方面发挥了巨大作用。

（一）扶贫资金筹集

2002 年，中央国家机关、企事业单位、人民团体对定点扶贫单位的直接投入（包含无偿和有偿资金以及物资折款）为 8.5 亿元，2012 年增加为 19 亿元，增长

---

① 2000~2003 年，国务院先后出台了一系列 100%税收抵扣的条例条款，规定向中华慈善总会、中国残联、红十字会、中华健康快车基金会、孙冶方基金会、见义勇为基金会等 11 家基金会捐赠可以全额免税，向农村义务教育捐赠也可以全额免税。

了 1.2 倍,年均增长 8.4%;2009 年,东部省市对西部省区市的东西扶贫政府援助为 7 亿元,2012 年增加为 8.7 亿元,年均增长 7.5%。

另外,东西扶贫协作和定点扶贫还帮助引进了大量各类资金。2012 年,中央定点扶贫单位共为所扶持的重点县引进各类资金90.3 亿元,为当年政府投入的 4.7 倍;东西扶贫协作中的企业协议合作实际投资额为 2 336.3 亿元,为当年政府投入的 268.5 倍。其他社会扶贫主体在扶贫资金的投入方面也贡献巨大。在"十五"期间,社会组织扶贫投入 184.5 亿元(李周,2007)[1],相当于当期财政专项扶贫资金投入的 32.2%;如果加上定点扶贫和东西扶贫协作的政府资金投入,社会扶贫资金投入将相当于当期财政专项扶贫资金投入的 86.6%。需要说明的是,由于数据缺失,上述统计没有把民营企业等其他社会扶贫主体的投入计算在内。

(二)能力支持

2002~2012 年,定点帮扶单位和东西部扶贫协作共为贫困地区培训各类人员 218.39 万人次,东部地区向西部地区开展干部、专业人才交流 21 539 人次,组织劳务输出 767 万人次。2003~2012 年,中央定点帮扶单位共帮助贫困地区引进人才 4 776 人,帮助引进技术 2 042 项,帮助上项目 11 963 项;东部地区到西部地区挂职的教师、医生、农业技术人才合计为 7 075 人,向西部地区输出技术 1 763 项,派出志愿者 3 622 人次;中央定点帮扶单位和东西部扶贫协作部门共向贫困地区派出挂职干部 7 148 人次。

(三)扶贫资源整合

除了资源投入外,社会扶贫的另一重要贡献是对资源进行了有效整合。以东西扶贫协作为例,通过把政府部门的组织、管理、协调优势与科研机构、大专院校的人才、信息、技术优势,以及发达地区和工商企业的资金优势结合起来,分别对口扶持一个或一个以上的贫困地区,从而克服单一部门机构在扶贫方式、资源渠道上的单一、扶贫力量上的分散、协调组织上的困难等弊端,是一种多形式、多层次、全方位、综合性的扶贫方式。

(四)扶贫机制创新

作为对政府专项扶贫的有效补充,社会扶贫在推动扶贫制度与政策创新方面也做出了重要的贡献,包括在精准扶贫、扶贫资金传递、引导和整合各渠道扶贫

---

[1] 其中,国际民间组织的扶贫资源是归在外资扶贫名义下进行统计的。

资金投入等方面所起的开创性、先导性作用。一些民营企业和社会组织在扶贫行动中，资源传递环节少、瞄准性高、模式多样，也对我国扶贫机制的创新做出了重要贡献。

第二节　全面深化改革背景下社会扶贫的新形势

一、扶贫任务的新变化

（一）扶贫内涵更丰富

贫困地区基本由山区、偏远地区、高寒地区等构成，交通、饮水、医疗卫生、教育等诸方面条件落后。这些地区的反贫困任务，不仅仅表现为收入标准的提高，还应应对教育、卫生、安全饮用水等多维贫困问题。扶贫内涵的丰富化，迫切需要扶贫手段、扶贫主体和扶贫机制的多样化。

（二）扶贫对象更分散

随着农村青壮年劳动力持续向外转移，贫困地区"空心化"现象逐步显现。一些贫困村基层组织弱化，党员干部队伍老化，带领群众脱贫致富能力不强，一些村基本没有集体经济，还留下许多公益性债务，既无人办事，又无钱办事。在具体工作上，表现在扶贫对象流动性加大，在识别登记、政策瞄准、扶持政策落实等方面带来了困难，增加了协调管理的难度。

（三）扶贫要求更为精准

上述新变化新特征使扶贫开发实践中资源不足和精准性、有效性欠缺等问题进一步凸显出来。社会扶贫通过发动全社会参与扶贫，资源动员更为广泛，形式更加灵活，对于缓解多维贫困问题更为有效，可以有效弥补专项扶贫和行业扶贫在扶贫中的某些功能性障碍和不足。

二、社会结构的深刻变革

改革开放以来，在经济高速发展的同时，我国的社会结构也发生了巨大的变化。

（一）民营经济的崛起

随着社会主义市场经济快速发展，民营企业的数量和总产值不断增加，目前已经成为我国经济发展的一支生力军，是我国国民经济的重要支柱。据统计，2002 年我国城镇非公经济就业人数占 26%，而 2012 年时已达到 54%；2002 年非公经济占 GDP 比重为 35%，而 2012 年已经占 66%左右，其中个体、私营经济已经占到 40%左右，中国经济发展的增量部分，70%~80%来源于民营经济。社会财富分配格局的变化使企业影响社会的意识和能力在增强，在社会扶贫资源配置中的作用越来越重要。已经有越来越多的企业认识到，企业的社会目标和经济目标可以兼顾；在全球化的进程中，特别是在履行社会责任成为进入国际市场新的门槛的形势下，履行社会责任逐渐成为中国企业关注的话题。因此，在社会扶贫体系中，企业将成为日益重要的角色。

（二）中等收入阶层在增长

自 19 世纪 70 年代以来，中国在经济增长方面的成就举世瞩目。在 1978~2012 年这 34 年中，以可比价格计算，中国的 GDP 总量年均增长速度约为 10%；人均 GDP 年增长率为 9%。中国 GDP 总量在全球的排名，由 1978 年的第 15 位跃升为 2012 年的第 2 位。经济的快速增长带动了人均收入的较快提高；以可比价格计算，1978~2012 年，中国城镇居民的人均可支配收入增长了 10 倍，年均增长率为 7.5%；农民人均纯收入增长了 9 倍，年均增长率为 6.9%。收入的普遍、持续增长，造就了中国越来越庞大的中等收入阶层。这一阶层具有较强的公民意识和社会责任，在社会扶贫中扮演着越来越重要的作用。

（三）社会组织的发育和多元化

中国最早出现的扶贫社会组织是具有官方背景的社会组织，后来不断涌现草根性社会组织、国际社会组织。为了顺应社会结构转型的需要，国家出台了一系列政策对社会组织进行重点培育和支持，社会组织在类型上越来越多样化，数量上也飞速增长，2002 年，全国共有登记在册的社会组织 24.4 万个，到 2012 年增加为 49.9 万个。社会组织虽然属于民间组织，但却承担了很重要的公共服务职能，其中扶贫和保护弱势群体的利益是社会组织最重要的目标之一。与此同时，作为非营利性机构，社会组织可以为社会各界参与扶贫提供平台，因此，社会组织的发育直接影响到企业、个人参与扶贫的热情、途径和资源分配，这将促使社会组织在各种社会扶贫力量中占据重要地位，发挥越来越大的作用。

上述发展规律可以从1999年以来民政部门和各类社会组织接收社会捐赠比重的变化上清晰地反映出来。图4.1显示了自1999年起有相关的两个捐赠接收渠道可比数据以来，两个渠道接收社会捐赠比重的变化。可以看出，2007年是一个关键的拐点：2007年之前，通过官方的民政部门接收的社会捐赠要多于各类社会组织；2007年之后，除了2008年因汶川大地震这一特殊因素导致的例外之外，各类社会组织接收的捐赠额在各年均超过了民政部门。从两个渠道接收社会捐赠额的增长速度来看，1999~2012年，民政部门接收的社会捐赠增长了19倍，而各类社会组织接收的社会捐赠则增长了234倍；1999年，民政部门和各类社会组织接收的社会捐赠占捐赠总额的比重分别为71.4%和28.6%，2012年则转变为了17.8%和82.2%。

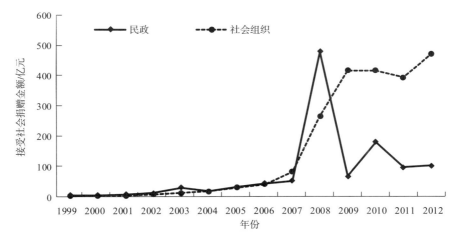

图4.1　民政部门和各类社会组织接收社会捐赠金额的变化（1999~2012年）

资料来源：1999~2010年数据来源于《中国民政统计年鉴（2011）》；2011年和2012年数据分别来自于2011年社会服务发展统计公报和2012年社会服务发展统计公报

三、政府、市场、社会间关系的新定位

（一）政府、市场、社会在资源配置中的职能定位和社会治理体制的变革要求社会扶贫资源配置机制的创新

党的十八届三中全会指出："使市场在资源配置中起决定性作用""推进市场化改革，大幅度减少政府对资源的直接配置""推广政府购买服务，凡属事务性管理服务，原则上都要引入竞争机制，通过合同、委托等方式向社会购买"

"适合由社会组织提供的公共服务和解决的事项，交由社会组织承担""支持和发展志愿服务组织，重点培育和优先发展行业协会商会类、科技类、公益慈善类、城乡社区服务类社会组织"。在上述精神的指引下，在社会扶贫中，应该创新社会扶贫资源的动员和使用机制，构建政府、市场、社会协同推进的大扶贫开发格局，使市场机制、社会组织在社会扶贫资源动员、使用中发挥更大作用，克服扶贫资源配置利用过程中存在的效率不高、资源整合程度低、分工和专业化不足等问题，提高扶贫开发效益。

（二）公共财政体系的完善要求规范政府部门社会扶贫资金的筹集机制

2000 年，党的十五届五中全会明确将建立公共财政初步框架作为"十五"时期财政改革的重要目标；2003 年，党的十六届三中全会进一步提出了健全公共财政体制的改革目标；2006 年党的十六届六中全会把"完善公共财政制度"作为了构建社会主义和谐社会的一项重大任务。经过多年的努力，我国的公共财政体制已初步确立并日益规范，公共财政预算也不断走向规范化和透明化。在这一背景下，无论是参与定点扶贫还是东西扶贫协作的政府部门，将本部门的财政资金投入社会扶贫活动中去将面临越来越强的制约；除非在部门或地方财政预算中给出明确的安排，否则，动用财政预算资金扶贫将与公共财政的规范性要求相背离。

第三节　全面深化改革背景下社会扶贫创新思路和建议

一、基本思路

全面深化改革背景下社会扶贫创新的基本思路是适应国家治理体系和能力现代化的要求，以政府、市场和社会间的新型关系为基础，科学界定各行为主体职能，完善中国特色社会扶贫体系，创新社会扶贫机制，强化社会扶贫保障措施，推进社会扶贫资源动员规范化、配送精准化、使用专业化和社会扶贫激励手段制度化，提高社会扶贫效益。

按照这一思路，要有效利用社会组织的专业能力，大力强化企业和公民个人在社会扶贫中的支撑功能。参与社会扶贫的政府部门应该由社会扶贫的直接执行者逐步向社会扶贫规划、协调，信息收集和政策资金引导等相关公共服务的提供者转变。企业和个人在社会扶贫中的主要角色是资源投入（包括资金投入、人力投入），部分具有扶贫开发业务能力的企业和个人（如农业产业化相关企业、专业技术人员）也可发挥业务专长，直接开展相关扶贫项目。社会组织在动员社会资源、专业化运作等方面具有优势，其主要角色为社会扶贫资源的筹集者和社会扶贫项目的具体执行者，凡是可以由社会组织完成的社会扶贫项目，都应该尽量交由社会组织来完成。

二、建议

遵循上述基本思路，我们提出如下若干促进中国社会扶贫创新的具体建议。

（一）调整政府在社会扶贫中的职能定位

一是加快制定全国与地方社会扶贫规划，强化扶贫部门的总体规划、资源协调和政策引导功能。该规划应与各地区的社会经济发展规划、区域发展与扶贫攻坚规划和专项扶贫规划等相衔接。在编好规划的前提下，做好各类社会扶贫主体和各类社会扶贫资源的协调工作，并且制定或协调制定有针对性的政策，引导社会各界积极参与社会扶贫工作。

二是引导承担定点扶贫和东西扶贫协作任务的政府机构逐步调整自身职能。承担定点扶贫和东西扶贫协作任务的政府机构，要当好扶持区域的参谋，做好扶贫资金筹集工作，结合干部培养搞好人力支持。在此基础上，可以结合自身优势直接开展一些扶贫项目，也可以通过购买扶贫服务的方式，遴选社会组织等购买主体到定点或对口支援地区开展指定的扶贫项目。凡通过购买扶贫服务能够取得更好综合效益的扶贫项目，均应交由社会组织等购买主体承担。

（二）完善社会扶贫资源投送机制

基本要求是将社会扶贫所需要的资金、物资、技术和信息等资源准确、严密、有效地传送给接受环节。完善定点扶贫、东西扶贫协作方式，增强定点扶贫和东西扶贫协作资源传递的准确性、有效性；利用社会扶贫综合网络，促进社会各界通过各种形式参与扶贫，创新建立社会扶贫超市等社会扶贫模式；促进政府、市场和社会的分工与合作，最大限度发挥三者在社会扶贫资源传递中的功能与作用。此外，要通过目标群体主动地参与来完成接受过程，促进目标群体通过资源的消化、吸收与转化过程，将资源要素转化为增强自我发展的能力。

（三）构建政府购买扶贫服务机制

按照公开、公平、公正原则，建立健全向社会力量购买扶贫服务的机制。向社会力量购买扶贫服务的主体为各级政府，各级扶贫部门具体负责本级政府购买扶贫服务的统筹规划、组织实施和绩效评估。政府购买扶贫服务的对象主要为具有独立法人资格、完善的内部治理结构、健全的规章制度、良好的社会公信力及较强的扶贫项目运营管理和扶贫服务能力的民办非企业单位、基金会和社会团体，具备相应能力和条件的企事业单位也可承接政府购买扶贫服务任务。向社会力量购买扶贫服务的内容为适合采取市场化方式提供、社会力量能够承担的扶贫服务，突出公共性和公益性。对于应当由政府直接提供，不适合社会力量承担的扶贫服务，以及不属于政府职责范围的扶贫服务项目，政府不得向社会力量购买。应该按照有利于转变政府职能，有利于降低服务成本，有利于提升服务质量水平和资金效益的原则，在充分听取社会各界意见的基础上，研究制定向社会力量购买扶贫服务的指导性目录，明确购买的扶贫服务种类、性质和内容，并在总结试点经验的基础上，及时进行动态调整。向社会力量购买扶贫服务所需资金应在既有财政预算安排中统筹考虑。对于随扶贫要求所需而增加的资金，应按照预算管理要求列入财政预算。

（四）强化社会扶贫激励机制

（1）完善财政支出政策。

要以补贴、补助、奖励等方式，加大对社会组织参与扶贫的支持力度。在明确财政支持扶贫等职责范围的基础上，尽快建立起社会组织发展的公共预算制度。考虑在公共预算的科目设计上，增加对社会组织的财政拨款和购买扶贫等服务的支出科目，尝试将相关财税支持纳入公共预算进行管理，保证公共资源的合法、有效使用。

（2）完善和落实税收优惠政策。

针对参与扶贫的国有大型骨干企业、社会组织、民营企业和个人，完善与《中华人民共和国公益事业捐赠法》配套的实施细则和有关措施，确保扶贫捐赠税前扣除、非营利性收入免征企业所得税等相关政策得到全面落实。考虑制定公益性捐赠的超额部分可以结转的政策，增加对公益捐赠企业和个人的激励力度。

（3）完善金融支持政策。

建议在贫困地区开展政策性融资试点，尝试整合和运用国家支持贫困地区发展的相关资金，积极开展基础设施建设投融资政策和机制创新，发挥这些资金的引导带动作用，积极引入和撬动社会资本和民间投资。

（4）开展社会企业试点。

建议在企业工商登记类型中增设"社会企业"类型，对登记注册的社会企业予以税收方面的优惠政策并实施严格监管，既鼓励有志于扶贫事业的机构以企业化、市场化的方式从事扶贫活动，提高扶贫投入效率和扶贫效果的可持续性，又有效防止假借扶贫事业牟取私利的行为。

（五）创新扶贫绩效监测评估机制

以推进实施第三方监测评估为重点，建立科学、公开和透明的社会扶贫绩效监测评估机制，对社会扶贫传递系统的扶贫资源传递、接受系统的目标群体受益情况进行过程和效果监测，提升社会扶贫资源动员、投送和利用的有效性，加强全社会对社会扶贫的参与和监督，增强社会扶贫的全社会认同感和信任感。

参 考 文 献

共济. 2012. 新阶段社会扶贫机制创新[M]. 北京：中国农业出版社.

课题组. 2012. 企业参与扶贫的实践与政策创新[M]. 北京：中国农业出版社.

李周. 2007-11-30. 社会扶贫的作用与趋势思考[EB/OL]. http://www.cpad.gov.cn/data/2007/1130/article_336378.htm.

陕西"府谷现象"课题研究组. 2010. 民营企业参与扶贫开发的环境与机制——陕西"府谷现象"研究[M]. 北京：中国农业出版社.

第五章 地方经济发展与扶贫开发协调研究[①]

第一节 地方经济发展与减贫

改革开放以来，我国减贫工作的成效显著，贫困人口大幅度减少，贫困发生率急剧下降。但是经济发展程度和贫困减缓绩效存在着严重的地区差异性。根据国家统计局贫困监测调查数据的估算，2012 年扶贫重点县的贫困发生率高达22%，远高于全国平均水平的 10%。不同省份之间的贫困发生率也存在较大差异，贫困发生率最高的甘肃省达到 31%，而北京、上海等地区的贫困发生率不足1%。在经济发展程度方面：2012 年人均地区生产总值最高的省份与最低的省份之比达到 4.72，2014 年下降至 3.99，但差距仍然很大。既有的扶贫政策往往强调上级政府的扶贫责任，尤其针对中央政府。但在新的扶贫思路中，应更多地强调经济发展程度较高、经济增长速度较快地区的减贫责任，带动其他地区的经济发展和减贫工作。

如何在发展地方经济的同时改善贫困问题，是当前需要面对的重要课题。大量研究结果表明，经济增长会促进贫困规模的缩小，收入分配恶化会阻碍经济增长减贫效应的发挥。在讨论经济增长、收入分配对贫困减缓的影响过程中，经济增长的穷人收益性特征越来越受到关注。"经济增长的穷人收益性"取决于在经济发展过程中，收入分布最低端人群能够分享到的收益多少。按照分配过程看，大体可以从初次分配和再分配两个大方面出发，具体的政策措施也可以据此分为两个大方面。第一个方面，在初次分配中，收入分布最低端的人群能够从经济发展中获得多少收益，取决于全社会的总体经济发展规模的大小，以及收入分布最

① [作者简介] 李实，北京师范大学中国收入分配研究院，教授；詹鹏，北京师范大学中国收入分配研究院、南京财经大学经济学院，讲师；沈扬扬，北京师范大学中国收入分配研究院，博士后。

低端人群的收益占比大小，与当地产业结构、劳动力市场特征、资源禀赋等因素相关；第二个方面，在再分配过程中，养老金政策、税收政策、政府转移支付政策，甚至民间的转移支付特征等都发挥着或大或小的影响。由于这些因素的共同作用，"经济增长的穷人收益性"在不同地区、不同发展时期都可能存在差异。

在经济发展的同时消除贫困人口，这是从根本上解决贫困问题的最佳途径，对于发展程度相对较为欠缺的中西部地区尤为如此。本节主要从三个方面进行了研究：首先，从该理论上分析了地方经济发展与减贫目标之间的关系，强调地方经济增长应以减少贫困人口为第一目标；其次，根据相关数据分别研究了地方经济发展的基本特征和农村贫困人口的模式；再次，在相关数据支持下，从总体关系、生产性扶贫政策和保障性扶贫政策三个角度评估了不同地区经济增长所带来的减贫效果；最后，结合本节经验数据中的发现，提出了一些政策建议。

一、地方经济发展与减贫目标的理论联系

2015 年中共中央国务院关于打赢脱贫攻坚战的决定中规定到 2020 年的总体扶贫目标：稳定实现"两不愁、三保障"，确保现行标准下农村贫困人口脱贫，贫困县全部摘帽，并解决区域性整体贫困问题。在此目标下，通过地方经济发展推动扶贫开发工作，是减少贫困人口规模的重要途径。在减贫视角下，经济发展最主要的目的并不是增加人均 GDP 或人均收入，而是减少贫困人口规模。如果整体人均 GDP 或人均收入增加，但贫困人口减少的效率不高，这种经济发展仍存在问题。

为了更好地达到减贫目标，经济发展过程需要关注两类变化趋势：一是整体经济水平上涨带来的贫困人口减少；二是在整体经济上涨的同时，分配因素导致的贫困人口减少。特定扶贫措施的减贫过程最终也可以归纳为这两类结果。

经济增长是否有利于减缓贫困，取决于穷人能够从经济增长获得多少收益，或者说经济是否是"益贫式增长"。根据相关研究，经济增长并不必然导致贫困发生率的下降，从而提出"益贫式增长"的概念。不同学者对"益贫式增长"的理解不完全统一，具有代表性的两类定义包括：Ravallion（2001）认为使穷人的平均收益增长大于零的经济增长是"益贫式增长"；Kakwani 和 Son（2006）认为穷人平均收入增长比非穷人快，穷人从经济增长中获得的收益比非穷人更多，这才是"益贫式增长"。在前人研究基础上，Bourguignon（2004）提出"经济增长-收入分配-贫困"的三角关系，指出经济增长有助于促进减贫，收入分配的不平等对减贫有显著的负面影响。

从内在机理看，经济增长过程中不是一定伴随着贫困规模的减小，它的作用

和方向取决于经济增长的结构特征和相配套的保障性措施。不过，从数据给出的现象看，绝大多数国家的经济增长都能够在一定程度上减缓贫困，而收入不平等的增加多数情况下都加重了贫困状况，前者一般被称为"增长效应"，后者一般被称为"分配效应"。

以增长效应和分配效应为切入点，地方经济增长带动扶贫开发的工作要点可以归纳为两个方面。

第一，生产性扶贫政策可以通过增长效应和分配效应的共同作用，促进减缓贫困。

增长效应表现为，生产活动直接使整体收入水平增加；而分配效应则是，在生产过程中适当照顾低收入家庭劳动力，从而促进低收入家庭增收，避免经济增长的收益都被中高收入家庭获得。让更多低收入家庭劳动力通过参与生产过程获得收入或实现增收，这是解决贫困问题最有效、最持久的途径。由于劳动报酬一般直接来自于生产活动，因而也可以认为是借助"初次分配过程"实现增收。

这里需要注意几方面问题：①从住户或劳动力角度看，以参与生产活动的农村扶贫开发项目主要针对有劳动力的农村家庭，难以惠及劳动力不足的低收入家庭。只有以土地等不动产资源作为要素投入时才能够惠及没有足够劳动力的家庭，如农村地区的土地流转，通过租借土地给企业用于大规模经营，能够预期获得租金回报；靠近城区的农村家庭，可能通过拆迁获得一次性的拆迁补偿，或租借住房的方式获得租金收入。②生产性扶贫项目受限于不同地区的要素禀赋和发展条件，相应项目的实施策略需要因地制宜。③生产性扶贫项目的顺利实施依赖于一定的发展条件和制度条件，如金融资金支持、宏观产业规划、相对宽松的审批流程、相对严格的监督制度等。

如何发展生产性扶贫项目。王科（2008）在研究培育贫困地区自我发展能力时将其总结为基于自然资本、基于人力资本、基于社会资本、基于特色产业四个方面。具体地区存在差异，其中基本原则是在科学的宏观产业规划下，给予扶贫对象一定的金融支持，给予行政上的政策支持，同时严格监测产业发展动向，及时纠正可能存在的经营性风险。

第二，保障性扶贫政策一方面为生产活动提供发展条件，另一方面直接帮扶没有足够生产力的家庭。

生产性扶贫项目直接提供了更多增收机会，而一些保障性措施将"间接"增加增收机会。例如，改善公路将带来交通便利性，既可能带来更多商机，又能够方便本地劳动力在更大范围内参与劳动；既可能改变农村劳动力技能水平，又提高了获得收入的能力。与生产性扶贫项目相配套的一些公共服务的投入将提升农村居民的健康水平、受教育水平、职业技能等，从而提高其工作能力。同时，一些公共服务将使农村本地交通、环境等外在条件改善，能够进一步促进增收机会的增加。这些公共服务条件的提升间接产生了额外的增长效应，在一定环境下，也可能缩小极端贫困家庭与中高收入家庭的福利差距。

对于一些难以从生产性扶贫项目中受益的家庭，需要政府直接给予帮扶。在经济增长的同时，政府将一部分经济福利以公共转移的形式转移到低收入家庭，体现了经济增长的分配效应，即在缩小收入差距的同时减轻贫困家庭负担，实现减贫目标。

二、地方经济发展特征

（一）地方经济发展的总体特征

自改革开放以来，中国各地区的经济规模都发生了巨大变化。以人均地区生产总值为例（图 5.1），最近 21 年不同地区都保持着较快增速。同时也可以注意到，人均地区生产总值逐渐呈现出分层的特征——上海、北京和天津为第一层，江苏、浙江、内蒙古、辽宁、福建、山东、广东为第二层，其他地区为第三层。这表明地区差异仍然比较明显。其次，在第一层中，天津的人均生产总值增速在 2000 年以后非常快，2010 年迅速超过了北京和上海。在第二层中，江苏和浙江处于领先地位，位次在最近几十年内基本没有太大变化；第三层中的贵州、甘肃、云南、西藏等地区则持续处于最低位次。

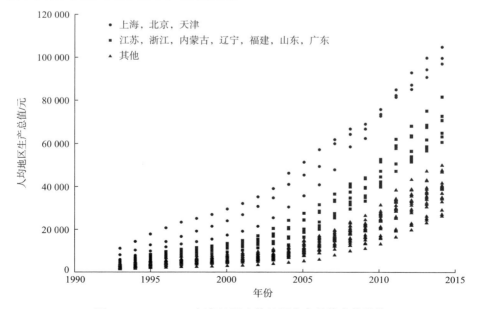

图 5.1　1993~2014 年各地区人均地区生产总值变化趋势

从经济增长速度的变化趋势看（图 5.2），人均地区生产总值相对较高的地区的生产总值增加值在 2007 年普遍较高，然而 2008 年金融危机之后发生了较大改变，有三个较为明显的特征：北京、上海增速下降，在 2008 年断崖式下跌到 10%以下，之后基本维持在 7%~10%的水平；东三省在 2000~2010 年实现了较快增长，但 2010 年之后增速迅速下跌，2016 年辽宁省的地区生产总值增速甚至下降为负[①]；相比于全国其他地区，人均地区生产总值相对较低的地区经济增长速度相对较为平稳。由于多数东部地区经济增速下降较为明显，中西部地区的经济发展成为稳定整个国民经济的重要力量。

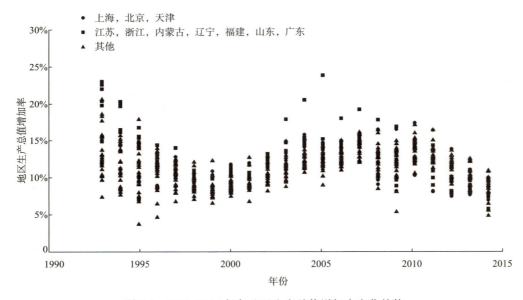

图 5.2　1993~2014 年各地区生产总值增加率变化趋势

虽然位次没有发生太大变化，但地区之间人均生产总值的相对差异程度在最近几年有所下降（图 5.3）。人均地区生产总值的基尼系数和变异系数在 2005 年以后也都有所下降。

（二）地方经济发展的结构特征

1993~2014 年各地区第一产业占比都有所下降（表 5.1），伴随着的趋势是第三产业产值占比逐渐提升。从表 5.1 中还可以发现的现象是，地区总产值与第一

---

① 2016 年资料来源：国家统计局网站分省季度数据显示，辽宁省 2016 年前三个季度的地区生产总值指数分别为 98.7、99.0 和 97.8（同比上年）。

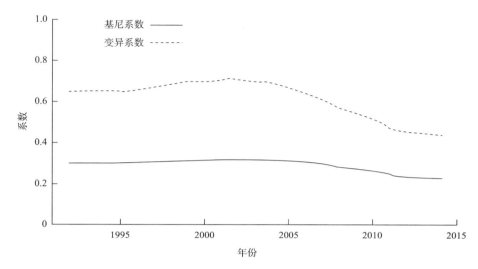

图 5.3　1993~2014 年各地区人均地区生产总值的基尼系数和变异系数

产业产值存在负相关关系——总产值较低地区的第一产业占比相对较高，如贵州、云南、广西等；与第三产业产值之间存在正相关关系——总产值相对较高地区的第三产业占比相对价高，如北京、天津、上海等。这大体上反映了我国不同地区产业结构和经济发展特征的较大差异。

表 5.1　各地区人均地区生产总值与产业结构（1993-2014）

1993 年			
地区	人均地区生产总值/元	第一产业占比	第三产业占比
贵州	1 234	31.9%	30.9%
甘肃	1 600	23.5%	33.5%
西藏	1 624	48.9%	36.4%
安徽	1 785	27.6%	29.5%
江西	1 835	31.2%	29.7%
四川	1 854	30.2%	30.7%
河南	1 865	24.7%	29.2%
陕西	1 981	21.9%	34.3%
广西	1 982	28.7%	34.5%
湖南	1 997	30.8%	31.4%
云南	2 030	24.4%	34.0%
宁夏	2 148	19.9%	36.4%
重庆	2 156	23.3%	31.9%
山西	2 271	14.3%	36.5%

1993 年			
地区	人均地区生产总值/元	第一产业占比	第三产业占比
湖北	2 361	26.1%	33.3%
青海	2 364	20.2%	35.9%
内蒙古	2 423	27.9%	34.3%
河北	2 682	17.8%	32.0%
吉林	2 826	21.7%	29.4%
新疆	2 964	25.6%	33.0%
山东	3 212	21.5%	29.5%
黑龙江	3 306	16.6%	29.2%
福建	3 556	22.8%	36.3%
海南	3 755	29.5%	45.1%
江苏	4 321	16.4%	30.3%
浙江	4 469	16.4%	32.5%
辽宁	5 015	13.0%	35.3%
广东	5 085	16.1%	34.8%
天津	5 800	6.6%	36.2%
北京	8 006	6.0%	46.7%
上海	11 061	2.5%	38.1%
2000 年			
地区	人均地区生产总值/元	第一产业占比	第三产业占比
贵州	2 759	26.3%	35.7%
甘肃	4 129	18.4%	41.5%
西藏	4 572	30.9%	46.2%
广西	4 652	26.8%	38.0%
云南	4 769	21.5%	37.1%
安徽	4 779	25.6%	38.0%
江西	4 851	24.2%	40.8%
四川	4 956	24.1%	39.4%
陕西	4 968	14.3%	42.3%
青海	5 138	15.2%	43.5%
宁夏	5 376	15.6%	43.2%
湖南	5 425	22.1%	41.5%
河南	5 450	23.0%	31.6%
重庆	5 616	15.9%	41.7%

2000 年			
地区	人均地区生产总值/元	第一产业占比	第三产业占比
山西	5 722	9.7%	43.7%
湖北	6 293	18.7%	40.8%
内蒙古	6 502	22.8%	39.4%
海南	6 798	36.4%	43.8%
吉林	7 351	20.4%	40.2%
新疆	7 372	21.1%	39.4%
河北	7 592	16.3%	33.8%
黑龙江	8 294	12.2%	32.9%
山东	9 326	15.2%	34.8%
辽宁	11 177	10.8%	39.0%
福建	11 194	17.0%	39.7%
江苏	11 765	12.3%	35.9%
广东	12 736	9.2%	44.3%
浙江	13 416	10.3%	36.4%
天津	17 353	4.3%	44.9%
北京	24 122	2.5%	64.8%
上海	29 671	1.6%	52.1%
2014 年			
地区	人均地区生产总值/元	第一产业占比	第三产业占比
甘肃	26 433	13.2%	44.0%
贵州	26 437	13.8%	44.6%
云南	27 264	15.5%	43.3%
西藏	29 252	10.0%	53.5%
广西	33 090	15.4%	37.9%
安徽	34 425	11.5%	35.4%
江西	34 674	10.7%	36.8%
山西	35 070	6.2%	44.5%
四川	35 128	12.4%	38.7%
河南	37 072	11.9%	37.1%
海南	38 924	23.1%	51.9%
黑龙江	39 226	17.4%	45.8%
青海	39 671	9.4%	37.0%
河北	39 984	11.7%	37.3%

续表

地区	2014 年		
	人均地区生产总值/元	第一产业占比	第三产业占比
湖南	40 271	11.6%	42.2%
新疆	40 648	16.6%	40.8%
宁夏	41 834	7.9%	43.4%
陕西	46 929	8.8%	37.0%
湖北	47 145	11.6%	41.5%
重庆	47 850	7.4%	46.8%
吉林	50 160	11.0%	36.2%
山东	60 879	8.1%	43.5%
广东	63 469	4.7%	49.0%
福建	63 472	8.4%	39.6%
辽宁	65 201	8.0%	41.8%
内蒙古	71 046	9.2%	39.5%
浙江	73 002	4.4%	47.8%
江苏	81 874	5.6%	47.0%
上海	97 370	0.5%	64.8%
北京	99 995	0.7%	77.9%
天津	105 231	1.3%	49.6%

（三）地方经济发展更多地通过再分配方式受惠于农村居民

经济相对发达的地区有更多能力支持农村地区发展，从而让农村居民受益；反之，经济相对落后地区的农村地区发展也相对困难，难以让居民收入增加。地方经济发展水平差异是引起不同地区农村居民收入状况差异的重要原因之一。根据国家统计局的分地区数据，课题组绘制了表 5.2，反映出 2002~2012 年四大类收入来源占比与人均地区生产总值之间的关系，绘制了表 5.3，反映出四大类收入来源占比与地区生产总值之间的关系。图中左侧的四角空心点表示 2002 年数值，右侧三角实心点表示2012年数值，它们之间的差异反映了不同地区在这 11 年内的变化趋势。

表 5.2　2002~2012 年人均地区生产总值和农村收入来源占比

年份	地区	人均总收入/元	人均工资性收入/元	人均经营性收入/元	人均财产性收入/元	人均转移性收入/元	人均地区生产总值/元	地区生产总值/亿元
2002	北京	5 399	3 430	1 371	341	256	30 840	4 315
2002	天津	4 279	2 060	2 000	73	146	21 387	2 151
2002	河北	2 685	1 044	1 506	78	58	8 960	6 018
2002	山西	2 150	867	1 210	15	58	7 082	2 325

续表

年份	地区	人均总收入/元	人均工资性收入/元	人均经营性收入/元	人均财产性收入/元	人均转移性收入/元	人均地区生产总值/元	地区生产总值/亿元
2002	内蒙古	2 086	320	1 694	21	51	8 162	1 941
2002	辽宁	2 751	1 021	1 619	43	69	13 000	5 458
2002	吉林	2 301	389	1 868	0	44	8 714	2 349
2002	黑龙江	2 405	377	1 861	96	72	9 541	3 637
2002	上海	6 224	4 920	765	207	332	35 329	5 741
2002	江苏	3 980	1 994	1 781	61	144	14 396	10 607
2002	浙江	4 940	2 437	2 075	192	236	16 978	8 004
2002	安徽	2 118	708	1 305	31	74	5 736	3 520
2002	福建	3 539	1 246	1 926	79	287	12 938	4 468
2002	江西	2 307	927	1 303	21	56	5 829	2 450
2002	山东	2 948	1 057	1 729	46	116	11 340	10 276
2002	河南	2 216	567	1 549	33	67	6 487	6 035
2002	湖北	2 444	662	1 694	14	73	7 437	4 213
2002	湖南	2 398	914	1 377	29	78	6 734	4 152
2002	广东	3 912	1 714	1 870	140	189	15 361	13 502
2002	广西	2 013	687	1 236	9	81	5 558	2 524
2002	海南	2 423	305	1 952	31	136	7 781	643
2002	重庆	2 098	783	1 165	17	133	7 052	2 233
2002	四川	2 108	711	1 297	27	73	5 890	4 725
2002	贵州	1 490	387	989	30	85	3 257	1 243
2002	云南	1 609	286	1 193	60	69	5 366	2 313
2002	西藏	1 462	206	1 063	61	133	6 117	162
2002	陕西	1 596	551	915	40	91	6 145	2 253
2002	甘肃	1 590	447	1 057	17	69	4 768	1 232
2002	青海	1 669	402	1 162	39	67	6 478	341
2002	宁夏	1 917	527	1 265	57	68	6 647	377
2002	新疆	1 863	142	1 664	32	25	8 457	1 613

表 5.3　2002~2012 年地区生产总值和农村收入来源占比

年份	地区	人均总收入/元	人均工资性收入/元	人均经营性收入/元	人均财产性收入/元	人均转移性收入/元	人均地区生产总值/元	地区生产总值/亿元
2012	北京	16 476	10 844	1 318	1 716	2 598	87 475	17 879
2012	天津	14 026	7 922	4 126	921	1 056	93 173	12 894
2012	河北	8 081	4 005	3 255	218	603	36 584	26 575
2012	山西	6 357	3 176	2 334	141	706	33 628	12 113
2012	内蒙古	7 611	1 459	4 689	323	1 140	63 886	15 881
2012	辽宁	9 384	3 630	4 783	246	724	56 649	24 846

续表

年份	地区	人均总收入/元	人均工资性收入/元	人均经营性收入/元	人均财产性收入/元	人均转移性收入/元	人均地区生产总值/元	地区生产总值/亿元
2012	吉林	8 598	1 792	5 618	393	796	43 415	11 939
2012	黑龙江	8 604	1 817	5 434	580	773	35 711	13 692
2012	上海	17 804	11 478	903	1 382	4 042	85 373	20 182
2012	江苏	12 202	6 776	3 874	459	1 094	68 347	54 058
2012	浙江	14 552	7 678	5 291	589	994	63 374	34 665
2012	安徽	7 161	3 244	3 266	112	540	28 792	17 212
2012	福建	9 967	4 475	4 570	320	602	52 763	19 702
2012	江西	7 829	3 533	3 742	121	433	28 800	12 949
2012	山东	9 447	4 383	4 235	257	572	51 768	50 013
2012	河南	7 525	2 989	3 973	136	427	31 499	29 599
2012	湖北	7 852	3 190	4 124	66	473	38 572	22 250
2012	湖南	7 440	3 848	2 903	113	577	33 480	22 154
2012	广东	10 543	6 804	2 566	557	616	54 095	57 068
2012	广西	6 008	2 246	3 235	54	473	27 952	13 035
2012	海南	7 408	2 476	4 183	173	576	32 377	2 856
2012	重庆	7 383	3 401	2 975	176	832	38 914	11 410
2012	四川	7 001	3 089	3 005	167	741	29 608	23 873
2012	贵州	4 753	1 978	2 249	72	455	19 710	6 852
2012	云南	5 417	1 436	3 328	234	418	22 195	10 309
2012	西藏	5 719	1 202	3 679	128	711	22 936	701
2012	陕西	5 763	2 728	2 294	200	540	38 564	14 454
2012	甘肃	4 507	1 788	2 115	112	492	21 978	5 650
2012	青海	5 364	1 990	2 222	95	1 058	33 181	1 894
2012	宁夏	6 180	2 511	3 072	102	497	36 394	2 341
2012	新疆	6 394	1 008	4 239	171	976	33 796	7 505

　　两组图都反映了一些类似的特征。首先，经济发展水平较高的地区，工资性收入、财产性收入和转移性收入占比相对较高，而经营性收入占比相对较低。其次，2002~2012 年的 11 年内，几乎所有地区的经营性收入占比都在下降，转移性收入都在上升，部分地区的工资性收入和财产性收入占比有所上升。

　　转移性收入的增加，表明几乎所有地区都更多地将经济利益通过再分配方式分享给了农村居民。其中，2012 年青海、新疆、内蒙古和北京的比例尤为较高，西藏、甘肃、贵州、四川等西部地区也相对较高。然而中部地区的江西、河南、湖北等地区的转移性收入占比非常低。

　　而工资性收入、经营性收入和财产性收入结构的变化表明，农村居民通过初次分配获取收入来源的方式逐渐发生着变化，落后地区的收入来源结构有逐渐向发达地区靠近的趋势。不过，以工资性收入作为主要收入来源的地区仍主要集中于东部地区，中西部地区的工资性收入仍然占比相对较低。中西部地区的经营性收入仍是农村居民的主要收入来源。一般地，工资性收入来源更加稳定，农业经营容易受天灾、农产品价格波动等因素的影响。从扶贫角度看，让更多农业经营性收入转为工资性收入或许能够让扶贫效果更加持久。

（四）各地区生活条件整体明显改善，但地区差异格局没有改变

经济发展不仅是生产总值的增加过程，而且伴随着经济增长的各方面福利、生活条件、居民健康状况等因素的改善过程。我国经济增长速度保持着较快的速度，但居民的实际状况又有多大改善？本章仅以平均预期寿命作为一个代理指标。图5.4报告了2000~2010年各地区平均预期寿命。可以注意到，2000~2010年各地区的平均预期寿命都明显增加，从数值上平均增加了3.66年。然而，不同地区之间的平均预期寿命之差却仍然非常大：2000年平均预期寿命最高的地区与最低的地区之间差异为13.77年，而2010年这一差距仍然有12.09年，并且，不同地区之间平均预期寿命的排序在2000~2010年几乎没有太大改变。这表明，地区生活条件的差异仍然比较显著，仍有待进一步改善。

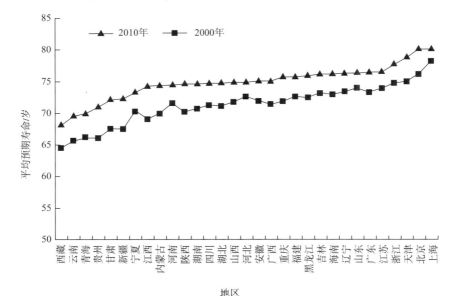

图5.4　2000~2010年不同地区平均预期寿命

资料来源：《中国2000年人口普查资料》和《中国2010年人口普查资料》

第二节　不同地区的贫困人口状况及减贫效果

一、不同地区的贫困人口状况

（一）贫困人口分布与地方经济发展状况

表 5.4 显示了 2014 年各地区贫困发生率和人均地区生产总值之间的关系。这里的贫困发生率基于国家统计局 2011 年规定的新贫困标准确定，它在 2010 年价格下的数值为 2 300 元/年，经过物价调整，2014 年为 2 800 元/年。按照各地区贫困发生率和人均地区生产总值的关系，将所有省份大体分为五个类别：第一类，上海、北京、天津，由于是直辖市，且地域相对较小，没有考虑农村贫困问题；第二类，内蒙古、辽宁、山东、福建、广东、浙江、江苏等，经济发展水平相对较高，农村贫困发生率相对较低；第三类，广西、青海、陕西、山西、宁夏、湖南、海南、江西、四川、安徽、河南、湖北、河北、黑龙江、重庆、吉林等，经济发展水平相对较低，农村贫困发生率相对较高；第四类，西藏、甘肃、贵州、云南等，经济发展水平几乎垫底，贫困发生率很高；第五类，特殊类别，经济发展水平不是最低，但农村贫困发生率很高，仅新疆表现出这个特征。

表 5.4　2014 年各地区贫困发生率

地区	2014 年贫困发生率	人均 GDP/元	人均 GDP 的对数/ln 元	分组
北京	0	99 995	11.51	1
天津	0	105 231	11.56	1
上海	0	97 370	11.49	1
内蒙古	7.3%	71 046	11.17	2
辽宁	5.1%	65 201	11.09	2
江苏	1.3%	81 874	11.31	2
浙江	1.1%	73 002	11.20	2
福建	1.8%	63 472	11.06	2
山东	3.2%	60 879	11.02	2
广东	1.2%	63 469	11.06	2
河北	5.6%	39 984	10.60	3
山西	11.1%	35 070	10.47	3
吉林	5.4%	50 160	10.82	3
黑龙江	5.1%	39 226	10.58	3
安徽	6.9%	34 425	10.45	3
江西	7.7%	34 674	10.45	3

续表

地区	2014年贫困发生率	人均GDP/元	人均GDP的对数/ln元	分组
河南	7%	37 072	10.52	3
湖北	6.6%	47 145	10.76	3
湖南	9.3%	40 271	10.60	3
广西	12.6%	33 090	10.41	3
海南	8.5%	38 924	10.57	3
重庆	5.3%	47 850	10.78	3
四川	7.3%	35 128	10.47	3
陕西	13%	46 929	10.76	3
青海	13.4%	39 671	10.59	3
宁夏	10.8%	41 834	10.64	3
新疆	18.6%	40 648	10.61	4
贵州	18%	26 437	10.18	5
云南	15.5%	27 264	10.21	5
西藏	23.7%	29 252	10.28	5
甘肃	20.1%	26 433	10.18	5

这里主要反映了两个问题：第一，经济发展水平与农村贫困问题密切相关，经济发展水平与贫困发生率整体上呈负相关关系。扶贫工作重点显然是那些经济发展水平较低、农村贫困发生率相对较高地区，这些地区不仅仅分布在西部地区，中部地区的一些省份也不能被忽视。第二，需要着重考虑一些地区的特殊环境，如新疆虽然依托于石油等资源，具备一定的整体经济水平，但贫困发生率仍然很高，这与该地区的地理资源、民族多样化等问题密切相关，其他地区的扶贫经验很难嫁接到新疆地区。

（二）影响经济发展减贫效果的因素：抚养负担

从被帮助的贫困家庭角度看，经济发展减贫效果与家庭自身的一些特征有关。扶贫过程一方面是让有能力的劳动力获得更多收入来源，另一方面让没有劳动能力的人也能够获得相应的帮扶。后者的帮扶一方面来自其他家庭成员，另一方面来自家庭之外的私人或政府救助。从地区层面看，无劳动能力人数占比将成为影响后者帮扶力度的重要因素。一般地，无劳动能力的人包括儿童、老人和残疾人等。表5.5和表5.6报告了2014年各地区儿童、老人抚养比，以及残疾人人数分布[①]。

---

① 这里仅包含持证残疾人规模，不包括实际残疾但未持证的人群，因而会低估残疾人比例。不过，由于绝大多数残疾人已经持证，这个误差不会影响结论。

表 5.5　2014 年各地区儿童、老人抚养比

地区	人均地区生产总值/元	人均地区生产总值对数/元	儿童抚养比	老人抚养比
北京	99 995	11.51	12.50%	10.52%
天津	105 231	11.56	13.91%	15.06%
河北	39 984	10.60	25.84%	12.94%
山西	35 070	10.47	19.37%	11.12%
内蒙古	71 046	11.17	17.58%	12.10%
辽宁	65 201	11.09	13.23%	15.68%
吉林	50 160	10.82	15.74%	13.10%
黑龙江	39 226	10.58	14.66%	11.89%
上海	97 370	11.49	12.61%	12.07%
江苏	81 874	11.31	18.55%	16.26%
浙江	73 002	11.20	15.35%	12.28%
安徽	34 425	10.45	24.94%	14.53%
福建	63 472	11.06	23.52%	10.14%
江西	34 674	10.45	29.63%	13.20%
山东	60 879	11.02	21.70%	15.77%
河南	37 072	10.52	29.76%	12.46%
湖北	47 145	10.76	21.66%	13.90%
湖南	40 271	10.60	25.84%	15.35%
广东	63 469	11.06	21.88%	10.99%
广西	33 090	10.41	31.93%	13.91%
海南	38 924	10.57	25.98%	10.45%
重庆	47 850	10.78	21.61%	20.00%
四川	35 128	10.47	23.23%	20.04%
贵州	26 437	10.18	32.18%	13.43%
云南	27 264	10.21	26.21%	12.06%
西藏	29 252	10.28	35.13%	7.86%
陕西	46 929	10.76	20.01%	14.25%
甘肃	26 433	10.18	21.92%	11.96%
青海	39 671	10.59	24.53%	9.52%
宁夏	41 834	10.64	26.84%	9.22%
新疆	40 648	10.61	29.35%	9.54%

资料来源：抚养比数据来自《中国统计年鉴 2015》，人均地区生产总值来自国家统计局网站

表 5.6　2014 年各地区残疾人人数分布状况

地区	人均地区生产总值/元	人均地区生产总值对数/ln 元	持证残疾人比例	其中农业户籍	其中非农业户籍	年末人口数/万人
北京	99 995	11.51	1.27%	0.52	0.75	2 152
天津	105 231	11.56	1.77%	0.70	1.06	1 517
河北	39 984	10.60	2.12%	1.81	0.31	7 384
山西	35 070	10.47	2.28%	1.84	0.44	3 648

地区	人均地区生产总值/元	人均地区生产总值对数/ln 元	持证残疾人比例	其中农业户籍	其中非农业户籍	年末人口数/万人
内蒙古	71 046	11.17	2.89%	1.93	0.96	2 505
辽宁	65 201	11.09	2.01%	1.10	0.91	4 391
吉林	50 160	10.82	2.49%	1.43	1.06	2 752
黑龙江	39 226	10.58	2.23%	1.10	1.13	3 833
上海	97 370	11.49	1.62%	0.31	1.31	2 426
江苏	81 874	11.31	1.86%	0.34	1.52	7 960
浙江	73 002	11.20	1.91%	1.54	0.37	5 508
安徽	34 425	10.45	2.41%	2.01	0.40	6 083
福建	63 472	11.06	2.50%	2.09	0.41	3 806
江西	34 674	10.45	2.04%	1.64	0.40	4 542
山东	60 879	11.02	1.92%	1.68	0.24	9 789
河南	37 072	10.52	1.94%	1.69	0.25	9 436
湖北	47 145	10.76	2.03%	1.61	0.42	5 816
湖南	40 271	10.60	1.99%	1.68	0.31	6 737
广东	63 469	11.06	1.12%	0.84	0.28	10 724
广西	33 090	10.41	2.98%	2.68	0.30	4 754
海南	38 924	10.57	1.60%	1.19	0.41	903
重庆	47 850	10.78	2.61%	2.04	0.57	2 991
四川	35 128	10.47	2.78%	2.35	0.43	8 140
贵州	26 437	10.18	2.77%	2.46	0.31	3 508
云南	27 264	10.21	2.40%	2.12	0.29	4 714
西藏	29 252	10.28	2.38%	2.18	0.19	318
陕西	46 929	10.76	3.48%	3.02	0.47	3 775
甘肃	26 433	10.18	2.57%	2.16	0.42	2 591
青海	39 671	10.59	2.46%	1.93	0.53	583
宁夏	41 834	10.64	3.30%	2.40	0.90	662
新疆	40 648	10.61	1.98%	1.34	0.63	2 298

资料来源：残疾人数据来自《中国残疾人事业统计年鉴2015》，人均地区生产总值来自国家统计局网站

首先，从大体分布看，老人抚养比与人均地区生产总值没有表现出明显相关关系，而各地区儿童抚养比与后者之间存在明显负相关关系。前者的相关系数在统计上不显著，后者的相关系数为-0.754，在 95%置信水平下显著为负。老人抚养比在四川和重庆相对较高，接近 20%；在其他多数地区在 10%~15%。各地区老人抚养负担差异不大。然而，经济发展水平相对较低地区的儿童抚养比远高于其他地区。西藏、贵州和广西的儿童抚养比甚至超过了 30%，儿童抚养比相对较高的地区多数属于西部地区和中部地区。东部地区的江苏、浙江、天津、上海、北京等地区的儿童抚养比基本都在 20%以下。从这个数据看，经济发展水平较低地

区的儿童发展问题尤为重要，需要得到更多重视。

其次，持证残疾人数比例的分布也大体与经济发展水平呈负相关关系。若仅保留农业户籍残疾人，这一关系更加明显。前者的相关系数为－0.469，后者为－0.691，在95%的置信水平下都很显著。残疾人会给家庭带来两个不利影响：一方面，降低家庭劳动力水平，从而减少收入来源；另一方面，一些残疾人可能会增加家庭负担，这些负担不仅包括经济上的负担，还包括照料时间上的负担。需要注意的是，相比于儿童和老人，残疾人给家庭带来的影响可能更大。虽然儿童也不能带来有效劳动力，但儿童一般存在发展潜力，在未来会给家庭带来增收的可能性。老人也一般很难带来充足的劳动力，但多数老人在年轻时期的工作经历仍然能够为家庭创造一些收益，如养老金收入、人脉关系、房产等。而很多残疾人可能正处于青壮年期，多数还没有积累足够的资本，同时未来的增收潜力也很小，一些较为严重的残疾人甚至可能几十年都需要别人照料和帮助。由于残疾人的分布特征，西部地区和部分中部地区需要更多地重视残疾人发展问题，一方面让有一定条件的残疾人参与生产过程，获得更多收入来源；另一方面完善对残疾人的帮扶措施。

最后，从2013年各地区贫困家庭人口结构看，贫困家庭的儿童平均比例、老人平均比例、残疾人比例、有严重健康问题的人数比例等都显著高于非贫困家庭（表5.7）。并且，儿童平均比例、年轻人有严重健康问题的家庭比例在西部地区贫困家庭尤其较高。而劳动力平均受教育年限在中西部地区明显较低，尤其是贫困家庭更低。

表5.7　2013年农村贫困家庭的人口结构

指标	全国		东部		中部		西部	
	贫困	非贫困	贫困	非贫困	贫困	非贫困	贫困	非贫困
贫困发生率	8.84%		4.91%		9.07%		12.51%	
家庭人口数/人	4.41	3.65	4.04	3.53	4.35	3.73	4.62	3.69
无劳动力家庭占比	4.94%	4.57%	8.42%	4.63%	5.31%	5.00%	3.08%	4.02%
劳动力平均比例	65.57%	69.39%	68.59%	70.53%	65.42%	68.69%	64.49%	68.92%
外出打工人数比例	22.00%	11.75%	20.33%	9.04%	27.97%	14.37%	17.99%	11.79%
老人平均比例	14.55%	13.93%	15.87%	14.76%	15.82%	12.82%	13.05%	14.28%
儿童平均比例	19.71%	16.39%	17.50%	15.12%	19.29%	17.00%	20.90%	17.09%
老人有严重健康问题的家庭比例	18.44%	10.45%	11.20%	7.01%	20.36%	10.08%	20.34%	15.30%
儿童有严重健康问题的家庭比例	0.80%	0.38%	0.69%	0.25%	0.28%	0.36%	1.36%	0.58%
年轻人有严重健康问题的家庭比例	14.52%	10.20%	8.68%	6.50%	15.09%	11.37%	16.99%	13.49%
劳动力平均受教育年限/年	7.70	8.22	8.41	8.66	7.70	8.31	7.39	7.62

资料来源：根据CHIP2013农村数据计算得到，经过了加权处理

由于现实中老人、儿童和残疾人所存在的问题，单纯以发展生产为途径的减贫措施显然不够。一些没有足够劳动力的家庭，或者抚养负担过高的家庭，很难从生产过程中受益。因而，在扶贫过程中，不仅需要关注对有劳动力家庭的产业扶贫政策，还需要重视保障性政策的设计。

二、各地区经济增长的减贫效果

（一）总体关系

中国的官方贫困标准主要以绝对贫困标准为主，包括 1978 年标准、2008 年标准和 2010 年标准（王萍萍，2015），数值上分别为 625 元（1978 年价格）、1 196 元（2008 年价格）和 2 300 元（2010 年价格）。本部分分别标记为 PL1978、PL2008 和 PL2010。根据国家统计局的统计数据，无论按哪条贫困标准，中国的农村贫困发生率都在大幅下降。与此同时，经济总量和实际人均 GDP 上升明显（图 5.5），农村居民的整体收入水平也大幅提高（图 5.6）。

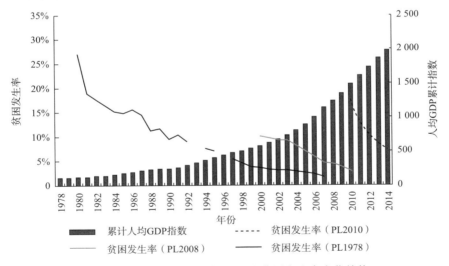

图 5.5　1978~2014 年人均 GDP 和贫困发生率变化趋势

注：人均 GDP 累计指数的基期为 1978，且基期数值为 100

资料来源：国家统计局网站；《2015 中国农村贫困监测报告》

不过，不同时期居民收入水平提高的程度并不相同。图 5.6 比较了不同时期收入十等分组的收入增长率。根据中国家庭收入调查数据（Chinese household income project survey，CHIP）的计算，1988~1995 年，最低收入组和最高收入的

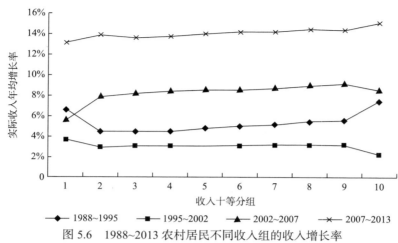

图 5.6　1988~2013 农村居民不同收入组的收入增长率

资料来源：根据 CHIP 数据计算得到，并根据各地区消费物价指数调整了不同时期的物价差异

增速相对较快，因而此时最低收入家庭总体来说从经济增长中获益更多。而这种优势在 1995~2002 年和 2002~2007 年发生了改变，尤其是 2002~2007 年最低收入组的收入增长率明显低于其他收入组，因而此时农村收入差距的扩大程度也比较大。2007~2013 年不同收入组的增长率基本相同，不过低收入组仍略低于其他收入，尤其是最高收入组。由于这种差异，在不同时期贫困家庭能够在经济增长中的获益程度也会不同。

为了衡量经济增长过程中的减贫效果，许多学者基于不同数据进行了评估和测算。根据相关文献的综述，最近 30 年内贫困发生率对经济增长的弹性在−1~−2，即经济每增长 10%，贫困发生率将伴随着下降 10%~20%。而根据其他国家数据的核算结果，20 世纪八九十年代贫困对经济增长的弹性处在−2~−3。从数据结果看，中国经济增长的减贫弹性相对较低（表 5.8）。

表 5.8　不同文献关于经济增长减贫弹性的估计结果

出处	数据和方法	结果
罗楚亮（2012）	中国家庭收入调查（CHIP 1988、1995、2002、2007）；数值模拟方法	贫困标准为国定贫困线（1988 年 236 元）时：贫困对收入增长的弹性为−2.39（1988 年）、−1.90（1995 年）、−2.86（2002 年）、−2.16（2007 年） 贫困标准为 1 天 1 美元时：贫困对收入增长的弹性为−1.29（1988 年）、−1.39（1995 年）、−2.42（2002 年）、−2.22（2007 年）
北京师范大学中国收入分配研究院（2015）	2012 年中国农村住户调查县级数据；回归分析	贫困标准为 1 196 元（2008 年价格）时：贫困对收入增长的弹性为−1.09 贫困标准为 2 300 元（2010 年价格）时：贫困对收入增长的弹性为−2.06

续表

出处	数据和方法	结果
毛伟等（2013）	1993~2011 年中国 17 个省份面板数据；贫困标准为 2 300 元（2010年价格）；回归分析	贫困对经济增长的弹性：-0.999（空间滞后模型）；-0.976（空间误差模型）；-0.988（最小二乘法）；-0.751（固定效应模型）
张凤华和叶初升（2011）	1994~2008 年中国 9 个典型省级面板数据；贫困标准为 1 196 元（2008 年价格）；回归分析	贫困对经济增长的弹性：-2.055（1994~2008 年）；-1.917（"八七攻坚"时期）；-2.012（2001~2008 年）
李小云等（2010）	2000~2008 年中国 31 个省份面板数据；贫困标准 1 196 元（2008 年价格）；回归分析	贫困对经济增长的弹性：-1.09（全国）；-1.72（东北）；-1.49（华北）；-0.63（华中）；-1.02（西北）；-1.11（西南）；-1.12（沿海）
Ravallion 和 Chen（1997）	1981~1994 年 67 个国家的面板数据；贫困标准：1 天 1 美元	贫困发生率对平均家庭收益的弹性：-3
Ravallion（2001）	1981~1994 年 67 个国家的面板数据；贫困标准：1 天 1 美元	纠正误差后，重新计算的弹性为-2.1
Adams（2004）	20 世纪 80 年代和 90 年代 60 个发展中国家数据（126 个样本观测值）；贫困标准：1 天 1 美元	贫困对平均收入（或消费）的增长弹性为-2.79，对人均 GDP 的增长弹性为-2.27
Bruno 等（2016）	1984~1993 年 20 个发展中国家面板数据；贫困标准：1 天 1 美元	贫困对样本人均收入的弹性为-2.12；对人均 GDP 的弹性-2.15

贫困发生率下降的过程中，收入增长的增长效应明显高于分配效应，并且增长效应一般都能够大幅降低贫困发生率，然而分配效应经常恶化贫困状况（表 5.9）。以 CHIP 数据和 Shapley 分解的结果为参考，2002~2007 年的增长效应达到-13.36，它的含义是收入增长使农村贫困发生率下降了 13.36 个百分点。若按约 10 亿农业户籍人口算，贫困人口规模下降了 1.3 亿左右，分配效应仅为 1.60，农村收入不平等的扩大使贫困发生率上升了 1.60 个百分点，增加了约 0.16 亿贫困人口规模。最终合计的贫困发生率下降了 11.76 个百分点，等于两类效应之和。

表 5.9 贫困发生率变化过程中收入增长的增长效应和分配效应综述

出处	数据和方法	增长效应	分配效应
罗楚亮（2012）	中国家庭收入调查（CHIP 1988、1995、2002、2007）；Datt-Ravallion 分解；贫困标准为 1 天 1 美元	1988~1995 年：-21.57 1995~2002 年：-23.68 2002~2007 年：-13.53	1988~1995 年：2.82 1995~2002 年：-0.72 2002~2007 年：1.42
罗楚亮（2012）	中国家庭收入调查（CHIP 1988、1995、2002、2007）；Shapley 分解；贫困标准为 1 天 1 美元	1988~1995 年：-19.37 1995~2002 年：-23.48 2002~2007 年：-13.36	1988~1995 年：5.02 1995~2002 年：-0.92 2002~2007 年：1.60
魏众和古斯塔夫森（1998）	中国家庭收入调查（CHIP 1988、1995）；Datt-Ravallion 分解；贫困标准为人均等值收入 490 元[*]（1988 年价格）	1988~1995 年：-10.34（全国）、-5.4（东部）、-9.91（中部）、-16.89（西部）	1988~1995 年：12.88（全国）、3.60（东部）、9.41（中部）、32.79（西部）

出处	数据和方法	增长效应	分配效应
陈飞和卢建词（2014）	中国健康与营养调查数据（CHNS 1991、2000、2009）；根据微观数据推算洛伦兹曲线，并进行分解；贫困标准为每天 1.5 美元（1993 年价格）	1991~2000 年：-22.82（全国）、-23.06（沿海）、-22.31（中西部） 2000~2009 年：-15.84（全国）、-7.94（沿海）、-20.68（中西部）	1991~2000 年：3.36（全国）、2.97（沿海）、3.60（中西部） 2000~2009 年：2.27（全国）、0.18（沿海）、3.52（中西部）

　　* 该贫困标准由李实古和古斯塔夫森（1996）推算得到。"人均等值收入"并不等于"人均收入"（家庭总收入除以家庭常住人口数），而是等于 DY／N^α。其中，DY 表示家庭总收入（或消费），N 表示家庭常住人口数，α 表示反映家庭消费的规模经济的参数，取值范围在 0~1；当取值为 0 时表明具有完全的规模经济，即家庭人口数目增加不会增加家庭总消费支出；当取值大于 1 时，表明不具有规模经济，等值收入等于"人均收入"。在李实古和古斯塔夫森（1996）中取值为 0.5

　　不过，增长效应趋于降低，分配效应的绝对数也趋于下降，这一特征在不同数据结果中均有所反映。以 CHIP 数据和 1 天 1 美元贫困标准的结果为例，1988~1995 年的增长效应达到-21.57%，也就是使贫困发生率降低了 21.57 个百分点，但 2002~2007 年仅-13.53。根据刘轶芳和罗文博（2013）采用相同标准对 CHNS 的估计，贫困发生率下降的增长效应在 1993~1997 年达到-26.57，然而 2006~2009 年仅-7.29。整体上的下降趋势是比较明显的。最近 20 年的人均 GDP 增加率和人均收入增加率并没有明显下降，那么增长效应的下降主要源于经济增长（或收入增长）能够影响的脱贫人数比例出现下降。导致这个结果的原因一方面是经过多年的发展，贫困发生率已经非常低，很难有进一步下降的余地；另一方面是随着贫困人口的减少和分散，单个家庭的脱贫难度也会增大。

　　从地区角度看，经济增长减贫效果的地区差异较大。根据陈飞和卢建词（2014）对 CHNS 数据的研究，2000 年之前减贫过程中的增长效应在全国均较为明显，沿海地区达到-23.06，中西部地区也高达-22.31。然而随着沿海地区绝对贫困人口规模的下降，其增长效应在 2000 年之后大幅变化至-7.94，经济增长对沿海地区的减贫工作不再具有很强的影响。然而，中西部地区的增长效应仍然维持在-20.68 左右。21 世纪通过经济发展减少的贫困人口主要集中于中西部地区，这与中国不同地区的发展现状密切相关。不过，若按"人均等值收入"作为贫困标准的依据，魏众和古斯塔夫森（1998）[1]的研究发现 1988~1995 年西部地区的增长效应能够达到-16.89，收入增长使西部贫困发生率下降了 16.89 个百分点，然

---

　　① 该贫困标准由李实古和古斯塔夫森（1996）推算得到。"人均等值收入"并不等于"人均收入"（家庭总收入除以家庭常住人口数），而是等于 DY／N^α。其中，DY 表示家庭总收入（或消费），N 表示家庭常住人口数，α 表示反映家庭消费的规模经济的参数，取值范围在 0~1；当取值为 0 时表明具有完全的规模经济，即家庭人口数目增加不会增加家庭总消费支出；当取值大于 1 时，表明不具有规模经济，等值收入等于"人均收入"。在李实古和古斯塔夫森（1996）中取值为 0.5。

而东部的增长效应仅-5.4。

（二）生产性扶贫政策的减贫效果

1. 从农村居民收入构成看生产性项目的减贫效果

相比于其他类似报告，本章更多地关注居民实际受益情况。对于生产性扶贫项目的实施效果，笔者也主要从居民的收入来源构成中探究其规律。根据对 2007 年和 2013 年农村住户数据的分析，可以得到如下一些发现（表 5.10 和表 5.11 ）。

表 5.10　2007 年各地区贫困人口和非贫困人口的收入来源结构

收入及来源	全国		东部		中部		西部	
	贫困	非贫困	贫困	非贫困	贫困	非贫困	贫困	非贫困
人均可支配收入/元	1 772	5 765	1 396	6 296	1 402	4 356	1 343	3 979
工资性收入	24.84%	35.90%	36.74%	45.84%	33.76%	39.04%	29.63%	36.95%
经营性净收入	46.65%	43.74%	51.99%	45.01%	59.67%	55.67%	63.31%	56.18%
第一产业净收入	43.36%	33.59%	47.70%	30.21%	55.44%	45.42%	59.04%	48.41%
第二产业净收入	0.67%	3.06%	0.11%	4.80%	0.96%	3.08%	1.05%	1.63%
第三产业净收入	2.62%	7.10%	4.18%	10.00%	3.27%	7.16%	3.23%	6.14%
财产性净收入	1.18%	2.49%	3.13%	4.11%	1.57%	1.71%	1.00%	2.02%
转移性净收入	4.67%	3.91%	8.15%	5.05%	5.00%	3.58%	6.07%	4.84%

注：第一行为人均可支配收入，其他行为相应收入数值与可支配收入的比值

资料来源：根据 CHIP2007 农村数据计算得到，贫困标准是国家统计局公布的最新贫困线，即 2010 年价格下的 2 300 元/年

表 5.11　2013 年各地区贫困人口和非贫困人口的收入来源结构

收入及来源	全国		东部		中部		西部	
	贫困	非贫困	贫困	非贫困	贫困	非贫困	贫困	非贫困
人均可支配收入/元	3 314	13 659	1 967	13 504	1 825	9 464	1 886	9 012
工资性收入	13.26%	34.51%	34.37%	51.82%	25.46%	43.30%	17.71%	32.40%
经营性净收入	23.40%	28.66%	37.11%	32.60%	39.09%	34.80%	44.56%	45.28%
第一产业净收入	21.92%	18.13%	37.94%	17.24%	34.61%	22.36%	42.04%	33.74%
第二产业净收入	0.52%	2.70%	-4.08%	4.61%	4.15%	3.24%	0.40%	1.80%
第三产业净收入	0.96%	7.83%	3.26%	10.75%	0.33%	9.20%	2.12%	9.75%
财产性净收入	0.22%	4.44%	2.61%	6.14%	-2.11%	4.97%	1.40%	5.72%
转移性净收入	19.78%	10.68%	25.91%	9.44%	37.56%	16.94%	36.34%	16.60%

注：第一行为人均可支配收入，其他行为相应收入数值与可支配收入的比值

资料来源：根据 CHIP2013 农村数据计算得到，贫困标准是国家统计局公布的最新贫困线，即 2010 年价格下的 2 300 元/年

第一，农村劳动力来自经营性收入的占比较高，其中贫困家庭的劳动力更多地参与第一产业生产活动。从收入来源的构成看，贫困人口来自工资性收入、财产性收入和第三产业经营性收入的比重相对较低，而来自第一产业经营性收入占比相对较高。这一特征在 2007~2013 年的全国和不同地区都存在，而且非常明显。这反映的问题是，在以扶贫为目标的产业政策布局中，需要着重关注第一产业有关项目的实施效果，同时需要重点关注实施第一产业相关项目所依赖的发展条件、市场环境是否规范可靠。

第二，穷人很难从第二产业和第三产业获益。比较贫困家庭和非贫困家庭来自三个产业的收入来源占比，无论在 2007 年还是 2013 年，贫困家庭整体上来自第二产业和第三产业的收入来源占比都远低于非贫困家庭，2013 年的两个比例甚至低于 1%。其中，2013 年东部地区贫困家庭来自第二产业的净收入为负，这可能与经济新常态下大量工业企业出现亏损有关。中部地区来自第三产业净收入占比仅 0.33%，远低于非贫困家庭的 9.2%。这一现象表明来自第二产业和第三产业的经营性净收入多数分布于地区内的中间收入段家庭，很难惠及极端贫困家庭。基于这个现象，在实施与第二产业和第三产业有关的产业扶贫项目时尤其需要考虑如何让更多贫困家庭参与其中，否则即使提高了当地整体经济水平，但几乎无法让极端贫困家庭受益。

第三，从地区差异看，东部地区的收入来源更多依赖于工资性收入，相比于其他地区，来自第三产业的净收入占比相对较高；西部地区与此基本相反。东中西工资性收入和经营性收入占比的关系几乎是完全负相关。这与不同地区的劳动力市场完善程度存在密切关系。相比较而言，签订固定劳动合同，并获得固定收入的经济来源更加稳定，具有更强的抗风险能力。但是这类工作依赖于更完善的劳动力市场环境，需要足够进行规模化经营的企业。

2. 农村扶贫项目实施状况

根据 2011 年贫困地区实际得到的扶贫项目分布和希望得到的扶贫项目分布，本章对扶贫项目实施状况有一个大体认识。

第一，2011 年农村扶贫项目多数分布于农户危房改造、退耕还林还草、修建及改建公路等基础设施方面（图 5.7）。相比较而言，生产性扶贫项目实际资助的村庄数并不多。然而，从村庄实际需求上看，除修建及改建道路之外，种植业和养殖业的呼声很高（图 5.8），实际资助和实际需求之间存在不一致。

第二，在生产性扶贫项目中，多数分布于种植业和养殖业，2011 年分别资助了 536 个和 401 个扶贫重点村。种植业的每村受益户数比例达到 37%，不过养殖业的每村受益户数相对较少，仅 11%（表 5.12）。

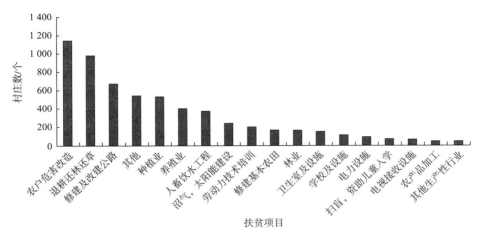

图 5.7　2011 年扶贫项目参与的村庄数

资料来源：根据 2011 年扶贫重点县贫困监测调查数据计算得到

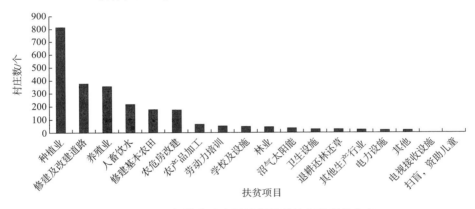

图 5.8　2011 年扶贫重点村希望得到的主要项目分布

资料来源：根据 2011 年扶贫重点县贫困监测调查数据计算得到

表 5.12　2011 年扶贫村生产性行业扶贫资助与受益情况

生产性行业	村庄数/个	每村资助额度/元	每村受益户数/户	每村受益户数比	受益户平均受益/元
种植业	536	174 034	153	37%	3 721
林业	166	112 293	178	40%	3 936
养殖业	401	166 783	46	11%	9 723
农产品加工	44	52 340	12	2.8%	11 888
其他生产性行业	43	88 116	29	2.5%	7 039

资料来源：根据 2011 年扶贫重点县贫困监测调查数据计算得到

第三，在生产性扶贫项目的每村受益户方面，农产品加工和其他生产性行业的平均每村受益户数比例在 2011 年仅 2.8% 和 2.5%，覆盖人群非常低，受益户平均受益金额达到 7 000 元以上。如果能够从这两个行业获益，年收入显然会超过扶贫标准。但是这部分收入在多大程度上能够被贫困家庭获得，是我们值得仔细调研和摸清的问题。

（三）保障性扶贫政策的减贫效果

这里的保障性项目主要是指让贫困家庭直接受惠的措施，主要以公共转移的形式转换为农村居民收入的一部分。表 5.13 显示了不同地区的公共转移收入，表 5.14 显示了这些公共转移性收入的减贫效果，从中可以得到如下发现。

表 5.13　贫困家庭和非贫困家庭所获得的公共转移

项目	全国		东部		中部		西部	
	贫困	非贫困	贫困	非贫困	贫困	非贫困	贫困	非贫困
公共转移/元	301.84	861.15	368.50	999.06	246.38	751.74	317.90	851.07
离退休金	12.96%	199.70%	42.29%	283.16%	6.10%	181.30%	9.52%	141.29%
新型农村养老金	61.81%	86.81%	108.71%	140.80%	79.35%	54.70%	39.27%	71.13%
其他养老保险	7.58%	53.61%	13.95%	64.72%	2.69%	29.22%	8.87%	69.83%
低保	54.08%	58.91%	28.13%	38.88%	35.07%	40.62%	72.13%	97.76%
报销医药费	17.07%	84.15%	1.72%	70.11%	11.13%	103.43%	24.57%	76.27%
现金补贴	11.05%	33.32%	2.93%	19.26%	8.87%	17.08%	14.44%	64.30%
政府和组织实物补贴	13.06%	20.03%	6.15%	8.12%	25.45%	19.94%	7.41%	31.34%
粮食直接补贴	53.68%	53.58%	91.66%	55.03%	33.37%	54.00%	56.08%	51.76%
退耕还林还草补贴	12.53%	10.24%	2.48%	2.29%	2.74%	7.56%	20.96%	20.65%
其他政策性补贴	45.07%	61.12%	28.19%	33.54%	35.50%	62.60%	55.13%	85.45%

注：贫困标准为 2010 年价格下 2 300 元/人年

资料来源：根据 CHIP2013 计算得到，根据各省农村人口数进行了加权处理

表 5.14　公共转移性收入的减贫效果

人均可支配收入	全国		东部		中部		西部	
	贫困发生率	变化	贫困发生率	变化	贫困发生率	变化	贫困发生率	变化
转移收入前	24.67%		15.8%		26.31%		30.68%	
+私人转移	12.69%	−11.98%	7.69%	−8.11%	13.07%	−13.24%	16.66%	−14.02%
+离退休金	11.65%	−1.04%	6.91%	−0.78%	11.70%	−1.37%	15.77%	−0.89%
+新型农村养老金	10.67%	−0.98%	6.03%	−0.88%	10.54%	−1.16%	14.90%	−0.87%
+其他养老保险	10.56%	−0.11%	5.84%	−0.19%	10.48%	−0.06%	14.79%	−0.11%
+低保/%	9.92%	−0.64%	5.35%	−0.49%	9.96%	−0.52%	13.91%	−0.88%
+报销医药费	9.70%	−0.22%	5.23%	−0.12%	9.51%	−0.45%	13.83%	−0.08%
+现金补贴	9.50%	−0.20%	5.19%	−0.04%	9.40%	−0.11%	13.42%	−0.41%

人均可支配收入	全国		东部		中部		西部	
	贫困发生率	变化	贫困发生率	变化	贫困发生率	变化	贫困发生率	变化
+政府和组织实物补贴	9.34%	-0.16%	5.11%	-0.08%	9.08%	-0.32%	13.35%	-0.07%
+粮食直接补贴	8.87%	-0.47%	4.95%	-0.16%	8.45%	-0.63%	12.77%	-0.58%
+退耕还林还草补贴	8.76%	-0.11%	4.91%	-0.04%	8.38%	-0.07%	12.55%	-0.22%
+其他政策性补贴	8.43%	-0.33%	4.43%	-0.48%	8.21%	-0.17%	12.08%	-0.47%

注：①贫困标准为 2010 年价格下 2 300 元/人年；②这里仅保留分项收入完整的样本，因而最终贫困发生率估算结果与前面部分不同

资料来源：根据 CHIP2013 计算得到

第一，贫困家庭获得的人均公共转移性收入大约为非贫困家庭的三分之一，并且东部地区和西部地区相对较高，而中部地区偏低。东部贫困家庭获得的公共转移性收入能够达到 369 元，分别比中部和西部高出 50% 和 16%。从比例上看，东部和西部贫困家庭的人均公共转移性收入大约 37%，但中部地区仅 33%。相比较而言，中部地区公共政策对贫困家庭的惠及作用相对较差。

第二，在公共转移中，份额较高的部分是离退休金、新型农村养老金、低保报销医疗费、低保和一些政策性补贴。但离退休金的绝大部分并没有被贫困人口获得，贫困家庭的人均离退休金收入仅 13 元。并且，中部地区和西部地区甚至不足 10 元，这个特征与前面介绍的贫困家庭收入结构也存在关系。贫困家庭来自工资性收入的比例很低，这意味着在退休之后获得离退休金的机会和额度也会比较低。

第三，贫困家庭所获得的人均低保、各种政府补贴和新型农村养老金相对较多，并且与非贫困家庭的人均水平差异不大。这表明这三类政策发挥了积极的减贫效果。尤其是新型农村养老金几乎全面覆盖了农村居民，对极端贫困家庭的老年人是非常有利的。各项政策性补贴也惠及了较多贫困家庭，值得延续和完善。然而，对于低保收入，理论上应该多数被贫困家庭获得。考虑到许多地区的低保标准高于贫困标准，存在一定的非贫困家庭获得低保收入，非贫困家庭所获得的低保收入也不能达到表中显示的数值。这表明低保政策在一定程度上存在严重的瞄准错误问题（简称"失准"）。若以非贫困家庭低保收入与贫困家庭低保收入的比值作为衡量"失准"的依据，东部、中部和西部分别为 1.38、1.16 和 1.36，东部和西部地区更为严重。

第四，报销医药费收入多数被非贫困家庭获得。一般地，贫困家庭身体健康程度更差，医疗需求更高，相应的支出规模应该不低。然而贫困家庭报销医药费收入仅 17 元，东部地区仅不到 2 元，非贫困家庭相对应的数值分别是 84 元和 70 元，如此大的差异值得我们每个人注意。如果贫困家庭在满足医疗需求的条件、医疗报销的手续等方面存在障碍，那么就需要加强这方面公共服务的建设工作。

第五，对于减贫的影响，在转移性收入中，私人转移能够使贫困发生率下降13 个百分点，而公共转移性收入仅能下降 4 个百分点左右。在公共转移中，发挥作用最大的是离退休金。这主要源于它的数额一般较大，能够获得这项收入，脱贫相对容易。其次是贫困家庭也能够获得较多利益的新型农村养老金、其他养老保险和低保。由于中国是农业大国，种粮户较多，粮食直接补贴也发挥了较大的减贫效果。不过，报销医疗费、政府的现金补贴和实物补贴没有发挥较大作用，比较遗憾。

三、促进地方经济发展减贫的建议

根据对地方经济发展与减贫规律的理论分析和一些经验评估，本章提出如下几条建议。

建议一：在发展地方整体经济规模的同时，强调创建以低收入家庭为主要对象的扶贫开发项目，带动本地低收入家庭增收。从全国性数据测算看，绝大多数时候经济水平的增长能够有效发挥减贫效果。在现有产业政策基础上，加大对低收入家庭有利的产业扶持力度，通过初次分配过程增加低收入家庭收入。理想情况下，若这种产业结构持续下去，将持久地改善低收入家庭的收入稳定性。

建议二：经济发展过程中，单纯经济水平增加带来的减贫效果有限，目前存在三方面限制：第一，产业项目一般难以覆盖所有农村家庭，而低收入家庭很难参与其中；第二，低收入家庭即使参与了生产性扶贫项目，其受益整体上也会低于中高收入家庭；第三，大量没有足够劳动力的低收入家庭很难从经济发展的初次分配中受益。因而，在产业政策的具体实施中，应尽可能照顾低收入家庭劳动力，通过规范化的制度规定，让更多低收入家庭劳动力参与其中，并获得合适的收益。

建议三：不同地区发展条件差异较大，应因地制宜地设计扶贫开发项目。具体实施产业化扶贫政策中，建议强调几项重点工作：第一，法律和制度是根本保障；第二，有序的金融支持是发展动力；第三，合理规划，避免浪费，避免物价大起大落；第四，关心低收入家庭的项目参与情况，避免经济增长的收益均被中高收入家庭获得。

建议四：加强保障性政策的瞄准性。若以收入贫困为参考，目前低保、建档立卡等政策还存在严重的瞄准错误。不过，由于收入调查存在误差，这一错误很可能是对收入所不能反映的家庭负担的影响。在考虑这一因素的基础上，低保等政策的瞄准应有所提高，提高瞄准性的一个方式是，在衔接两项制度的同时，形成更为科学统一的识别策略，借助容易观察、不容易产生评估误差的家庭信息，配合收入信息进行综合判断。

参 考 文 献

北京师范大学中国收入分配研究院. 2015. 新时期缓解农村贫困的政策评估与减贫潜力预测[R].
　　北京师范大学中国收入分配研究院.

陈飞, 卢建词. 2014. 收入增长与分配结构扭曲的农村减贫效应研究[J]. 经济研究, （2）：
　　101-114.

李实古, 古斯塔夫森. 1996. 八十年代末中国贫困规模和程度的估计[J]. 中国社会科学,
　　（6）：29-44.

李小云, 于乐荣, 齐顾波. 2010. 2000～2008 年中国经济增长对贫困减少的作用：一个全国和分
　　区域的实证分析[J]. 中国农村经济, （4）：4-11.

刘轶芳, 罗文博. 2013. 1989-2009 年我国农村贫困演变及指数分解研究[J]. 农业技术经济,
　　（10）：4-15.

罗楚亮. 2012. 经济增长、收入差距与农村贫困[J]. 经济研究, （2）：15-27.

毛伟, 李超, 居占杰. 2013. 经济增长、收入不平等和政府干预减贫的空间效应与门槛特征[J].
　　农业技术经济, （10）：16-27.

王科. 2008. 中国贫困地区自我发展能力研究[D]. 兰州大学博士学位论文.

王萍萍. 2015. 贫困标准问题研究[A]//国家统计局住户调查办公室. 中国农村贫困监测报告[C].
　　北京：中国统计出版社.

魏众, 古斯塔夫森. 1998. 中国转型时期的贫困变动分析[J]. 经济研究, （11）：65-69.

张凤华, 叶初升. 2011. 经济增长、产业结构与农村减贫——基于省际面板数据的实证分析[J].
　　当代财经, （12）：14-21.

Adams R H. 2004. Economic growth, inequality and poverty：estimating the growth elasticity of
　　poverty[J]. World Development, 32（12）：1989-2014.

Bourguignon F. 2004. The poverty-growth-inequality triangle[R]. New Delhi, Indian：Indian Council
　　for Research on International Economic Relations.

Bruno M, Ravallion M, Squire L. 2016. Equity and growth in developing countries：old and new
　　perspectives on the policy issues[Z]. World Bank Policy Research Working Paper.

Kakwani N, Son H. 2006. Pro-poor growth：the Asian experience[Z]. UNU-WIDER Research Paper.

Ravallion M. 2001. Growth, inequality and poverty：looking beyond averages[J]. World
　　Development, 29（11）：803-1815.

Ravallion M, Chen S. 1997. What can new survey data tell US About recent changes in distribution
　　and poverty?[J]. World Bank Economic Review, 11（2）：357-382.

第六章　经济增长、收入分配与农村减贫研究[①]

第一节　研究背景

一、中国的扶贫与发展成就令人称羡

改革开放以来，中国的扶贫与开发事业取得了了不起的成就。按照官方贫困标准，中国农村贫困人口由 1978 年的 2.5 亿人下降到 2007 年的 1 479 万人，贫困发生率也由 30.7%下降到 1.6%。2010 年官方贫困标准提高后，农村贫困人口从 2010 年的 16 567 万人下降到 2015 年的 5 575 万人，贫困发生率从 17.2%下降到 5.7%（国家统计局住户调查办公室，2017）。按照世界银行 1 天 1 美元的贫困标准，中国的扶贫成就更加显著：农村贫困人口从 1981 年的 7.3 亿人下降到 2008 年的 9 700 万人，贫困发生率从 73.5%下降到 7.4%，27 年间 6.3 亿人口从食不果腹的绝对贫困状态中摆脱出来。中国农村扶贫与开发事业取得的成就与体制改革及扶贫开发战略和政策的正确实施是密不可分的。在计划经济向市场经济转轨的过程中，家庭联产承包责任制极大地促进了农民的生产积极性，为农村乡镇企业的发展创造了有利环境；土地流转政策促进了农村劳动力向城市迁移，并成为农户快速脱贫致富的有效途径。这些经济改革的措施促进了中国整体经济的增长，并经由"涓滴效应"惠及贫困人口。

伴随体制改革的不断深入，我国扶贫开发事业面临的宏微观环境和主要矛盾也在不断变化，扶贫开发战略也随之不断调整，先后经历了体制改革（1978~1985 年）、区域开发（1986~1993 年）、八七扶贫（1994~2000 年）、综合扶贫

① [作者简介] 洪名勇，贵州大学，教授；潘东阳，贵州大学，硕士研究生；吴昭洋，贵州大学，硕士研究生。

（2001~2010年）、扶贫攻坚（2011年至今）五个战略阶段。图6.1显示了不同战略时期农村居民人均纯收入以及贫困发生率的变化趋势。整体来看，随着农民人均纯收入的不断提高，我国农贫困发生率发生了显著下降，但各扶贫战略期略有差异。体制改革阶段我国农民人均纯收入平均增长率最快，达到16.85%，其次为八七扶贫期间平均增长率为14.27%。平均减贫效率上，由于2008年、2011年贫困标准提高，我们将综合扶贫阶段分为2001~2007年、2008~2010年两个阶段，其平均减贫增长率为-10.04%和-17.91%。整体来看，1978~2007年，减贫效果最好的是八七扶贫阶段，其平均减贫增长率为-11.31%，2008~2015年，贫困标准提高后减贫效果最好的是扶贫攻坚阶段，其平均减贫增长率为-18.12%（表6.1）。此外，从1986年国务院扶贫办成立以来，国家实施的一系列扶贫惠农政策也为我国的扶贫与开发事业提供了有力的支持和保障。

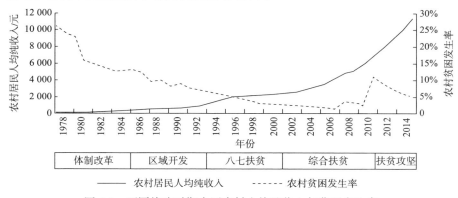

图6.1　不同战略时期全国农村人均纯收入与贫困发生率

表6.1　各扶贫战略期我国农村人均纯收入与贫困发生率增长率

扶贫战略期	体制改革	区域开发	八七扶贫	综合扶贫		扶贫攻坚
农民人均纯收入平均增长率	16.85%	11.12%	14.27%	10.21%		13.56%
平均减贫增长率	-9.38%	-6.42%	-11.31%	-10.04%	-18.12%	-18.12%

二、反贫困斗争领域出现了新状况

虽然中国扶贫与开发事业成就巨大，但扶贫任务任然艰巨，甚至在某些方面，贫困减缓面临着前所未有的难度和压力，较为突出的特征包括：贫困人口定位不准确，扶贫政策和资金的边际效用递减导致减贫速度放缓，贫困标准偏低弱化了扶贫的政策效应，缺乏发展能力而被"漏出"的贫困地区存在陷入空间贫困陷阱的风险，贫困存在组间异质性和代际传递的可能。这些问题的存在给中国

2020 年实现全面彻底脱贫，完成全面建成小康社会的目标带来了巨大挑战。面对新时期的农村贫困问题，党和国家把扶贫开发摆到了治国理政的重要位置，并引发了社会各界的广泛关注。2011 年底，中国新一轮扶贫工作会议召开，并提出了一些具有突破性的政策方针，包括显著提高官方贫困标准，提高扶贫的精准度，重点关注民族地区和连片特困区域，关注发展中的贫困问题，等等，体现出中国政府对新时期农村贫困问题的重视，可以说采取有效措施缓解农村贫困问题已成为推进中国经济平稳发展所面临的一项重要攻关课题。

三、收入分配的变动动摇了以经济增长消除贫困的传统看法

传统观点认为，经济增长能够自发减缓贫困，然而经验数据表明，一些地区收入分配状况的恶化严重影响了经济增长的减贫效果。与此相关的事实是，改革开放后，中国农村居民的收入差距在不断拉大。中国国家统计局数据显示：1980 年农村基尼系数为 0.275，到 2010 年提高至 0.378，30 年间提高了 13.76 个百分点。收入差距的扩大使贫困人口没有从经济增长的过程中获得更多的好处。然而，随着中国进入全面建成小康社会的历史时期，党和国家对农村贫困问题也给予高度重视，贫困地区农民的收入也得到了快速增长。数据显示：2013~2015 年，贫困地区农村收入名义增长率高于全国农村居民人均收入水平 2.9 个百分点，贫困地区农村居民与全国农村居民的收入差距在不断缩小。那么贫困地区农村居民收入差距的变化又会对减贫事业产生怎样的影响呢？

基于上述研究背景，并结合当前经济现实，本章以"经济增长、收入分配与农村减贫研究"为选题，希望通过对经济增长和收入分配两种要素减贫效应的研究，客观认知新时期二者在农村减贫中的作用，以期为我国打赢扶贫攻坚战奠定科学的理论基础。

第二节　研　究　回　顾

从理论上讲，一方面，经济增长不仅可以使社会财富增加，提高我们的收入水平，还可以通过溢出效应让贫困农民受益，从而有利于贫困减缓，即做大蛋糕有利于农村减贫；另一方面，资源分配会影响不同主体的收入，蛋糕做大之后如何分配对不同人群的财富变化有直接影响。如果蛋糕分配有利于穷人，无疑有益于减贫；相反，如果蛋糕分配对富人更加有利，那么农村贫困不仅不会减轻，还会进一步加剧。因此。在讨论贫困减缓时，经济增长和收入分配是

两个重要的因素，当贫困的标准不发生变化时，经济的增长会使平均收入提高，这显然有助于贫困的减缓。伴随经济的高速增长，如果收入分配两极分化，那么贫困状况就不会得到很大改善，甚至有可能恶化。经济的高增长使我国农村贫困人口不断减少，改善了我们期望收入分配的状态，从而使贫困减缓有更佳的效果。

改革开放以来，经济增长和收入差距是影响我国农村贫困变动的两大基本因素，大量的研究结果认为：贫困的减少依赖于经济增长，收入差距扩大抵消了经济增长带来的部分减贫效应。例如，有学者（汪三贵，2008）认为减贫的主要推动力是经济增长，其作用主要表现为：给贫困人口提供了更多的就业机会的直接效应和通过政府带来更多的财政收入，进而让政府更有能力去帮助贫困人口的间接效应。还有学者（Yao et al.，2004）认为中国经济的快速增长，为缓解农村贫困提供了坚实的经济基础，为贫困人口的大幅减少做出了重大贡献。在实证研究方面，有学者（林伯强，2003）通过农村分组收入数据测算中国农村穷人收益指数，发现农村贫困人口可以从经济增长的扩散效应中收益。还有学者（胡兵等，2007）根据统计年鉴的分组数据推算各年份的收入差距和贫困指标，发现农村穷人在经济增长中的获益少于富人。此外，学者在利用经济增长和贫困数据探讨中国经济增长对减少贫困的作用中还发现贫困发生率对中国经济增长有较大的弹性绝对值（文秋良，2006；谢金鹏，2008），农村减贫进程存在着明显的波动性和不一致性（陈立中，2009）。进入21世纪以来，中国的经济增长依然对减少贫困发挥着显著的作用，但贫困减少的速度低于经济增长的速度，收入分配恶化在不断抵消增长的减贫效应（李小云等，2010；杨颖，2010）。以上研究大都基于总量或收入分组数据的研究。

微观数据层面，有学者（万广华和张茵，2006；杜凤莲和孙婧芳，2009）根据 CHNS 数据以及农研中心固定观察点数据，发现不同阶段贫困减缓的经济增长效应与收入分配效应存在差异。还有学者（罗楚亮，2012）在住户调查数据的基础上，讨论了不同时期经济增长和收入差距对于农村贫困减缓的作用大小，估算了不同年份经济增长和收入差距的贫困减缓弹性。

尽管许多学者采用不同的方法和数据测算不同阶段经济增长、收入差距与贫困减少的关系，但大多数学者认为（胡兵等，2005；万广华和张茵，2006；罗楚亮，2012；沈扬扬，2013）进入21世纪以来经济增长对农村贫困减缓的效果逐渐减弱。然而，由于我国官方贫困标准过低，且在 2008 年、2011 年进行了两次提高，贫困标准难以统一，大多学者的研究限于 2008 年之前，而关于 21 世纪以来经济增长、收入差距对贫困减少的影响进行系统地研究鲜有报道。同时，我国幅员辽阔、地区发展差异明显，已有研究对省级或地区层面经济增长与收入分配对贫困变动影响（玛依拉·米吉提和阿依吐逊·玉素甫，2010；李金叶等，2012；

单德朋，2013）的动态研究较少。近年来，贵州脱贫显著，成为学者研究贫困的热点地区。有学者曾指出贵州经济基础较薄弱，发展较为滞后，省内贫困地区能看到我国 20 世纪 80 年代的缩影，并指出经济增长可能是贵州脱贫显著的重要原因。如果贫困的下降是由于收入增长的话，那么，收入增长会给贵州的贫困变化带来怎样的影响？如果在经济发展中，能保持收入分配的改善，或至少使收入分配不会恶化，那么贵州的贫困状况又会发生怎样的变化？此外，贵州农村贫困人口在分享经济增长益处时是否存在差异，经济增长是否有利于穷人？对于这些问题的回答有助于我们对贵州省贫困的变动有更深刻的认知。为此，我们试图从经济增长、收入分配的角度对贵州贫困减缓的影响做进一步研究。

　　基于收入分组数据，本章旨在讨论不同时期贵州省农村居民收入增长、收入差距变化对贫困变动的影响。在讨论决定贫困的增长因素和分配因素的同时，本章也尝试根据贫穷增长指示曲线探讨经济增长过程中穷人的收益特征。对照现有研究，本章一方面将全国扶贫开发攻坚示范区贵州省纳入讨论范围，另一方面将讨论农村贫困的时期延至 2000~2013 年。

第三节　研 究 方 法

一、贫困的测度

　　基于同一类别下不同衡量方法的 FGT（Foster，Greer，Thorbecke）贫困测量体系（Foster et al.，1984）作为衡量贫困的标准被广泛使用。一旦贫困线确定下来，它通过消费和收入等家庭生活水平的数据可以构造不同的衡量贫困的办法，其一般形式如下：

$$\begin{cases} 离散形式（Discrete）: P_\phi = \frac{1}{n}\sum_{i=1}^{k}\left(\frac{z-x_i}{z}\right)^\phi, \phi \geqslant 0 \\ 连续形式（Continuous）: P_\phi = \int_0^z \left[\frac{z-x}{z}\right]^\phi f(x)dx, \phi \geqslant 0 \end{cases} \quad (6.1)$$

其中，以离散形式为例，z 表示贫困线；x_i 表示第 i 个人的生活水平；k 表示贫困人口的数量；ϕ 表示非负参数，取值分别为 0、1、2，当 $\phi=0$ 时，P_0 表示贫困发生率（headcount index），$H=P_0=\frac{k}{n}$；当 $\phi=1$ 时，P_1 表示贫困差距指数（poverty gap index），$PG=P_1=\frac{1}{n}\sum_{i=1}^{k}\left(\frac{z-x_i}{z}\right)$；当 $\phi=2$ 时，P_2 表示贫困差距平方指数

（squared poverty gap index），$SPG = P_2 = \dfrac{1}{n}\sum_{i=1}^{k}\left(\dfrac{z - x_i}{z}\right)^2$；需要进一步加以说明的是，$H$ 表示总人口中贫困人口的比重，是衡量社会中贫困广度非常相关的指标变量，但 H 并不能反映贫困人口的贫困深度，为了达到这一目的，可以用贫困人口的消费或收入与贫困线之间差异的平均比率 PG 来表示。更进一步，也可表示为贫困线差异比率的平方的平均水平 SPG，即严格贫困指标。该变量的重要意义在于，因为对贫困差距取平方，与消费和收入水平接近贫困线的人口相比，处于极度贫困，即距离贫困线更远的人口在最终结果的呈现中被赋予了更大的权重，反映出贫困人口间的不平等状况。三个指标连用才能够较为全面地反映贫困及其变动情况。度量贫困的时候，除了贫困人口指数外，使用贫困缺口或者贫困缺口的平方也很重要，因为它们度量了收入及贫困的不同方面，贫困人口指数有助于考虑让贫困人口中最富裕的人们摆脱贫困的有效政策，而 FGT 则强调帮助远离贫困线的人们（胡兵等，2005）。

二、估计贫困增长弹性

根据贫困增长弹性（Ravallion and Chen，1996）扩展而来的的模型为

$$\log P = \alpha + \beta \log \mu + \gamma \log g + \varepsilon \qquad (6.2)$$

对式（6.2）一阶求差，消掉 α 得

$$\Delta \log P = \beta \Delta \log \mu + \gamma \Delta \log g + \Delta \varepsilon - \beta \Delta \nu - \gamma \Delta \tau \qquad (6.3)$$

其中，P 表示贫困指标；α 表示固定效应，反映的是分配上不随时间变化的差异；β 表示贫困的经济增长弹性；μ 表示经济的增长指标；γ 表示贫困对收入不平等的弹性；g 表示反映收入不平等的基尼系数；ε 表示包含贫困指标误差的 white-noise 误差项。

根据测算的 FGT 指数，我们分别以 H（贫困发生率）、PG、SPG 作为贫困指标 P，建立三个不同的模型，其经济增长指标 μ 以农村居民人均纯收入表示，收入的不平等指标 g 以基尼系数来表示。

三、贫困指数的分解

假设贫困指数 P 由平均收入水平 u、洛伦茨曲线 L（收入分布）、贫困线 z 三个因素确定，即 $P = P[u, L(p), z]$ 贫困线不发生变动时则可直接表示为 $P = P[u, L(p)]$。时期 1 和时期 2 的贫困指数则可分别表示为：$P_1 = P[u_1, L_1(p)]$ 和

$$P_2 = P\big[u_2, L_2(p)\big] \text{。}$$

在贫困分析过程中可以把贫困变动分解为两个部分（Bourguignon et al., 2002）：一部分是由于经济增长带来的收入一致性增长；另一部分则是由于相对收入的变动，即收入不平等状况。第一部分普遍被学者命名为"增长效应"，即表示在没有改变分配的情况下收入的增长，此时收入分布的形状没有变化，但是其位置发生了平移。第二部分普遍被学者命名为"分配效应"，即表示保持总体收入均值不变情况下收入分配的变动，此时收入分布的位置没有变化，但其形状发了变化。因此，平均收入水平和收入分布的变化都可能会导致贫困指数的变动。Datt 和 Ravallion（1991）首先给出了从时期 1 到时期 2 贫困指数变动的增长效应和分配效应的分解形式。

$$\Delta P = P_2 - P_1$$
$$= \big[P(u_2, L_r(p)) - P(u_1, L_r(p))\big] + \big[P(u_r, L_2(p)) - P(u_r, L_1(p))\big] + R \quad (6.4)$$

下标 r 表示参照组。式（6.4）右边分别为贫困变动的增长效应、分配效应和残差项。这一分解形式受到两点批评：增长效应和分配效应的大小依赖于参照组的选择是否优良；分解不具有完全性，存在不可解释的残差项。根据 Shapley 分解原则，可以将两个时期贫困变动分解为

$$\Delta P = P_2 - P_1$$
$$= \frac{\big[P(u_2, L_1(p)) - P(u_1, L_1(p))\big] + \big[P(u_2, L_2(p)) - P(u_1, L_2(p))\big]}{2}$$
$$+ \frac{\big[P(u_1, L_2(p)) - P(u_1, L_1(p))\big] + \big[P(u_2, L_2(p)) - P(u_2, L_1(p))\big]}{2} \quad (6.5)$$

式（6.5）将所考察的两个时点分别作为参照组并取两者的平均值，因此可以得到完全分解形式，右边的第一项给出了增长效应，而第二项给出了分配效应。式（6.5）克服了式（6.4）分解中所存在的参照组选择问题。

四、Lorenz 曲线和贫困指示增长曲线

Lorenz 曲线是最常用、最直观的表示收入差别的方法，它表示当研究对象的收入水平按低到高排列时，一定人口的累积比例所对应的收入累积比例。Lorenz 曲线方程可表示为

$$l = l(p, \pi) \quad (6.6)$$

其中，l 表示收入的累积比例；p 表示人口的累积比例；π 表示待估计参数向量。根据定义，gini 系数可由下列公式求出：

$$gini = 1 - 2\int_0^1 l(p,\pi)\mathrm{d}p \qquad (6.7)$$

根据定义，Lorenz 曲线可由下列公式表示：

$$l(p) = \frac{u_p p}{u} \qquad (6.8)$$

其中，u_p 表示累计 $p\%$ 人口所拥有的平均收入；u 表示样本总体的平均收入。对该方程两边取对数得

$$\ln(u_p) = \ln[ul(p)] - \ln(p) \qquad (6.9)$$

对两边去一阶差分以后得：

$$\Delta\ln(u_p) = \Delta\ln(u) - \Delta\ln[l(p)] \qquad (6.10)$$

以 $g(p)$ 代表 $\Delta\ln(u_p)$，以 g 代表 $\Delta\ln(u)$，该方程变为

$$g(p) = g + \Delta\ln[l(p)] \qquad (6.11)$$

其中，$g(p)$ 表示收入（消费）按由低到高排列后，相应累计人口份额所对应的累计收入均值增长率，当 p 在 0 和 100% 之间取值时，$g(p)$ 的运动轨迹被叫做贫困指示增长曲线（Son，2004）；g 代表的是总体人口的平均收入的增长率。当 $p=100\%$ 时，$g(p) = g$，因为 $p = 100\%$ 时，$\Delta\ln[l(p)] = 0$。

如果贫困人口相对于非贫困人口从经济增长中获得更多的收益，这种经济增长被叫做亲贫式增长（Kakwani and Pernia，2000）。在这种情况下，收入分配状况改善，并且整个 Lorenz 曲线往上移动，即对于所有 p，$\Delta\ln[l(p)]$ 是大于 0 的。

根据上述观点和式（6.11）可以推断，当 $p<100\%$ 时，如果 $g(p)>g$，经济增长是亲贫的，并且整个 Lorenz 曲线往上移动；当 $p<100\%$ 时，如果 $0<g(p)<g$，经济增长可以减少贫困，但伴随着收入分配状况的恶化，在这种情况下，穷人在经济增长中获得的收益小于非穷人；当 $p<100\%$、$g>0$ 时，如果 $g(p)<0$，意味着正的经济增长导致贫困的增加。

第四节　数　据　说　明

一、数据来源

数据来自于《贵州统计年鉴》《贵州六十年》中 2000~2013 年按收入五等分组的农村居民家庭收入部分。2014 年以后贵州农村居民五等分收入数据为人均可支配收入，为保持收入口径的一致性，我们采取 2000~2013 年农村家庭人均纯收

入作为指标。依照贵州农村居民消费价格指数将各年份的名义收入调整至 2000 年价格水平。数据存在以下不足：纯收入和可支配收入概念并不能够全面反映居民实际所享有的福利；没有考虑家庭人口结构和规模的影响（卡恩，1999）。此外，贵州农村居民家庭人均纯收入是按贵州农村居民消费价格指数进行调整，而贫困标准是按全国农村居民消费价格调整的。

二、数据描述

表 6.2 根据样本数据给出了各年份的收入水平和收入不均等程度。从中可以看出，在所讨论的期间内，人均收入水平有明显的增长。如果以 2000 年的收入为基准，扣除价格因素后，2005 年人均纯收入增加了 29%，到 2010 年则增长了1 倍，而到 2013 年则增长了 1.69 倍。在人均收入增长的同时，收入差距也在发生变化。比较突出的变化是，一些衡量收入差距的指标在 2010 年达到最高点，如 2010 年基尼系数达到 0.339，而 2000 年则仍为 0.268，2013 年又降为 0.301。收入增长与分配特征的这些变化将会对农村贫困产生影响。

表 6.2　收入水平与收入不均等程度

年份	2000	2005	2010	2013
人均纯收入	1 433.62	1 852.55	2 814.23	3 866.12
人均纯收入（2000 年= 100）	100.000	129.221	196.302	269.674
相对平均离差	0.195	0.232	0.255	0.222
变异系数	0.516	0.613	0.670	0.586
对数标准差	0.520	0.619	0.670	0.589
基尼系数	0.268	0.314	0.339	0.301
Mehran 指数	0.376	0.434	0.465	0.417
Piesch 指数	0.214	0.253	0.276	0.242
Kakwani 指数	0.065	0.089	0.103	0.082
Theil 指数[GE（1）]	0.114	0.158	0.186	0.145
平均对数离差[GE（0）]	0.119	0.167	0.196	0.152

注：相关指数由 stata14 计算得到

三、贫困线选取

衡量一国贫困现象的首要前提是选择正确的贫困标准。从国内看，自 20 世纪80 年代中期以后，我国贫困线难以适应快速发展的经济环境，亟须调整。我国初期的贫困线主要是计算出基期的食物贫困线后再根据价格指数进行调整，1997 年政府有关部门在对农村居民家庭消费支出调查的基础上计算得出的农村贫困标准为 640 元，其中 2000~2006 年国家贫困线就是在这个标准上按农村居民消费价格指数进行调整得来的（2000 年为 2007 年国家贫困线 785 元，按农村居民消费价格指数调整为 740 元）。2008 年我国高低贫困线合并后采用一条贫困线，贫困标准提升至 1 196 元。2011 年 11 月 29 日中央扶贫开发工作会议决定将国家贫困线提升至 2 300 元。经计算，该标准事实上即等同于按当前人民币对美元汇率计算的"1 天 1.25 美元"标准。从国际看，1988 世界银行测算出人均每天 1 美元的国际贫困标准，当年折合为人民币 518 元，其余年份按居民消费价格指数调整。2005 年，我国首次参加国际测算的项目，世界银行通过分析此次参与结果，重新测算出 2005 年体系，将国际贫困标准由 1988 年提出的 1 天 1 美元，提升至 1 天 1.25 美元（在 2005 年，按照家庭个人消费支出的购买力平价，相当于 5.11 元人民币）。此外，在 2015 年国际贫困标准提升至 1.9 美元。

由于官方贫困标准在 2008 年、2011 年有两次较大提高，因此标准不能统一。1997 年贫困标准较低，导致 2008 年之后贫困的 FGT 指标过低，难以进行贫困 Shapley 分解。新的国际贫困标准是 2005 年之后才提出的，因此为使贫困线统一标准，更加客观全面地评估农村贫困状况，我们采用"1 天 1 美元（调整至 2000 年为 1 229 元）"的贫困标准对贵州 2000~2013 年的贫困进行阶段性分解。

第五节 实 证 结 果

一、减贫成效分析

由表 6.3 可以看出贵州贫困发生率从 2000 年 46.36%下降到 2013 年 5.20%，14 年下降了 41.16 个百分点，年平均减贫增长率为-12.72%。整体来看，减贫效果较好，但有些年份也会出现贫困发生率升高的现象。例如，贵州 2001 年、2008 年出现了贫困恶化的情况，贫困发生率小幅度回升，表示收入分配不均等情况的基尼系数呈现先增后降的趋势，2000~2010 年基尼系数从 0.27 上升到 0.34，到 2013 年，基尼系数又逐渐下降到 0.30，收入不平等状况进一步改善。此外，贵州整体贫困发生率在下降，但是下降速度呈现出波动下降的特征。在图 6.2 中可以看到 2001 年、2008 年贵州省农村减贫增长率均大于 0，贫困状况恶化。且 2001~2010 年呈现波动下降的趋势。2011~2013 年减贫速度明显增快，平均年减贫增长率高达-32.43%。当贫困变动以贫困深度、贫困强度来评价时，此时的贫困群体的权重上升，贫困下降的趋势减弱。贫困深度的大幅下降，表明贫困人口的平均收入离贫困线越来越近。贫困强度表现出与贫困深度一样的变动趋势，表明最贫困人口的生活得到改善。

表 6.3　2000~2013 年贵州农村 FGT 指数、基尼系数

年份	贫困发生率	贫困深度	贫困强度	基尼系数
2000	46.36%	13.89%	5.80%	0.27
2001	47.53%	13.88%	5.48%	0.28
2002	42.78%	12.50%	5.14%	0.29
2003	42.09%	12.65%	5.20%	0.30
2004	36.13%	10.39%	4.15%	0.29
2005	32.71%	10.31%	4.55%	0.31
2006	29.41%	8.71%	3.61%	0.31
2007	23.01%	6.82%	2.85%	0.31
2008	24.63%	7.51%	3.16%	0.33
2009	20.25%	5.96%	2.42%	0.33
2010	16.87%	4.79%	1.88%	0.34
2011	11.57%	2.88%	0.99%	0.32
2012	7.78%	1.51%	0.40%	0.31
2013	5.20%	0.82%	0.18%	0.30

注：由 eviews7.2 计算得到

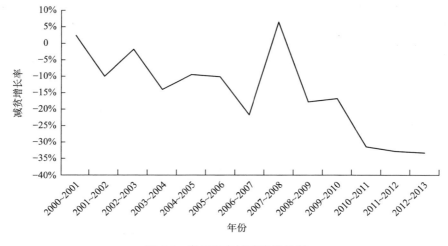

图 6.2　贵州省农村减贫增长率

二、估计贫困的增长弹性

根据估计贫困的增长弹性模型，我们分别以 2000~2013 年贵州省农村居民贫困发生率、贫困深度、贫困强度作为被解释变量建立三个不同的模型。然后以农村居民人均纯收入、基尼系数作为我们选取的解释变量进行贫困的的增长弹性估计，结果表明，贵州农村居民人均居民纯收入每提高 1%，贫困发生率下降 2.142%，贫困深度下降 2.636%，贫困强度下降 3.153%；基尼系数每提高 1%，贫困发生率上升 2.023%，贫困深度上升 3.686%，贫困强度上升 5.417%，如表 6.4 所示。

表 6.4　2000~2013 年贵州贫困的增长弹性

因变量	模型一（贫困发生率）	模型二（贫困深度）	模型三（贫困强度）
农村居民人均纯收入	−2.142***	−2.636***	−3.153***
	（0.08）	（0.186）	（0.291）
基尼系数	2.023***	3.686***	5.417***
	（0.495）	（1.075）	（1.682）

***、**和*分别表示在 1%、5%和 10%的统计水平上显著

三、贫困指标分解

经济增长和收入差距的变动对贫困减缓具有不同作用，是影响农村贫困变动的两个基本因素。由 FGT 指标与基尼系数可以看出，近年来贵州省减贫成效显著。究其原因，我们尝试根据 Shapley 分解原则对贵州的贫困进行分解，来讨论增长因素和分配因素对贫困变动的解释作用，期望能从中获得一些启示，分解结果如表 6.5 所示。

表 6.5　贵州农村居民 FGT 指数的分解

年份	贫困指标	总体减贫	增长效应	分配效应	总体减贫效率	增长贡献率	分配贡献率
2000~2005	贫困发生率	−13.65%	−17.94%	4.29%	100%	131.43%	−31.43%
	贫困深度	−3.57%	−6.86%	3.29%	100%	192.16%	−92.16%
	贫困强度	−1.24%	−3.46%	2.22%	100%	279.03%	−179.03%
2005~2010	贫困发生率	−15.84%	−18.68%	2.84%	100%	117.93%	−17.93%
	贫困深度	−5.53%	−6.96%	1.43%	100%	125.86%	−25.86%
	贫困强度	−2.68%	−3.51%	0.82%	100%	130.97%	−30.60%

续表

年份	贫困指标	总体减贫	增长效应	分配效应	总体减贫效率	增长贡献率	分配贡献率
2010~2013	贫困发生率	−11.67%	−7.92%	−3.75%	100%	67.87%	32.13%
	贫困深度	−3.98%	−2.53%	−1.44%	100%	63.57%	36.18%
	贫困强度	−1.70%	−1.05%	−0.65%	100%	61.76%	38.24%

注：我们假设某一期间的总体减贫成效为 100%，则增长贡献率=增长效应/总体减贫*100%，分配贡献率=分配效应/总体减贫*100%

分析结果显示，与 2000 年相比，2005 年贫困发生率下降了 13.65 个百分点，其中收入增长使贫困率下降了 17.94 个百分点，而不平等程度的恶化使贫困发生率上升了 4.29 个百分点；与 2005 年相比，2010 年的贫困发生率下降了 15.84 个百分点，其中收入增长使贫困率下降 18.68 个百分点，而不平等程度的恶化使贫困发生率上升了 2.84 个百分点；同样与 2010 年相比，2013 年的贫困发生率下降了 11.67 个百分点，其中收入增长使贫困率下降了 7.92 个百分点，而不平等程度的改善使贫困发生率下降了 3.75 个百分点。整体来看，经济增长对贫困减缓依然占绝对地位，但其贡献率逐渐减弱，2000~2005 年、2005~2010 年、2010~2013 年的增长贡献率分别为 131.43%、117.93%、67.87%。相反，分配效应的阻碍作用逐渐减弱，分配贡献率分别为−31.43%、−17.93%、32.13%，特别是在 2010~2013 年，分配效应还表现为对贫困减缓的促进作用。与贫困发生率相似，贵州省农村居民贫困深度和贫困强度也发生了相似的变动。三个指标同时表明，近年来贵州省收入分配的改善是贵州省减贫成效显著的一个重要原因。

四、亲贫困增长分析

根据贫困增长指示曲线原理，当 $p=100\%$ 时，$g(p)=g$，是该时期平均人均纯收入的增长率，如表 6.6 中最后一列数值，代表该时期整个农村的平均水平。表中大多数年份的 p，$g(p)$ 均大于零，因此，可以判断在这时期贫困减少了。2001~2002 年、2004~2005 年、2006~2007 年、2007~2008 年所有的 p，$g(p)$ 均小于 g，反映这时期贫困人口所获得收益均小于非贫困人口，经济增长不是亲贫式的，且 2004~2005 年、2007~2008 年 $p=10\%$ 时，$g(p)<0$，反映经济增长反而使收入最低的人们的生活状况恶化了。2005~2006 年、2010~2013 年对于所有的 p，$g(p)$ 均大于 g，表明经济增长是亲贫式增长，意味着随着经济的增长，贫困得到了缓解，并且贫困人口的收入份额随经济增长也得到了提高，且贫困人口的收入增长率大于社会平均增长率。

表 6.6 2000~2013 年贵州省农村贫困指示增长曲线

人口累积百分比（p）	20	40	60	80	100
2000~2001 年	4.40%	0.79%	0.46%	0.34%	1.11%
2001~2002 年	0.27%	4.33%	4.00%	4.18%	5.53%
2002~2003 年	0.23%	−0.76%	0.51%	1.74%	2.57%
2003~2004 年	7.22%	8.33%	8.33%	7.96%	7.19%
2004~2005 年	−3.56%	0.62%	2.94%	4.38%	5.73%
2005~2006 年	8.89%	7.26%	6.55%	5.83%	5.26%
2006~2007 年	9.65%	11.68%	12.19%	12.36%	12.41%
2007~2008 年	−3.37%	−3.04%	−1.60%	0.18%	1.74%
2008~2009 年	9.93%	7.33%	8.36%	8.60%	9.79%
2009~2010 年	10.09%	13.65%	12.35%	12.18%	12.07%
2010~2011 年	18.96%	18.70%	18.38%	17.66%	15.65%
2011~2012 年	17.34%	15.42%	14.63%	13.91%	12.88%
2012~2013 年	12.98%	12.37%	10.92%	10.01%	9.76%

　　亲贫困增长，意味着低收入群体的收入增长率要高于社会平均水平。其贫困指示增长曲线如图 6.3 所示，是一条向右下方倾斜的曲线。可以看出贵州 2005~2006 年、2010~2013 年是亲贫困增长，特别是 2010 年以后连续多年持续为亲贫困增长，表现出较明显的亲贫性。如图 6.4 所示，从其人均收入的增长速度来看，2005~2006 年增速相对较低，农村低收入户人均纯收入增长率平均增速为 8.89%，农村人均纯收入增长速度为 5.26%。增长最快的为 2010~2011 年，其中农村低收入户人均纯收入增长率高达 18.96，农村人均纯收入增长速度为 15.62%。相比 2010~2011 年，2011~2012 年、2012~2013 年虽然也表现出较好的亲贫性，但是人均收入的增速减缓了，2012~2013 年农村低收入户人均纯收入增长率平均增速为 12.98%，农村人均纯收入增长速度下降为 9.76%。

　　长时期来看，2000~2013 年贵州省农村人均纯收入增长率与农村低收入户人均纯收入增长率均呈波动上升的趋势，2000 年贵州省农村人均纯收入增长率为 1.11%，到 2013 年为 9.76%。其中农村低收入户人均纯收入增长率 2000 年为 4.40%，到 2013 年为 12.98%。整体来看，该时期贫的减缓主要依赖于收入的增长。然而我们发现在人均收入增长的过程中，农村低收入户人均纯收入增长率在 2010 年之后，明显高于整个农村的平均水平。这也进一步验证了在 2010~2013 年贵州

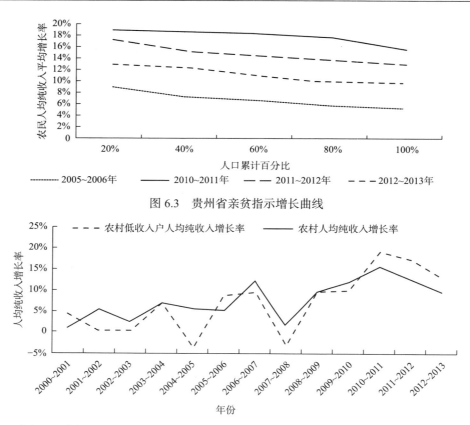

图 6.3　贵州省亲贫指示增长曲线

图 6.4　贵州省最为贫困的 20%人口的人均纯收入增长率与农村人均纯收入增长率

贫困减缓的过程中，分配因素的作用更加明显，且表现为较好的亲贫特征。究其原因，我们查阅相关政策文件了解到，2008 年中共贵州省委贵州省人民政府出台《关于切实加强农业基础建设进一步促进农业发展农民增收的实施意见》中加大了发展劳务经济、完善农村社会保障体系、巩固完善强农惠农政策方面的力度。2009 年《贵州省整村推进扶贫开发实施细则》中提出对每个整村推进的村，投入的各项扶持资金不得低于 100 万元。财政扶贫资金的 70%以上主要投向与改善贫困农户生产生活条件、增加贫困群众收入有直接关联的基础设施建设和产业发展项目。2010 年贵州省出台《农村最低生活保障制度和扶贫开发政策有效衔接扩大试点工作实施方案》，按照分类扶持、应保尽保，突出重点、应扶尽扶的原则将全省 50 个国家扶贫开发重点县、33 个有扶贫开发任务的县（市、区、特区）以及贵阳市所有乡（镇）、村都列入本次扩大试点范围。

　　如图 6.5 所示，从数据层面来看，农村最低生活保障支出增速快于城镇最低生活保障支出，2007 年之后农村最低生活保障支出首次超过城镇最低生活保障

支，并且这种趋势快速扩大。2008~2013 年农村最低生活保障支出平均增速为
62%，城镇最低生活保障支出平均增速仅为 20%。值得注意的是，2010~2011 年
农村最低生活保障支出增长了 73%，增长较为显著。到 2013 年农村最低生活保障
支出高达 612 328 万元，城镇最低生活保障支出仅为 174 125 万元。将农村最低生
活保障制度与扶贫开发政策的有效衔接，充分发挥了农村低保制度和扶贫开发政
策的作用，保障农村贫困人口的基本生活，提高了农村贫困人口的收入水平和自
我发展能力。

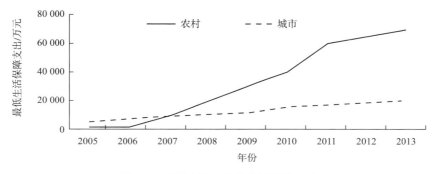

图 6.5　贵州省城乡最低生活保障支出

　　此外，对贫困地区不断加大扶贫资源的投入，也是近年来贵州脱贫显著的
重要原因。如图 6.6 所示，从财政一般预算支出来看，2000 年贵州省扶贫工作重
点县财政一般预算支出占全省财政一般预算支出的 22.7%，到 2013 年这一占比
增长接近 35%。值得注意的是，2010 年扶贫工作重点县财政一般预算支出占全
省财政一般预算支出比例达到最高值，为 36.4%，2010 年之后虽有下降，但仍
保持较高的占比。这些扶贫政策的实施和资源投向的倾斜让穷人分享了更多经
济增长的好处，使更多的穷人参与到经济发展中来，有利于他们增加收入。这
无疑是我们构建和谐社会，实现可持续发展的题中之义，也应当是今后扶贫开
发的方向和着力点。

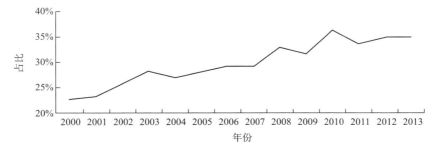

图 6.6　贵州省扶贫工作重点县财政一般预算支出占全省比重

第六节　结论与政策启示

一、结论

本章以贵州省为例，探讨了经济增长、收入分配对农村贫困减缓的影响。结果发现，经济增长对贵州省农村贫困减缓具有正的效应，收入差距扩大会抵消经济增长带来的部分减贫效应，2000~2013 年贵州省农村居民人均纯收入每提高1%，贫困发生率下降 2.142%，表示收入不平等的基尼系数每提高 1%，贫困发生率上升 2.023%。经济增长是贵州省贫困减缓的主要原因，但对贫困减缓的贡献程度在减弱，2000~2005 年、2005~2010 年、2010~2013 年经济增长对贫困减缓的贡献率分别为 131.43%、117.93%、67.87%；收入分配对贫困减缓的阻碍在逐渐减弱并转向正的促进作用，2000~2005 年、2005~2010 年、2010~2013 年收入对贫困减缓的贡献率分别为−31.43%、−17.93%、32.13%。值得注意的是，2010~2013 年经济增长和收入分配对贫困减缓都具有正的效应，减贫效果显著且表现为较明显的亲贫性。

二、政策启示

基于是否有益于穷人的原则，结合贫困水平的变化来重新审视贵州的经济增长，与收入分配无疑具有重要的现实意义和深刻的政策含义。首先是经济增长方面。贵州经济的快速增长，为缓解当地农村贫困提供了坚实的经济基础，为贫困人口的大幅减少做出了重大贡献，伴随着经济的快速增长和政府有计划、有组织、大规模的扶贫政策的实施，贵州省的农村贫困率出现了快速下降。但是，我们也要看到，现阶段贵州省的农村贫困问题仍然比较突出，贫困发生率依然较高，贵州省农村贫困的性质表现为区域性贫困，农村贫困人口和低收入人口主要分布在自然条件恶劣的地区，居民市场参与率很低。在市场经济条件下，参与市场交换活动是获得较高收益的重要途径，而且在交换活动中，所能提供的产品或生产要素越稀缺、数量越多，则可获得的收益也越多，反之，则收益就越少，越容易陷入贫困。因此，在市场经济条件下，市场参与率决定了人们的收入水平，是决定贫困率水平的直接原因。在这种背景下，要赋予农村劳动力自由流动的权利，减少流动的障碍和成本，同时，贫困地区流动相关的信息和搜寻成本较高，因此还需要政府提供有组织的职业中介服务作为非正式社会网络的补充，提高其劳动参与率。

其次是收入分配方面。收入分配差异的扩大会抵消经济增长的积极影响，导致返贫或相对贫困负面效果的产生。要缓解或控制这种矛盾的恶化，收入分配关系的调整是关键。初次分配差异与再分配差异共同形成了收入分配差异。初次分配差异会受要素分配和市场机制的影响，这种收入差异本质上是地区经济差距的映射，也是市场经济环境的自由程度对收入产生的影响，通过向低收入者倾斜的再分配手段来调整是缓解这种差异最可行或最优先的选择。处理再分配的关系尤为重要，一方面，收入再分配差异过大会加剧居民收入的非均衡化矛盾；另一方面，收入再分配又具有调整收入差异的职能。在贵州省经济快速增长的背景下，贫困问题的本质就是收入不平等问题，收入不平等导致了贫困的出现和恶化，甚至出现贫困的代际传递，从而造成两极分化，使收入不平等程度不断扩大。这就需要政府"看得见的手"对经济增长的成果进行再分配，社会保障作为收入再分配的主要内容，既关乎经济发展战略，又关乎居民生活质量，同时影响消费、投资、储蓄等多方面经济活动，社会保障制度模式的选择不单单是一个公众福利问题，更涉及收入分配、社会公平与机会平等、政府宏观调控等。面对当前发展中出现的贫困问题，必须加大政府的社会性支出，强调政府在社会保障中的支付责任，特别是加大农村贫困地区，公共支出，这些再分配政策都可以提高经济增长率，从而增大社会福利。

经济增长不会自发有利于穷人，但又是贫困减缓的必要不充分条件。伴随收入分配的恶化，经济增长不会有效改善低收入人群的贫困状况，经济也不能持续稳定地发展。这就要求在今后的扶贫开发工作中，一方面，要积极引导贫困人口参与到经济发展过程中来，提高其自身发展致富的能力；另一方面，在收入再分配过程中，政府应加大对贫困地区的资源投入和政策倾斜，增强政府在社会保障中的支付责任。这就需要政府加强政策引导，完善法律、法规等相应制度的供给，在公平和效率之间建立起联结的纽带和有效的社会保障机制，创造条件使经济增长转化为贫困减缓的充分条件。

参 考 文 献

陈立中. 2009. 收入增长和分配对我国农村减贫的影响——方法、特征与证据[J]. 经济学（季刊），（2）：711-726.

杜凤莲，孙婧芳. 2009. 经济增长、收入分配与减贫效应——基于1991-2004年面板数据的分析[J]. 经济科学，（3）：15-26.

国家统计局住户调查办公室. 2017. 中国农村贫困监测报告2016[M]. 北京：中国统计出版社.

胡兵，胡宝娣，赖景生. 2005. 经济增长、收入分配对农村贫困变动的影响[J]. 财经研究，
　　（8）：89-99.

胡兵，赖景生，胡宝娣. 2007. 经济增长、收入分配与贫困缓解——基于中国农村贫困变动的
　　实证分析[J]. 数量经济技术经济研究，（5）：33-42.

卡恩 L. 1999. 中国的收入和不均等[A]//赵人伟，李实，卡尔 L. 中国居民收入分配再研究[C].
　　北京：中国财政经济出版社：1-30.

李金叶，周耀治，任婷. 2012. 经济增长、收入分配的减贫效应探析——以新疆为例[J]. 经济问
　　题，（8）：8-11.

李小云，于乐荣，齐顾波. 2010. 2000~2008 年中国经济增长对贫困减少的作用：一个全国和分
　　区域的实证分析[J]. 中国农村经济，（4）：4-11.

林伯强. 2003. 中国的经济增长、贫困减少与政策选择[J]. 经济研究，（12）：15-25，90.

罗楚亮. 2012. 经济增长、收入差距与农村贫困[J]. 经济研究，（2）：15-27.

玛依拉·米吉提，阿依吐逊·玉素甫. 2010. 经济增长、收入分配与贫困——对新疆农村居民贫
　　困变动的实证分析[J]. 经济问题，（1）：69-72.

单德朋. 2013. 民族地区贫困的测度与减贫因素的实证研究[D]. 西南民族大学博士学位论文.

沈扬扬. 2013. 中国农村经济增长与差别扩大中的收入贫困研究[D]. 南开大学博士学位论文.

万广华，张茵. 2006. 收入增长与不平等对我国贫困的影响[J]. 经济研究，（6）：112-123.

汪三贵. 2008. 在发展中战胜贫困——对中国 30 年大规模减贫经验的总结与评价[J]. 管理世界，
　　（11）：78-88.

文秋良. 2006. 经济增长与缓解贫困：趋势、差异与作用[J]. 农业技术经济，（3）：8-13.

谢金鹏. 2008. 经济增长、收入分配与中国农村贫困问题研究[D]. 西北大学硕士学位论文.

杨颖. 2010. 经济增长、收入分配与贫困：21 世纪中国农村反贫困的新挑战——基于 2002-2007
　　年面板数据的分析[J]. 农业技术经济，（8）：12-18.

Bourguignon F，Ferreira F H G，Leite P G. 2002. Ex-ante evaluation of conditional cash transfer
　　programs：the case of bolsa escola[J]. Social Science Electronic Publishing，（9）：1-28.

Datt G，Ravallion M. 1991. Growth and redistribution components of changes in poverty measures：
　　a decomposition with applications to Brazil and India in the 1980s[J]. Journal of Development
　　Economics，38（2）：275-295.

Foster J，Greer J，Thorbecke E. 1984. A class of decomposable poverty measures[J]. Econometrica，
　　52（3）：761-766.

Hayami Y，Godo Y. 2005. Development economics：from the poverty to the wealth of nations[M].
　　3rd. New York：Oxford University Press.

Kakwani N，Pernia E M. 2000. What is pro-poor growth？[J]. Asian Development Review，18（1）：
　　1-16.

Ravallion M，Chen S. 1996. What can new survey data tell us about recent changes in distribution and poverty?[J]. World Bank，Economic Review，（26）：357-382.

Son H. 2004. A note on pro-poor growth[J]. Economics Letters，82（3）：307-314.

Yao S，Zhang Z，Hanmer L. 2004. Growing inequality and poverty in China[J]. China Economic Review，15（2）：145-163.

第七章 中心城市培育促进贫困地区发展研究①

第一节 研究背景

一、选题背景

（一）现实背景：经济发展差距扩大

改革开放以来，我国相继实施了东部沿海地区先行、西部大开发、中部崛起和振兴东北老工业基地等区域发展战略，有效地推动了我国区域经济蓬勃发展。与此同时，一些贫困地区的存在却阻碍了各地区的协调发展。这些贫困地区大都处于各省经济体系的末梢，远离省会城市，难以纳入省级政府的区域发展重点战略之中。这种经济边缘化的性质，再加上其自身缺乏有效的内生动力因素，从而导致该区域经济发展极为落后。我国 14 个连片特困区区域大都面临着经济规模小、人均占有量低、产业结构层次低等问题，呈现出一种欠发达性、不协调性和不可持续性，是区域发展中容易被边缘化和遗忘的角落。

（二）时代背景：步入了以新型城镇化为主导动力的新时期

目前我国经济社会发展进入了以城镇化为主导动力的新时期，城市特别是中心城市在区域经济发展中起着核心拉动作用。中心城市是带动周边地区城市与经济发展的重要动力，是经济增长的新空间和扩大内需的重要依托，对促进经济又好又快发展具有重要的特殊意义。因此在我国城镇化快速推进时期，强化中心城

① [作者简介] 戴宏伟，中央财经大学经济学院，教授；曾冰，江西财经大学江西经济发展研究院，讲师。

市在区域经济发展中的组织与带动作用，是实现城镇体系均衡发展、加快区域经济增长的重要举措。从我国贫困地区的基本情况和发展实践来说，一方面，我国贫困地区位置偏僻，远离经济中心尤其是省会中心，这种地理上的特点决定了贫困地区接受中心城市的辐射力较弱，贫困地区中心城市所获得外力支撑不足；另一方面，贫困地区自身空间范围内城镇化发展不足，城市密度低，从我国连片特困区城镇化率来看，平均不到35%，远低于全国水平54.77%。因此，在城镇化快速发展并成为主导动力的时代背景下，如何合理培育和发展中心城市，是研究贫困地区扶贫开发的一个重要课题。

二、研究意义

随着我国区域协调发展总体战略的深入实施，全面深化改革和全方位开放战略的大力推进，贫困地区发展在我国经济建设、政治建设、社会建设、文化建设、生态建设中扮演着越来越重要的角色。首先，贫困地区大都是问题区域，是所在省份贫困面最广、贫困程度最深、脱贫难度最大的区域。因此，加快这类地区发展，有利于探索区域发展和扶贫攻坚新机制、新体制和新模式，保障全体人民共享改革发展成果，有利于加强生态文明建设和环境保护，推动"两型"社会建设步伐，也是面对新常态的经济结构调整的有力措施。其次，加快贫困地区发展，是构建我国市场一体化最重要的支撑，更是激活国内消费市场潜力的重要举措，对探索贫困地区合作发展新路径及体制机制创新有重要意义，有利于打破长期以来的地方保护主义带来的发展瓶颈，有利于推动我国欠发达地区加快发展、促进我国经济社会全面协调可持续发展。最后，贫困地区是城乡、区域统筹发展的重点区域，是"统筹协调"和"形成合理的区域发展格局"的题中之义。贫困地区是衔接我国区域经济协调发展的重要桥梁，是我国经济协调健康发展的关键，是提高我国国家竞争力的重大战略举措，是东西融合、南北对接，推动我国区域经济互动发展与提升国家整体综合竞争力与软实力的客观需要。

而以中心城市为切入点来研究贫困地区的发展，不仅可为我国中心城市的空间布局和规划建设提供参考，还有利于更深入地进行贫困地区融入城乡一体发展的探讨，有利于以人为本的城镇化、城乡统筹的城镇化、多元协调发展的城镇化推进。此外，贫困地区中心城市在我国城市体系中具有承上启下的作用，向上受省域性中心城市甚至全国性中心城市的辐射带动，向下承担着组织、带动中小城市和整个腹地经济发展的功能，具有较强的传递性。因此贫困地区中心城市发展不仅可以协调省会中心城市与省域内部其他城市和乡村间的极化效应，还可以增强主中心城市与所在区域经济的再生产联系，可以有效弥补省会中心城市辐射省域腹地不足的缺陷，增强整体省域经济发展。培育贫困地区中心城市是完成新型城镇化发展目标的现实需要，有效解决"三个1亿人"的城镇化问题，容纳和承载新增转移和落户人口，实现城镇化健康有序发展。

第二节　中心城市的内涵及其对区域经济发展的影响机理

一、中心城市概念

城市是生产力发展到一定阶段的产物，而中心城市是相对于某一经济区和城镇体系而言的，一个中心城市只针对某一特定区域，很难找到一个中心城市对应着两个同等级的区域，如武汉是湖北的中心城市，而不是江西的中心城市。从字面上来理解中心城市的话，即在一定区域内具有中心地位和功能的城市。不同学者给出了不同定义，比较有代表性的观点有：美国学者赫希（1990）在《城市经济学》中指出"中心城市是为郊区地带所环绕、往往还有一些较小城市分布在周围的那个主要城市"。德国经济地理学家克里斯塔勒（2010）认为，中心城市"是一定区域内城镇体系等级最高的城市，其往往处于市场和交通网的中心位置，向整个区域输送物资和最好的服务，影响范围覆盖所在地区，并且能够向区外逐级扩散"。而我国学者更多倾向于将区域中心城市理解为：相对于经济区和城镇体系而言，在经济上有重要地位，在政治和文化生活中起关键作用的城市，具有较强的集聚辐射能力和综合服务能力。综合考虑世界城市等级体系以及现代城市发展特征与趋势（王君，2002）。借鉴克里斯塔勒等学者关于区域中心城市的概念定义，并紧密结合其建设的各项标准与功能，本章将中心城市界定为"在一定地域范围的城市体系中居于核心地位并发挥主导作用的城市，具体而言，中心城市是一定区域内依托城市等级体系，并通过发展支撑、集聚、辐射和创新示范等功能主导和带动区域经济快速发展的社会行政组织与经济组织的综合体，也是区域经济的增长中心、控制中心和辐射中心"。

通过对中心城市的概念界定可以发现，中心城市不仅是区域发展的战略性资源、战略性产业和战略性通道的控制中心，还是区域融合和参与区域分工合作的门户，具有不同于一般城市的本质属性。这种本质属性反映了中心城市的重大影响和地位，即在区域经济、空间结构布局与协作联系中的相对重要性。区域中心城市地位的形成是多种因素、多种力量共同推动的结果，是内生增长而非人为认定或者自封的。

二、中心城市功能

中心城市发展在整个区域的国民经济和社会发展中发挥着主导引领作用，不同于一般意义上的城市发展，甚至会存在一些本质上的差异。所谓城市的功能是指城市对其所在地区的社会经济发展所产生的影响及其所承担发挥的任务和作用。对于区域经济系统来说，中心城市在区域发展中所处的中心、节点和枢纽等关键地位，决定了它除了一般城市的发展功能外，还必须具备充分反映区域中心城市内在特质的核心功能，这种核心功能集中表现在其发展支撑、创新示范、集聚和辐射四个方面。

（一）中心城市的发展支撑功能

发展支撑功能是区分中心城市与一般城市的重要标志。一个区域经济系统可能存在多个城市，但真正发展成为中心城市的城市是极少数的，这是因为中心城市在该区域经济系统中能发挥出核心主导作用。中心城市需要凭借各种优势，吸引经济活动集聚于此，并成为所在区域经济系统发展的重要引擎，从而在经济发展、科技进步、生活方式的改变等方面对周边地区产生很强的引领作用。同时中心城市通过发挥集聚功能和扩散功能，对区域内部发展横向经济实行有效的控制和引导，通过在对外联系中建立和发展区域性生产协作网络调节区域内的社会再生产系统，并控制、协调、监督其运行。中心城市作为所在区域的发展中心，是区域内对外开放程度最高的城市，是区域对外交流的窗口，是连接区域内外两个市场、两种资源的重要纽带。

（二）中心城市的创新示范功能

创新是城市经济发展的重要驱动力，更是中心城市实现其影响力和引领力的重要抓手。美国区域规划专家弗里德曼在其"核心边缘"理论中认为，区域核心区发展与其创新功能有密切关系，核心区存在着对创新的潜在需求，创新增强了核心区的发展能力和活力。中心城市在制度、科技等多领域的不断创新过程中不断提升了内核引力，同时又通过创新对周边地区起到了示范作用，引起周边地区对中心城市的技术吸收与效仿，因此中心城市通过这种创新示范功能，不仅实现了其核心区的统治地位，还促进了整体区域的经济发展。

（三）中心城市的集聚功能

集聚功能是中心城市发展的最基本功能之一，中心城市通过该功能不仅实现了自身实力发展，而且加强了中心城市其他功能的发挥。良好的基础设施、区位优势，完善的公共服务体系，较高的收入水平和生活质量等优越条件，使中心城市就好比一个巨大的磁场，并通过磁力线向周边地区伸出触角，吸引着外围地区的人才、科技、资金等资源的流入，并集聚于此。但是这种集聚作用并非简单地把相关经济要素集聚在一起，而是在这种集聚作用下，一方面能共享城市的信息交通基础设施、公共服务设施等内容，有效降低了相关企业的生产成本；另一方面实现了企业与产业的专业化分工协作，提高了企业的劳动生产率。与此同时，这种规模效益和集聚效益的作用，又会反过来吸引更多要素流入，形成一种累积循环效应优势。最终，中心城市通过集聚功能有效提升创新活动和产业结构优化，扩大了城市发展规模，提升了中心城市的能量与层次，实现了更大范围地发挥中心城市的功能，并不断强化其在区域经济发展中的核心地位。

（四）中心城市的辐射功能

中心城市在不断集聚成为发展极时，其集聚效应会存在递减功能，一旦到了一定的临界点则会导致集聚不经济现象，此时经济要素与经济活动会开始流向周边地区。同时中心城市整合集聚过来的经济要素，产生更高效的产品与服务，但是中心城市的市场空间是有限的，需要借助于辐射功能，以商品流、信息流等途径不断辐射到周边地区，从而增强集聚能力。因此，中心城市的集聚功能与辐射功能是同时相伴的，只不过在不同发展阶段，集聚功能与辐射功能会存在一定的主次关系。中心城市发展之初，集聚功能会强于辐射功能，而到了一定阶段后，中心城市的集聚优势会减弱，如土地成本与房价偏高，会使辐射功能走高。此外，中心城市的辐射功能大小同中心城市自身能级大小有关，能级越大，辐射功能越强。中心城市通过辐射功能带动了周边地区发展，使区域经济的空间规模与空间结构得到提升，并进一步促进整体区域经济发展，反过来又会推动中心城市的提升。关于中心城市辐射功能的形式，主要有周边式辐射、等级式辐射、跳跃式辐射、点轴式辐射等方式，其辐射功能会受到中心城市经济发展水平、交通与信息发展水平等因素影响。

三、中心城市对区域经济发展的影响机理

中心城市与区域发展是一种点与面的关系，两者是相互补充、相互促进的有

机整体，无论是从理论研究还是从实践发展来看，区域经济的发展同中心城市发展是共相伴的，即没有那种离开区域经济依托而独自发展的中心城市，同时也难以找到一个离开中心城市带动而发展起来的区域。我国正处于城市化快速发展阶段，通过中心城市实现以点带面，实现区域经发展是相关地区增强区域发展竞争力，促进区域协调发展，提高国家在全球经济发展中竞争力的重要空间组织方式，业已成为学界和政府的共识（李学鑫等，2010）。中心城市具有一般城市所不具有的特征与功能，对于区域内部其他一般城市来讲，中心城市在区域经济发展中经常扮演着重要的主导作用。那么中心城市的功能是如何对区域经济产生作用的，具体又是如何体现的（图 7.1）？

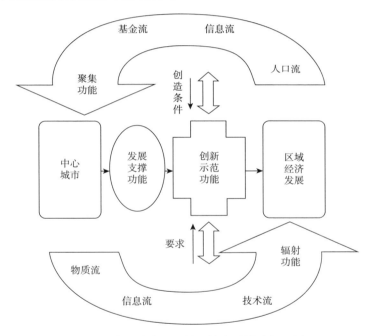

图 7.1　中心城市对区域经济发展影响机理图
资料来源：该图根据高玲玲（2015）相关论述加以拓展与整理

首先，中心城市在其所处的区域经济系统和城市体系中居于核心地位。区域经济发展是建立在一定的城市体系中，也就是克里斯塔勒所提到的中心地系统，在这种城市体系中会存在一个具有发展支撑作用，并对区域经济、社会、文化等方面活动发挥着决策、组织和领导作用的中心城市，这类城市借助于其核心地位，对周边地区和城市发展能够实行有效的控制与调节。一方面，中心城市借助与支点城镇的联系，来强化其集聚与辐射功能，进而推动整体区域发展；另一方面，中心城市发展意味着整体区域经济发展实力与形象，属于区域内开放性强的城市，代表着整体区域同区域外界加强横向交流，作为区域内各部分与区域外界交流的联结桥梁，参与区域内外分工，影响整体区域经济发展的水平和层次（吴顺发和程和侠，2007）。

其次，中心城市是区域经济系统中科技进步与创新的起源地，通过创新不断让其在区域经济系统的中心职能提升，为区域产业结构升级和经济增长提供了持续的动力。中心城市的创新示范作用对周边地区的影响要比其他渠道更具有渗透性。中心城市作为创新最前沿的地方，会不断将技术转移或扩散到周边地区，同时也引起周边地区对其技术的仿效，最终促进整个区域的经济发展。中心城市在引进先进技术和向周边地区辐射过程中，充当着承上启下、消化创新的转化器作用。

最后，集聚功能与辐射功能是中心城市不断发展的源泉，是影响区域经济系统的两种最基本的力量。中心城市通过向内的集聚功能和向外的辐射功能，形成中心城市在区域经济系统中的"磁效应场"，这种"磁效应场"的大小也就决定了区域经济发展的质量与水平。中心城市一方面通过集聚功能，有效吸引周边地区的各种商品、经济要素和经济活动的集聚，促进中心城市的能级提升，强化其核心地位，从而在更高层面促进区域经济发展；另一方面又通过辐射功能将商品和技术、信息、人才等经济要素，以及技术创新和先进的管理经验传递到其他地区，不仅促进了区域经济与社会的发展，还拓展了自身的发展空间。中心城市的集聚与辐射带来的经济要素的输入再输出并非简单的位移，而是通过中心城市的集聚功能实现资源的高效配置，产业结构的优化，然后再将整合后的高效经济要素通过辐射功能传播到周边地区。这两种功能的主次关系的动态变化也就引起了区域经济发展变化，当辐射功能作用大于集聚功能时，中心城市会有效带动区域经济发展。反之，中心城市对区域经济发展效果微弱。同时在中心城市的集聚与辐射功能下，区域内其他城市也会发生相应的集聚现象，各城市发展实力不断提升，城市间经济活动交流频繁，从而在区域内形成一定层次性的中心地系统，促进区域经济的协调发展。

区域经济发展先通过中心城市集聚作用将重要资源有效输入该地区，然后借助中心城市这样一个中央处理器进行资源整合和高效配置，从而提升中心城市的能级，在这种能级作用下又会通过辐射带动作用实现带动经济区在更高层面上的发展，同时在辐射过程中，中心城市的发展实力又得到进一步提升，在这种累积互动优势下，中心城市成为撬动区域经济整体发展的有力杠杆。因此一个地区中心城市发展情况在一定程度上也反映了该地区经济发展情况，区域间的竞争在相当程度上体现为各区域中心城市之间的竞争。例如，浙江杭州的集聚效应要远大于贵州贵阳，从而也导致了浙江经济要好于贵州经济发展。广东、浙江及江苏等地的经济发展经验也证明了，特定区域的经济发展可以通过优先发展区位条件好、资源禀赋优的少数城市或城镇，使之成为区域发展的增长极，再通过中心城市发展带动和促进整个区域发展。

四、中心城市培育对促进贫困地区经济发展的意义

贫困地区内部地区的发展差异性较大，机体发育不良，在转变经济增长方式的过程中遇到的困难和问题较大。此外，贫困地区大部分区域都被列为全国主体功能区规划中的限制开发区，甚至是禁止开发区，肩负着重要的生态保障功能，同时又是全面建设小康社会的重点与难点区，保护与发展的矛盾十分突出，这也意味着在贫困地区实际发展中很难遵循面面俱到的均衡发展模式（童中贤，2002）。应走一条"非均衡—均衡"的发展道路，把人口与经济活动集中在具有较高承载力与发展情况较好的地区则具有一定的可行性，应该把相对有限的资金与技术等经济要素集中于集聚效应好的中心城市，通过中心城市的高效整合，再向周边地区辐射，从而实现整体贫困地区的高水平均衡发展。

我国贫困地区大都存在边缘化的特征，远离本省经济发展的核心地区，难以受到相应的辐射和带动，外生动力不强。如果贫困地区只是一味地坐等省会地区的带动作用，只会让其陷入一种更加贫困的恶性循环状态。因此贫困地区要想获得有效且可持续性的突破发展，必须激活其内生动力，而中心城市对区域经济的积极作用，无疑是激活内生动力、打破核心边缘的尴尬格局的有效途径。因此选取中心城市来实现贫困地区经济增长方式转变，是其提高经济素质的需要，是跳出贫困怪圈的需要，弥补了省会城市辐射不足的短板，是促使落后地区与发达地区经济对接的需要。

从贫困地区的具体情况来看，很多贫困地区存在的一个突出问题是整体区域范围的社会经济发展滞后，中心城市的发展不足，缺乏竞争力。对于人口密度较小又远离经济发展中心的贫困地区来说，加快培育区域性中心城市是加快其快速发展的突破点。世界银行在《2009 年世界银行报告：重塑世界经济地理》一书提出了新颖的新经济地理学 3D 分析视角（表 7.1），将地理空间尺度分为三种，并根据 3D[密度（density）、距离（distance）、分割（division）]特征来对相应的地理空间尺度进行解读。从这个角度来看，贫困地区作为地区尺度的区域，首先应该是如何提高其发展密度，其次才是缩短距离，最后才是解决区域内部分割问题。对于贫困地区发展密度来说，很难通过平衡发展战略对其实行处处散花式发展，最有效的发展方式就是在现有发展良好的城市中，选取有代表的城市作为中心城市，以此为增长极实现以点带面式发展。从国外对落后地区扶贫开发经验来看，对于那些边缘或落后地区经济发展来说，培育中心城市来实现经济发展是一

条切实可行的发展途径。我国多年来对相应的贫困地区进行的扶贫开发收效甚微，从某种角度来说，主要是在发展贫困地区时，发展的对象和重点不一致。因此，从本章分析视角来看，应有选择性地重点发展一个或多个具有发展支撑性的城市，从这一点展开，通过中心城市的培育来实现贫困地区发展具有一定的可行性，而如何培育中心城市，完善中心城市功能，发挥其积极作用则是促进落后地区以及贫困地区经济发展的重要问题。

表 7.1　3D 分析框架

特征	地理尺度		
	地区	国家	国际
第一重要特征	农村与城市居住密度	核心与边缘地区距离	国家间的分割
第二重要特征	交通带来的距离	边缘区人口和贫困密度	与世界重要市场的距离
第三重要特征	区域内部的分割	国家间的分割	密度

第三节　基于湘鄂赣交界贫困区发展的实证分析

一、湘鄂赣交界贫困区的基本概况

鉴于我国贫困地区错综复杂，样本搜集工作量大，为了方便研究并不失一般性，本章择取湘鄂赣交界贫困区作为直接研究对象。湘鄂赣交界贫困区对于贫困地区来说具有很强的代表性：资源丰富，但经济社会发展滞后，集革命老区和贫困地区于一体。目前，该地区北受武汉城市圈牵制、南受长株潭城市群的挤压、西受鄱阳湖经济区的掣肘。湘鄂赣交界贫困区是长江中游城市群的先导地区，其良性发展是长江中游城市群持久有效发展的支撑和验证。同时加强对湘鄂赣交界贫困区经济发展问题的研究，探索区域协调发展道路，对加快贫困地区经济发展、缩小发展差距、消除贫困、全面实现小康社会，具有重大意义。

湘鄂赣交界贫困区是由湖南、湖北、江西三省接壤并沿共同的省界线而展开的五个地级市组成的，直接范围由湖北的黄石、咸宁，湖南岳阳，江西九江与宜春五个地级市，区域面积约为 6.69 万平方千米（表 7.2）。该区域北临长江，东倚鄱阳湖，西卧洞庭湖，并沿以幕阜山脉、九岭山脉为中心的山麓及外沿分布，地形地貌复杂，以低山丘陵与平原相间为主，河道港汊交织，湖泊沼泽散布，中央区域多为低山丘陵，是长江中游城市群的"绿心"，周边的洞庭湖和鄱阳湖被称为"两肺"。该区域具有一定的自然资源同构性、环境功能整体性、产业结构相似性和社会文化同源性，自古以来就保持和延续着密切的人际交往、经济贸易、文化往来和社会关联，是湘鄂赣革命根据地的重要策源地和中心区域。

表 7.2　湘鄂赣交界贫困区区域总体情况

地区	土地面积/ 平方千米	占本省面 积比例	常住人口数/ 万人	所辖县市
黄石	0.46	2.5%	243.00	黄石港区、西塞山区、下陆区、铁山区、大冶市、阳新县
咸宁	0.98	5.3%	248.50	咸安区、嘉鱼县、通城县、崇阳县、通山县、赤壁市
岳阳	1.50	6.8%	559.51	岳阳楼区、云溪区、君山区、湘阴县、岳阳县、华容县、平江县、汨罗市、临湘市
九江	1.88	11.3%	478.94	浔阳区、庐山区、九江县、武宁县、修水县、永修县、德安县、星子县、都昌县、湖口县、彭泽县、瑞昌市、共青城市
宜春	1.87	11.2%	547.77	袁州区、奉新县、靖安县、宜丰县、上高县、铜鼓县、万载县、丰城市、樟树市、高安市
总体	6.69		2 077.72	

资料来源：各市政府官方门户网

二、中心城市发展评价

（一）指标体系构建与评价方法

中心城市对区域经济发展的作用主要体现在其发展支撑功能、集聚功能、辐射功能、创新示范功能四个方面。因此本章在高玲玲（2015）、张臻（2013）等关于中心城市发展的评价指标体系基础上，从发展支撑、集聚、辐射、创新示范这四个层面来分析中心城市的发展情况，将中心城市发展的整体情况设置为一级指标，并定义为中心城市的中心性指数，记为 ctr，该指数有效地反映了中心城市的综合作用，是绝对重要性与相对重要性的合成体现，是对一个地区中心城市发展能力水平的总体状况的评价。同时考虑将二级指标设置为发展支撑效应（相关变量记为 stra）、集聚效应（记为 agg）、辐射效应（记为 rad）、创新示范效应（记为 inv）[①]。从发展支撑效应来看，中心城市主要是通过其自身的经济发展水平和发展后劲得以体现，即其发展实力越强和发展后劲足，越能在该区域起到发展支撑作用，从人均 GDP、非农产业占 GDP 比重等二级指标都可以体现。集聚效应则意味着中心城市凭借自身的区位条件和要素积累等优势，能带来一定规模的经济效应，对周边区域产生良好的吸引力（周游和张敏，2000），因此可从 GDP 区位商（用来说明城市的规模效益，取值越高，则中心城市越具有生产优

---

① 相关变量名是取其英文前几个字母。

势）、每万人拥有医生数等方面来构建二级指标。关于辐射效应，中心城市主要通过商品流、信息流、交通流等途径来实现辐射功能，同时中心城市的对外开放度也是其辐射效应得以发挥的重要保障，故采用货运总量、出口总额等指标。而创新示范效应一般主要体现在科技投入、科研人员等内容方面。详细指标内容及指标选择说明如表 7.3 所示。

表 7.3　中心城市发展评价指标体系

特征指标	变量	指标名	指标内容	特征指标说明
发展支撑效应	X_1	人均 GDP/元	城市综合经济发展水平	通过中心城市自身的经济发展实力和后劲，可反映其发展支撑效应
	X_2	非农产业占 GDP 比重	城市发展的重要动力	
	X_3	建成区面积	城市发展战略实施空间	
	X_4	人均固定资产投资/元	城市投资的潜力和后劲	
集聚效应	X_5	人口密度	经济活动的密集度	中心城市凭借区位条件、交通运输信息设施水平等优势，吸引各种生产要素资源和相应的经济活动，并带来生产优势
	X_6	GDP 区位商	（城市 GDP/所在地区 GDP）/（所在地区 GDP/所在省 GDP）	
	X_7	人均城市道路面积/平方米	城市基础设施状况	
	X_8	人均电信业务量/元	城市信息化水平	
	X_9	每万人拥有医生数/人	城市公共服务水平	
	X_{10}	人均年末金融机构存贷款余额/万元	城市的资金储量	
辐射效应	X_{11}	客运总量/万人	城市人员的流转能力	中心城市扩散效应体现在其与周边地区的贸易往来程度，并通过交通轴线辐射周边地区
	X_{12}	货运总量/万吨	城市物资的流转能力	
	X_{13}	出口总额/万美元	城市对外开放与交流状况	
	X_{14}	人均实际利用外资额/美元	城市外向经济发展水平	
	X_{15}	社会消费品零售额/万元	城市商业活动范围	
	X_{16}	每万人拥有国际互联网户数/户	城市发展外向联系度	
创新示范效应	X_{17}	每万人从事科学研究、勘查从业人员数/人	城市科技活动水平	创新示范效应表现在该地的科技创新水平
	X_{18}	高等学校学生数/人	城市人才后备储量	
	X_{19}	科学支出/万元	城市资金对科研重视程度	
	X_{20}	教育支出/万元	城市资金对教育重视程度	

（二）样本与方法选取

从理论上来看，如果将湘鄂赣交界贫困区视为一种有效的整体均质性区域，那么该区域内完全可以存在一个能辐射和带动全区域发展的中心城市，甚至会存在能够与省会城市相抗衡的同等级中心城市。但由于自然地理、行政分割等因素限制，难以存在这种单一性中心城市。因此在这种情况下，最好的方法就是以交界贫困区内部地市州为标准划分片区进行分析，并选取各片区的中心城市为湘鄂赣交界贫困区中心城市，只有大力发展这些中心城市，形成协同优势，才能提高区域带动能力。从我国独特的行政区划制度语境来看，一般地区所在的市府即所在地区的中心城市，很难想象一个县比一个市发挥的中心作用还大，因此本章将贫困地区中心城市界定为相应地级市所在的市府。从这个角度看来，湘鄂赣交界贫困区的中心城市应为九江、宜春、岳阳、咸宁、黄石五市，将其与其所在省区的省会城市进行对比，数据来源于 2005~2014 年的《中国城市统计年鉴》与《中国区域统计年鉴》，以及相应的各市国民经济和社会发展统计公报。另外有点需要强调的是，统计年鉴中的城市并不是地理学上的城市化区域，而是一个行政区划单位，管辖以一个集中连片或者若干个分散的城市化区域为中心，大量非城市化区域围绕的大区域。中心城市对区域经济发展更多地采用一种以点带面的概念，因此在采用城市的相关数据指标时宜采用市辖区的指标。以往在考量中心城市作用时，中心城市应该是个点的概念，中心城市的数据大多是面上的数据，即采用该市所在的地区的数据，本章认为最好采用市辖区的数据。本章运用主成分分析方法，相关分析软件采用 SPSS19.0。

（三）结果分析

第一，从表 7.4 的发展支撑效应分析结果来看，由于省会中心城市经常在省域经济发展中扮演着重要作用，发展支撑效应要远强于湘鄂赣交界贫困区中心城市。湘鄂赣交界贫困区中心城市则难以发挥中心城市在区域经济活动中的组织协调与决策领导作用，与区域发展中的发展支撑作用不相对应，因此从支撑效应取值来看，湘鄂赣交界贫困区中心城市历年发展情况都低于省会城市。从时间趋势来看，湘鄂赣交界贫困区中心城市的发展支撑效应远不如省会城市发展效果明显，其中以宜春、咸宁、岳阳的发展速度最为缓慢。三大省会城市年均增长值分别为 0.26、0.16、0.14，而湘鄂赣交界贫困区中心城市变化幅度缓慢，除岳阳年均增长值达到了 0.11，其余不到 0.10[①]。一方面说明了省会城市的发展支撑效应难以顾及贫困地区，另一方面说明湘鄂赣交界贫困区中心城市在区域发展中，难以发挥组织、带动中小城市和整个腹地经济发展的功能。此外，从湘鄂赣交界贫困区五大中心城市取值来看，存在较大差异，咸宁与宜春的取值要低于其他三大城市，湘鄂赣交界贫困区中心城市的支撑效应未能在湘鄂赣交界贫困区整体区域进行发挥。

---

① 考虑到相关取值是无量纲的，且一些城市基期为负数，用年均增长率衡量不具有参考意义，本章中采用年均增长值变化，即将报告期减去基期得出的取值再除以相应年份数。

表 7.4　基于主成分法的发展支撑效应取值

地区	2004 年	2005 年	2006 年	2007 年	2008 年	2009 年	2010 年	2011 年	2012 年	2013 年
武汉	0.768	0.897	1.433	1.130	1.393	1.662	1.877	2.083	2.350	3.081
黄石	0.043	0.115	0.171	0.228	0.244	0.392	0.494	0.730	0.735	0.904
咸宁	−2.028	−2.024	−1.768	−1.749	−1.535	−1.705	−1.472	−1.485	−1.397	−1.347
长沙	0.747	0.907	1.057	1.281	1.159	1.022	1.626	1.495	1.685	2.176
岳阳	−0.810	−0.813	−0.750	−0.763	−0.622	−0.591	−0.383	−0.246	−0.102	0.130
南昌	0.515	0.653	0.814	0.829	1.053	1.295	1.387	1.563	1.671	1.798
九江	−0.563	−0.497	−0.354	−0.589	−0.065	−0.022	0.029	0.242	0.276	0.495
宜春	−2.321	−2.326	−2.248	−2.176	−2.089	−2.170	−2.047	−1.933	−1.780	−1.654

　　第二，从表 7.5 中中心城市集聚效应来看，三大省会城市取值远高于湘鄂赣交界贫困区中心城市，尤其是武汉的集聚效应尤为明显。整体而言，贫困地区中心城市发展会受到省会城市等重点区域的抑制作用，再加上自身发展条件也限制了中心城市的集聚效应。五大中心城市中尤以咸宁与宜春表现不太乐观。从发展的时间趋势变化来看，三大省会城市的表现十分明显，三大省会城市年均增长值分别为 0.48、0.31、0.25，而湘鄂赣交界贫困区中心城市变化幅度缓慢，除岳阳年均增长值达到了 0.11，其余不到 0.06。因此湘鄂赣交界贫困区中心城市集聚效应发展缺乏有效的支撑。湘鄂赣交界贫困区五大中心城市的集聚效应差异仍存在，但没有发展支撑效应差异明显，其中岳阳与黄石的集聚效应较好。

表 7.5　基于主成分法的集聚效应取值

地区	2004 年	2005 年	2006 年	2007 年	2008 年	2009 年	2010 年	2011 年	2012 年	2013 年
武汉	1.818	2.511	2.197	2.720	3.358	4.181	4.689	5.103	5.933	6.164
黄石	−1.115	−0.730	−0.776	−0.682	−0.610	−0.670	−0.715	−0.772	−0.786	−0.522
咸宁	−2.036	−2.056	−2.060	−1.888	−1.880	−1.900	−1.806	−1.720	−1.561	−1.557
长沙	0.388	0.623	1.199	2.403	2.385	2.926	2.390	2.679	2.688	3.187
岳阳	−1.498	−1.406	−1.443	−0.943	−0.797	−0.664	−0.762	−0.714	−0.610	−0.503
南昌	−0.525	−0.210	−0.227	−0.031	0.075	0.270	0.525	1.086	1.536	1.745
九江	−1.038	−1.087	−1.033	−1.154	−1.196	−1.350	−1.062	−0.835	−0.952	−0.877
宜春	−2.039	−1.990	−1.972	−1.833	−1.806	−1.788	−1.707	−1.690	−1.616	−1.578

　　第三，从表 7.6 中中心城市辐射效应的截面结果来看，三大省会城市尤其是武汉具有很强的辐射效应，三大省会城市的取值远高于湘鄂赣交界贫困区中心城市，在相应的经济圈中发挥着重要的带动作用。而湘鄂赣交界贫困区中心城市辐射效应受到抑制，出现"小马拉大车"的现象，对当地经济带动作用不强，支撑不起当地经济发展。五大中心城市中以咸宁、黄石、宜春的辐射效应尤为弱小，

九江、岳阳良好的交通区位优势为其辐射效应平添几分优势。从时间趋势来看，三大省会城市年均增长值分别为 0.83、0.54、0.29。而湘鄂赣交界贫困区中心城市变化幅度缓慢，除九江、岳阳年均增长值达到了 0.15，其余都不到 0.10，这是由于九江、岳阳不断调整发展战略，再加上优越的交通区位，其辐射效应变化情况相对乐观。从湘鄂赣交界贫困区五大中心城市辐射效应取值来看，存在较大差异，咸宁与宜春辐射效应要低，九江与岳阳具有较好的辐射效应。

表 7.6　基于主成分法的辐射效应取值

地区	2004 年	2005 年	2006 年	2007 年	2008 年	2009 年	2010 年	2011 年	2012 年	2013 年
武汉	1.278	1.935	2.067	2.556	3.543	4.128	5.523	6.664	7.716	8.717
黄石	−1.588	−1.561	−1.489	−1.429	−1.362	−1.361	−1.341	−1.209	−1.005	−0.781
咸宁	−1.938	−1.908	−1.866	−1.845	−1.797	−1.755	−1.715	−1.657	−1.470	−1.395
长沙	−0.343	−0.077	0.158	0.582	0.915	1.973	2.620	3.351	4.024	4.562
岳阳	−1.437	−1.419	−1.328	−1.326	−0.667	−0.562	−0.419	−0.225	−0.259	−0.095
南昌	−0.942	−0.850	−0.607	−0.449	−0.314	0.043	0.386	0.757	1.134	1.690
九江	−1.737	−1.718	−1.662	−1.593	−1.558	−1.125	−0.936	−0.655	−0.306	−0.123
宜春	−1.680	−1.679	−1.639	−1.580	−1.562	−1.241	−1.245	−1.012	−0.775	−0.705

第四，从表 7.7 中创新示范效应方面来看，湘鄂赣交界贫困区中心城市与相应省会城市存在相当差距。创新示范效应不足也使湘鄂赣交界贫困区整体区域经济发展缺乏后续持久动力，也进一步导致了该区域同其他重点区域的发展差距，这一点从各大中心城市创新示范效应的时间趋势变化幅度上可以看出。武汉与长沙、南昌的增长幅度较快，年均增长值分别为 0.66、0.48、0.21，而湘鄂赣交界贫困区中心城市变化幅度缓慢，年均增长值不到 0.07，最低的为宜春的 0.03。从湘鄂赣交界贫困区五大中心城市取值来看，差异不明显，说明了湘鄂赣交界贫困区中心城市都面临着创新效应不强问题的困扰。因此，加强湘鄂赣交界贫困区中心城市的创新体系是其今后发展的重要方向。

表 7.7　基于主成分法的创新示范效应取值

地区	2004 年	2005 年	2006 年	2007 年	2008 年	2009 年	2010 年	2011 年	2012 年	2013 年
武汉	0.626	0.893	0.825	1.863	2.208	2.660	3.292	3.921	5.450	6.628
黄石	−1.108	−1.094	−1.074	−1.043	−1.024	−1.001	−0.871	−0.856	−0.668	−0.784
咸宁	−1.136	−1.130	−1.121	−1.083	−1.061	−1.018	−0.982	−0.951	−0.813	−0.788
长沙	−0.390	−0.175	−0.219	0.755	1.011	1.269	1.711	2.621	3.438	3.986
岳阳	−1.069	−1.064	−1.050	−0.854	−0.769	−0.764	−0.737	−0.631	−0.443	−0.409
南昌	−0.517	−0.289	−0.032	0.180	0.244	0.478	0.629	0.894	1.169	1.390
九江	−1.046	−1.017	−1.003	−0.960	−1.019	−1.001	−0.987	−0.699	−0.557	−0.432
宜春	−1.143	−1.132	−1.112	−1.086	−1.069	−1.039	−1.023	−0.976	−0.940	−0.878

第五，在中心城市四个层面指标基础上再进一步综合中心城市发展的一级指标，即中心城市的中心性指数。从表 7.8 中中心城市整体发展情况来看，武汉的中心性指数要远高于其他城市，甚至要高于同等地位的长沙与南昌，这说明武汉在整个长江中游城市群中无疑是最重要的中心城市，并对区域发展起到重要支撑作用。对于湘鄂赣交界贫困区来说，其中心城市的中心性指数十分低下，且在时间变动趋势上的增长幅度不够明显。武汉中心性指数年均增长值为 0.60，长沙为 0.41，南昌达到了 0.24，而湘鄂赣交界贫困区中心城市不到 0.12。这种发展趋势变化只会导致湘鄂赣交界贫困区中心城市同省会城市差距越拉越大。相应中心性指数取值变化反映了湘鄂赣交界贫困区中心城市竞争力优势微弱，难以发挥出对湘鄂赣交界贫困区经济发展的功能作用。另外，五大中心城市的发展情况也存在着差异，如咸宁与宜春要远落后于九江、岳阳、黄石三市，这说明湘鄂赣交界贫困区中心城市在发展中未能有效注重分工协作。省会城市发展情况要远好于交界贫困区五大中心城市，从侧面来说，省会城市未能有效地带动贫困地区经济发展，九江、咸宁等市未能有效地实现与省会城市之间合作。此外，该中心性指数一般也可用来分析中心城市等级和竞争力，其中武汉的中心地等级最高，是目前长江中游城市群发展的龙头城市，而湘鄂赣交界贫困区中心城市的等级要低于省会城市，其中咸宁市与宜春市总体发展情况要低于相同行政级别的九江与岳阳。

表 7.8　基于主成分法的中心性指数

地区	2004 年	2005 年	2006 年	2007 年	2008 年	2009 年	2010 年	2011 年	2012 年	2013 年
武汉	1.196	1.646	1.757	2.221	2.801	3.375	4.086	4.713	5.729	6.629
黄石	−0.980	−0.847	−0.818	−0.751	−0.706	−0.664	−0.596	−0.496	−0.393	−0.255
咸宁	−2.005	−2.001	−1.902	−1.836	−1.743	−1.783	−1.660	−1.620	−1.464	−1.422
长沙	0.145	0.386	0.622	1.405	1.513	1.921	2.272	2.750	3.223	3.809
岳阳	−1.322	−1.294	−1.257	−1.072	−0.814	−0.744	−0.658	−0.523	−0.396	−0.243
南昌	−0.340	−0.121	0.064	0.221	0.374	0.659	0.879	1.248	1.569	1.859
九江	−1.180	−1.157	−1.078	−1.160	−1.003	−0.926	−0.788	−0.505	−0.401	−0.228
宜春	−2.050	−2.036	−1.990	−1.909	−1.863	−1.805	−1.738	−1.629	−1.494	−1.406

三、中心城市发展对区域经济增长影响的实证分析

（一）模型设定

本章借鉴于巴罗等的经济增长模型，在其基础上加入中心城市发展的相关指标作为解释变量，故本节基本计量模型设计可表示为

$$\mathrm{rgd}p_{it} = c + \beta_1 \mathrm{ctr}_{it} + \beta_2 \mathrm{bd}_{it} * \mathrm{ctr}_{it} + \beta_3 X_{it} + \varepsilon_{it} \qquad （7.1）$$

其中，下标 i 和 t 分别表示对应的城市和年份；ε_{it} 表示随机干扰项，被解释变量采用人均 GDP 来表示；β_1 表示中心城市对区域经济发展带来的影响程度，同时考虑到贫困地区具有跨省交界、连片特困的特殊性，为了更好地提高贫困地区的中心城市的作用，设置一个虚拟变量，记为 bd，当某城市靠近省界时，则 bd $=1$，否则为 0，并将其与中心城市相应变量形成交互项，表示省界作用与中心城市的交互项，主要用来捕捉在省界作用是否会加强或减弱中心城市对区域经济发展的促进作用，如 $\mathrm{bd}_{it} * \mathrm{ctr}_{it}$ 就表示中心性指数与省界的交互项，说明当中心城市处于贫困地区，中心性指数对区域经济影响程度的变化。同时为了更详细地分析中心城市对区域经济发展的影响程度，再对中心城市发展的四个层面内容一一进行回归来分析中心城市的功能作用，其对应的实证模型只需把式（7.1）中的 ctr_{it} 变量替换为对应四个层面的变量即可。β_2 符号预期为负，对于贫困地区中心城市发展来说，毗邻省界的区位会影响到中心城市的有效发挥，从而抑制中心城市的积极作用。关于控制变量，参照吴良亚（2010），孙红玲（2012）等的文献，采用劳动力（lab），投资（kap），人力资本（tec）三类控制变量。因此分析模型可表示为

$$\mathrm{rgd}p_{it} = c + \beta_1 \mathrm{ctr}_{it} + \beta_2 \mathrm{bd}_{it} * \mathrm{ctr}_{it} + \beta_3 \mathrm{lab}_{it} + \beta_4 \mathrm{kap}_{it} + \beta_5 \mathrm{tec}_{it} + \varepsilon_{it} \qquad （7.2）$$

（二）样本选取与变量说明

样本选取上还是采用上述指标体系所对应的样本，时间段也采用一样的处理。关于对应的被解释变量，由于中心城市区域经济发展是一种以点带面的关系，因此采用统计年鉴上对应城市的人均 GDP（记为 $\mathrm{rgd}p$），即对应的行政区划单位范围的总体人均 GDP，而非市辖区。相关变量及其说明见表 7.9。其中，人均 GDP、就业人数、人均全社会固定资产投资须进行对数化处理。数据来源于历年《中国城市统计年鉴》《中国区域统计年鉴》及各省历年统计年鉴等。

表 7.9　主要变量定义与说明

变量	变量名称	变量说明
rgdp	人均 GDP	采用中心城市所在的地区人均 GDP
stra	中心城市的发展支撑效应	分别用主成分分析得出的取值来表示
agg	中心城市的集聚效应	
rad	中心城市的辐射效应	
inv	中心城市的创新示范效应	
ctr	中心城市的中心性	代表着中心城市的整体发展情况，用中心性指数表示

续表

变量	变量名称	变量说明
bd	省界作用	当某地毗邻省界时，取值为 1，否则为 0
lab	劳动力	用就业人员数表示
kap	投资	用人均固定资产投资衡量
tec	人力资本	中学在校生人数在总人口占比

面板数据的计量处理方法有 Pooled OLS、固定效应模型与随机效应模型三种方法。由于本节的面板数据的截面个体偏少，故宜采用随机效应模型。同时本节所做的 Hausman 检验也接受了随机效应原假设，故本节的实证分析都是在随机效应下进行的。

（三）结果分析

在 Eviews6 软件处理下，回归结果的拟合度较高，相应的 R^2 达到了 0.9 以上。先从中心城市的发展支撑效应、集聚效应、辐射效应、创新示范效应依此进行回归（分别为表 7.10 中模型 1、2、3、4），结果显示这四个变量都对区域经济增长有显著的正向作用，这充分说明了中心城市的四大效应对经济增长确实能带来积极作用。然而贫困地区中心城市在这四个层面的发展情况不容乐观，从而使湘鄂赣交界贫困区的经济发展存在滞后性问题。

表 7.10　中心城市与经济发展回归结果

解释变量	被解释变量：人均 GDP					
	模型 1	模型 2	模型 3	模型 4	模型 5	模型 6
常数项	5.514*** （6.225）	8.050*** （9.279）	8.237*** （10.221）	7.928*** （10.186）	8.501*** （10.931）	10.437*** （91.300）
stra	0.093*** （2.694）					
agg		0.084*** （4.208）				
rad			0.075*** （5.565）			
inv				0.090*** （5.829）		
ctr					0.107*** （5.866）	0.147*** （6.647）
bd	−0.051*** （−2.799）	−0.008** （−2.133）	−0.038*** （−2.818）	−0.035** （−2.561）	−0.063** （−2.032）	−0.447*** （−5.964）
lab	0.126 （0.748）	0.320** （2.144）	0.329** （2.389）	0.299** （2.253）	0.358*** （2.717）	

续表

解释变量	被解释变量：人均 GDP					
	模型 1	模型 2	模型 3	模型 4	模型 5	模型 6
kap	0.585***	0.594***	0.569***	0.592***	0.560***	
	（17.659）	（17.669）	（20.250）	（24.621）	（19.530）	
tec	0.005	0.001	0.003	0.003	0.001	
	（0.466）	（0.056）	（0.361）	（0.236）	（0.107）	
R^2	0.941	0.921	0.950	0.964	0.949	0.449
N	80.000	80.000	80.000	80.000	80.000	80.000

*表示显著性水平为 0.1；**表示显著性水平为 0.05；***表示显著性水平为 0.01

注：括号内为 t 值

　　从四者的交互项结果来看，其系数都显著为负，贫困地区中心城市发展相对于非贫困地区中心城市发展来说，会受到省界因素的抑制作用，对区域经济发展的影响程度会减弱。我国目前大多贫困地区具有跨省交界、连片特困的地域特征，各省出于地方本位主义情结，会通过省界这一关键变量，阻碍贫困地区间经济合作，这种边界效应使贫困地区各片区各自为政，各城市功能定位不明确，基础设施建设协调程度不高，产业发展低水平同质化竞争，导致中心城市功能难以形成和发挥，抑制了地区经济的有效发展。不过值得注意的是，从交互项的影响程度（即交互项系数大小）来说，集聚效应的交互项系数为−0.008，而发展支撑效应、辐射效应、创新示范效应分别为−0.051、−0.038、−0.035，意味着中心城市集聚效应对区域经济增长的作用，受省界区位因素的影响程度没有其他三大效应明显，这说明了湘鄂赣交界贫困区目前的中心城市发展更多地还是处于一种极化阶段，对区域增长的带动能力较弱，因此需要进一步加强中心城市的发展支撑、辐射、创新示范功能。

　　从总体上来看，中心城市综合实力对区域经济作用是显著正向的（表 7.10 中的模型 5），从而进一步验证了湘鄂赣交界贫困区中心城市由于发展不足，抑制了经济发展。同样通过交互项系数的回归结果，也能得到贫困地区的中心城市总体发展在促进经济发展作用上效果不明显的结论。通过综上分析，湘鄂赣交界贫困区中心城市实力薄弱，资源配置能力差，相应的功能作用缺失，难以实现对整体区域经济的带动作用，导致区域增长乏力，城市化进程缓慢，直接影响到贫困地区社会经济的有效发展。

　　模型 6 为不考虑控制变量下的回归结果，同模型 5 相比，中心性指数对经济增长的影响程度与显著性变化不大，但是交互项系数与显著性变动较大，此时贫困地区中心城市对经济增长的作用会受到省界因素的强烈抑制，这说明了相应的控制变量也会影响到中心城市的功能发挥。

　　从控制变量回归结果来看，除人力资本以外，其他控制变量总体结果符合预期，这也从侧面说明了在湘鄂赣交界贫困区乃至整个长江中游城市群发展中，人力资本对经济增长的贡献作用不理想，可能的解释是相应的人力资本发展转化效果不明显，对经济促进作用不大。

（四）稳健性检验

考虑到中心城市发展有可能会与经济增长间具有一定的双向交互影响，即中心城市在促进整体区域发展的同时，整体区域经济发展情况为其中心城市的发展也调动了一定的外部环境，即某区域经济情况越好，可能使其中心城市的相关情况越好。因此本部分将中心城市发展的相关变量作滞后一期处理，并作为当期的工具变量。实证结果分析如表 7.11 所示。

表 7.11　稳健性分析结果

解释变量	被解释变量：人均 GDP					
	模型 1	模型 2	模型 3	模型 4	模型 5	模型 6
常数项	5.309*** (5.020)	8.518*** (8.456)	9.286*** (11.489)	7.704*** (9.003)	8.592*** (10.114)	10.498*** (92.566)
stra	0.157*** (2.827)					
agg		0.103*** (4.432)				
rad			0.087*** (6.097)			
inv				0.116*** (5.913)		
ctr					0.107*** (5.866)	0.150*** (6.765)
bd	−0.025** (−2.282)	−0.002** (−2.033)	−0.091*** (−2.717)	−0.066*** (−3.943)	−0.063** (−2.032)	−0.451*** (−5.847)
lab	0.232 (1.219)	0.359** (2.200)	0.437*** (3.352)	0.347** (2.465)	0.358*** (2.717)	
kap	0.545*** (11.772)	0.572*** (15.948)	0.526*** (14.147)	0.555*** (18.082)	0.560*** (19.530)	
tec	0.005 (0.470)	0.010 (0.839)	0.006 (0.651)	0.009 (0.823)	0.001 (0.107)	
R^2	0.957	0.831	0.905	0.949	0.962	0.479
N	72	72	72	72	72	72

*表示显著性水平为 0.1；**表示显著性水平为 0.05；***表示显著性水平为 0.01

注：括号内为 t 值

从稳健性分析来看，做了内生性处理后，发现中心城市对经济增长的影响以及调控变量的影响仍然显著存在，且其他相关变量的回归系数大小、正负号及显著性大小并未发生显著变化，检验结果并未改变相应的结论，因此本部分针对中心城市与区域经济关系的实证分析及其分析结果是稳健可靠的，即中心城市对区域经济增长具有积极作用。贫困地区经济滞后性发展的原因不仅在于其自身中心城市发展不足尤其是四大功能的发挥不足，还在于省际边界效应的负面调节作用。

第四节　中心城市培育促进贫困地区经济发展的路径分析

一、加强中心城市的发展支撑效应

（一）明确中心城市的目标定位

中心城市的目标定位既体现了其在整体区域中的发展位置，还体现了其所在区域同其他区域间交往联系的窗口作用（林木西，2000）。贫困地区中心城市在发展中建立起自身突出的特色和定位，使自己的城市个性鲜明、职能定位准确；找准其在国家、区域、省域等不同参照系中的位置，最大限度地提升中心城市战略品位和政策推力，提高中心城市的吸引力。贫困地区有着得天独厚的自然山水特色、文化特色，应加强这些特色资源与城市发展的紧密结合，并将其充分融入城市的景观规划和城市设计之中，促使其在城市建设中得到延续和提升，形成特色鲜明的城市形象，以城市品牌创建凝聚发展共识，培育核心增长极的内生动力，提升中心城市的影响力和吸引力，全方位提升贫困地区的软实力。

（二）扩大中心城市发展规模

适时考虑适当地调整行政区划，为提升城市政府治理能力和水平创造有利条件，强化城市的规模效益，从而有效促进贫困地区中心城市发展。根据区域自然条件，尤其是土地、水资源和生态环境承载能力，以促进集聚效应和辐射带动能力的发挥作为基本出发点，优化城镇化空间布局和城镇规模结构，积极、有序、稳妥地调整贫困地区相应中心城市市辖区规模结构，加快将中心城市的周边的县市区调整为市辖区或设置为新区，考虑将周边县市区的部分临近乡镇纳入中心城市规划区，积极拓展和优化中心城市发展空间。同时对于一些存在大面积设市空白的贫困地区可考虑撤县设市，甚至可考虑增设地级市，通过培育发展新的中心城市，来促进产业和人口集聚，并为非农人口向城市转移拓展空间，为贫困地区经济发展提供有效的载体和支撑。不过在对贫困地区进行行政区划的调整时应注意适当性原则，必须要全面、科学地分析和论证，务必从实际出发，力争做到科学划分、高效管理，防止盲目性和随意性，不要为了调整而调整，而要为了更好地解决贫困地区中心城市规模不相适应、相关中心效应不强等问题，最终目的是促进城乡一体化建设相结合，提高人民的物质生活水平。切勿将贫困地区的行政区划看成是空间组合游戏，盲目激进地实行行政区划，这样只会给贫困地区发展带来更为严重的问题。

二、以产业发展为依托，提升中心城市集聚功能

（一）优化产业结构

贫困地区各中心城市应根据比较优势和竞争优势原则，从现有资源优势、区位特点和产业基础出发，立足于经济发展新阶段的新需要和地方特色化发展需要，以资源节约和环境保护的可持续发展理念为指导，加强自主创新力，加快发展方式转变和产业结构调整，以自然资源和劳动力等优势资源为突破口，发展特色农业、现代服务业、现代旅游业和特色文化产业。同时中心城市在产业转型的时间顺序上要优先于其所在的区域及其他城市（鄂冰和袁丽静，2012）。对于贫困地区中心城市的发展来说，更需要凸显出先行性，在产业选取和转变上要抢占先机，从而有利于抵抗省会等核心城市的极化效应，并加强自身发展实力与地位。通过积极改造提升传统产业，合理确定自己的主导产业，相互错位发展，大力发展自主创新力强的战略性新兴产业，提升整体产业发展的结构层次；加快高新技术和信息化对传统工业的改造步伐，延伸产业链，促进工业结构向现代都市型、高度产业关联型、强力辐射型和高科技含量型方向转变。

（二）打造特色化产业集群

贫困地区发展，尤其是中心城市发展要结合各地的实际情况，统筹资源，整合优化区域生产力的空间布局，充分发挥比较优势，突出重点，选择几个可能形成集群的特色主导产业，使特色产业化、产业特色化、特色产业规模化，不断调优结构，做大做强产业。注重扶持龙头企业，龙头企业是产业集聚的平台和产业集群的主导者，通过龙头企业的整合、示范和拉动，加速相同、相近或相关企业的集聚步伐，促进产业集群的发展。加强对产业集群中龙头企业的扶持力度，对在整个产业链上起到核心作用的龙头企业更要加大培育力度，加强和完善园区建设，园区建设是产业集群的空间基础和载体，支撑着产业集群的提升；减少企业和其他机构之间专业分工和交易的成本，积极扶持相关商会、协会、银行、中介

咨询等机构的发展。

　　（三）积极承接发达地区产业

　　贫困地区中心城市在发展中要充分发挥区位独特、劳动力资源丰富等优势，健全产业转移承接推进机制，加快承接沿海地区和周边大城市劳动密集型产业、农产品加工业、装备制造业和加工贸易产业转移。围绕优势主导产业，吸引关联产业入驻发展，形成一批规模优势突出的产业集群和新型工业化产业示范基地。大力发展服务外包，培育一批服务贸易基地。整合提升各类开发区、产业园区和产业集聚区，完善产业配套条件，打造产业转移承接平台，促进企业集中布局。但需要注意的是，贫困地区在承接相应产业时，一定要坚持生态文明建设这条主线，对不利于贫困地区生态环境发展的产业坚持零容忍。

三、构建高效联通的交通与信息设施，提升中心城市的辐射功能

　　从交通基础设施建设来说，我国大部分贫困地区，尤其是中西部贫困地区缺乏一体化整体快速的交通网络体系，存在交通设施对接不力、功能弱化等问题，限制了人流、物流、信息流和资金流的交流与共享，不利于统一大市场的形成，致使资源得不到全面共享，功能得不到全面对接，无法实现资源的优化配置和效益最大化。贫困地区应统筹交通规划与建设，加大衔接与合作力度，应注重以中心城市为枢纽，以跨域连接为取向，加快公路、铁路、航空、城市交通等大空间多层次的无缝衔接综合交通网络建设与规划，并积极推进纳入国家中长期铁路网规划、国家高速公路网规划的重大项目建设，规划建设一批对完善主通道、消除省际断头路等有重要作用的重大项目，加快形成布局合理、衔接紧密、内通外联、便捷高效的综合运输体系。

　　从信息基础设施建设来说，中心城市的信息化重点要抓好信息网的建设，加快城市信息港建设步伐，努力建成电子政府数字化城市。以市场为导向，加强邮政、电信、电视、计算机网络建设，大力推进电子政务，加快统一的信息传输、应用和管理平台建设，支持云计算与物联网、移动互联网等融合发展，建设数字化、网络化城市。同时贫困地区在发展中应注重共建区域信息网络体系和交流平台，推动各个地区间形成互联互通信息通信网络，缩短城市之间的距离，促成区域之间的高频率互动，推进信息服务一体化。

四、提升中心城市创新示范效应功能

在发展贫困地区中心城市时，须以提升自主创新能力为主线，通过技术引领产业发展，将中心城市及其地区经济发展从要素驱动转化为创新驱动，并促进一些发展基础好的贫困地区中心城市成为国家创新型试点城市，提升其创新示范效应。

一是积极培育创新主体。健全完善面向科技型企业发展全过程的孵化培育体系、投融资服务体系、产学研促进体系和专利成长辅导服务体系，培育一批创新能力强、成长性突出、发展潜力大的科技型中小企业群，同时通过提供良好的人才发展环境，吸引和培育创新型人才。二是完善公共创新服务平台。加强企业技术创新平台和创新能力建设，引导和支持企业根据自身特点，建立企业技术研究中心、工程技术研究中心、重点实验室等研发平台，提高企业自主创新能力。建立科技成果转化应用平台，逐步建设集科技信息服务、技术转移对接、科技投融资、网上技术市场等为一体的科技成果转化服务体系。加强科技企业孵化器、加速器建设，逐步建立"孵化器+加速器+产业园"的创业服务链。积极整合各类科技资源，大力引进培育科技中介服务组织。三是健全技术创新体系。构建以企业为主体、市场为导向、产学研有机结合的技术创新体系。深化"校企""院地"科技合作，鼓励支持企业与高校院所联合开展技术攻关、产品研发和共建技术创新研发平台，积极推动贫困地区中心城市优势产业依托高校院所组建产业技术创新战略联盟，有效吸引高校院所科技人才、研发平台、科技成果等创新资源向中心城市集聚。四是加强有利于激励创新的政策导向，通过试行研发费用加计扣除、提高职工教育经费税前扣除比例和股权奖励分期缴纳个人所得税等政策激发各主体对创新的积极性，选取代表性企业进行股权激励试点。

五、加强中心城市间联动发展，形成紧密的结构体系

（一）连横：加强省会城市的内向联系

"事一强以攻众弱"，通过加强与省会地区的合作，提升自身发展水平，改善自身弱势地位。贫困地区中心城市难以带动整体区域经济发展，表面上看是由于中心城市自身发展不足，但一个重要的内在原因是受到相应省域范围的发展战略、区位等因素影响，从而导致贫困地区中心城市被边缘化（肖金成，2004）。

省会城市作为省域范围经济的中心城市，需要一定的腹地作为支撑。贫困地区作为其重要腹地，须积极融入省会城市以及以省会城市为中心的城市圈，尤其要加强与这些地区的产业协作，如可考虑"总－分"联动模式，即将相应的产业主导部分放在省会城市，借助于交界区的资源与劳动力优势；"主－辅"联动模式，即省会城市出资金，将相应的配套产业放在交界区；"资－地"联动模式，即省会城市出资金，交界区出土地进行产业开发；飞地模式，即异地兴办工业园区，以工业园区为载体，省会城市整批输出项目，交界区提供土地，双方合作开发的模式；等等。

（二）合纵：贫困地区中心城市组团发展

"合众弱以攻一强"，贫困地区中心城市大多底子薄，难以和其他重点发展区域进行有效竞争。故贫困地区中心城市发展是一种不断做加法的过程，通过走联合发展的道路，实现"1+1>2"的整体效益。应以贫困地区中心城市为首位依托，组团连动发展，实现组团内各地优势互补与资源共享，加快中心城市发展，协同带动贫困地区整体发展。以各地区有着强烈共同利益诉求的产业作为加强中心城市间联合发展的突破口，并逐渐扩展到其他领域的全面合作。从发展实践来看，旅游、能源是目前最容易实现突破的产业。例如，旅游业是最容易实现共赢的产业，大多贫困地区中心城市旅游资源具有互联互补的统一性和不可分割性，因此，应进行统一规划和整体开发，打造若干精品旅游线路，构建区域旅游联合体，促进旅游资源共建共享，创造更大的社会经济效益，增强贫困地区凝聚力。而一些贫困地区在煤炭、烟草、能源等支柱产业方面具有一定的互补性，因此加强各中心城市的强强联合，以组建大型企业集团作为重要手段，形成以产品、资产为纽带的产业联系和企业组织结构。

同时重视中心城市与县域的联动发展，县域经济是贫困地区发展的基础与支撑，应推动县域交通、市场、民生等进一步融入中心城市经济发展大潮中，形成中心城市与县域的共建共享新机制。另外宜考虑将贫困地区腹地中具有良好发展前景和合作关系的县市进行组团发展，成立相应的合作示范区，作为相应交界贫困区整合发展的示范区和先行区，为整个贫困地区区域整合和经济协作积累经验，发挥示范带动作用，以示范区建设为突破口带动交界贫困地区经济协作，这对提升贫困地区发展层次和合作空间有极大的推动作用。促进贫困地区相应支点城市的建设，中心城市功能发挥需要以一定的城市体系为支撑，并非单打独斗来实现整体区域经济的发展，加强支点城市有利于发挥中心城市的辐射与创新示范功能。

六、加强区际协调治理，促进中心城市发展

（一）利益共享与补偿

贫困地区具有跨省交界、集中连片特征，其中心城市在缺乏跨省协调机制下难以实现整体区域有效发展，如何找到地区间的利益平衡点，以实现整体利益在地区间的合理分配，从而使贫困地区成为一种互利双赢的利益共同体，增强中心城市之间的合作动机就显得尤为重要。

从贫困地区利益协调内容来看，可分为利益共享机制与利益补偿机制。一方面是探索建立跨区域协调发展的利益共享机制，对于跨区域的项目建设、产业转移、投资活动等，通过采取联合共建、股份化运作等方式和途径，进行利益分成和利益共享。例如，对产业政策进行调整，使同一产业的利益差别在不同地区间合理分布，尽可能照顾到各地区的经济利益，或利用不同区域的发展优势，合理实现产业的纵向分配，使不同产业的利益在不同地区实现合理分享。另一方面要探索建立跨区域协调发展的利益补偿机制，通过规范财政转移支付制度、建立地区间利益补偿制度和地区协调发展专项资金等方式，对周边地区在协调发展过程中的利益损失予以补偿。例如，可考虑借鉴欧盟的成功经验，设立保证制度执行贫困交界地区区域合作发展基金，通过采取一定的税收返还和指标分解的办法，给予资本和产业转出地区适当补偿，有利于打破地区封锁，调动各方进行贫困交界地区协调的积极性。同时也要设计好一套有效的激励与约束机制，对违反游戏规则者给予适当的惩罚，对违约的地方政府可采取减少合作项目、取消相应优惠或降低优惠力度、向社会公布评估结果或启动内部民意压力等间接惩罚措施，而对积极合作的政府及部门企业则给予肯定和资金政策支持。

（二）设立贫困地区合作协调机构

很多贫困地区中心城市在实际发展中，也会经常展开多种形式上的合作，但实际发展效果并不理想，一个关键因素是缺乏强有力的区域协调组织。因此，对于贫困地区构建区域协调组织来说，一方面，可考虑在国家层面设立由中央有关部委相关部门牵头，省级部门共同参与的贫困地区区域开发建设领导小组或委员会，有效确定相应的贫困地区发展的区域范围，并设立常设机构，通过联席会议制、民主协商制、投票表决制等形式，具体负责各项相关事宜的协商与决策，并考虑在全国人大常委会下设区域委员会，统一行使区域发展决策职能，制定区域性立法，审查重大省际合作事务，调处省际纠纷；或在国务院部委中整合一个区

域发展部门，负责制定执行区域政策；或由国务院组织协作区，由中央有关部委和各地政府部门组成协作领导小组，成立专门机构，统一部署和协作管理，建立若干资源综合开发区或特区，最终建成以资源开发为主体的开放式经济区。另一方面，在省级层面充分整合相应的组织与制度，考虑建立贫困地区区域联席会议制度，联席会作为贫困地区区域协作的指导机构，通过联络各中心城市的党政领导，积极开展交流，在充分讨论和平等协商的基础上对该区的发展战略、协作主题、合作框架达成的共识形成一系列会议纪要，作为制定协作政策和措施的重要意见和参考。联席会由贫困地区理事会负责组织，地点设在轮值理事长所在地区。高层联席会的核心是对贫困地区协同发展进行战略思考、协商制定发展蓝图、研商解决发展中的重大问题，统一争取中央政府和省市政府支持，指导理事会的工作，听取工作汇报，检查年度工作落实情况，研究下一年度工作重点，等等。同时成立发展与改革协调会，作为区域协作的常设机构和法人主体，受联席会委托，直接负责贫困地区区域的中心工作，承担着议定协作基本框架的作用，在遵循高层联席会议既定合作主题的基础上，制订协作区未来的发展具体规划、项目计划和实施方案等，并在发展与改革协调会下面分设各部门协作会议，落实区域协作措施。部门协作会议分为区域经济发展基金委员会、扶贫开发委员会、公共服务委员会、生态环境保护委员会、旅游合作委员会等，形成规范化、制度化的长效机制，以确保相关政策和措施在各个部门得到切实执行，促进协作区部门间在项目和活动上的集体联动。

参 考 文 献

鄂冰，袁丽静. 2012. 中心城市产业结构优化与升级理论研究[J]. 城市发展研究，（4）：60-64.

高玲玲. 2015. 中心城市与区域经济增长：理论与实证[J]. 经济问题探索，（1）：76-81.

赫希 W Z. 1990. 城市经济学[M]. 刘世庆，等译. 北京：中国科学出版社.

克里斯塔勒 W. 2010. 德国南部中心地原理[M]. 常正，王兴中，等译. 北京：商务印书馆.

李学鑫，田广增，苗长虹. 2010. 区域中心城市经济转型：机制与模式[J]. 城市发展研究，17（4）：26-32.

林木西. 2000. 论中心城市的性质与功能[J]. 中共沈阳市委党校学报，（6）：14-16.

世界银行. 2009. 2009年世界发展报告：重塑世界经济地理[M]. 北京：清华大学出版社.

孙红玲. 2012. 中心城市发育、城市群形成与中部崛起[J]. 中国工业经济，（11）：31-43.

童中贤. 2002. 我国连片特困地区发展战略进路研究——基于武陵山地区城市增长极构建的视角[J]. 城市发展研究，（12）：66-70.

王君. 2002. 我国区域性中心城市发展现状分析[J]. 经济研究参考，（81）：9-14.

吴良亚. 2010. 区域中心城市核心竞争力的评价体系及其政策因应[J]. 改革，（4）：73-77.

吴顺发，程和侠. 2007. 区域性中心城市功能研究[J]. 技术经济，26（4）：113-115.

肖金成. 2004. 省域中心与边缘地区的经济发展差距[J]. 重庆工商大学学报（西部论坛），
　　（3）：22-26.

张臻. 2013. 区域中心城市的形成机理与评价研究——以武汉创建国家中心城市为例[D]. 武汉
　　理工大学博士学位论文.

周游，张敏. 2000. 经济中心城市的集聚与扩散规律研究[J]. 南京师大学报（社会科学版），
　　（4）：16-22.

第八章 贫困地区人口动态变化对扶贫开发的影响与应对研究[①]

第一节 人口动态变化与反贫困概述

贫困问题由来已久，产生的原因也极其复杂，包括社会经济因素、政策制度因素、人口因素、自然环境与资源因素、历史因素等多方面的影响，而且这些因素并不是独立影响着贫困，而是相互作用、相互影响的综合结果。在所有的致贫因素中，人口问题可以说是最重要的因素之一。人口的自然、社会和经济因素从不同方面影响或制约着人口的脱贫致富。随着我国经济社会的快速发展，"空心化"成为贫困地区人口的一个重要特征。究其主要原因，劳务输出已经成为贫困地区农村社会的主要经济活动形态。大量农村青壮年劳动力和文化素质较高的农村剩余劳动力外出务工，使留守在贫困地区的人口多数为老年人和幼年儿童等非劳动力，造成本地经济发展缺乏活力，"能力扶贫"缺失了劳动力基础。因此，深入研究贫困地区人口结构状况以及动态变化规律，探究人口动态变化因素对贫困问题的影响，发现其对新形势下扶贫开发政策有效性的影响，对于促进贫困地区经济社会发展和人口脱贫致富，决策部门改进和优化扶贫开发战略与政策，提升精准扶贫效果，具有重要的理论和实践意义。

人口结构是影响反贫困效果测量的重要因素。国际上常见的反贫困效果测量是将总体贫困的变化分解为给定分配状态下平均消费水平的变化，即增长效应，以及围绕平均水平的消费分配变化，即分配效应，还有一项残差。这一分析框架中通常被忽略的残差是指人口结构变动所导致的贫困率的变动。一般情况下，增长和分配的因素往往已经能很好地说明两者对贫困问题的影响，而残差的值通常

---

① [作者简介] 张耀军，中国人民大学社会人口学院，教授；唐诗雅，中国人民大学社会人口学院；王若丞，中国人民大学社会人口学院。

又较小，无须关注人口因素的影响。然而，当增长和分配因素的效应相互抵消时，人口构成因素就成为贫困变化的主要解释因素（魏众和古斯塔夫森，1998）。此外，其他如人口迁移、人口的空间分布等人口结构方面的影响因素也逐渐进入贫困问题的研究视野，但仍需进一步深入探讨、研究。本章主要以14个集中连片区及其中各县为研究单元，探索人口变化对贫困的影响，以期为精准扶贫提供参考。

　　集中连片区主要为西部边疆以及中部山区，多集中于西南和西北部，包括六盘山区、秦巴山区、武陵山区、乌蒙山区、滇西边境山区、滇桂黔石漠化区、大兴安岭南麓山区、燕山-太行山区、吕梁山区、大别山区、罗霄山区、西藏区、四省藏区和新疆南疆三地州，共14个片区，680个县，覆盖面积较广且不同集中连片区相互毗连。集中连片区多数属于少数民族聚居区以及闭塞山区，地理条件相对恶劣，交通以及经济水平受限，成为这些地区贫困产生的重要自然原因。

第二节　集中连片区人口变化

　　本章使用的是2000年第五次人口普查和2010年第六次人口普查分县数据，根据各片区所包含的县对人口普查数据进行汇总，并进行统计分析，由此对我国14个集中连片区两个时点人口特征的变化情况进行比较总结分析。

一、人口规模各异，部分地区受人口流出影响较大

　　由于各集中连片区内部县市构成数量存在较大差异，区域划分不具有完全的对等性，因此人口规模各异，其中秦巴山区在两次人口普查中人口规模最大，西藏区人口最少。从时间变化上来看，集中连片区的人口规模在两次普查中的差距不特别明显，除武陵山区、秦巴山区、滇桂黔石漠化区、吕梁山区、大别山区五个区域人口规模下降外，其他地区的人口规模均呈上升趋势（图8.1）。

　　人口规模呈现下降趋势的这五个地区，虽然存在由于行政区域建制发生变化、部分省市没有被纳入统计的可能，但从人口流出以及自然增长率情况来看，它们2010年的人口流出比重均达到20%以上，其中大别山区甚至达到27.47%，人口大量流出成为这些地区人口规模减少的重要原因之一（表8.1）。而且，因为不同年龄群体的经济创造活力不同，所以其对当地经济的影响存在差异。鉴于贫困地区有较大比重的青少年及壮年人口，当地人口大量流出虽然可能带来相对可

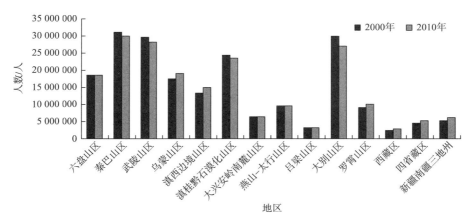

图 8.1　集中连片特困地区人口规模

观的经济收入，但更主要的是会导致当地劳动力人口流失，使当地经济发展动力下降。人口流出作为贫困区的主要特征，如何妥善引导并加以利用则成为未来脱贫工作的重要着眼点。

表 8.1　流出人口规模及其占户籍人口的比重

地区	年份	流出人数/人	比重
六盘山区	2000	1 436 464	7.32%
	2010	3 862 654	18.23%
秦巴山区	2000	2 891 853	8.74%
	2010	7 549 438	21.21%
武陵山区	2000	2 339 556	7.48%
	2010	7 570 094	22.18%
乌蒙山区	2000	8 323 389	35.04%
	2010	5 006 577	21.69%
滇西边境山区	2000	1 170 595	8.33%
	2010	1 369 586	8.94%
滇桂黔石漠化区	2000	1 544 371	6.10%
	2010	6 793 379	23.59%
大兴安岭南麓山区	2000	1 293 900	18.33%
	2010	902 769	12.76%
燕山-太行山区	2000	1 267 722	12.11%
	2010	2 169 128	19.84%
吕梁山区	2000	401 625	10.69%
	2010	1 037 034	25.70%

续表

地区	年份	流出人数/人	比重
大别山区	2000	2 264 444	7.09%
	2010	9 864 485	27.47%
罗霄山区	2000	1 216 600	12.22%
	2010	1 808 356	7.29%
西藏区	2000	89 543	3.59%
	2010	153 746	5.31%
四省藏区	2000	329 139	7.11%
	2010	748 883	14.04%
新疆南疆三地州	2000	77 036	1.46%
	2010	368 872	5.68%

　　从出生率来看，大兴安岭南麓山区明显低于其他地区，而新疆南疆三地州、西藏区、四省藏区等典型少数民族贫困地区的出生率则处于 14 个集中连片区的较高水平，这与当地宽松的少数民族政策以及文化传统有密切联系。除武陵山区和新疆南疆三地州 2010 年高于 2000 外，其他地区受生育政策以及经济文化变化影响呈现下降趋势（表 8.2）。

表 8.2　集中连片区自然增长率、出生率及死亡率情况

地区	自然增长率		出生率		死亡率	
年份	2000	2010	2000	2010	2000	2010
燕山-太行山区	5.77‰	4.42‰	12.83‰	11.41‰	7.06‰	6.99‰
吕梁山区	7.80‰	4.91‰	13.81‰	10.92‰	6.01‰	6.01‰
大兴安岭南麓山区	3.53‰	3.17‰	8.83‰	8.35‰	5.30‰	5.18‰
大别山区	6.78‰	6.88‰	13.14‰	13.07‰	6.36‰	6.19‰
罗霄山区	9.12‰	8.9‰	15.54‰	14.22‰	6.42‰	5.31‰
秦巴山区	4.23‰	4.23‰	11.74‰	10.85‰	7.51‰	6.62‰
武陵山区	6.21‰	6.74‰	13.13‰	13.43‰	6.92‰	6.69‰
滇桂黔石漠化区	10.40‰	8.17‰	17.84‰	15.07‰	7.43‰	6.89‰
乌蒙山区	13.45‰	8.41‰	21.45‰	14.76‰	8.00‰	6.35‰
四省藏区	10.70‰	6.92‰	17.16‰	13.18‰	6.46‰	6.26‰
滇西边境山区	10.28‰	5.84‰	18.44‰	12.61‰	8.16‰	6.77‰
六盘山区	8.94‰	6.63‰	14.97‰	12.34‰	6.04‰	5.71‰
西藏区	12.92‰	9.96‰	19.93‰	15.28‰	7.01‰	5.32‰
新疆南疆三地州	13.48‰	16.04‰	19.94‰	21.37‰	6.46‰	5.33‰
全国	7.58‰	4.79‰	14.03‰	11.90‰	6.45‰	7.11‰

　　从死亡率来看，2000 年多数地区处于全国平均水平偏上水平，这在一定程度上体现了贫困地区相对落后的医疗卫生状况，2010 年由于全国大部分地区进入老龄化社会，平均死亡率增高并高于 2000 年，但 14 个集中连片区却均低于全国平均水平，这可能与其占较大比重的 0~14 岁人口有关（表 8.2）。

　　结合自然增长率发现，大部分贫困地区的人口转变阶段相对滞后。人口的增长过快、新增人口较多，会使积累与消费的比例失调，造成人均资源严重不足，延缓社会经济的发展，甚至可能使贫困地区陷入"越穷越生、越生越穷"的恶性循环之中。

　　总体而言，14 个集中连片区的人口规模各异，部分地区受到人口流出影响较大。缺乏人口活力，消费与积累比例失调成为造成当地贫困状况的重要因素。

二、性别结构相近，多地性别比接近正常水平

　　从两次人口普查情况来看，各个区域间的性别结构较为相近，都呈现男多女少的状况。从性别比角度分析，2000 年乌蒙山区性别比最高，为 110.9，最低为西藏区的 102.7，西藏区较低的性别比可能与当地特殊的少数民族生育政策和文化习俗有关。总体而言，虽然这些贫困地区间的性别比存在一定差异，但其平均水平（107.7）略高于第五次人口普查中的全国水平（106.7）。到 2010 年，除西藏区与四省藏区外，其他 12 个地区的性别比都有较为明显的下降，2010 年 14 个地区的平均水平下降至 105.7，仍然略高于普查同期全国平均水平的 105.2（表 8.3）。

表 8.3　集中连片区性别结构情况

地区	年份	男性/人	男性比例	女性/人	女性比例	性别比
六盘山区	2000	9 611 875	51.55%	9 034 527	48.45%	106.390 5
	2010	9 497 486	50.80%	9 196 554	49.20%	103.272 2
秦巴山区	2000	16 429 266	52.54%	14 839 027	47.46%	110.716 6
	2010	15 581 023	51.64%	14 592 604	48.36%	106.773 4
武陵山区	2000	15 613 853	52.29%	14 246 915	47.71%	109.594 6
	2010	14 612 036	51.40%	13 817 728	48.60%	105.748 5
乌蒙山区	2000	9 295 640	52.59%	8 380 276	47.41%	110.922 8
	2010	10 008 397	51.96%	9 253 034	48.04%	108.163 4
滇西边境山区	2000	7 474 227	52.38%	6 796 333	47.62%	109.974 0
	2010	7 843 114	51.80%	7 298 839	48.20%	107.457 0
滇桂黔石漠化区	2000	12 892 688	52.48%	11 673 517	47.52%	110.443 9
	2010	12 284 157	51.77%	11 445 917	48.23%	107.323 5

续表

地区	年份	男性/人	男性比例	女性/人	女性比例	性别比
大兴安岭南麓山区	2000	3 366 791	51.53%	3 166 384	48.47%	106.329 2
	2010	3 356 906	50.89%	3 238 954	49.11%	103.641 7
燕山-太行山区	2000	5 033 541	51.64%	4 713 971	48.36%	106.779 2
	2010	5 013 075	51.08%	4 801 822	48.92%	104.399 4
吕梁山区	2000	1 831 590	52.12%	1 682 782	47.88%	108.843 0
	2010	1 769 043	51.95%	1 636 212	48.05%	108.118 2
大别山区	2000	15 644 827	51.91%	14 491 359	48.09%	107.959 7
	2010	13 687 170	50.19%	13 584 634	49.81%	100.754 8
罗霄山区	2000	4 732 444	51.46%	4 463 952	48.54%	106.014 7
	2010	5 276 754	51.35%	4 998 652	48.65%	105.563 5
西藏区	2000	1 325 371	50.66%	1 290 958	49.34%	102.665 7
	2010	4 636 512	51.43%	4 378 539	48.57%	105.891 8
四省藏区	2000	2 404 653	51.54%	2 261 172	48.46%	106.345 4
	2010	2 819 364	52.14%	2 588 219	47.86%	108.930 7
新疆南疆三地州	2000	2 831 534	51.23%	2 695 177	48.77%	105.059 3
	2010	3 311 573	50.80%	3 207 680	49.20%	103.238 9

三、婴幼及青少年人口比重高，社会总抚养比高

2000 年 0~14 岁的人口比重除大兴安岭南麓山区外，其他 13 个集中连片区均高于全国平均水平 22.89%，最高为新疆南疆三地州地区 34.50%，大兴安岭南麓山区虽低于全国平均水平但也与之相差无几，这表明贫困地区青少年人口比重相对较高。由于 0~14 岁人口仍属于消费人群，较高的比重将不利于整个区域经济的发展和改善。另外，一些地区如秦巴山区、武陵山区、滇桂黔石漠化山区、燕山-太行山区、大别山区、罗霄山区的 60 岁及以上人口比重已超过国际老龄人口判定标准的 10%，武陵山区最高已达到 11.20%。

2010 年，随着计划生育政策进一步深化，14 个集中连片区 0~14 岁人口比重都呈明显的下降趋势，大兴安岭南麓山区甚至已低至 13.90%，低于全国平均水平的 16.60%。而 60 岁及以上人口比重除西藏区、新疆南疆三地州、四省藏区外，都已超过 10%，武陵山区仍为最高且达到 15.62%，整体老龄化程度加重。从总体年龄结构来看，无论是 0~14 岁人口比重的下降趋势还是老年人口比重的上升趋势，都同全国年龄结构走向一致，说明随着我国经济社会快速发展，人民生活水平和医疗卫生保健事业得到很大的改善，生育率持续保持较低水平，老龄化进程逐步加快（马建堂，2017）（表 8.4）。

表8.4　贫困地区人口年龄结构

地区	年份	0~14 岁			15~59 岁			60 岁及以上		
		男性	女性	总计	男性	女性	总计	男性	女性	总计
六盘山区	2000	52.58%	47.42%	30.10%	51.15%	48.85%	62.20%	50.69%	49.31%	7.80%
	2010	53.20%	46.80%	20.40%	50.21%	49.79%	67.50%	50.11%	49.89%	12.10%
秦巴山区	2000	53.33%	46.67%	25.80%	52.42%	47.58%	64.00%	51.31%	48.69%	10.20%
	2010	53.63%	46.37%	19.20%	51.09%	48.91%	66.10%	51.49%	48.51%	14.70%
武陵山区	2000	53.22%	46.78%	25.60%	52.21%	47.79%	63.30%	50.61%	49.39%	11.20%
	2010	54.18%	45.82%	21.10%	50.74%	49.26%	63.30%	50.28%	49.72%	15.60%
乌蒙山区	2000	53.37%	46.63%	31.70%	52.57%	47.43%	59.30%	49.94%	50.06%	9.00%
	2010	53.51%	46.49%	27.90%	51.71%	48.29%	61.20%	49.40%	50.60%	10.90%
滇西边境山区	2000	51.84%	48.16%	26.80%	53.26%	46.74%	68.80%	47.46%	52.54%	9.490%
	2010	52.20%	47.80%	20.20%	52.41%	47.59%	68.60%	47.32%	52.68%	11.20%
滇桂黔石漠化山区	2000	53.47%	46.53%	28.60%	52.84%	47.16%	61.30%	47.48%	52.52%	10.10%
	2010	54.15%	45.85%	24.50%	51.92%	48.08%	62.10%	46.68%	53.32%	13.40%
大兴安岭南麓山区	2000	51.56%	48.44%	21.00%	51.38%	48.62%	71.00%	52.85%	47.15%	7.970%
	2010	52.15%	47.85%	13.90%	50.81%	49.19%	74.60%	49.92%	50.08%	11.50%
燕山-太行山区	2000	51.79%	48.21%	23.60%	51.48%	48.52%	65.50%	52.25%	47.75%	11.00%
	2010	51.95%	48.05%	18.20%	50.77%	49.23%	67.90%	51.45%	48.55%	14.00%
吕梁山区	2000	52.72%	47.28%	30.70%	51.84%	48.16%	60.40%	51.90%	48.10%	8.80%
	2010	54.06%	45.94%	18.00%	51.55%	48.45%	70.30%	51.10%	48.90%	11.70%
大别山区	2000	55.08%	44.92%	28.20%	51.12%	48.88%	61.70%	47.89%	52.11%	10.10%
	2010	56.38%	43.62%	21.80%	48.34%	51.66%	63.50%	48.98%	51.02%	14.70%
罗霄山区	2000	54.17%	45.83%	27.10%	50.88%	49.12%	62.80%	47.81%	52.19%	10.20%
	2010	56.04%	43.96%	24.20%	50.20%	49.80%	64.20%	47.98%	52.02%	11.60%
西藏区	2000	50.60%	49.40%	31.20%	51.46%	48.54%	61.40%	44.25%	55.75%	7.50%
	2010	51.02%	48.98%	24.30%	52.26%	47.74%	68.00%	45.33%	54.67%	7.70%
四省藏区	2000	51.10%	48.90%	28.20%	52.48%	47.52%	64.20%	45.25%	54.75%	7.70%
	2010	51.34%	48.66%	22.40%	53.11%	46.89%	68.50%	46.78%	53.22%	9.10%
新疆南疆三地州	2000	50.82%	49.18%	34.50%	50.86%	49.14%	58.00%	56.03%	43.97%	7.50%
	2010	51.05%	48.95%	26.40%	50.35%	49.65%	65.80%	53.68%	46.32%	7.80%

　　人口结构变化必然对社会总抚养比产生影响。社会总抚养比是社会人口红利的表现形式，等于（0~14 岁人口数＋65 岁以上人口数）/15~64 岁劳动年龄人口数。总抚养比越低，表明人口红利越高。所谓人口红利是指一个国家的劳动年龄人口占总人口比重较大、抚养率比较低时，为经济发展创造的有利人口条件，当总抚养比小于等于 50%时称为人口红利期。

　　2000 年除大兴安岭南麓山区抚养系数低于 50%外，其他地区都不同程度地高于 50%，尤其新疆南疆三地州地区甚至达到 72%，这说明贫困地区拥有较多的青少年以及老年人口，劳动年龄人口负担较重。这一现象的产生与当地较高

的出生率以及由于大部分劳动年龄人口欲改变自身贫困现状向周边发达城市和
地区流动，让孩子与老人留守家中所导致的状况密切相关。由于留守儿童缺乏
照顾，难以成长为高质量的人力资本，限制了当地经济的未来发展潜能，同时
如何较好地引导流出的劳动力人口为当地引入新的经济活力，将对当地经济的
改善具有重要意义。

2010 年的情况较 2000 年有所好转，所有地区的总抚养比均有所下降，有一
半的地区的总抚养比低于 50%，人口年龄结构优化、劳动力人口负担相对减轻等
现象对于当地经济的发展有所助益（表 8.5）。

表 8.5　14 个集中连片区总抚养比情况

地区	2000 年	2010 年
六盘山区	61%	48%
秦巴山区	56%	51%
武陵山区	58%	58%
乌蒙山区	69%	64%
滇西边境山区	53%	46%
滇桂黔石漠化区	63%	61%
大兴安岭南麓山区	41%	34%
燕山-太行山区	53%	47%
吕梁山区	66%	42%
大别山区	62%	58%
罗霄山区	59%	56%
西藏区	63%	47%
四省藏区	56%	46%
新疆南疆三地州	72%	52%
全国	50%	43%

四、人口金字塔中青少年人口比重大，多数地区 10~14 岁人口突出

2000 年乌蒙山区、滇西边境山区、西藏区人口金字塔结构类似于全国情况，
人口主要集中于 10~14 岁以及 25~39 岁年龄段，各段性别结构相对均衡，是典型
年轻型的人口金字塔结构，而滇桂黔石漠化区、燕山-太行山区、大兴安岭南麓
山区、秦巴山区、罗霄山区、六盘山区等地总体情形虽类似全国，即 10~14 岁、
25~34 岁人口比重突出，中间人口凹陷，但这些地区各年龄段人口比重的对比度
非常大，人口数量相差非常悬殊。其中值得注意的是秦巴山区、武陵山区、吕梁
山区、大别山区 10~14 岁人口格外突出，大量留守的消费人口可能会加重当地贫

困状况。四省藏区人口则主要集中在 40 岁以下，且下半部人口分布相对均衡，新疆南疆三地州则相对特殊，虽然 10~14 岁人口比重仍格外高，但从 30 岁开始高年龄段的人口比重就已呈现明显逐段递减的趋势，这可能与当地相对独立的人口政策和发展情况有关。

2010 年燕山-太行山区人口金字塔形状受 2000 年基础形态以及新阶段得到控制的出生率影响，婴幼儿比重不突出，人口多堆积于 35~59 岁；吕梁山区虽然仍是 15~24 岁人口偏多，但其人数与 35~49 岁人数相近，且更接近于 2000 年的大兴安岭南麓山区人口年龄分布状况。对大兴安岭南麓山区来说，随着 2000 年 10~14 岁青少年进入劳动力年龄，2010 年的人口多集聚于 15~54 岁，尤其是 35~44 岁人口，充足的劳动力资源对当地脱贫将起到重要的推动作用，当地政府应紧抓当前时机，多做政策倾斜。2010 年大别山区的婴幼儿及青少年人口较 2000 年更为集中且稳定，特别之处在于虽然 25~34 年龄段两性人口均减少，但该段男性变动更加明显，原本 2000 年男性 10~14 岁人口就已达到 200 万人，但 2010 年 20~24 岁年龄段人口却明显减少，推测与劳动力的外流状况有关。武陵山区、罗霄山区、滇桂黔石漠化区和秦巴山区情况类似，婴幼儿和青少年阶段的男性偏多，且相对明显，其他年龄段人口比重趋于均衡，不再如 2000 年 10~14 岁年龄段般突出，可能是时间推移和青壮年流出综合作用的结果。四省藏区 2010 年与 2000 年情况类似，50 岁以下人口比重仍很大，但 0~14 岁比重相对缩小，底部呈收缩状。滇西边境山区的人口则逐渐趋向于四省藏区的形状，青壮年男性人口数量十分突出，在经济开发过程中应格外注意该特征。

最后综合 14 个集中连片区的整体情况以及全国人口金字塔来看， 2010 年全国人口金字塔逐渐趋向纺锤形，性别人口更加对称。20 岁以下人口比重下降，各年龄段人口数量间的差异在缩小（图 8.2 和图 8.3 ）。

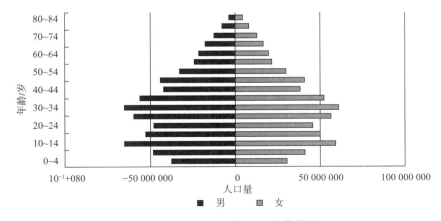

图 8.2　2000 年全国人口金字塔状况

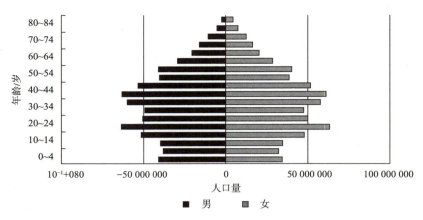

图 8.3　2010 年全国人口金字塔状况

　　贫困区人口结构与全国状况相比（图 8.4 和图 8.5），2000 年形状类似，但贫困地区 50 岁及以上人口比重相对较低，10~14 岁人口格外突出，大量消费人口的存在对于本就不太富裕的地区经济来说是更加严峻的考验，但同时也应该注意到青少年人口未来的发展潜力，多年后当其成长为劳动力人口时将为当地经济注入更多活力。到 2010 年贫困区人口金字塔形状也更加趋向于纺锤形，同全国情况相比，其 25 岁以下人口占总人口比重更大，且青壮年男性多于女性，这一特点为集中连片区脱贫提供良好的人口条件，国家扶贫事业应抓住这一关键时期。

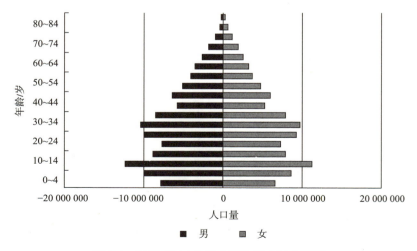

图 8.4　2000 年 14 个集中连片区人口金字塔

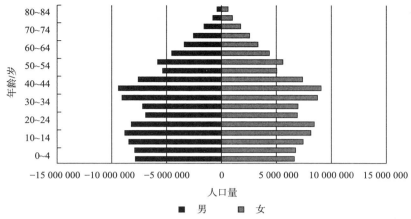

图 8.5　2010 年 14 个集中连片区人口金字塔

五、受教育程度性别差异明显，平均受教育程度较低

2000 年，在所有集中连片区中有超过 85% 的人口仅接受了初中及以下的教育，接受高等教育的人口则少之又少。相对而言，大兴安岭南麓山区高中及以上学历所占比例为 14 个集中连片区中最高，但仍未超过 15%，西藏区则有超过 80% 的人口仅接受到小学及以下学历，大部分处于从未上过学的教育程度，同全国不高的平均教育水平相比仍存在差距（图 8.6）。集中连片区这种低水平教育结构对于整个地区综合素质以及经济水平的提高起到的制约作用不容忽视，整个地区缺乏较高水平的人力资本，难以发挥高素质人口活力，将很难产生持续有效的生产能力，从而容易使各贫困地区陷入贫困陷阱不能自拔。

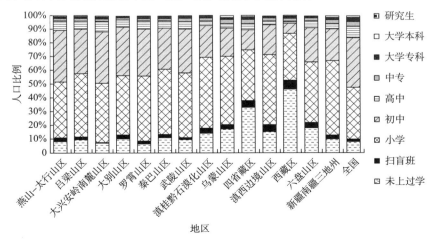

图 8.6　2000 年 14 个集中连片区受教育水平结构

　　此外，所有集中连片区的受教育水平还呈现出明显的性别差异，男性相较于女性接受了更多的高等教育（表8.6）。在所有贫困地区未上过学以及扫盲班中，女性比例远高于男性，罗霄山区差距尤其明显；而在较高的学历中，男性则远高于女性，即男性相对于女性有获得更多的更高教育程度的机会，越贫困就越偏向男性，这与传统性别偏好思想以及当地十分有限的教育资源密切相关，由于缺乏足够的经济教育实力，只能将仅有的稀缺资源供给"珍贵"的男性，以求带动整个家庭的发展。教育水平与经济情况互为因果，成为贫困持久性的重要原因。

表 8.6　2000 年 14 个集中连片区受教育类型分布

地区		受教育程度类型								
		未上过学	扫盲班	小学	初中	高中	中专	大学专科	大学本科	研究生
燕山-太行山区	男	33.8%	50.3%	47.4%	57.3%	62.5%	55.4%	63.6%	71.0%	72.4%
	女	66.3%	49.8%	52.6%	42.7%	37.6%	44.6%	36.4%	29.0%	27.6%
	总计	7.9%	2.7%	41.1%	38.0%	7.03%	2.0%	1.1%	0.18%	0.0
吕梁山区	男	35.3%	39.7%	50.3%	57.5%	61.5%	51.8%	64.6%	73.8%	68.3%
	女	64.7%	60.3%	49.8%	42.5%	38.5%	48.2%	35.4%	26.2%	31.7%
	总计	9.5%	2.0%	46.4%	32.5%	6.0%	2.2%	1.2%	0.2%	0.0
大兴安岭南麓山区	男	33.8%	37.4%	47.8%	56.6%	61.2%	55.1%	61.7%	65.6%	58.9%
	女	66.3%	62.6%	52.2%	43.5%	38.8%	44.9%	38.3%	34.4%	41.1%
	总计	6.8%	0.5%	43.5%	37.9%	7.5%	2.2%	1.4%	0.3%	0.0
大别山区	男	28.6%	29.5%	47.7%	60.4%	70.7%	57.7%	71.3%	79.9%	69.9%
	女	71.4%	70.5%	52.3%	39.6%	29.3%	42.3%	28.7%	20.1%	30.1%
	总计	10.3%	2.5%	43.9%	35.4%	5.1%	1.7%	0.9%	0.2%	0.0
罗霄山区	男	20.9%	17.9%	45.0%	61.1%	74.2%	62.4%	76.0%	84.4%	78.8%
	女	79.1%	82.1%	55.0%	38.9%	25.8%	37.6%	24.0%	15.6%	21.3%
	总计	6.2%	2.3%	47.6%	34.5%	5.9%	2.2%	1.1%	0.2%	0.0
秦巴山区	男	32.7%	34.2%	50.7%	59.9%	66.8%	58.7%	68.6%	78.8%	72.8%
	女	67.4%	65.8%	49.3%	40.1%	33.2%	41.3%	31.4%	21.2%	27.2%
	总计	11.0%	2.4%	47.6%	30.5%	5.2%	2.0%	1.1%	0.2%	0.0
武陵山区	男	25.9%	31.3%	50.5%	59.1%	67.6%	57.1%	69.7%	78.0%	71.8%
	女	74.1%	68.7%	49.5%	40.9%	32.5%	42.9%	30.3%	22.0%	28.2%
	总计	9.6%	1.3%	47.3%	32.0%	6.0%	2.4%	1.2%	0.2%	0.0

地区		受教育程度类型								
		未上过学	扫盲班	小学	初中	高中	中专	大学专科	大学本科	研究生
滇桂黔石漠化区	男	26.5%	22.1%	53.2%	66.0%	69.9%	60.9%	70.6%	79.1%	78.2%
	女	73.5%	78.0%	46.8%	34.0%	30.1%	39.1%	29.4%	20.9%	21.8%
	总计	14.2%	3.5%	52.3%	23.3%	3.3%	2.3%	0.9%	0.2%	0.0
乌蒙山区	男	32.4%	30.7%	55.3%	63.2%	60.3%	55.6%	60.9%	63.6%	68.7%
	女	67.6%	69.3%	44.7%	36.8%	39.7%	44.4%	39.1%	36.4%	31.3%
	总计	17.5%	3.1%	49.4%	21.0%	4.0%	2.6%	1.6%	0.1%	0.1%
四省藏区	男	37.6%	43.3%	58.0%	63.5%	61.0%	56.3%	64.8%	75.0%	86.6%
	女	62.4%	56.7%	42.0%	36.5%	39.0%	43.7%	35.2%	25.0%	13.5%
	总计	33.4%	4.6%	37.6%	14.7%	4.2%	3.6%	1.7%	0.3%	0.0
滇西边境山区	男	33.8%	35.5%	54.0%	62.3%	63.7%	57.03%	66.6%	75.6%	85.2%
	女	66.2%	64.6%	46.0%	37.7%	36.3%	43.0%	33.4%	24.4%	14.8%
	总计	15.1%	4.6%	52.1%	21.8%	3.0%	2.3%	0.9%	0.2%	0.0
西藏区	男	39.0%	57.5%	61.3%	61.3%	59.8%	58.7%	64.5%	66.3%	86.2%
	女	61.0%	42.5%	38.7%	38.8%	40.2%	41.3%	35.5%	33.7%	13.8%
	总计	46.4%	6.5%	34.5%	7.2%	1.8%	2.2%	1.0%	0.4%	0.0
六盘山区	男	31.9%	31.0%	51.4%	62.4%	68.9%	61.7%	71.0%	79.8%	62.9%
	女	68.1%	69.0%	48.6%	37.6%	31.1%	38.3%	29.1%	20.2%	37.2%
	总计	18.2%	3.8%	44.4%	24.9%	5.8%	1.7%	1.0%	0.2%	0.0
新疆南疆三地州	男	47.2%	52.3%	49.5%	54.9%	59.6%	52.8%	56.5%	61.3%	70.9%
	女	52.8%	47.7%	50.5%	45.1%	40.5%	47.2%	43.5%	38.7%	29.1%
	总计	9.9%	3.0%	54.5%	23.3%	3.8%	3.2%	1.7%	0.6%	0.01%

在第六次人口普查中，对于受教育水平的分类同"五普"不同，如 2010 年不再区分大学本科、研究生，而是统一归为大学本科及以上；不再单独区分中专、高中等，但主流教育阶段的划分没有太多变化，统计人群也均为 6 岁及以上人口。

2010 年贫困区未上过学的人口比重呈现明显的下降趋势，大部分已降至 10%以下，但藏族地区仍有很大的努力空间。燕山-太行山区、吕梁山区、大兴安岭南麓山区等地区仅接受低水平教育的人口比重与全国水平类似，但接受义务教育以上的人口则存在差距。相比而言，2010 年接受义务教育的人口要远多于 2000

年的情况，接受高等教育的人口比重也有所增多，但变化仍十分有限，这也仍是未来脱贫工作的重点（图 8.7）。

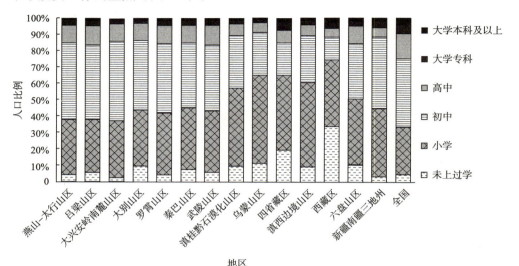

图 8.7 2010 年 14 个集中连片区受教育水平结构

虽然 2010 年未上过学的人口中女性仍占大多数，罗霄山区情况也十分突出，但在其他较高水平的学历中，情况已得到明显改善，性别间差距逐渐缩小，远小于 2000 年近 30%的差距（表 8.7）。

表 8.7 2010 年 14 个集中连片区受教育类型分布

地区		受教育程度类型					
		未上过学	小学	初中	高中	大学专科	大学本科及以上
燕山-太行山区	男	31.58%	46.30%	54.53%	57.17%	54.49%	54.43%
	女	68.42%	53.70%	45.47%	42.83%	45.51%	45.57%
	总计	4.65%	33.60%	46.65%	11.00%	3.11%	1.00%
吕梁山区	男	35.82%	49.00%	54.46%	55.78%	54.11%	56.44%
	女	64.18%	51.00%	45.54%	44.22%	45.89%	43.56%
	总计	6.04%	32.21%	45.46%	11.56%	3.60%	1.13%
大兴安岭南麓山区	男	34.28%	46.16%	53.54%	56.59%	55.64%	53.01%
	女	65.72%	53.84%	46.46%	43.41%	44.36%	46.99%
	总计	2.75%	34.81%	48.52%	10.35%	2.60%	0.97%
大别山区	男	28.18%	46.28%	53.89%	59.91%	59.42%	63.86%
	女	71.82%	53.72%	46.11%	40.09%	40.58%	36.14%
	总计	9.95%	33.85%	42.92%	10.18%	2.29%	0.81%

续表

地区		受教育程度类型					
		未上过学	小学	初中	高中	大学专科	大学本科及以上
罗霄山区	男	21.07%	42.98%	55.69%	65.40%	62.51%	66.17%
	女	78.93%	57.02%	44.31%	34.60%	37.49%	33.83%
	总计	4.79%	37.16%	42.35%	11.56%	3.10%	1.04%
秦巴山区	男	33.36%	48.42%	55.19%	58.75%	59.19%	61.44%
	女	66.64%	51.58%	44.81%	41.25%	40.81%	38.56%
	总计	8.28%	36.78%	39.69%	11.21%	3.04%	1.01%
武陵山区	男	28.18%	48.16%	54.34%	58.69%	58.16%	60.91%
	女	71.82%	51.84%	45.66%	41.31%	41.84%	39.09%
	总计	6.35%	37.07%	40.43%	11.77%	3.18%	1.20%
滇桂黔石漠化区	男	26.03%	49.10%	59.89%	60.13%	59.99%	62.62%
	女	73.97%	50.90%	40.11%	39.87%	40.01%	37.38%
	总计	10.05%	47.25%	32.16%	7.02%	2.56%	0.96%
乌蒙山区	男	32.67%	50.97%	59.32%	58.90%	60.45%	61.62%
	女	67.33%	49.03%	40.68%	41.10%	39.55%	38.38%
	总计	11.84%	53.49%	26.32%	5.54%	1.98%	0.82%
四省藏区	男	39.65%	52.12%	60.29%	58.97%	56.05%	59.26%
	女	60.35%	47.88%	39.71%	41.03%	43.95%	40.74%
	总计	19.67%	45.52%	19.55%	8.09%	5.15%	2.02%
滇西边境山区	男	33.29%	50.72%	58.36%	56.13%	54.74%	56.71%
	女	66.71%	49.28%	41.64%	43.87%	45.26%	43.29%
	总计	9.63%	51.19%	28.41%	6.85%	2.70%	1.23%
西藏区	男	41.62%	55.68%	58.55%	57.04%	56.00%	57.18%
	女	58.38%	44.32%	41.45%	42.96%	44.00%	42.82%
	总计	34.19%	40.60%	14.26%	4.84%	3.46%	2.65%
六盘山区	男	31.00%	47.22%	56.80%	60.16%	58.81%	60.13%
	女	69.00%	52.78%	43.20%	39.84%	41.19%	39.87%
	总计	11.25%	39.55%	33.80%	10.78%	3.11%	1.50%
新疆南疆三地州	男	46.60%	49.45%	52.12%	52.41%	50.90%	51.23%
	女	53.40%	50.55%	47.88%	47.59%	49.10%	48.77%
	总计	3.64%	41.49%	43.59%	5.73%	4.17%	1.37%

由于两次普查对受教育程度的分类存在差异，因此两年的平均受教育年限不能进行简单比较。2010 年大学本科及以上组为开口组，因此特将其教育年限设为 18 年，2000 年研究生则设为 19 年，根据上述计算方式，得出 14 个集中连片区及全国的平均受教育年限（表 8.8）。

表 8.8　"五普""六普"中 14 个集中连片区平均受教育年限（单位：年）

地区	2000 年	2010 年
燕山-太行山区	7.2	8.2
吕梁山区	6.9	8.2
大兴安岭南麓山区	7.4	8.3
大别山区	6.8	7.6
罗霄山区	7.1	8.1
秦巴山区	6.7	7.8
武陵山区	6.9	8.0
滇桂黔石漠化区	6.1	7.2
乌蒙山区	5.4	6.7
四省藏区	4.8	6.6
滇西边境山区	5.9	7.1
西藏区	3.4	5.3
六盘山区	6.0	7.5
新疆南疆三地州	6.6	8.0
全国	7.6	8.9

从平均受教育年限来看，2000 年西藏区为 14 个集中连片区中最低，仅为 3.4 年，其次为四省藏区，最高为大兴安岭南麓山区，为 7.4 年，14 个集中连片区不仅内部存在较大差距，还同全国水平也相距甚远。从经济水平来看，藏区由于环境闭塞、生存条件恶劣、教育文化资源极其匮乏等原因，接受教育的人口十分有限，缺乏充足的高质量人力资本，这些因素制约着整个地区经济水平的发展，使其成为且持续成为贫困重灾区。

2010 年，大兴安岭南麓山区虽仍占据第一，但它与其他地区的差距逐渐缩小，西藏区及四省藏区的受教育水平也呈现追赶之势，这说明贫困区的教育水平随着时间的推移有所提高，但与全国平均水平的差距则预示着未来还有很大的努力空间。

2000 年所有贫困地区无一例外全部都呈现女性文盲率高于男性的状况，这与全国总体趋势一致（表 8.9），但相较而言，只有罗霄山区男性文盲率低于全国平均水平，其他地区男女性文盲率均高于全国水平，西藏地区女性文盲率甚至超过三分之一，而且性别间差距非常明显，西藏地区甚至达到 23.24%，其他地区的性别间差异也均高于全国平均水平的差异。2010 年受教育水平的性别差异仍十分明显，西藏区还有 27.10% 的女性文盲，远高于全国的 2.99%。

表 8.9　14 个集中连片区文盲率情况

地区	年份	合计	男	女
燕山-太行山区	2000	5.39%	3.56%	8.95%
	2010	2.90%	1.24%	4.14%
吕梁山区	2000	5.93%	3.13%	9.06%
	2010	3.61%	1.94%	5.55%
大兴安岭南麓山区	2000	4.38%	2.13%	6.51%
	2010	1.61%	0.76%	2.37%
大别山区	2000	7.38%	2.88%	10.26%
	2010	6.77%	2.53%	9.30%
罗霄山区	2000	4.70%	1.10%	5.80%
	2010	3.33%	0.70%	4.02%
秦巴山区	2000	7.30%	3.47%	10.77%
	2010	5.06%	2.42%	7.48%
武陵山区	2000	7.01%	2.35%	9.36%
	2010	4.18%	1.50%	5.68%
滇桂黔石漠化区	2000	9.91%	3.35%	13.26%
	2010	6.65%	2.09%	8.82%
乌蒙山区	2000	10.89%	4.94%	15.84%
	2010	9.99%	3.08%	6.92%
四省藏区	2000	18.13%	10.28%	28.41%
	2010	10.13%	6.04%	16.18%
滇西边境山区	2000	9.49%	4.61%	14.10%
	2010	5.28%	2.44%	7.72%
西藏区	2000	23.24%	13.58%	36.82%
	2010	16.63%	10.46%	27.10%
六盘山区	2000	11.60%	5.23%	16.83%
	2010	7.18%	3.06%	10.23%
新疆南疆三地州	2000	4.13%	3.47%	7.60%
	2010	1.66%	1.39%	3.06%
全国	2000	7.05%	1.93%	5.12%
	2010	4.05%	1.06%	2.99%

注：由于统计口径均为文盲人口占 15 岁及以上人口比重，因此两次普查结果可以进行比较

　　从总体文盲率来看（表 8.9），2000 年 14 个集中连片区之间差异较明显，西藏区以 23.24% 占据 14 个集中连片区文盲率最高位，新疆南疆三地州、武陵山区、罗霄山区、大兴安岭南麓山区、吕梁山区、燕山-太行山区六地则低于全国平均水平。2010 年的普查结果显示：各地的文盲率水平与 2000 年相比都呈现出

明显的下降趋势，这与全国情况以及经济文化发展趋势都相吻合，符合社会发展
规律。14 个集中连片区中，西藏区占据文盲率最高位，大兴安岭南麓山区则一跃
成为总体文盲率最低的地区，甚至低于全国平均水平。另外值得注意的是新疆南
疆三地州地区总体文盲率水平仅次于大兴安岭南麓山区，与燕山-太行山区、罗
霄山区、吕梁山区共同成为低于全国平均文盲率水平的五个地区。

六、大多数劳动力在第一产业就业，收入水平低

2000 年 14 个集中连片区中从事第一产业的人口占绝大多数，均超过全国平均
水平的 64.75%，尤其大别山区、六盘山区、滇桂黔石漠化区、滇西边境山区等地
甚至达到 86% 以上（表 8.10）。由于第一产业产值相对来说产值创造力十分有限，
经济价值较低，对整个地区经济水平的贡献能力不高，如果较多的人口从事第一产
业，则不利于整体收入的提高，对于 14 个集中连片区来说，这可能是其持续贫困
的一个重要原因。值得注意的是西藏区、四省藏区等地的第一产业比重虽然没有位
居前列，但这并不代表其经济发展能力高于其他地区，可能与当地相对恶劣的地理
环境不适宜农业种植业发展等因素有关。虽然全国水平也呈现明显的第一产业比重
偏高、第三产业相对薄弱的情况，但 14 集中连片区的状况更为严重，它们第三产
业所占比重均低于全国平均水平，六盘山区以 7.85% 的第三产业比重位列最末，过
低的第三产业比重使当地缺乏高附加值的产业从而难以较快地实现自我脱贫。

表 8.10　14 个集中连片区产业结构

地区	年份	第一产业比重	第二产业比重	第三产业比重
燕山-太行山区	2000	79.87%	8.14%	11.99%
	2010	67.31%	13.62%	19.07%
吕梁山区	2000	82.78%	4.52%	12.70%
	2010	70.26%	8.68%	21.07%
大兴安岭南麓山区	2000	79.69%	5.01%	15.30%
	2010	74.57%	5.99%	16.86%
大别山区	2000	90.00%	4.43%	9.23%
	2010	71.14%	12.92%	14.56%
罗霄山区	2000	79.43%	8.28%	12.28%
	2010	54.07%	29.50%	16.43%
秦巴山区	2000	85.55%	4.80%	9.65%
	2010	71.57%	12.59%	15.84%
武陵山区	2000	85.52%	4.74%	9.74%
	2010	69.13%	14.23%	16.64%

续表

地区	年份	第一产业比重	第二产业比重	第三产业比重
滇桂黔石漠化区	2000	87.88%	3.84%	8.29%
	2010	79.19%	8.09%	12.40%
乌蒙山区	2000	82.18%	6.11%	11.71%
	2010	77.37%	10.47%	12.16%
四省藏区	2000	79.12%	5.35%	15.52%
	2010	72.07%	7.68%	20.25%
滇西边境山区	2000	86.68%	4.15%	9.17%
	2010	78.23%	7.82%	13.95%
西藏区	2000	79.85%	4.78%	15.37%
	2010	74.94%	5.23%	19.83%
六盘山区	2000	88.34%	3.81%	7.85%
	2010	79.84%	7.17%	12.99%
新疆南疆三地州	2000	79.28%	5.57%	15.15%
	2010	84.36%	4.21%	11.43%
全国	2000	64.75%	16.47%	18.78%
	2010	50.13%	23.03%	26.84%

2010 年大部分地区的情况虽有所好转，但各地的第一产业比重仍高于全国水平的 50.13%，第三产业比重仍低于全国水平的 26.84%，而新疆南疆三地州第一产业比重甚至比 2000 年还要高出 5.08%，第三产业比重则低出 3.72%。

三大产业结构比重是评价地区经济发展水平的重要指标，在贫困地区，过高的第一产业比重伴随成本的不断上升和劳动生产率低下，并不能带来生产收入的大量增加，反而会导致"增产不增收"、经营性收入增长乏力。同时，第二产业供给能力大、需求相对不足的矛盾以及第三产业比重过低的问题并存。因此，进行产业结构升级、提高第三产业比重成为当地脱贫的重要手段。

职业构成方面，2000 年燕山-太行山区农林牧渔水利业生产人员达到 79.45%，从事生产运输以及商业服务业的则非常有限，与之相似的还有吕梁山区、罗霄山区、乌蒙山区等，这表明贫困地区存在大量的从事较低产值农务的人口，收入水平低，难以实现自我脱贫。大兴安岭南麓山区 56.72% 从事农林牧副渔水利业的人口虽然已是 14 个集中连片区最低，但仍与全国平均水平有较大的差距。2010年，除新疆南疆三地州外，其他集中连片区从事农林牧副渔水利业的人员比重均有所下降，尤其是大别山区已从 72.13% 降至 53.03%，同时从事生产、运输设备操作以及商业、服务业的人口相对增多（表 8.11）。

表 8.11　五普、六普 14 个集中连片区及全国的职业构成

地区	年份	国家机关、党群组织、企、事业单位负责人	专业技术人员	办事人员和有关人员	商业、服务业人员	农林牧渔水利业生产人员	生产、运输设备操作人员及有关人员	不便分类的其他从业人员
燕山-太行山区	2000	1.33%	3.97%	1.62%	4.72%	79.45%	8.85%	0.06%
	2010	1.16%	4.22%	2.38%	8.97%	67.72%	15.52%	0.02%
吕梁山区	2000	0.79%	3.47%	1.59%	2.75%	61.30%	3.81%	0.05%
	2010	0.57%	2.82%	1.75%	6.83%	45.83%	7.59%	0.01%
大兴安岭南麓山区	2000	1.14%	3.45%	1.49%	4.22%	56.72%	4.53%	0.02%
	2010	0.45%	2.72%	1.28%	6.26%	55.45%	5.53%	0.08%
大别山区	2000	0.55%	2.53%	0.92%	3.02%	72.13%	3.42%	0.06%
	2010	0.47%	2.49%	1.04%	6.30%	53.03%	9.45%	0.05%
罗霄山区	2000	0.83%	3.21%	1.17%	4.08%	62.32%	6.57%	0.04%
	2010	0.69%	2.78%	1.60%	7.30%	40.20%	21.14%	0.16%
秦巴山区	2000	0.64%	2.85%	1.12%	3.32%	70.61%	3.98%	0.03%
	2010	0.46%	2.64%	1.43%	6.76%	52.16%	9.40%	0.04%
武陵山区	2000	0.54%	2.67%	1.03%	3.31%	68.72%	4.11%	0.07%
	2010	0.44%	2.78%	1.62%	7.20%	49.67%	11.07%	0.10%
滇桂黔石漠化区	2000	0.55%	2.59%	0.93%	2.75%	73.70%	3.34%	0.05%
	2010	0.37%	2.64%	1.38%	4.96%	61.46%	6.47%	0.06%
乌蒙山区	2000	0.82%	3.16%	1.50%	4.92%	66.44%	5.48%	0.02%
	2010	0.46%	2.36%	1.07%	5.15%	60.01%	9.00%	0.02%
四省藏区	2000	1.11%	5.37%	2.07%	4.02%	64.74%	4.29%	0.05%
	2010	0.89%	4.87%	2.46%	6.40%	54.36%	6.02%	0.06%
滇西边境山区	2000	0.61%	2.87%	0.93%	3.31%	73.86%	3.66%	0.02%
	2010	0.44%	2.88%	1.47%	6.46%	63.80%	6.75%	0.02%
西藏区	2000	1.10%	4.08%	1.85%	4.71%	64.23%	3.62%	0.13%
	2010	0.77%	3.88%	2.91%	7.67%	56.56%	3.84%	0.07%
六盘山区	2000	0.53%	2.68%	0.89%	2.34%	72.84%	3.13%	0.03%
	2010	0.40%	2.68%	1.13%	4.84%	57.17%	5.31%	0.02%
新疆南疆三地州	2000	0.89%	4.45%	1.66%	4.36%	62.85%	4.93%	0.16%
	2010	0.42%	3.24%	1.48%	3.74%	66.84%	3.45%	0.05%
全国	2000	1.24%	4.22%	2.29%	6.80%	47.75%	11.72%	0.05%
	2010	1.22%	4.71%	2.98%	11.15%	33.29%	15.50%	0.07%

　　对比两次人口普查情况，大兴安岭南麓山区的职业结构基本上未发生变化，结构性矛盾依旧突出，区域发展活力不足，同时城市吸引投资能力弱，辐射带动能力

不足，难以为未来发展助力。

七、大多片区劳动参与率高于全国，料理家务及丧失劳动能力人口多

从 2000 年的普查情况来看，除吕梁山区、大兴安岭南麓山区外，其他地区就业比例均高于全国水平，说明其劳动参与率并不低。2010 年各片区间的就业比例差距在缩小，从业人口比重仍旧不低，但结合上文对产业结构的分析，即使拥有较高的从业比重也并不能够有效改善当地的贫困现状（表 8.12）。

表 8.12　"五普""六普"中 14 个集中连片区就业比例

地区	2000 年	2010 年
燕山-太行山区	75.44%	67.07%
吕梁山区	73.75%	65.39%
大兴安岭南麓山区	71.57%	71.76%
大别山区	82.62%	72.83%
罗霄山区	78.23%	73.86%
秦巴山区	82.55%	72.90%
武陵山区	80.44%	72.86%
滇桂黔石漠化区	83.91%	77.34%
乌蒙山区	82.34%	78.08%
四省藏区	81.64%	74.81%
滇西边境山区	85.26%	81.82%
西藏区	79.72%	75.70%
六盘山区	82.42%	71.55%
新疆南疆三地州	79.30%	79.23%
全国	74.08%	68.92%

注：2000 年和 2010 年人口普查的统计口径存在差距，在统计就业比例时，"五普"的分母是 15 岁及以上人口数，"六普"则是 16 岁及以上人口数

各集中连片区不就业的人口多为料理家务及丧失劳动能力的人口（表 8.13），如 2000 年燕山-太行山区、吕梁山区、罗霄山区、大兴安岭南麓山区中从事家务劳动的人口比重高于全国平均水平，丧失劳动能力的人口也占有相当一部分比重。2010 年，各地情况仍未有好转，大量不从事以及无法从事经济活动的妇女及残障人士的存在，仍然是贫困地区自我脱贫事业上的重大阻碍和挑战。从这一角度来说，提高就业人口比重，尤其是鼓励家庭妇女走出家门从事生产活动，提高女性就业率成为当地脱贫的新出路。

表 8.13　14 个集中连片区及全国未就业人口情况

地区	年份	在校学生	料理家务	离退休	丧失劳动能力	其他
燕山-太行山区	2000	4.68%	10.74%	1.57%	4.85%	2.71%
	2010	5.64%	14.28%	2.12%	1.13%	9.76%
吕梁山区	2000	5.77%	10.89%	1.31%	4.98%	3.30%
	2010	7.59%	12.86%	1.57%	7.06%	5.54%
大兴安岭南麓山区	2000	2.98%	13.32%	2.46%	4.22%	5.45%
	2010	3.85%	10.06%	3.92%	6.32%	4.09%
大别山区	2000	5.02%	4.88%	1.18%	4.52%	1.77%
	2010	7.85%	7.94%	1.50%	6.78%	3.10%
罗霄山区	2000	3.78%	7.85%	2.26%	5.39%	2.49%
	2010	5.20%	9.36%	2.05%	5.82%	3.70%
秦巴山区	2000	3.57%	5.37%	1.61%	4.88%	2.02%
	2010	5.67%	7.83%	2.06%	7.09%	4.45%
武陵山区	2000	3.82%	6.35%	1.75%	4.81%	2.83%
	2010	4.51%	8.09%	2.15%	7.81%	4.57%
滇桂黔石漠化区	2000	4.25%	4.91%	1.53%	3.46%	1.94%
	2010	4.03%	6.25%	1.82%	6.96%	3.60%
乌蒙山区	2000	4.15%	4.46%	2.97%	3.86%	2.22%
	2010	5.36%	5.09%	1.29%	7.11%	3.07%
四省藏区	2000	2.63%	6.31%	1.57%	5.10%	2.74%
	2010	5.07%	6.92%	1.46%	6.73%	4.77%
滇西边境山区	2000	2.79%	4.61%	1.71%	4.31%	1.32%
	2010	3.15%	4.65%	1.82%	6.34%	2.22%
西藏区	2000	2.67%	7.11%	1.65%	5.92%	2.92%
	2010	4.85%	7.75%	1.68%	5.63%	4.39%
六盘山区	2000	5.43%	5.44%	1.16%	4.21%	1.34%
	2010	9.04%	7.28%	1.36%	7.29%	3.47%
新疆南疆三地州	2000	7.09%	6.63%	2.96%	2.15%	1.87%
	2010	4.52%	8.35%	1.83%	2.72%	3.36%
全国	2000	5.41%	7.77%	4.57%	4.05%	4.12%
	2010	6.73%	8.42%	6.20%	4.95%	4.77%

八、贫困区城乡人口比重差异明显，城镇化率仍待提高

2000 年 14 个集中连片区的城镇化水平都不高，远低于全国 36.92%的平均水平，其中武陵山区以 25.76%的城镇化率居于 14 个集中连片区首位，四省藏区则为最后一名，其他多数地区处于 20%以下的水平（图 8.8）。

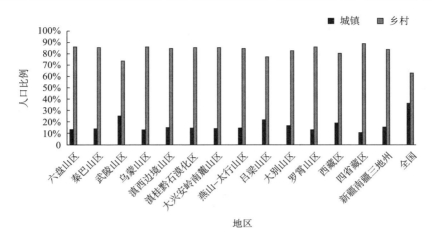

图 8.8　2000 年集中连片区城乡结构

由于两次人口普查口径存在差异，"五普"以人口密度为标准，"六普"则以居委会为参照，城市人口的口径有所缩小（王放，2014），同时还存在部分县市缺乏数据的现象，因此无法直接进行纵向比较。虽然滇西边境山区以 32.32%荣升为 14 个集中连片区之首，但与全国平均水平相比还有 17.63%的差距，其他地区水平较低且差距不大（图 8.9）。

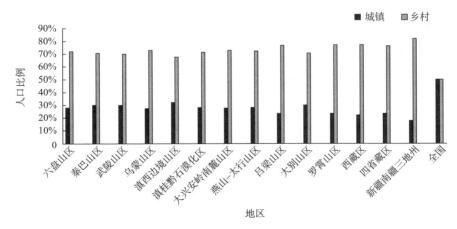

图 8.9　2010 年集中连片区城乡结构

九、民族人口构成差异大，民族问题突出

2000 年吕梁山区少数民族比重仅为 0.003%，与之相似的还有大别山区、罗霄山区、秦巴山区，而西藏区及新疆南疆三地州则以超过 90%的少数民族人口居于

14个集中连片区前列，成为当地明显的人口特征之一，2010年各地少数民族人口比重未有特别明显变化（图8.10）。

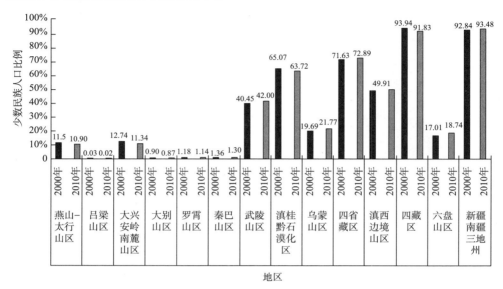

图8.10 "五普""六普"中14个集中连片区少数民族构成

少数民族人口较多的地区一方面面临着纷繁复杂的民族问题，另一方面也享受着中央对少数民族的特殊福利和政策，少数民族人口的大量存在成为当地经济发展的双刃剑，因此在具体实施政策时应给予足够的关注。

第三节　集中连片区人口结构因素对贫困发生的影响分析

这里应用多元线性回归分析与地理加权回归等方法，分析人口结构因素对贫困发生的影响，以求深入分析贫困产生的原因，为不同连片特困地区扶贫政策的制定提供理论依据。

一、基于多元线性回归模型的致贫因素分析

多元线性回归模型（multivariable linear regression model），主要研究一个变量与其他几个变量之间的关系，其一般式为

$$Y_i = \beta_0 + \beta_1 X_1 + \beta_2 X_2 + \cdots + \beta_k X_k + u_i \qquad (8.1)$$

其中，$\beta_j (j = 1, 2, 3, \cdots, k)$ 为回归系数。

　　为了深入分析人口结构因素对贫困发生率的影响，由于贫困人口数据可获得性的限制，本章选取了 2010 年我国 31 省贫困发生率作为被解释变量（Y），各省少数民族人口比重、迁出人口比重、就业人口比例、自然增长率、农村人口比例及平均受教育年限为解释变量（X_i）进行回归分析。

　　由于贫困发生率数据不能获得，这里根据 2011 年中国民政部统计年鉴提供的中国 31 省（自治区、直辖市）城乡低保人数的统计数据，以低保率代替贫困发生率（表 8.14）。

表 8.14　2010 年中国 31 省（自治区、直辖市）城乡低保人数及贫困发生率情况

地区	城市居民最低生活保障人数/人	农村居民最低生活保障人数/人	贫困发生率
北京	137 024	76 955	1.09%
天津	197 908	86 140	2.20%
河北	883 475	1 912 638	3.89%
山西	915 129	1 320 783	6.26%
内蒙古	853 678	1 155 667	8.13%
辽宁	1 246 100	933 690	4.98%
吉林	1 155 258	975 161	7.76%
黑龙江	1 511 525	1 126 575	6.89%
上海	353 246	81 297	1.89%
江苏	428 077	1 394 255	2.32%
浙江	89 763	573 716	1.22%
安徽	883 944	2 146 238	5.09%
福建	181 530	713 217	2.43%
江西	981 136	1 497 473	5.56%
山东	675 758	2 425 808	3.24%
河南	1 482 138	3 692 066	5.50%
湖北	1 374 590	2 129 131	6.12%
湖南	1 451 666	2 611 463	6.18%
广东	406 502	1 840 053	2.15%
广西	601 935	3 156 789	8.17%
海南	169 840	230 776	4.62%
重庆	607 672	1 168 799	6.16%
四川	1 869 694	3 944 748	7.23%

地区	城市居民最低生活保障人数/人	农村居民最低生活保障人数/人	贫困发生率
贵州	539 805	5 347 403	16.94%
云南	925 747	3 779 985	10.24%
西藏	42 040	230 000	9.06%
陕西	859 873	2 275 827	8.40%
甘肃	878 115	3 267 415	16.21%
青海	224 470	380 000	10.74%
宁夏	206 563	331 854	8.54%
新疆	970 748	1 334 065	10.56%

　　2010 年中国贫困人口主要集中于中、西部地区,且 14 个集中连片区所在的主要省份贫困发生率较高,如贵州、甘肃、青海、云南等地,因此将 14 个集中连片区作为扶贫攻坚主战场具有现实意义。

　　由于篇幅原因,31 省(自治区、直辖市)的各解释变量情况不再一一展示,对模型的拟合优度进行检验,得到表 8.15。该表反映出相关系数 R=0.830,表明相关性较大,拟合系数为 0.688,模型的拟合效果良好。

表 8.15　回归模型统计表

模型	相关系数 R	判定系数 R^2	调整后判定系数	标准误差
	0.830	0.688	0.610	0.024

　　通过回归方程的显著性检验,结果见表 8.16,统计量 F 值=8.830,相应的置信水平为 0.000< 0.001,结果表明回归方程较显著。

表 8.16　回归模型的方差分析表

模型	平方和	自由度	均方	F	显著性概率
回归	0.031	6.000	0.005	8.830	0.000
残差	0.014	24.000	0.001		
总计	0.045	30.000			

　　由回归方程的显著性检验结果可知,2010 年各省少数民族人口比重、农村人口比重及迁出人口比重情况与其贫困发生率之间均存在着显著的正相关关系,少数民族比重较高的地区其贫困发生率也较高。农村人口比重越高,表明当地经济发展水平越有限,则越容易陷入贫困,同时受人口年龄结构影响,较多的迁出率意味着大量劳动力人口迁出,制约了当地经济的发展,使其沦为贫困地区(表 8.17)。

表 8.17　回归方程系数

模型	非标准化回归系数		标准化回归系数	t	显著性概率
	B	标准差	Beta		
常数	− 0.045	0.168		− 0.270	0.789
少数民族人口比重	0.100	0.033	0.551	3.017	0.006[*]
就业人口比例	− 0.276	0.148	− 0.345	− 1.871	0.074
农村人口比例	0.324	0.069	1.230	4.717	0.000[*]
迁出人口比重	0.190	0.089	0.283	2.130	0.044[*]
自然增长率	− 0.344	0.238	− 0.262	− 1.442	0.162
平均受教育年限	0.011	0.010	0.317	1.177	0.251

*表示 5%显著性水平

二、基于地理加权回归模型的人口结构系数分析

　　由于全国各省地理因素存在差异，其贫困发生率可能受其影响而呈现地区性差异，特通过 Moran's I 指数进行空间自相关性分析，检验该现象在空间上是否存在集聚，以求获得更精准的结果。通过计算得到如下结果：Moran's I 指数等于0.37，Z 值等于 5.30，在 0.05 的显著性水平下通过检验，结果说明 2010 年我国 31个省（自治区、直辖市）贫困发生率空间分布呈现较为明显的空间正相关性，各省间的贫困发生率在空间上并不独立，而是呈现出一定的集聚特征。这为地理加权回归（geographically weighted regression，GWR）模型的构建奠定了基础，也为模型结果的有效性提供了必要的保障。

　　地理加权回归模型是一种改进的空间线性回归模型，引入地理因素对不同区域的影响进行估计，能够反映参数在不同空间的空间非平稳性，使变量间的关系可以随空间位置的变化而变化，其结果更符合客观实际。GWR 扩展了传统的回归框架，在全局回归模型的基础上进行局部的参数估计，它的主要优势在于把空间权重矩阵应用在线性回归模型中，可以形象地展示空间结构分异（王磊，2006）。具体模型结构如下：

$$Y_i = \beta_0\left(u_i, v_i\right) + \sum_{k=1}^{p} \beta_k\left(u_i, v_i\right)x_{ik} + \varepsilon_i \quad i = 1, 2, \cdots, n \qquad (8.2)$$

其中，Y_i 为观测值；$\left(u_i,\ v_i\right)$ 为样点 i 的坐标；$\beta_0\left(u_i,\ v_i\right)$ 为 i 点回归常数；β_k $\left(u_i,\ v_i\right)$ 是 i 点上的第 k 个回归参数，是地理位置的函数；p 为独立变量个数；x_{ik} 为独立变量 x_k 在 i 点的值；ε_i 是随机误差。

　　经过 GWR 模拟计算可以得到：R^2 等于 0.701，有较强的解释力。同时结合各省地理信息，得到各省农村人口比重、迁出人口比重以及少数民族人口比重与贫

困发生率的关系。

2010 年我国 31 个省（自治区、直辖市）的农村人口比重与其贫困发生率呈现明显的正相关关系，与实际吻合。从回归系数绝对值空间分布上来看，呈现出由西部地区向东扩散性逐渐递减的状况，尤其西南部的数值较大，最小值大多出现在东北部以及沿海发达城市，这与现实中各省各地区城镇化率相吻合。通过系数变动幅度情况可以看出，农村人口比重系数绝对值的平均值逐渐增大这一变化，对西部地区贫困状况的影响相较于东部发达地区更大，说明西部地区农村人口比重越增加对当地经济状况影响更大，越不利于其脱离贫困现状，而对于东部发达地区来说，即使农村人口比重增加，对其经济削弱力也有限，不会造成较大影响。

同理，西部相对于东部，其经济状况以及贫困发生率情况更容易受到迁出人口比重的影响。随着我国经济社会的快速发展，"空心化"成为西部贫困地区人口呈现的一个重要特征。近些年来，劳务输出已经成为当地农村社会的主要经济活动形态。随着大量农村青壮年劳动力和文化素质较高的农村剩余劳动力外出务工，留守在贫困地区的人口多数为老年人和幼年儿童等非劳动力，造成本地经济发展缺乏活力，"能力扶贫"缺失了劳动力基础。

在少数民族人口比重对贫困的影响方面，东部较西部大。西部西藏、新疆、青海等地相较于中部、东部地区少数民族比重较高，即使增加更多的少数民族人口，对其经济发展状况影响也有限，而如果大量贫困少数民族人口流入东部发达地区，既增加了当地的少数民族人口比重，又在一定限度上给其带来更多的不确定因素，造成城市贫困人口堆积。因此相比而言，少数民族人口比重增多对东部影响更大。

第四节　集中连片区人口结构变化特点及扶贫对策

一、集中连片地区社会总抚养比均偏高，劳动力负担重

较高的社会总抚养比意味着缺乏有利于经济发展的人口红利。2000 年，除大兴安岭南麓山区外，其他地区都高于 50%，尤其新疆南疆三地州地区甚至达到 72.39%，2010 年有所改善但变化不大，这说明贫困地区拥有较多的青少年以及老年人口，人口红利的缺少以及沉重的总抚养比则愈加成为劳动年龄人口的负担。同时 2000 年秦巴山区、武陵山区、吕梁山区、大别山区等多地 10~14 岁人口格外突出，大量留守消费人口的存在会加重当地贫困状况，给整个区域经济的发展和

改善带来较大难度。加上贫困地区劳动力外出打工，这一方面导致留守儿童缺乏照顾，养育和教育水平不高；另一方面，劳动力人口负担重，对脱贫也带来不利影响。

二、人口受教育程度普遍较低，脱贫难度大

2000 年，在所有集中连片区中有超过 85%的人口仅接受了初中及以下的教育，接受高等教育的人口则少之又少，尤其是西藏区有超过 80%的人口仅接受到小学及以下教育，大部分人口都未上过学。2010 年接受义务教育以及高等教育的人口比重虽有所增多，但这一比重的提升非常有限。由此可见，整个集中连片区都缺乏较高水平的人力资本，无法利用高素质人口活力产生持续有效的生产能力。此外，所有集中连片区的受教育水平还呈现明显的性别差异，男性相较于女性接受了更多的高等教育。稀缺的教育资源成为这一现象产生的主要原因，因此发展教育事业刻不容缓。

另外，虽然连片特困地区的人力资本现状普遍较差，但也存在一定差异。大兴安岭南麓山区、新疆南疆三地州、燕山-太行山区和罗霄山区的文盲率相对较低，基础教育的发展要优于其他连片特困地区；但其他连片特困地区的文盲率仍然较高，基础教育投资亟待加强。因此在发展教育事业过程中要分区域分重点扶植，如大兴安岭南麓山区等地可以集中精力提高接受中高等教育人口在总人口的比重，带动整体受教育水平的提高；而西藏区、四省藏区等地的人力资本投资还要以基础教育为重点，首要解决文盲率较高的问题，才能继续发展。

三、大多数劳动力在第一产业就业，收入水平低

2000 年 14 个集中连片区中从事第一产业的人口占绝大多数，均超过全国平均水平，尤其大别山区、六盘山区、滇桂黔石漠化区、滇西边境山区等地甚至达到 80%以上。由于第一产业产值相对于其他产业来说产值创造力十分有限，经济价值较低，如果较多的人口从事第一产业，则不利于收入的提高，同时过低的第三产业比重会使当地缺乏高附加值的产业从而难以较快地实现自我脱贫。2010 年虽大部分地区的情况有所好转，但各地的第一产业比重（50.13%）仍高于全国平均水平（10.1%），第三产业比重（26.84%）仍低于全国平均水平（40.1%），产业结构仍待进一步优化。

值得注意的是，2000 年在非从业人员中还有 13.32%的料理家务人口，结合其相对平衡的性别结构，提高就业人口比重，尤其是鼓励家庭妇女走出家门从

事生产活动，提高女性就业率成为当地脱贫的新出路。而对于大别山区、滇西边境山区等农林牧渔水利业从业人员超过 70%的地区，优化产业、就业结构为当务之急。

四、迁出人口比重、城乡结构、少数民族结构成为影响贫困发生率的重要因素

基于多元线性回归以及 GWR 模型分析，迁出人口比重、城乡结构、少数民族结构成为影响贫困发生率的重要因素。

结合 14 个集中连片区的人口年龄结构情况，迁出人口所导致的人口空心化问题将是扶贫工作的主要着眼点，提升当地经济水平既需要"走出去"也需要"引进来"，同时还需注意农村人口比重与产业结构的联系，扶贫开发政策要注重双向引导。对于 14 个集中连片区来说，秦巴山区、吕梁山区、大别山区和罗霄山区少数民族所占比重较少，而滇黔桂石漠化区、西藏区、四省藏区、新疆南疆三地州则成为少数民族人口的主要聚居区，因此在制定扶贫政策时，对于少数民族比重较高的连片特困地区，需要格外注重少数民族人口的贫困问题和其特殊性，在扶贫过程中更加注重民族人口的人文制约因素和政府提供的脱贫服务所带来的效果与作用。

五、针对贫困原因与特点的异质性，有的放矢、精准帮扶

考虑到集中连片区贫困人口的形成原因较为复杂，涉及自然地理、社会制度、文化传统及经济发展根源等因素，要全面回应扶贫工作和研究中的关键性议题较为困难。基于前文对 14 个集中连片区人口结构状况的分析以及贫困发生的影响因素分析，试图提出以下建议为未来扶贫工作制定政策提供参考。

首先，需要重视集中连片特困地区人口结构特征中的共性与个性，避免政策一刀切。根据前文对各地区人口结构特征的描述，不同集中连片区可以分为不同类型。

对于自然地理环境相对较好、人口综合结构较合理的大兴安岭南麓山区，扶贫工作的重点可以放在提升高等教育水平、巩固产业结构转型等方面；对于性别结构失衡、社会抚养比偏高类型的乌蒙山区，应着重优化贫困人口的年龄性别结构，加快人口转变进程；对于典型少数民族型的新疆南疆三地州、西藏区、四省藏区等地要结合少数民族聚居的特点，普及双语教育以及义务教育，提高人口文化素质，发展特色旅游，改善经济现状；针对秦巴山区、武陵山区、滇桂黔石漠

化区、大别山区、吕梁山区等地人口流出情况较明显的情况，结合当地较高的青少年人口比重情况，平衡人口年龄结构成为工作重点，同时针对大量流出的劳动力人口，做好回乡就业，发挥能人带动效应；针对罗霄山区受教育程度具有明显性别差异的特点，政策的制定可以向女性倾斜，进一步提升女性文化素养并鼓励女性就业；如果燕山-太行山区能够加强就业政策的扶植，滇西边境山区能够注重产业结构调整，则将对当地经济水平提高具有重要的推动作用。

其次，就集中连片区存在的共性问题来说，提升当地人口的受教育水平，鼓励流出人口回乡创业等政策的统一制定仍十分必要。各省扶贫办通过"建档立卡"的方式已为精准扶贫的开展准备了基本条件，接下来瞄准贫困户为其提供充足教育资源，努力改善当地人力资本状况将继续成为扶贫工作的重点。结合GWR 中迁出人口比重对中西部地区的重要影响，如何发挥流出人口的经济吸引力，让其"走出去"再"引进来"将会是扶贫工作的重点与难点，在实践中需继续探讨（童玉芬和王海霞，2006）。

六、持续关注贫困地区的人口结构特征及其对贫困的影响，坚持精准扶贫

由于影响贫困的人口结构因素处于不断变化之中，动态关注人口结构因素对贫困的影响很有必要。只有在正确的时段对症下药，方能药到病除。各省扶贫办"建档立卡"工作已展开推进，这为精准扶贫的开展准备了基本条件，接下来瞄准特定贫困人群及贫困户，为其提供充足教育资源，努力改善当地人力资本等状况将继续成为扶贫工作的重点。结合各集中连片区人口结构的实际情况，瞄准重点，以因施政，精准扶贫才能真正落到实处。

参 考 文 献

陈银娥，何雅菲. 2013. 人口结构与贫困——来自中国的经验证据[J]. 福建论坛（人文社会科学版），（7）：17-22.

陈忠文. 2013. 山区农村贫困机理及脱贫机制实证研究——一个交易成本视角[D]. 华中农业大学博士学位论文.

高炎琼，唐忠义. 2006. 我国扶贫政策的演变及前瞻[J]. 新农村建设，（5）：26-27.

葛志军，邢成举. 2015. 精准扶贫：内涵、实践困境及其原因阐释[J]. 贵州社会科学，（5）：157-163.

顾仲阳. 2014-03-12. 精准扶贫，不撒胡椒面[N]. 农村农业农民报.

国家自然科学基金委员会管理科学部. 2017-12-03. 2015 年第 4 期应急管理项目申请说明[EB/OL].
　　http://www.nsfc.gov.cn/publish/portalo/tab38/info50204.htm.

黄承伟，覃志敏. 2015. 论精准扶贫与国家扶贫治理体系建构[J]. 中国延安干部学院学报，（1）：
　　131-136.

李益敏. 2007. 基于 GIS 的泸水县贫困原因分析[J]. 云南大学学报，29（S1）：160-165.

马建堂. 2017-12-03. 中国老龄化进程逐步加快[EB/OL]. http://www.finance.ifeng.com/news/
　　20110428/394986/.shtml.

童玉芬，王海霞. 2006. 中国西部少数民族地区人口的贫困原因及其政策启示[J]. 人口与经济，
　　（1）：7-12.

王放. 2014. "五普"至"六普"期间中国城市人口的增长构成[J]. 人口与发展，（5）：16-24.

王磊. 2006. 基于引致需求模型的城市间住宅用地价格水平差异研究[J]. 浙江大学硕士学位论文.

王思铁. 2014. 精准扶贫：改"漫灌"为"滴灌"[J]. 四川党的建设（农村版），（4）：14-15.

魏众，古斯塔夫森. 1998. 中国转型时期的贫困变动分析[J]. 经济研究，（11）：64-68.

张静，张丽芳，濮励杰，等. 2012. 基于 GWR 模型的城市住宅地价的时空演变研究——以江苏
　　省为例[J]. 地理科学，32（7）：828-834.

张伟宾，汪三贵. 2013. 扶贫政策、收入分配与中国农村减贫[J]. 农业经济问题，（2）：66-75.

章元，许庆，邬璟璟. 2012. 一个农业人口大国的工业化之路：中国降低农村贫困的经验[J]. 经
　　济研究，（11）：76-87.

郑浦阳. 2012. 基于一元线性回归模型分析泉州港港口物流的发展对外贸的影响[J]. 佳木斯职业
　　学院学报，（7）：415-415.

周爽，黄匡时. 2015. 中国流动人口年龄迁移模式研究——基于 2014 年全国流动人口动态监测
　　调查数据的分析[J]. 西北人口，（6）：23-28.

周雪瑛，赵利. 2015. 甘肃贫困人口的分布、成因及其扶贫对策[J]. 生产力研究，（4）：
　　97-101.

Becker G S，Chiswick B R. 1966. Education and the distribution of earnings[J]. American Economic
　　Review，56（1~2）：358-369.

Christophe D，Régis M. 1985. Poverty and famines：an essay on entitlement and deprivation[J].
　　Revue Tiers Monde，26（104）：932-943.

Gaurav D，Martin R. 1992. Growth and redistribution components of changes in poverty measures[J].
　　Journal of Development Economics，38：275-295.

第九章　中国农村劳动力转移与减贫[①]

农村劳动力转移对中国的经济发展和减贫做出了重要贡献，伴随着刘易斯转折点的到来，如何通过农村劳动力转移更好地实现减贫，面临着诸多挑战。本章利用多种来源的宏观和微观数据，对农村劳动力转移如何对经济发展和减贫做出贡献，以及现阶段通过农村劳动力转移进行减贫所面临的挑战，进行了细致的考察。本章指出，在农村劳动力转移已经相对充分的条件下，对于仍然存在的农村贫困人口，需要辅之以新的减贫方式。本章还总结了中国的经验对其他发展中国家的重要启示。

第一节　背　　景

在 1978 年以来的 40 年中，中国经济的持续高速增长，是世界经济乃至人类发展进程中的一个重要现象。正是由于持续经济增长所奠定的物质基础，中国得以改善世界 1/5 人口的福祉，实现世界上最大规模的减贫。

改革开放以来的经济发展过程是对扭曲的传统经济体制不断纠偏的过程。改革开放以前，劳动保障政策是为重工业优先发展战略服务，这种政策以劳动力资源城乡分割、排他性城市全面就业和城市偏向的社会保障和福利体制为主要内容。传统劳动保障政策的严重弊端主要体现在三个方面：首先，这种二元分割体系导致资源配置效率低下；其次，这种政策体系导致激励机制缺乏，劳动积极性严重不足；最后，这种政策体系造成的城乡差距和不公平掩盖了企业经营管理不善的问题（Lin et al.，1998）。

在纠正上述体制上偏差的过程中，劳动力由农村向城市的流动，发挥了重要

---

① [作者简介] 王美艳，中国社会科学院人口与劳动经济研究所，研究员、博士生导师；都阳，中国社会科学院人口与劳动经济研究所，研究员、博士生导师；贾朋，中国社会科学院人口与劳动经济研究所，助理研究员。

的作用。发展经济学的经典理论告诉我们，二元经济向现代经济迈进的过程，也是劳动力从传统部门向现代部门转移的过程。改革开放以来，中国农村劳动力向城市地区和非农部门的流动，是人类历史上最大规模的迁移（Roberts，2006）。之所以会出现这么大规模的劳动力流动，除了源于中国巨大的人口基数，还与以下几个方面因素有关。其一，"补偿效应"。为推行重工业优先发展战略而实行的城乡分割体制使城乡比例严重失调，改革开放以来农村劳动力向非农部门和城市地区的转移，在很大程度上可以视为对以前体制扭曲的补偿。其二，"发展效应"。改革开放以来，中国以世界领先的速度实现经济增长，这一过程也就必然伴随着城乡经济关系、农业和非农关系的转变，同时，农村劳动力也必然以超常规的速度转移。其三，改革开放前，大量的农村劳动力集中在有限的耕地上，导致农业的劳动生产率极端低下，形成了对农村劳动力转移的巨大推力。基于这些因素，在中国完全实现经济体制的转换和经济发展达到一定的水平之前，农村劳动力流动的趋势将会在相当长的一段时间内持续。而伴随着时间的推移和经济结构的转变，农村劳动力流动的特点也会不断发生变化。

农村劳动力流动是一个复杂的、不断变化的社会现象，其特点也呈现出多样性。首先，农村外出劳动力的规模不断增大。根据国家统计局农民工监测调查，2015年外出农民工达到1.69亿人（国家统计局住户调查办公室，2016）。农民工已经成为非农经济增长越来越重要的劳动力供给源泉。其次，从农村劳动力的年龄特征看，在农村劳动力转移的较早期阶段，年轻劳动力是转移的主体，随着转移过程的推进，青壮年农民工比重持续下降，农民工平均年龄不断提高。再次，农村劳动力转移从最初主要分布于东部地区（其中珠三角地区和长三角地区分布最为集中），逐渐转变为中西部地区开始吸纳更多的外出劳动力。最后，农村劳动力转移的体制特点仍然非常突出，消除体制障碍仍然是促进劳动力转移的重要内容。

从不流动到流动、从小规模流动到大规模流动，农村劳动力转移经历了一个独特的过程。这个过程与中国改革进程紧密相连。农村劳动力从农业部门转移出来，流向城市和工业部门，既提高了劳动力资源的配置效率，又改变了人口空间分布、推动了城市化发展。

劳动力转移对农村减贫的贡献则更为直接，贫困地区的农村面临着多种资源禀赋的约束。一般而言，贫困地区也是资本稀缺的地区，同时，从地理及区位看，贫困人口聚集的地区往往是偏远的地区，贫困地区的发展会因此面临恶劣自然条件的约束。在这种情况下，劳动力资源可能是贫困家庭拥有的最重要的生产要素。通过劳动力的转移，尤其是劳动力跨地区的转移，贫困农户不仅可以重新配置生产要素，还可以摆脱流出地经济欠发达、非农就业机会欠缺的约束，利用其他地区的发展机遇，带来减贫效应。除了减贫效应之外，劳动力迁移的过程也是人力资本提高和积累的过程。

本章将分析农村劳动力转移对经济发展和减贫的贡献，考察现阶段农村劳动力转移和减贫面临的挑战，同时，我们将就中国 40 年来农村劳动力转移过程所产生的经验和教训进行总结，从而对其他正处于同样进程中的发展中国家提供参考。

第二节　农村劳动力转移对经济发展和减贫的贡献

农村劳动力转移的过程，不仅体现了中国从计划经济体制向市场经济体制转轨的过程，还体现了劳动力市场发育和城乡经济关系转变的过程。一方面，农村劳动力从边际劳动生产率较低的农业部门向边际劳动生产率更高的非农部门转移，带来了经济效率的改善，并成为推动经济增长的重要动力；另一方面，劳动者通过劳动力转移在初次分配中获得改善，有利于增进他们的福利，从而成为农村减贫的重要手段。

一、劳动力转移是推动经济发展的重要源泉

改革开放之初，中国是一个人力资源丰富，二元经济特征极其明显的发展中国家。从资源禀赋的特点看，资本的稀缺和劳动力的无限供给成为中国经济发展所面临的基本的制约条件和格局。因此，摆脱经济的二元特征，实现经济的发展，就需要充分发挥自身的禀赋优势，规避资本稀缺所带来的制约，最大规模地扩大就业，发挥人力资源的优势。这是促进中国经济发展的必由之路。

实际上，中国过去 40 年的发展历程，正体现了上述规律。通过发挥人力资源的比较优势，最大限度地挖掘就业潜力，为经济增长提供了源源不断的效率源泉。这其中，农村劳动力持续地转移，使中国制造业得以在很长的时期内保持较低的劳动力成本，并激励了劳动密集型产业的发展。劳动力成本的优势使中国制造业具有很强的国际竞争力，支撑了中国经济的发展。即便近年来中国制造业的劳动力成本呈现不断上升的趋势，但仍然保持着相对其他经济体的竞争优势。2013 年，我国制造业的单位劳动力成本是德国的 29.7%、韩国的 36.7% 和美国的 38.7%（蔡昉和都阳，2016）。可以预期，只要能够正确处理劳动力成本和劳动生产率的变化关系，在一定时间内中国制造业仍将保持一定的国际竞争力，并为中国经济向高收入阶段的迈进提供重要的动力。

正因为如此，即便在国有经济改革后，城镇职工在制造业部门就业数量不断

下降的情况下，农村转移劳动力在制造业就业的水平却不断上升。根据国家统计局住户调查的统计，外出农民工在制造业就业的比例由 2003 年的 25.2%，上升到 2009 年的 39.1%[①]。

类似地，在其他非农产业中，农村转移劳动力也担当了越来越重要的角色。根据国家统计局农民工监测调查数据，2015 年在城市劳动力市场上，从事服务业的农民工总数达到 7 500 万人，占该年度外出务工农民工总数的 44.5%。农民工已经成为城市劳动力市场不可或缺的力量。

在二元经济条件下，无论在制造业还是服务业部门就业，转移出农业的农村劳动力都会有更高的劳动边际产出。因此，劳动力跨地区和跨行业的流动，形成了劳动力从低生产率部门向高生产率部门的重新配置，这种配置效应也意味着生产要素配置效率的改善，并构成推动中国经济增长的重要源泉。根据以前研究的测算（蔡昉和王德文，1999；世界银行，1997），在中国改革开放的头 20 年，农村劳动力流动对 GDP 增长率的贡献份额在 16%~20%。

我们看到，在进入 21 世纪以后，一方面，农村劳动力转移的规模不断扩大，已经成为城市劳动力市场上不可或缺的组成部分；另一方面，通过劳动力越来越充分的流动，劳动力在农业中的边际劳动生产率将越来越接近于非农部门的劳动生产率。因此，劳动力流动对经济增长可能因为前一个效应逐步扩大，也会因为后一个因素而有所减小。

目前，近 10 年来劳动力转移对经济增长的贡献缺乏经验估算，我们可以通过比较两个部门劳动生产率的差异，估算农村劳动力转移对经济增长的贡献。根据《全国农产品成本收益资料汇编》，我们可以得到农业雇工的价格。我们假定，在农村的劳动力市场上，雇工的价格反映了农业的边际劳动生产率。我们以三种主要粮食作物（稻谷、玉米和小麦）的雇工价格作为农业雇工的价格。在城市劳动力市场上，我们假设农民工的工资等于其在非农部门的劳动边际生产率。可以预期，随着刘易斯转折点的到来[②]，农业部门的劳动边际生产率和非农部门的劳动边际生产率将逐步趋同。

例如，2001 年农业雇工价格是农民工工资的 61%，到 2015 年该比例上升到 75%，意味着劳动力流动带来的边际效率改善开始减小。但从总体上看，劳动力转移的绝对规模却在增加。根据农民工总量信息以及非农部门和农业部门劳动边际生产率的差，将二者相乘的结果再乘以非农工作天数，我们可以估算由于劳动力从农业部门向非农部门转移带来的生产率提高的总量。由此，我们根据劳动力

① 根据国家统计局农民工监测调查的统计，2015 年农民工在制造业就业的比例为 31.1%。这里的农民工，既包括本地农民工，又包括外出农民工。外出农民工在制造业就业的比例高于本地农民工。

② 关于刘易斯转折点的有关分析，可参见蔡昉（2008）。

流动带来的效率提高部分以及 GDP 的增长，就可以计算出劳动力流动贡献的相对
份额，如图 9.1 所示。

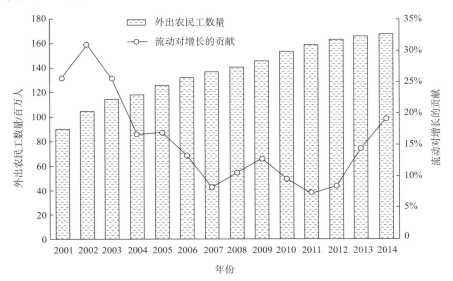

图 9.1 农村劳动力转移对经济增长的贡献

资料来源：根据历年《中国统计年鉴》《中国住户调查年鉴》《全国农产品成本收益资料汇编》、武志刚和张恒
春（2010）、Wang（2010）及都阳（2010）等计算得到

我们看到，即便由于刘易斯转折点到来，劳动力转移对经济增长的贡献开始
下降，但其仍然是经济增长的一个重要源泉。以 2012 年为例，根据上述估算，农
村劳动力流动对经济增长的贡献份额大约为 8.6%[1]。而且，这还不包括从农业转
向本地非农部门就业所带来的生产率提升，以及外出务工但期限在半年以下的劳
动者的效率改善对经济增长的贡献。

二、缩小城乡之间和地区之间的收入差距

从前面的分析我们看到，伴随着劳动力流动规模的逐步增加，劳动力在区域之
间的流动也日益明显。由于农村劳动力的转移主要受价格信号的引导，因此，劳动
力由劳动边际报酬低的地区向边际报酬更高的地区流动，将有助于缩小地区之间的
收入差距。而且，随着农村劳动力迁移规模的扩大和收入的增长，劳动力迁移对缩
小区域之间收入差距的作用就会更加明显。通过对地区之间总资料的分析，我们可

---

① 2012 年以来，劳动力流动对经济增长的贡献又略有上升，这主要是农民工工资和农业雇工价格之间的差
距拉大导致的。

以看到，劳动力流动有可能已经成为缩小地区之间收入差距的主导性因素。

图 9.2 展示的是改革开放以来地区之间收入差距指数的变化情况。20 世纪 80 年代，农村和城市的经济体制改革都着眼于微观激励机制改革，激发的技术效率提高也具有普遍的增长效应。我们看到省际间人均 GDP 的基尼系数由 1978 年的 0.343，下降到 1990 年的 0.261；如果以人口为权重，则 2014 年和 2015 年这两年人均 GDP 的基尼系数分别为 0.228 和 0.208[①]。由于在这一时期，劳动力流动的规模仍然有限，因此，尽管转移有利于缩小地区差距，但尚不足以成为地区间收入差距缩小的主导力量。

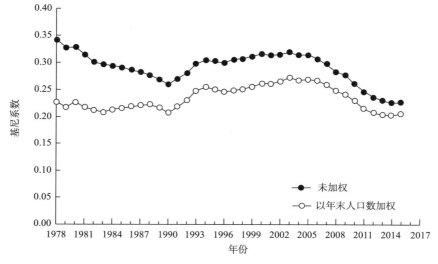

图 9.2　1978~2015 年中国地区之间的收入差距
资料来源：根据历年《中国统计年鉴》计算得到

20 世纪 80 年代末和 90 年代初，中国经济经过短暂的调整后，在 1992 年开始恢复了强劲的增长，而市场配置效率开始在经济发展过程中发挥越来越重要的作用。在这一阶段，区域间的经济差距开始伴随着区域间专业化程度的提高而逐步拉大，人均 GDP 的基尼系数上升到 2003 年的最高点 0.32。

2003 年以后，随着中国经济发展进入刘易斯转折点，劳动力转移的形势也发生了明显的变化，不仅体现为农村劳动力流动的规模继续扩大，也体现为在城市劳动力市场上农民工工资的迅速上涨。同时，产业的区域间转移开始出现，中西部地区开始越来越多地承接发达地区的产业转移。这些因素结合起来，对区域间收入差距缩小的作用也越来越明显。如图 9.2 所示，度量地区间收入差距的指标

————————————

① 由于东部沿海地区，也是中国人口密度高的地区，而西部省份的人口数量相对少，因此，以人口为权重计算的区域经济不平衡指数更小。这一效应也为很多研究所忽略。

在 2003 年达到峰值以后，近几年开始下降。虽然构成地区间收入差距的因素很多，但地区间收入差距转折与刘易斯转折点的契合，也充分说明了农村劳动力转移对缩小地区间收入差距的积极作用。

农村劳动力转移对区域间收入差距影响的另一个维度是城乡之间的收入差距。作为一个具有二元经济特征的经济体，城乡收入差距一直以来被认为是收入差距最主要的来源。相应地，缩小城乡收入差距除了需要对农村地区的发展在公共政策方面予以额外的关注以外，劳动力由农村向城市的转移，也是缩小城乡收入差距的基本手段。

虽然，城乡之间存在显著的收入差距是不争的事实，但现行统计体系在城镇和农村收入调查中都没能有效地覆盖农民工群体，造成一定程度的抽样偏差（Park，2008），导致对收入差距的高估[①]。而且，农村劳动力转移对缩小收入差距的积极作用也难以得到很好的衡量。目前尚难以找到对总体具有代表性的时间序列资料，以分析将农民工涵盖在内的收入差距的变化趋势。

2005 年全国 1%人口抽样调查中包含的劳动收入信息，可以用于观察在现有的城乡收入统计中加入农民工时，会对收入差距产生何种影响。表 9.1 中第二列的分析仅包括农村劳动力和城市劳动力，这是通常的对城乡收入差距的估计；第三列则是将农民工涵盖在内，对城乡收入差距进行估计的情形。该表显示，如果将农民工涵盖在内，全部衡量收入差距的指标均下降。

表 9.1　城乡收入差距的变化：有偏和无偏的估计

不平等线	农村劳动力+城市劳动力	农村劳动力+城市劳动力+农民工	变化
P_{90}/P_{10}	10.642	10.145	−4.670%
P_{75}/P_{25}	3.604	3.694	2.500%
GE（−1）	0.668	0.657	−1.650%
GE（0）	0.422	0.408	−3.320%
GE（1）	0.425	0.407	−4.240%
GE（2）	0.740	0.705	−4.730%
Gini	0.484	0.474	−2.070%
A（0.5）	0.190	0.183	−3.680%
A（1）	0.344	0.335	−2.620%
A（2）	0.572	0.568	−0.700%

注：P_{90}/P_{10} 表示最高的 10%与最低 10%之比；P_{75}/P_{25} 表示最高的 25%与最低的 25%之比

资料来源：根据 2005 年全国 1%人口抽样调查数据计算得到

---

① 2013 年，国家统计局开始实施城乡一体化住户收支调查制度，加强了对流动人口和城乡结合部人群的覆盖。

可以预见的是，劳动力流动规模越大，农民工的工资收入越高。从总体上看，农村劳动力转移对缩小城乡收入差距所产生的影响就会愈发明显。换言之，忽略农民工群体对估算城乡收入差距所造成的偏差就越大。根据国家统计局农民工监测调查，2005 年农民工的数量为 1.26 亿，月平均工资水平为 821 元（2001年价格）；到 2015 年农民工数量增加了 34.1%，实际工资水平增长了 196.2%（2015 年 2 432 元）。随着刘易斯转折点的到来，农村劳动力转移对缩小城乡收入差距的贡献会更加明显。

三、减贫的重要手段

无论是城市还是农村，来自劳动力市场的收入都是家庭收入的重要来源。如图 9.3 所示，2015 年城市家庭可支配收入中近 60% 来自于劳动收入，农村家庭可支配收入中近 40% 来自于工资性收入。考虑到农业家庭经营的收入在很大程度上依赖于农业劳动的投入，因此，来自于劳动要素的收入占农村家庭收入的实际比重应该更高。此外值得注意的现象是，和城市家庭相比，农户对劳动力市场收入的依赖程度越来越高。如图 9.3 所示，1990 年工资性收入占农村家庭纯收入的比重为 20%，到 2015 年该比重已经上升了近一倍。

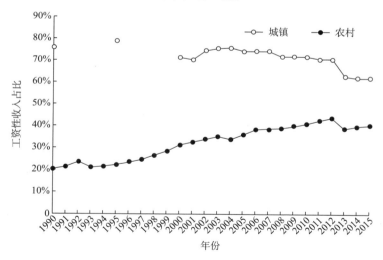

图 9.3　工资性收入占家庭收入的比重

注：2012 年以前（含 2012 年），城镇居民家庭人均收入为可支配收入，农村居民家庭人均收入为纯收入；2013 年及以后，城镇居民家庭和农村居民家庭收入均为可支配收入

资料来源：根据历年《中国统计年鉴》计算得到

我们可以从图 9.4 进一步观察工资性收入对于提高农民纯收入的作用。图中

横轴是农民人均纯收入中来自于工资性收入的比重，纵轴是农村居民家庭人均纯收入，图中的每个点代表一个省份。简单的拟合表明，工资性收入比重越高的地区，农村居民家庭人均可支配收入的水平也越高，拟合的优度为 0.63。图 9.4 所描绘的关系表明，富裕地区的非农劳动力市场可以提供更多的就业机会，因此，农户也可以更充分地利用非农劳动力市场。同时，农村居民对非农收入的依赖性也越强。在经济发达的省份，工资性收入是农户最主要的经济来源。如果我们预期经济相对落后的中西部地区在未来的经济发展过程中，也将遵循发达地区的经济发展路径，那么，未来这些地区农户的工资性收入比重也会继续上升，并成为农村家庭最主要的收入来源。

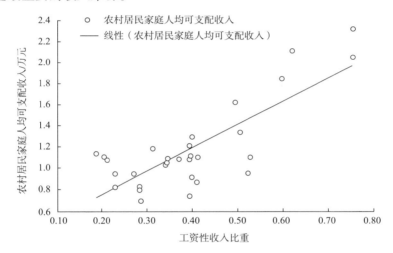

图 9.4　2015 年各地区农村居民家庭人均可支配收入和工资性收入比重
资料来源：根据《中国统计年鉴 2016》计算得到

　　图 9.4 还提供了这样的信息，发达地区和欠发达地区工资收入比重存在着很多差异性。例如，2015 年工资性收入比重最高的省份（不包括直辖市）浙江为62.0%，而最低的新疆仅为 18.5%。这意味着，从总体上看，发挥劳动力市场的作用，在欠发达地区创造更多的非农就业机会，仍然是促进农民增收的重要途径。

　　对于贫困地区的农户而言，由于其拥有的资源禀赋有限，和经济发达地区相比，所能获得的经济机会相对匮乏。这时候，劳动力资源是贫困家庭最重要的经济资源。一旦劳动力市场流动的障碍逐步减少，贫困家庭就可以通过劳动力转移，将劳动力资源配置到本地或异地的非农劳动力市场，并通过家庭内部的收入转移，获得减贫效应。

　　从减贫政策的制定和实施的角度看，鼓励贫困地区的农户通过迁移减贫，实际上是充分利用贫困家庭对劳动力市场价格信号的反应，通过家庭的劳动力配置决策，自发地提高资源配置效率。相对于其他贫困干预措施，利用劳动力转移实施减贫，其政策执行的成本相对较低。利用劳动力转移减贫，所对应的政策措施往往是一些提高劳动者人力资本水平的举措。这种对人投资的过程，不仅是促进贫困地区脱贫、发展的手段，其本身还是促进贫困地区发展的重要目标。

经验研究（Du et al.，2005）表明，由于中国劳动力市场的发育和经济的持续发展，中西部贫困地区的劳动力转移自 20 世纪 90 年代后期持续增加。随着时间的推移，相对贫困的家庭迁移的可能性在增加。因此，农户所处的地理位置对劳动力转移的制约作用趋于下降。研究表明，交通基础设施改善能够显著促进人口迁移（马伟等，2012），公路基础设施的可获得性对贫困村劳动力迁移具有显著的正外部性（汪三贵和王彩玲，2015）。近年来，交通基础设施建设不断加强，大大促进了贫困地区的劳动力转移。这也意味着，随着中国劳动力市场发育的逐步完善，劳动力在地区之间流动的障碍逐步减少，来自贫困地区，尤其是偏远的贫困地区的农户，可以更加充分地利用劳动力市场减贫。

实证研究的结果表明，贫困线周围的农户，比更贫困或更富裕的农户做出劳动力转移决策的可能性更大。通过迁移等形式的劳动力转移，贫困农户的家庭人均纯收入可以提高 8.5%~13.1%（Du et al.，2005）。基于贫困地区农户微观数据的实证研究还表明，贫困家庭的农户一旦将劳动力转移到非农领域，劳动力转移后对家庭的贫困是有反应的。直接的证据体现为从贫困家庭转移的劳动力，通过汇款等方式比其他家庭成员转移的收入更高。在西部贫困山区，温饱仍是农户关注的首要问题，外出务工劳动力的汇款更多地被用于食物消费（李树茁等，2011）。

第三节　劳动力转移与减贫面临的挑战

需要注意到的是，虽然充分利用劳动力市场，通过劳动力转移的方式可以有效地实现减贫，但是也应该看到，并不是所有的农村贫困家庭都可以通过劳动力转移的方式实现脱贫。尤其是在刘易斯转折点之后，在农村劳动力转移已经相对充分的条件下，对于仍然存在的农村贫困人口，需要辅之以新的减贫方式。同时，随着大量的农村人口流动到城市，在社会福利体系尚没有实现一体化的情况下，流动的农村人口在城市有可能形成新的贫困群体[①]，这也是新形势下减贫体系所面临的新挑战。

---

① 研究表明，伴随着城市化的进程，农民工成为城市贫困人口的一个组成部分。不仅仅是收入贫困，农民工的消费、住房和社会保险等状况也令人担忧（王美艳，2014；樊坚，2007）。

一、利用劳动力市场减贫的局限性

我们的分析表明，一旦农村家庭有机会实现劳动力转移，利用城市劳动力市场，那么该家庭陷入贫困的可能性也就大大降低。然而，随着农村劳动力转移的规模逐步扩大，农村未转移人口的同质性也愈来愈强，具有相似的人口特征。农村未转移的人口以年老和受教育程度低者为主，他们往往难以适应非农部门的就业需要，因此也难以利用城市劳动力市场（都阳和王美艳，2010）。正是劳动力市场出现的这种转折，农村贫困问题的性质发生了改变，扶贫政策也随之需要进行调整。

如果对中国农村扶贫开发做一个较为粗略的划分，大致可以分为四个阶段。第一个阶段为体制改革推动扶贫阶段（1978~1985 年）。在这个阶段，农村处于全面贫困阶段。经济体制是当时生产力发展的主要障碍，因而经济体制改革使一部分贫困人口迅速脱贫。家庭承包制的实行，农产品价格的逐步放开，以及乡镇企业的发展，为解决农村贫困问题打开了出路。

第二个阶段为大规模开发式扶贫和扶贫攻坚阶段（1986~2000 年）。在这个阶段，贫困的区域特征逐步显现。部分地区由于自然条件和其他因素，难以实现自发的经济增长。政府通过实施扶贫政策，投入扶贫资金，促进贫困地区的经济增长，进而减少贫困。中国政府自 1986 年起在全国范围内开展了有计划、有组织和大规模的开发式扶贫。以 1994 年 3 月《国家八七扶贫攻坚计划》的公布实施为标志，中国的扶贫开发进入了攻坚阶段。

第三个阶段为继续坚持开发式扶贫阶段（2001~2010 年）。经历了前两个阶段之后，除了少数社会保障对象和生活在自然环境恶劣地区的特困人口，以及部分残疾人以外，农村贫困人口的温饱问题已经基本解决，但温饱的标准还很低。在这个阶段，需要尽快解决少数贫困人口的温饱问题，进一步改善贫困地区的基本生产生活条件，巩固温饱成果，提高贫困人口的生活质量和综合素质。在这个阶段，中国政府继续坚持开发式扶贫方针，坚持综合开发和全面发展。

第四个阶段为扶贫开发与社会保障有效衔接阶段（2011 年至今）。中西部一些省份贫困人口规模依然较大，贫困程度较深，减贫成本更高，脱贫难度更大。这个阶段把精准扶贫、精准脱贫作为基本方略，坚持扶贫开发与经济社会发展相互促进，坚持精准帮扶与集中连片特殊困难地区开发紧密结合，坚持扶贫开发与生态保护并重，坚持扶贫开发与社会保障有效衔接。

从农村扶贫开发的阶段划分，我们观察到，贫困人口的地区分布和人群特征在不断变化。如果农村贫困人口真正边际化了，开发式扶贫战略的效果就会边际递减，从而需要转向更加注重瞄准个人和家庭的扶贫方式。应该怎样将各种扶贫方式有效衔接来解决农村贫困，引起学者和政策制定者的诸多关注。随着农村减贫进程的推进，扶贫开发与农村低保成为农村减贫的两个重要举措。中国需要建立更有效的贫困人口识别机制，保证更多的贫困人口从扶贫开发和农村低保中受益，以尽快摆脱贫困。此外，针对连片特困地区不同的主导贫困原因，需要采取更具有片区针对性的扶贫政策，解决集中连片和特殊类型贫困地区的发展问题。

二、迁移贫困与减贫体系的一体化

对于消除农村贫困而言，劳动力转移一直发挥着积极的作用。然而，随着劳动力流动的规模逐渐扩大，转移到城市的农村劳动力的生存状态也值得人们关注。农村劳动力在城市劳动力市场就业具有很强的非正规性特征。这也使他们较之城市本地劳动力而言，面临着更大的脆弱性。随着在城市就业的农村转移劳动力规模的不断扩大，以前城乡分割的减贫体系也面临着挑战，扩大社会保护的覆盖，实现城乡减贫体系的一体化成为越来越迫切的任务。

与农村贫困大多以绝对贫困的形式出现不同，在城市的农村转移劳动力的贫困形式更加多元化，他们需要更多地面对城市劳动力市场波动所带来的风险和不确定性。首先，在城市就业的农民工就业的非正规化比例，要高于城市本地居民，这就意味着他们虽然在城市劳动力市场实现就业，但由于获得的社会保护有限，要面临着更大的风险。根据中国城市劳动力调查，农民工在非正规部门就业的比例一直远远高于城市本地劳动力（图 9.5）。

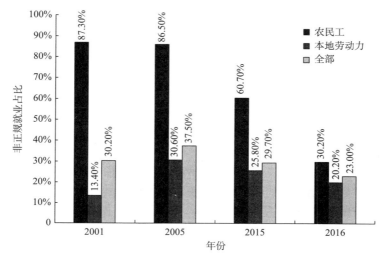

图 9.5　城市本地劳动力和农民工的非正规就业比例

资料来源：根据中国社会科学院人口与劳动经济研究所"中国城市劳动力调查"数据计算得到

由于城市非正规部门就业具有劳动强度大、收入水平低、工作稳定性差以及社会保护不足的特点，所以，农民工的就业集中于城市的非正规部门，就不可避免地要面临由此产生的种种脆弱性和贫困。中国城市劳动力调查显示，与城市本地劳动力相比，农村转移劳动力在主要的劳动力市场结果和社会保障覆盖等指标上均存在明显的差距（表 9.2）。如果仅从月收入观察，城市本地劳动力和农民工之间的差异并不明显，但是，为了挣得与城市本地劳动力同等水平的收入，农民工却要付出更多的努力。例如，农民工的劳动强度更大，2016年农民工的平均周工作小时数，比城市本地劳动力高出 25.7%。因此，农民工和城市本地劳动力的小时工资率差异要远远高于二者月收入的差异。仍以2016 年为例，城市本地劳动力的月收入较之农民工仅高出 7.6%，而小时工资率则高出 36.9%。

表 9.2　城市劳动力市场上农民工的脆弱性

劳动力特征	2001 年		2005 年		2010 年		2016 年	
	农民工	城市劳动力	农民工	城市劳动力	农民工	城市劳动力	农民工	城市劳动力
周工作小时/小时	68.90	45.00	69.90	44.70	57.00	43.70	55.20	43.90
月收入/元	1 083.00	1 265.00	1 124.00	1 527.00	2 158.00	2 368.00	4 839.00	5 206.00
小时工资/元	4.02	6.93	4.17	8.55	9.75	13.50	24.10	33.00
养老保险覆盖率	6.27%	37.45%	12.36%	72.61%	26.42%	77.85%	32.60%	80.82%
失业保险覆盖率			6.84%	32.80%	10.40%	51.82%	31.57%	71.11%
医疗保险覆盖率	6.63%	37.34%	12.28%	62.87%	26.31%	74.12%	37.54%	82.59%

资料来源：根据中国社会科学院人口与劳动经济研究所"中国城市劳动力调查"数据计算得到

因此，尽管在城市劳动力市场上，以收入度量的贫困在农村转移劳动力和城市本地劳动力之间并不存在明显差异，但是，由于农民工的劳动强度更大，工作环境更恶劣，可能会对农民工的健康状况造成损害，并进一步传导为贫困（Du et al.，2006；姜明伦等，2015）。根据已有的经验研究，农民工的月工作时间每增加 1 小时，自评的健康状况下降 0.02 个百分点（Du et al.，2006）。换言之，如果农民工要保持与城市本地劳动力相当的健康水平，降低劳动强度，则以收入度量的贫困发生率就会上升。据测算，如果农民工的工作时间和本地劳动力相当，则以他们收入度量的贫困发生率会上升 15%~35%。

三、实现减贫体系与公共服务的一体化

劳动力从农村向城市的流动，原本各自孤立的乡城贫困现象彼此产生了紧密的联系，也就是说，伴随着人口和劳动力的乡城迁移而产生了迁移贫困。发达国

家在经济发展初期，迁移贫困现象非常普遍；目前许多发展中国家的迁移贫困也较为明显。有的经济学家将这种现象称为贫困的城市化（Psacharopoulos et al.，1995）。对于绝大多数处于二元经济的发展中国家而言，城市化是经济发展的重要目标之一，但贫困由农村向城市的转移显然不是发展的目标。

改革开放以前，在分割的城乡体制下，贫困自然无法从农村向城市转移。改革开放初期，农村劳动力向城市的迁移开始出现，但迁移规模有限，因此迁移贫困不明显。而且，对劳动力市场信号最先做出反应的，往往是农村劳动力中人力资本水平更高的劳动者。而这一部分劳动力在城市劳动力市场上会有更好的表现，他们在城市的贫困发生率也相对较低。

在劳动力流动不显著的情况下，贫困的分布就会具有很强的区域特征。在这种情况下，以区域为瞄准对象，集中地进行反贫困努力，是一种相对有效的减贫措施。中国过去几十年在农村反贫困领域所取得的成就，已经证明了这一点。近年来，从农村向城市流动的劳动力规模日益扩大，人口流动的构成也日益多元化，不仅包括劳动力由农村向城市的转移，还包含越来越多的人口转移。Chan 和 Hu（2003）认为农村人口向城市的流动解释了中国城市化因素的近 60%。在这种情况下，对城市贫困的构成、水平、性质及治理措施，就有必要进行新一轮的改革。

然而，我们看到，相对于贫困形式的转变，减贫体系的改革并不充分。尤其是面对乡城之间贫困的联系，减贫体系没有相应做出调整。这有可能使基于农村区域瞄准和城市反贫困体系的减贫措施，难以有效地瞄准由于劳动力在城乡之间流动而产生的迁移贫困。更重要的是，由于迁移贫困产生的根源是社会保护的不足及其导致的脆弱性，因此，基于收入贫困为主的贫困治理措施，有可能对这种新的贫困形式难以产生实质的减贫效果。

鉴于迁移贫困的根源是社会保护制度的差异，实现社会保护制度的城乡一体化，将有助于从制度上避免贫困的流动。和很多国家相类似，中国的社会保护制度虽然仍然处于建立和完善的过程中，但其主要构成也包括社会保障制度和社会救助制度。目前，这两大基础性的制度在城乡之间尚存在较大的差别，难以适应农村向城市转移的劳动力规模不断扩大的新形势。无论是社会保障体系，还是社会救助制度，制度设计的城乡分割现象都非常明显。社会保护在城乡之间的两种制度体系并行，导致了劳动力流动到城市以后，容易形成社会保护的真空。诸如养老、医疗和低保等社会保护的主要领域，都存在着类似的制度衔接问题。正因为如此，我们看到表 9.2 中几种主要的社会保障覆盖，农民工和城市本地劳动力都存在着比较大的差异。

而且，农村居民以及农民工与城市本地职工的社会保护差异，不仅体现于社会保护制度的覆盖，还表现为受益水平的差异。例如，农村居民目前已经普遍为新型农村合作医疗制度所覆盖。因此，我们看到表 9.2 中，2016 年农民工的医疗保障覆盖率较之 2010 年有明显的提高。然而，比较新型农村合作医疗和城镇职工基本医疗保险的受益水平，我们则可以发现，二者之间有较为明显差异。2015年，农民从新型农村合作医疗报销的医疗费用为人均 177 元，而城市职工从职工基本医疗保险获得的报销额为人均 3 223 元，如图 9.6 所示。

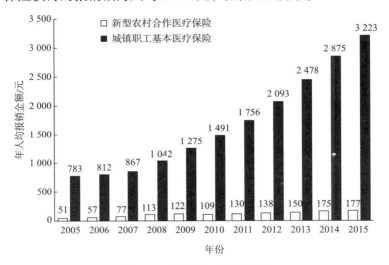

图 9.6　医疗保险受益的差异

资料来源：新型农村合作医疗保险的相关数据来自历年《中国卫生和计划生育统计年鉴》《中国社会统计年鉴》；城镇职工基本医疗保险的相关数据来自历年《人力资源和社会保障事业发展统计公报》（2007 年及以前为《劳动和社会保障事业发展统计公报》）

综上所述，随着城乡统筹、协调发展成为越来越不可阻挡的趋势，包括减贫体系在内的社会保护制度都面临着重大的挑战。只有实现了社会保护制度的城乡统一，农村转移劳动力在城市劳动力市场上，才能和城市本地职工一样有能力抵御不同形式的风险，从而减弱所面临的脆弱性。社会保护制度的统一，不仅需要从制度设计上实现城乡的统筹，也需要在受益水平上逐步缩小城乡之间的差距。

第四节　对其他发展中国家的启示

尽管中国经济经历了改革开放以来的快速发展，劳动力市场也经历了转折性的变化，农村劳动力无限供给的时代业已结束，但中国仍然具有典型的发展中国家的特征，中国在过去 40 余年的发展历程中，以及利用劳动力市场减贫的经验，对其他发展中国家都具有借鉴意义。

一、中国农村劳动力转移的经验

农村劳动力转移的经验主要有以下几个方面：第一，赋予农民择业的自由。农村家庭承包制改革使农户成为事实的经营主体，农户能够自主安排劳动时间和选择经营项目，获得了较为充分的择业和流动权利，这是农村劳动力向城市大规模迁移的制度基础。

第二，充分发挥市场机制在农村劳动力迁移中的主导作用。改革开放以来，大规模的农村劳动力或者在本地从事非农就业，或者实现了跨区域的流动。这些迁移不是政府计划配置的，而是市场机制发挥了主导性作用。

第三，尊重实践和尊重农民。对农民的择业权利予以充分尊重，根据不断变化的形式适时调整政策，保证了农村劳动力的顺利转移。从逐步改革和放宽政策，一直到推动组织制度创新，引导农村劳动力的就业，遵循符合市场经济体制和推动经济结构变革的客观规律。

第四，重视对人的投资。虽然劳动力转移的过程也是对人的投资过程，但是，由农民转变为产业工人，也需要不断地加大人力资本投资。中国在过去40多年经济快速增长的历程中，一直非常重视人力资本投资，农村人口的平均受教育年限不断增长。中国政府和农民家庭对基础教育的重视，为农村劳动力转移到劳动密集型产业奠定了良好的基础。此外，近年来，政府对劳动力的培训也予以高度重视，实施了多项农民工培训计划。在政府针对农村贫困的专项计划中，对贫困地区劳动力的培训就是重要内容之一。

但是，随着中国劳动力市场出现了转折性的变化，劳动力成本呈加速上升的趋势。即便是在劳动密集型行业，资本替代劳动的趋势也日益明显，资本深化程度的提高，对产业工人的素质提出了更高的要求。农民工现有的教育和技术水平不足以使中国的制造业升级，这给中国经济增长方式的改变带来了挑战，也要求政府进一步加大对人的投资力度，提升人力资本投资的效率。

二、与发展中国家的相似与相异之处

（一）发展的一般路径

虽然从经济总量上看，中国已经在 2010 年成为世界第二大经济体，但是，中国的人均 GDP 仍然是中等收入国家的水平。无论是从经济发展水平看，还是就经济结构以及经济增长方式而言，中国经济仍然具有典型的发展中经济的特征。中国经济与其他发展中经济的相似性，使我们有理由相信，中国经济在过去40年中所走的成功道路，以及中国在减贫方面所取得的突出成就，可以为其他发展中国家提供有益的经验。

首先，从资源禀赋的结构看，中国与大多数发展中国家是相似的。从人口结构看，在经济起飞之前的发展中国家，大多尚未实现人口转型，即仍然处于高生育率、高死亡率和高人口自然增长率的阶段。目前，很多低收入的发展中国家，仍然具有这样的人口特征。如果经济发展的模式不能顺应这种现实，就很容易陷入贫困陷阱。

由于在经济起飞之前，二元经济结构非常明显，因此，资本相对稀缺、劳动力相对丰富是大多数发展中国家所面临的共同发展条件。在这种情形下，如果背离了经济发展规律，走重工业化的道路，发展资本密集型的产业，那么，经济发展的模式也就偏离了自身的比较优势，也就难以获得长期、持续的经济增长绩效。相反，通过发展劳动密集型产业，不断扩大非农部门，并创造越来越多的就业机会，就有助于逐渐突破二元经济结构，从而实现经济的起飞。中国过去40多年的实践就证明了这一道路的正确性。

当然，中国劳动密集型制造业的发展是与其特定的资源禀赋结构有关的，其他发展中国家也存在各自具体的国情，中国的模式并不是唯一的选择。例如，中国人口规模决定了在经济体内部足以形成制造业产品的市场，也容易实现专业化的生产和企业组织方式，但这一条件并不是所有的发展中国家都具备。类似地，第三产业也可能有符合劳动密集特征的产业部门，而发展中国家应该根据自身的禀赋特征，选择自身的产业政策。

其次，从减贫的角度看，充分利用劳动力市场，在经济发展初期会取得最有效的减贫效果。如果经济发展的模式背离了发展中国家的资源禀赋结构，偏向于资本密集型的产业，那么，国民收入的分配也会在总体上偏向于资本的分配，从而扩大劳动要素的拥有者——贫困家庭和资本要素拥有者之间的收入差距。相反，遵循比较优势，发展劳动密集型产业，可以使贫困人口在初次分配中就获得改善收入的机会，从而提高减贫的效率。

最后，中国和很多发展中国家一样，在经济发展的初期，面临着市场机制发育不充分的制约。尤其是劳动力市场，往往存在着很多制度障碍。由于劳动力市场制度的复杂性，劳动力市场规制的具体措施在各个国家之间不尽相同，但发展中国家往往都面临着同样的问题，即劳动力流动存在着各种各样的障碍。我们看到，劳动力在地区之间、行业之间的自由流动是具有二元经济特征的经济体提高资源配置效率的最有效的方式之一。因此，不断地减少，乃至消除劳动力流动的制度障碍，尊重劳动力市场价格信号的作用，是发展中国家利用劳动力市场，并实施减贫战略的必要条件。

（二）中国模式的独特性

当然，和很多其他发展中国家相比，中国的发展道路也有其独特性。其中一个最为突出的特征就是中国还面临着经济体制转型的制约，因此，中国的发展路径也往往由于这些制度性的制约而具有独特性。具体到农村劳动力转移，中国就曾经有过"离土不离乡"的乡村工业化过程。在经济发展之初，中国的经济体制尚未完全过渡到市场经济，农村劳动力虽然迫切需要向非农部门转移，但城乡之间的制度分割仍然非常明显。在这种情况下，中国的农村地区，尤其是经济发达地区的农村通过发展乡镇企业的形式，实现了乡村工业化，并一度成为中国农村劳动力转移的主要模式。然而，乡村工业化是否应该成为其他发展中国家转移农村劳动力的普遍模式，则是需要慎重考虑的问题。

首先，随着中国经济的发展、经济体制的转型，农村劳动力转移已经由 20 世纪 80 年代"离土不离乡"，逐渐转变到向城市集中的模式。乡村工业化难以体现城市化所具有的规模经济以及产业集聚所带来的经济效率，因此，产生劳动力需求的主要地区，也逐渐由乡镇企业和发达地区的乡村，转向城市地区。由此看来，中国劳动力转移的历程也无法摆脱经济发展的一般规律。

其次，即便是中国的乡村工业化也适用于所有地区的发展模式。在 20 世纪乡镇企业迅猛发展的时期，大多数贫困地区也难以通过"离土不离乡"的模式实现劳动力转移。要实现乡村工业化实际上也取决于诸多因素的制约，如区域市场的发育程度与范围、经济发展的水平、各地市场制度的完善程度等。各地在这些条件上的差异可能使"离土不离乡"模式的适用性也存在区域的差别。

由于其他很多发展中国家并不一定有中国经济体制转型的特殊国情，因此，在工业化和城市化道路上，并不一定要重复中国的"离土不离乡"模式。无论是乡镇企业发展还是后来劳动力跨地区的大规模转移，其内在的逻辑都体现于市场机制渐进发育的过程和对扭曲的制度障碍纠偏的过程。今后中国的发展仍然需要依赖于此，而与其他发展中国家可以分享的经验也在于此。

（三）经验、教训与展望

在过去的 40 年中，中国在经济发展和减贫领域取得了突出的成就，也积累了很多的经验和教训。展望未来，与中国具有类似条件的发展中国家要实现经济起飞和持续减贫，也可以借鉴中国在相关领域的经验和教训。

首先，经济发展和减贫离不开适宜的制度环境，因此政府需要尽可能地减少政策的扭曲。如前所述，发展中国家缺乏成熟的市场环境的一个重要标志，就是市场经济的制度不健全。需要指出的是，建设市场经济环境的过程，也是一个减少政策扭曲的过程，需要在不断消除产品和要素市场制度障碍的同时，保持政策的一致性和稳定性。

其次，发展中国家要通过渐进改革的道路来发展经济。建设完善的市场经济体系对于任何一个发展中国家而言，都不是在短时期内可以完成的任务，因此，走渐进的改革之路，保持相对稳定的发展环境，对于发展中国家是非常重要的。中国过去40年的发展经验表明，渐进的改革方式使发展中国家有机会纠正可能存在的政策偏差，同时在改革过程中付出相对小的改革成本。

再次，就具体的减贫方式看，运用劳动力市场是非常积极有效的手段，然而，也需要注意到，全面减贫需要更加完善的社会政策，以覆盖所有的贫困群体。中国过去40年的经验表明，发挥劳动力市场的作用，可以使能够利用劳动力市场的群体迅速摆脱贫困，但随着减贫进程的推进，劳动力转移对于边缘性贫困人口所起的作用减小。因此，全面减贫将越来越多地依赖于社会保护的全面覆盖。

最后，在突破二元经济结构的过程中，发展中国家在致力于社会经济一体化的同时，要尽量避免贫困的城市化所带来的城市病。然而，我们看到，很多发展中国家在推进城市化的同时，也导致了城市不和谐地扩张。例如，城市过度膨胀带来的拥挤、污染和社会秩序的恶化，更重要的是，由于就业机会不充分，人口向城市转移的同时，往往带来贫困的转移，造成贫民窟林立。在这种情况下，城市化并没有成为改善农村转移人口福利的有效手段。

要使经济发展中的城市化和工业化过程与增进人民福利统一，以下两个领域的改革是至关重要的。其一，农村的土地制度安排对于劳动力的转移和流动模式有着深远的影响。中国的改革开放历程是从农村展开的，而农村改革是发端于土地制度的改革。40 年前开始推行的农村家庭承包制使农户真正拥有了土地经营权，不仅极大地调动了农民的生产积极性，还使土地成为维持农民生计基本的、切实的保障。中国的土地制度改革注重土地分配的均等性，最大限度地实现了社会的公平，赋予了最贫困的群体财产权利。中国的实践表明，农村居民获得长期稳定、权益均等的土地产权，会提高农户非农劳动供给决策的保留工资水平（机会成本），因此，劳动力向城市的流动也是改进性的资源重新配置过程。其二，要切实避免农村转移劳动力在城市成为新的贫困群体，还需要致力于全面的社会保护制度建设。通过逐步完善农村地区的社会保护制度、提高社会保护的水平、缩小城乡之间的社会保护差距，最终实现社会保护制度和水平的统一。只有这样，才能使人口的流动不导致贫困的流动。

参 考 文 献

蔡昉. 2008. 刘易斯转折点——中国经济发展新阶段[M]. 北京：社会科学文献出版社.

蔡昉，都阳. 2016. 应重视单位劳动力成本过快上升的问题//蔡昉. 新常态"供给侧"结构性改革—— 一个经济学家的思考与建议. 北京：中国社会科学出版社：74-82.

蔡昉，王德文. 1999. 中国经济增长可持续性与劳动贡献[J]. 经济研究，（10）：62-68.

都阳. 2010. 农村劳动力流动：转折时期的政策选择[J]. 经济社会体制比较，（5）：90-97.

都阳，王美艳. 2010. 农村剩余劳动力的新估计及其含义[J]. 广州大学学报 （社会科学版），（4）：17-24.

樊坚. 2007. 城市化进程中的农民工贫困研究. 云南民族大学学报（哲学社会科学版），（1）：17-21.

国家统计局住户调查办公室. 2016. 中国住户调查年鉴 2016[M]. 北京：中国统计出版社.

姜明伦，于敏，李红. 2015. 农民工健康贫困测量及影响因素分析——基于环境公平视角[J]. 农业经济与管理，（6）：17-23.

李树苗，李聪，梁义成. 2011. 外出务工汇款对西部贫困山区农户家庭支出的影响[J]. 西安交通大学学报 （社会科学版），（1）：33-39.

马伟，王亚华，刘生龙. 2012. 交通基础设施与中国人口迁移：基于引力模型分析[J]. 中国软科学，（3）：69-77.

世界银行. 1997. 2020 年的中国：新世纪的发展挑战[M]. 北京：中国财政经济出版社.

汪三贵，王彩玲. 2015. 交通基础设施的可获得性与贫困村劳动力迁移——来自贫困村农户的证据[J]. 劳动经济研究，（6）：22-37.

王美艳. 2014. 农民工的贫困状况与影响因素——兼与城市居民比较[J]. 宏观经济研究，（9）：3-16.

武志刚，张恒春. 2010. 农村劳动力外出就业的特点及变化//蔡昉. 中国人口与劳动问题报告 No. 11：金融危机时期的劳动力市场挑战. 北京：社会科学文献出版社：54-92.

Roberts K. 2006. 中国劳动力流动的形势及其变化——最大规模的流动从历时最久的流动中得到什么启示？//蔡昉，白南生. 中国转轨时期劳动力流动. 北京：社会科学文献出版社：387-400.

Chan K W，Hu Y. 2003. Urbanization in China in the 1990s：new definition，different series，and revised trends[J]. The China Review，3（2）：49-71.

Du Y，Gregory R，Meng X. 2006. The impact of the guest-worker system on poverty and the well-being of migrant workers in urban China[A]//Garnaut R，Song L. The Turning Point in China's Economic Development[C]. Canberra：ANUE Press and Asia Pacific Press：1-10.

Du Y, Park A, Wang S. 2005. Migration and rural poverty in China[J]. Journal of Comparative Economics, 33（4）: 688-709.

Lin J F, Cai F, Li Z. 1998. Competition, policy burdens, and state-owned enterprise reform[J]. American Economic Review, 88（2）: 422-427.

Park A. 2008. Rural-urban inequality in China[A]//Yusuf S, Saich T. China Urbanizes: Consequences, Strategies, and Policies. Washington: The World Bank: 41-63.

Psacharopoulos G, Morley S, Fiszbein A, et al. 1995. Poverty and income inequality in latin America during the 1980s[J]. Review of Income and Wealth, 41（3）: 245-264.

Wang M. 2010. The rise of labor cost and the fall of labor input: has China reached lewis turning point? [J]. China Economic Journal, 3（2）: 137-153.

第十章 义务教育资源配置中的"新城镇偏向"及其对农村贫困人群的影响①

城镇化的加快推进给城乡义务教育设施的投资带来了两方面影响:一方面,城镇义务教育设施的供应紧张以及农村义务教育设施的利用不足。本章的研究显示,地方政府近些年加快了撤并农村中小学的力度,这使农村留守家庭子女上学的物质和时间成本大幅度上升。特别是,贫困家庭的相对负担更重。而另一方面,只有能力更强、收入更高的农户才更有可能发生教育迁移,这造成农村贫困家庭缺乏享受优质城镇教育资源的"可行能力",以及公共教育资源配置事实上的不公平。本章将上述现象称为义务教育资源配置中的"新城镇偏向"。基于上述分析,建议应采取综合性举措,纠正教育资源配置中的"新城镇化"偏向,增加农村贫困义务教育家庭子女享受优质教育资源的机会,着力减轻贫困家庭的就学相关负担,切实阻断贫困的代际传递。

第一节 背　景

中华人民共和国成立之后,我国在政策和体制上长期实行城镇偏向战略,造成了城乡发展水平的显著差异(蔡昉和杨涛,2000;顾益康和邵峰,2003)。自2003年党的十六届四中全会提出"两个趋势"的判断,2004年中央工作会议提出"以工促农、以城带乡"之后,我国政府开始纠正之前长期实行的城镇偏向战

① 本研究获国家社会科学基金项目"城乡一体化过程中农村公共产品供给机制与政策研究"(10BJY059)、国家自然科学基金应急项目"中国扶贫开发的战略和政策研究"(项目编号:71541036)及清华大学公共管理学院产业发展与环境治理研究中心"城镇化对中国农村社区和农民生计的影响"项目的资助。

[作者简介] 林万龙,中国农业大学经济管理学院,教授;余漫,中国国际扶贫中心,研究员;孙翠清,中国农科院农经所,副研究员。

略，逐步实施城乡统筹战略。随着"公共财政覆盖农村"系列政策的实施，城乡公共服务差距逐步缩小。

但是，随着城镇化的快速推进，大量农村人口持续向城镇地区集中。城镇化人口的激增一方面造成了城镇公共服务机构容纳能力严重不足，另一方面则导致了农村公共服务设施的利用不足。在此背景下，把有限的公共服务资源向城镇集中，以缓解服务需求压力，提高设施的利用效率，成为地方政府的普遍性做法。本章将这一城镇化背景下地方政府公共服务资源再次向城镇倾斜配置的现象称为公共服务配置的"新城镇偏向"。

城镇化背景下义务教育资源向城镇地区倾斜配置是公共服务资源配置"新城镇偏向"的典型表现。我们通过观察发现，随着城镇化的推进，大量农村人口进城就业和生活，越来越多的适龄儿童到城镇就学。城镇义务教育设施紧张和农村地区义务教育设施利用不足并存的现象日益严重。在此情况下，地方政府往往倾向于把有限的义务教育资源向城镇地区配置，从而出现义务教育资源配置的"新城镇偏向"。

上述偏向将使农村贫困家庭教育成本上升或者难以享受到高质量的义务教育服务，最终不利于消除或缓解贫困的代际传递。本章拟对义务教育"新城镇偏向"以及这一偏向对农村贫困家庭所造成的影响进行实证研究。具体而言，本章关注的问题有两个：义务教育资源配置"新城镇偏向"的主要表现是什么？这种调整对农村贫困家庭子女就学造成了什么影响？本章的研究将提示政策制定者，在大力推进城镇化的进程中，应特别关注农村弱势群体可能因政策效率和公平之间平衡性的不够而受到的不利影响，必须提出针对性的对策以消除或降低这种不利影响。

第二节　义务教育资源配置"新城镇偏向"的表现

义务教育"新城镇偏向"的主要表现有两点，一是对农村中小学布局进行调整，撤并部分农村义务教育学校或教学点；二是将优质教育资源（优质师资和教学设施投入）向城镇倾斜。上述偏向将使农村贫困家庭教育成本上升或者难以享受到高质量的义务教育服务，最终不利于消除或缓解贫困的代际传递。

一、农村中小学布局调整

从国际经验来看，在城镇化进程中，为追求所谓的"规模经济"，很多国家都对农村地区的学校进行过撤并。例如，随着城镇化的推进，美国各州在19世纪后期开展了不同程度的学校（学区）调整运动，在20世纪则进行了较大规模的学区合并（Jolley et al.，2012；张源源和邬志辉，2010；李洪恩和靳玉乐，2011）。21 世纪初以来，基于类似的理由，新西兰政府也开展了全国范围的农村学校布局调整，大批分散的小规模农村学校被合并或关闭（Xu and Low，2015；王建梁和陈瑶，2011）。

我国的农村中小学布局调整政策最早可以追溯到 20 世纪 80 年代。2001 年，农村教育布局调整政策被推向全国范围。当年，国务院发布的《关于基础教育改革与发展的决定》中，将调整农村义务教育学校布局列为一项重要工作。为了配合布局调整工作的顺利推行，2002 年和 2003 年，国务院和财政部分别下达了《关于完善农村义务教育管理体制的通知》和《中小学布局调整专项资金管理办法》，进一步推动了农村中小学的布局调整工作。

从 2001 年起农村中小学布局调整政策在全国范围内推行的一个客观背景是农村地区生源的骤减。1991~2000 年，全国小学生在校生数量增加了 772 万人，其中，城镇地区增加了 1 864 万人，而农村地区则减少了 1 092 万人，年均减少 109 万人。城乡之间的这种变化差异显然与我国城镇化的推进有关。这一趋势在 2001 年后仍在延续，2001~2010 年的 10 年时间里，我国农村小学生源减少了 3 255 万人，年均减少 325 万人，比 1991~2000 年减少数量的 3 倍还多，而同期，县镇和城市生源则增加了 653 万人，年均增加 65 万人。

值得引起注意的是，与 2001 年之后我国农村小学在校生数量的快速下降相比，农村小学学校和教学点的减少速度更快。2001~2010 年，我国农村小学学校和教学点数量由 52.7 万所减少到 27.6 万所，降幅达到 47.5%，而同期我国农村小学在校生数量的降幅则是 37.8%，显著低于学校和教学点的降幅。我国东部、中部和西部地区农村小学学校和教学点，以及在校生数量的变动趋势与全国总体的基本情况大致相同（图 10.1）。

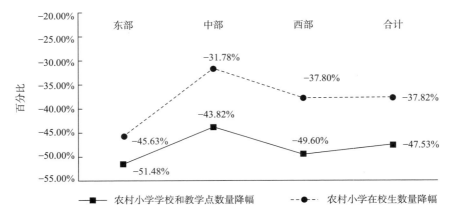

图 10.1　2001~2010 年我国农村小学在校生和学校数量减少情况

资料来源：根据《中国教育统计年鉴》相应年份数据计算和绘制

与小学在校生数量的变化情况略有不同，1991~2000 年，农村初中在校生的数量是增加的，10 年间增加了 862 万人；2001~2010 年，农村初中在校生数量则在减少，共减少了 1 337 万人。与农村小学的不同之处在于，农村初中学校的撤并速度低于在校生数量的减少速度，2001~2010 年，我国农村初中学校的降幅为 28.9%，而同期农村初中在校生的降幅为 42.8%。因此，2001 年以来农村中小学布局调整的重点在农村小学。

二、优质教育资源向城镇地区倾斜

义务教育资源"新城镇偏向"的一个表现是优质教育资源向城镇地区的倾斜。尽管十余年来，各级政府加大了对农村地区义务教育的投入力度，农村义务教育师资水平和设施条件有了大幅度的提高。但是，随着城镇人口的大量聚集，城镇义务教育资源供求矛盾日益突出，各地政府在推动农村中小学布局调整的同时，也加大了对城镇地区义务教育资源的倾斜配置。单纯从统计数据来看，在过去 10 年中，城乡中小学教师的学历水平都有了大幅度提高。但是研究显示，农村地区与城镇地区的义务教育条件仍存在较大差距（Xu and Low，2015；Hao and Yu，2015；Wang and Li，2009）。将农村地区授课水平高、教学效果好的教师通过教育部门组织的正规选拔，调入县镇中小学任教，是目前各地教育部门的普遍做法。其结果是，县镇中小学教师的教学质量要明显好于农村学校。

一个可以反映城乡义务教育设施条件差异的综合性指标是校均固定资产总值。2001 年，农村小学和初中的校均固定资产总值仅分别为县镇小学和初中的 28.3%和 60.6%；2013 年，上述比例已分别下降为 26.0%和 50.0%（图 10.2）。也就是说，10 多年以来，城乡义务教育设施条件的差距不但没有缩小，反而有拉大的趋势。

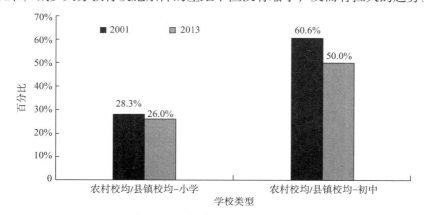

图 10.2 2001 年和 2013 年城乡学校校均固定资产总值对比

资料来源：根据《中国教育统计年鉴》相应年份数据计算和绘制

第三节　"新城镇偏向"对贫困家庭子女就学的影响

一、农村中小学布局调整与贫困农户家庭子女就学经济负担

从美国和新西兰学校撤并的实践来看，学校合并使学校的办学成本降低并不确定，反而引发了人们对教育公平的质疑（张源源和邬志辉，2010；王建梁和陈瑶，2011）。在我国，随着"两免一补"政策的全面实施，农村家庭就学的直接负担大幅度减轻了。但是，大量研究显示，从2001年以来大力推进的农村中小学布局调整却加重了农村留守农户其他方面的家庭负担（周春红，2007；范先佐，2006；何卓，2008；郭清扬，2008；李祥云，2008），还引发了学生上学方便性、寄宿低龄化、程序正义、机会公平等政策议题（曾新，2014；赵丹等，2012；张晓阳，2013；贾勇宏和曾新，2012；邬志辉和史宁中，2011）。应当说，中小学布局调整所造成的上述负面效果是比较公认的。本节在此用我们的一手调研数据就学校撤并对农户家庭经济负担的影响提供了一个佐证。

我们所调研的对象为河北和内蒙古两个县中家有正在农村小学上学的农户，总共为102户。

根据我们的调研结果，在该地区，农村中小学布局调整后，学生上学距离和上学花费的时间都大大增加了。具体来说，调整后学生上学距离是调整前的4.6倍，学生上学往返需要花费的时间平均为调整前的2.3倍（表10.1）。

表 10.1　农村中小学布局调整前后学生上学距离和花费时间变化情况

地区	上学距离/千米		往返一次时间/分钟	
	调整前	调整后	调整前	调整后
河北某县	0.5	5.9	8.5	35.4
内蒙古某县	10.3	42.5	62.6	121.9

资料来源：笔者实地调研

在农村中小学布局调整之前，学生大多可以自行上学，不需要家长护送；在农村中小学布局调整之后，撤并村的低年级学生都要由家长接送，或者花钱乘坐出租车，部分学生还需要离家住宿。根据统计，全部样本中选择了寄宿或租房住宿的学生占29%。在走读生中，自行去上学的大约占40%，其余约60%则由家长接送或乘坐出租车上下学[①]。这部分学生的家庭因农村中小学布局调整而增加了

---

① 分析已有统计近几年媒体报道的74起校车安全事故数据后发现，在死亡人数中有74%是农村学生；49%的校车事故发生在义务教育阶段，50%在幼儿园（吴齐强等，2011）。

交通费负担，或因工作时间减少而影响了收入。据调查，约34%的家长反映因要照料孩子上学而放弃了更高收入的工作机会，所放弃工作使其减少收入 5 000~30 000元/年不等，平均每个学生家庭减少收入 13 003 元/年（表 10.2）。

表 10.2　学生家长因照料学生而减少收入的情况

地区	家长因照料学生而减少收入样本比例	家长减少收入均值/（元/年）
河北某县	31%	15 069
内蒙古某县	40%	10 250
全部样本	34%	13 004

资料来源：笔者实地调研

　　对农户的满意度调查印证了上述事实。当问到学校撤并后产生了哪些不利影响时，选择"担心孩子上学交通安全问题"的农户比例高达 63%，选择"校外费用（交通、伙食、住宿）增加"的比例也高达 59%，认为"学校远，不方便"的占 39%。

　　我们的分析显示，学校撤并后农村小学生上学距离变化会显著影响农户家庭每年的教育支出，农村小学撤并幅度越大，给农户造成的经济负担越重。我们还发现，学校撤并对不同农户的家庭负担会造成不同的影响。学生家庭收入水平越低，学生每年教育支出的比例越高。具体来说，如果按照收入五等分分组，那么，在调研样本中，因学校撤并导致的家庭负担占家庭纯收入的比重，最低收入组高达 6.2%，而最高收入组仅为 1.5%（图 10.3）。这一研究结果表明，学校撤并对贫困家庭产生了更为不利的影响。

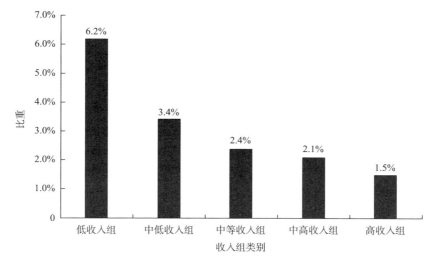

图 10.3　不同收入组农户因学校撤并导致的负担占家庭纯收入的比重
资料来源：笔者实地调研

二、贫困农户享受更高质量城镇义务教育资源的可行能力

理论上来说，农村家庭可以选择通过向城镇地区迁移来享受更高质量的义务教育资源。但是，教育迁移不仅取决于家庭的意愿，还取决于其迁移能力。在城镇地区就学意味着要承受更高的教育相关成本，如租房、日常生活等方面的成本。从这个角度来说，有一个很重要的问题一直未引起人们足够的重视，即在政府将义务教育资源显著向城镇倾斜的背景下，究竟哪些农村家庭更可能发生教育迁移，从而更可能享受更高质量的城镇教育资源呢？

为此，我们采用我们获得的实地调研数据（450 个有效农户样本）进行了实证分析。

我们选取家庭年收入水平（income）、父母外出务工状况（p-outwork）、子女就读阶段（e-stage）及家庭子女数量（c-number）、父母学历（edu$_f$/edu$_m$）、子女年龄（age）、子女性别（gender）等因素作为解释变量，考察这些因素对农村家庭教育迁移的影响。为了增强回归的平稳性和准确性，还加入了区域虚变量以控制区域特征的影响，变量选择及定义如表 10.3 所示。

表 10.3　就学地选择模型涉及变量名称及定义

类别	变量名	定义
子女特征	Age	子女年龄
	Gender	女=1；男=0
	E-stage	子女就读阶段为初中，值为 1；小学，为 0
	Performance	如果上学期成绩为班级 75% 之后，值为 1；其他，为 0
家庭特征	Income	家庭年收入
	Edu$_f$	父亲学历（小学以下=1 小学=2 初中=3 高中或中专=4 大专或大学本科=5 本科以上=6）
	Edu$_m$	母亲学历（小学以下=1 小学=2 初中=3 高中或中专=4 大专或大学本科=5 本科以上=6）
	C-number	家庭中基础教育阶段的子女数
	Area	耕地数量（单位：亩，1 亩≈666.66 平方米）
	P-outwork$_f$	如果仅父亲外出务工，值为 1；其他，为 0
	P-outwork$_m$	如果仅母亲外出务工，值为 1；其他，为 0
	P-outwork$_b$	如果父母外出务工，值为 1；其他，为 0

续表

类别	变量名	定义
就学特征	Resi	如果居住公办宿舍，值为 1；
		其他，为 0
因变量	School	就读学校为城镇学校，值为 1；就读学校为农村学校，值为 0

估计结果显示，对农村家庭选择将子女迁入城镇就学有显著影响的因素包括家庭年收入、父母外出务工状况、家庭子女数量、子女就读阶段等（表 10.4）。就我们所关注的收入变量而言，估计结果显示，家庭收入越高的农户，子女越有可能选择城镇就读。

表 10.4　就学地选择影响因素 probit 模型估计结果

变量	就学地选择		
Ln（income）	0.667^{***}	Gender	-0.143
			（-0.870）
Resi	（5.260）	P-outwork$_f$	0.527^{**}
	1.036^{***}		（2.720）
Performance	（3.6400）	P-outwork$_m$	0.466
	0.207		（0.520）
E-stage	（0.72）	P-outwork$_b$	0.368
	0.717^{**}		（1.750）
C-number	（2.670）	Area	-0.0120
	-0.291^{*}		（-0.680）
edu$_f$	（-2.120）	region	-0.731^{**}
	0.188		（-3.170）
	（1.610）	westr	1.229^{***}
edu$_m$	-0.0203		（5.570）
	（-0.180）	_cons	-7.871^{***}
Age	-0.00200	N	450
	（-0.050）		

*表示 5%显著水平；**表示 1%显著水平；***表示 0.1%显著水平

我们进一步将收入分组，计算不同收入组农户发生教育迁移的概率。估计结果可以整理为图 10.4。如图 10.4 显示，随着收入水平的进一步提高，教育迁移的可能性会逐步增大。在我们的研究样本中，收入水平最高的农户组，发生教育迁移的概率高达 63.8%，收入水平倒数第二低的农户组的教育迁移概率仅为 19.0%。

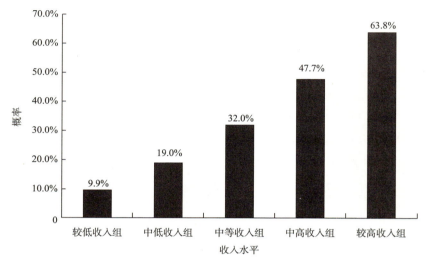

图 10.4　不同收入水平农户样本发生教育迁移的概率

资料来源：根据表 10.4 估计结果整理

这意味着，只有能力更强、收入更高的农户才更有可能发生教育迁移，所以低收入家庭即使有对更好教育质量的需求，却由于收入水平的限制，缺乏享受优质城镇教育资源的"可行能力"[①]，从而无法获得更高质量的城镇教育资源。因此，农村低收入农村家庭难以从向城镇集中的义务教育资源中获益，从而造成了公共教育资源配置事实上的不公平。

第四节　结论与政策建议

一、结论

城镇化的加快推进，一方面造成了城镇人口的大量积聚，另一方面也使农村留守人口持续减少。由此，给城乡公共服务设施的投资带来了两方面影响，城镇公共服务设施供应紧张以及农村公共服务设施利用不足。地方政府往往基于效率导向，加大对城镇公共服务的倾斜投资，形成城乡发展中的"新城镇偏向"。表

---

① 关于可行能力，参见森（2002）。

现在义务教育方面，就是对撤并农村中小学的强烈动机以及对城镇教育资源（设施、师资）的倾斜配置。

我们的研究显示，一方面，城镇化的加速推进加快了地方政府撤并农村中小学的力度，这使农村留守家庭子女上学的物质和时间成本大幅度上升，特别是贫困家庭的负担相对更重；另一方面，只有能力更强、收入更高的农户才更有可能发生教育迁移，使农村贫困家庭缺乏享受优质城镇教育资源的"可行能力"，造成了公共教育资源配置事实上的不公平。

二、政策建议

基于上述分析，建议应采取综合性举措，纠正教育资源配置中的"新城镇化"偏向，增加农村贫困义务教育家庭子女享受优质教育资源的机会，着力减轻贫困家庭的就学相关负担，切实阻断贫困的代际传递。

（一）以更加注重教育公平的理念为指导进行农村中小学布局调整工作

应扭转某些地方政府把农村中小学布局调整作为促进城镇化手段之一的做法和在城乡教育资源配置中过度追求资源配置效率的倾向，按照"兼顾教育公平和资源配置效率、更加注重公平"的原则开展城乡中小学布局调整工作，办好必要的村小学和教学点，促进城乡地区义务教育学校的合理布局。

（二）建立城乡学校教师均衡配置机制

应改变目前普遍存在的从农村地区选调优秀师资充实城镇师资队伍的做法，建议以大力提高乡村教师薪酬待遇和生活条件为前提，实行公办义务教育学校管理人员和师资队伍在县域范围内的统一配置，切实缩小城乡师资质量差异，实现城乡义务教育水平的均衡发展。

（三）减轻农村义务教育家庭就学相关负担

应加强寄宿制学校生活教师的配备和食宿条件的改善，加大对贫困寄宿生的补助力度，让贫困家庭子女住得起、住得好；有条件、有需要的地方，应加大投入，结合合理的中小学布局调整，制定城乡一体的校车交通路线，让农村家庭子女不寄宿、家长不陪读，即可享受更为优质的教育资源。

参 考 文 献

蔡昉，杨涛. 2000. 城乡收入差距的政治经济学[J]. 中国社会科学，（4）：11-21.

范先佐. 2006. 农村中小学布局调整的原因，动力及方式选择[J]. 教育与经济，（1）：26-29.

顾益康，邵峰. 2003."全面推进城乡一体化改革——新时期解决'三农'问题的根本出路"[J]. 中国农村经济，（1）：20-44.

郭清扬. 2008. 农村学校布局调整与教育资源合理配置[J]. 教育发展研究，（1）：61-65.

何卓. 2008. 对我国农村中小学布局调整的思考[J]. 教育发展研究，（1）：35-39.

贾勇宏，曾新. 2012. 农村中小学布局调整对教育起点公平的负面影响——基于全国9省（区）的调查[J]. 华中师范大学学报（人文社会科学版），（3）：143-153.

李洪恩，靳玉乐. 2011. 美国中小学布局调整的缘由、现状与启示[J]. 比较教育研究，（12）：6-9.

李祥云. 2008. 农村中小学布局调整与"两免一补"政策实施情况分析——基于农户问卷调查的结果[J]. 教育发展研究，（21）：57-61.

森 A. 2002. 以自由看待发展[M]. 于真，任臣责，译. 北京：中国人民大学出版社.

王建梁，陈瑶. 2011. 21世纪新西兰农村学校布局调整的反思及启示[J]. 外国教育研究：（6）：73-77.

邬志辉，史宁中. 2011. 农村学校布局调整的十年走势与政策议题[J]. 教育研究，（7）：22-30.

吴齐强，冀业，贺林平. 2011. 校车安全发展，出路在哪里[N]. 人民日报，2011-11-21.

张晓阳. 2013. 我国农村中小学布局调整政策：历程与影响[J]. 湖南师范大学教育科学学报，（6）：59-63.

曾新. 2014. 学校布局调整后县域义务教育非均衡发展状况研究[J]. 华中师范大学学报（人文社会科学版），（3）：159-166.

张源源，邬志辉. 2010. 美国乡村学校布局调整的历程及其对我国的启示[J]. 外国中小学教育，（7）：36-41.

赵丹，吴宏超，Bruno P. 2012. 农村学校撤并对学生上学距离的影响——基于GIS和Ordinal Logit模型的分析[J]. 教育学报，（8）：62-72.

周春红. 2007. 我国农村中小学布局调整政策的规模经济分析[J]. 辽宁教育研究，（11）：71-73.

Hao L，Yu X. 2015. Rural-urban migration and children's access to education：China in comparative perspective[Z]. Paper Commissioned for the EFA Global Monitoring Report 2015，Education for All 2000-2015：Achievements and Challenges：1-28.

Jolley M R，Uerling D F. LaCost B Y. 2012. Merging Public School Districts：What are the Fiscal Benefits? Presented at the Annual Conference of the Association of Education Finance and Policy[Z]. Boston，3（17）.

Wang J，Li Y. 2009. Research on the teaching quality of compulsory education in China's west rural schools[J]. Frontiers of Education in China，（4）：66.

Xu S Q，Low W W. 2015. Rural education and urbanization：experiences and struggles in China since the late 1070's[J]. Global Education Review，2（4）：78-100.

第十一章 特色农业精准扶贫问题与对策研究①

第一节 背 景

农业扶贫一直是我国农村开发式扶贫的重点内容。经过改革开放 40 年的发展，我国农村贫困人口大幅减少，剩余扶贫对象主要集中在山区和高海拔地区。这些地区基本上不具备生产大宗农产品的竞争优势，但在发展特色农业方面具有一定的有利条件。因此，在脱贫攻坚阶段，我国农业扶贫领域须关注的对象主要是特色农业发展，如经济作物种植、畜禽养殖等。

特色农业扶贫须解决好两个基本问题：一是特色农业如何实现市场效率，进而做大做强；二是特色农业如何保障脆弱农户的利益，进而惠农利贫。在工业化、市场化深入推进和劳动生产率大幅提高的大背景下，特色农业如何保持活力，如何在要素市场形成竞争力，实际上可归结为其产业化发展的能力，这是做大做强特色农业的关键。从理论逻辑看，特色产业做大做强并不必然惠农利贫。例如，资本和技术密集型农业的产业化有可能导致资本和技术对劳动的大规模替代，进而出现农业产业化但普通农民也随之边缘化的现象，即农业产业化的益处主要为资本所占有。然而，从人口规模等现实条件看，我国特色农业做大做强的过程必须同时也是惠农利贫的过程，否则，被农业排斥的农村人口将超出城镇化吸纳能力和资源环境承载能力，进而导致严重的经济社会及政治问题。

本章以产业链与利益相关者的交叉视角展开分析：①讨论相关特色农业典型现象和案例时，对其全产业链进行分析。具体来说，就是对产前、产中、产后的关键环节进行考察，关注产业做大做强的主要影响因素和经济收益在产业链条中的分配状况。讨论的关键环节包括农产品销售、农资供给与技术服务、土地利

---

① [作者简介] 陆汉文，华中师范大学社会学院教授；杨永伟，华中师范大学社会学院博士研究生。

用、劳动组织、金融服务、政府作用等。②把对利益相关者分析作为产业链分析的基本方法。特色农业扶贫涉及政府、一般农户（又可区分为贫困户和非贫困户）、大户、合作社、企业等参与主体，这些主体带着各自利益目标参与特色农业扶贫过程，其互动关系以及在互动中形成的利益联结机制在很大程度上决定了特色农业的发展与扶贫效果。基于此，本章假定，利益相关者的参与状况和冲突、合作关系是影响产业做大做强及惠农利贫的关键因素。

本章首先讨论特色农业扶贫项目的常见问题，并从政府、市场、农户的角度探讨这些问题的成因；然后选择东部地区在产业化发展和惠农利贫方面取得突出效果的特色农业典型案例（寿光蔬菜、沭阳养殖、松阳茶业）进行分析，揭示特色农业精准扶贫可以借鉴的经验；最后提出脱贫攻坚阶段特色农业精准扶贫的基本思路和政策建议。

第二节　特色农业扶贫项目的常见问题及其成因

特色农业扶贫项目是经政府（外部扶贫力量）、农民、市场协同发挥作用而产生实际成效的。任何一方的角色失当，都可能导致扶贫项目出现问题或失败。

一、常见问题

（一）政府动而农民不动

作为政府推进的主要扶贫开发模式之一，特色农业扶贫经过长时间的摸索实践，逐步形成了以政府为主导、多部门共同参与、自上而下的扶贫模式。然而在特色农业扶贫实践中，往往出现"政府动而农民不动"的现象，即政府将大量的资金、项目与资源投入贫困农村地区，以期帮助贫困农户发展特色农业产业项目，但是贫困农户对于政府所提供的特色农业产业项目存在响应不积极的现象。具体来说，一方面，在一些偏远落后地区，相对封闭的地理环境与传统的文化观念使该地区的农户依然按照传统的原子化方式进行生产和生活，这在一定程度上造成了贫困农户缺乏农业现代化经营的理念与意识，从而阻碍了贫困农户参与特色农业扶贫实践的进程。例如，当政府在某种经济作物种植项目中，引入具有更大产量的栽种管理技术时，农户由于看不到这种新技术实实在在的好处，往往更愿意沿袭旧的栽种模式和管理模式，因为传统落后的农业生产观念深深嵌入贫困农户的行为选择之中，政府等外部力量带来的新技术、新观念的成功植入需要一个复杂的过程。在扶贫开发实践中,因为时间压力等因素的限制,外部力量常常没有意愿、也没有意识到认识这个过程并采取符合其内在规律的配套措施的重要性。

另一方面,特色农业扶贫实践往往涉及农业生产资源的重新组合与利用,对于那些获益周期较长的特色农业产业类型来说,即使贫困农户预期到未来能够获得较好的持续性收益,其可能依然无法完全参与其中。这是因为如果贫困农户将原本有限的资金投入特色农业扶贫项目,那么从投资到收益的这段较长获益空白期可能会使其连基本的生活都无法维持下去。在这种情景下,基于生存理性的考量,贫困农户也无法积极参与到相关的特色农业扶贫项目中去。也就是说,对于贫困农户来说,维持家庭基本生存的需要是首要选择,在此基础之上才能够进一步追求高回报的产业项目,这是贫困农户参与特色农业扶贫实践的生存理性之体现。以我国西南地区一个贫困县为例,该地优良的生态环境与气候条件适宜茶树种植,为了发展茶叶产业以实现该地区的全面脱贫,政府投入资源进行茶叶基地建设的同时,也向贫困农户提供 5 万元的特惠贷款额度以激励其积极种植茶叶。但是,由于从茶苗培育到茶树长成需要 3 年时间,期间不仅没有任何来源于茶叶种植的收入,还需要投入劳动力进行管理与维护,如定期除草、浇水、剪枝等,因此,贫困农户虽然能够预期到种植产业 3 年以后具有较为可观的收益,但仍然更倾向于种植收益很低的粮食作物,并打一些零工获取即时现金收入,同时将 5 万元的特惠贷款用作其他用途,如还债、日常生活开支及发展其他产业等。从这个例子可以看出,贫困农户维持日常基本生活的压力常常迫使其放弃中长期产业发展项目,从而陷入一种贫困的恶性循环,这也是"政府动而农户不动"现象的一种表现形式。

(二)有产量但不赚钱

特色农业扶贫固然需要包括政府、企业、农户在内的多方行动主体的共同参与,但作为一种亲市场的扶贫开发方式,这种参与必须以尊重客观市场规律为前提,而这个客观市场规律既包括当地的产业基础和市场环境,又包括外部的市场容量与市场环境。只有充分研究分析当地发展特色农业的内外部环境,在尊重市场规律的前提下,引导特色农业扶贫行动主体根据农业产业特点与市场情况决定产业的发展类型和路径,才能实现特色农业扶贫项目的可持续发展。因此,特色农业扶贫实践需要关注政府与市场关系的建构问题,一方面,政府通过资源的投入与政策的制定引导市场主体(如企业和贫困农户)参与到特色农业扶贫实践中去;另一方面,随着农业产业的深入发展,如何将贫困农户的农产品组织起来有序进入市场以实现其市场价值,也是特色农业扶贫实践中的一个重要问题。也就是说,特色农业扶贫实践中的农产品最终还是要进入市场并参与市场竞争,农产品参与市场竞争意味着其在这一过程中必然会面临一定程度的市场风险,而市场风险的产生不仅与产业发展内部的参与主体有关，还与外部市场价格的波动具有一定关联。不管经由何种因素产生市场风险，都可能在特色农业扶贫实践中出现"有产量但不赚钱"的问题。具体来说，特色农业扶贫实践中的"有产量但不赚钱"是指，农户通过参与特色农业扶贫实践将相关产业发展起来以后，在农产品进入市场这一环节中，出现了农产品价格过低甚至是农产品无法进入市场等风险性问题，从而导致农户无法通过特色农业产业的发展有效实现收入的增加，甚至还会造成农户的经济亏损，这是特色农业扶贫实践中的另一种常见问题。

例如，2016年12月7日央视新闻报道，贵州省黔东南州剑南县扶贫部门于上半年招标采购并下发给贫困农户14万只鸡苗，在养大出栏后却迟迟无法找到销路，从而由年初的"扶贫鸡"变成了后来的"滞销鸡"。当时的情况是，随着人们生活水平的提高，生态食品与农家菜越来越受到追捧，在这样的市场背景之下，剑南县扶贫部门采购14万只鸡苗发放给贫困农户，以期帮助贫困农户增收致富。贫困农户收到鸡苗后自行喂养，人工与饲料等成本均由贫困农户自己承担。由于地理位置偏远，交通不便，高运输成本在相当程度上阻碍了贫困农户的农产品交易，而且，贫困地区网络通信不发达，再加上贫困农户知识水平较低，只能靠传统的销售模式在当地进行买卖。十多万只鸡同一时间上市，导致当地生态鸡市场的饱和，即当地市场需求的速度并没有跟上生态养鸡的发展速度，再加上相关政府部门与贫困农户并没有提前联系销售渠道，由此出现了"扶贫鸡"滞销的状况。就这样，贫困农户陷入进退两难的境地，如果将鸡廉价予以变卖，就无法收回其投入的成本；如果继续喂养，肉料比会越来越低，饲养成本会越来越高。这个是特色农业扶贫实践中"有产量但不赚钱"问题的典型案例，其原因在于政府部门在特色农业扶贫实践中没有处理好政府与市场之间的关系，即相关措施和项目实施之前缺乏严谨细致的市场调研，只考虑到了特色农业扶贫的资源投入与生产阶段，并没有对市场风险进行充分估计并做好应对准备。

（三）有钱赚却不扶贫

特色农业扶贫的实践过程实质上是政府、企业、农户等多元参与主体利益机制建构的过程，政府部门通过资源的投入与政策的引导以撬动企业与农户积极参与其中，从而共同促进特色农业的发展。在这一过程中，企业或大户等行动主体所拥有的资金相对充足，市场竞争意识较强，再加上特色农业的产业化发展不仅需要资金的投入，还需要农业技术以及社会网络等条件的支撑，从而使企业或大户比贫困农户拥有更强的农业产业化经营能力。这意味贫困农户在特色农业扶贫实践中的弱势地位可能导致其无法有效维护自身的权益，进而形成不公平的利益分配格局，这时候就会出现"有钱赚却不扶贫"的现象。具体来说，这种现象是指，特色农业在政府扶贫政策措施与各行为主体的共同参与下发展起来以后，经由特色农业发展所创造出来的相关价值与利润等主要流向大户、企业等强势参与主体，贫困农户从中得到的收益较少，甚至无法获得收益，这种现象被学术界概括为"精英俘获"。与直接发放到贫困农户手上的货币化扶贫资源（如低保补贴、扶贫贷款等）不同，产业扶贫所提供的生产型扶贫资源（如水利设施、道路建设、农业科技服务等）是以公共物品或准公共物品的形式存在的。由于非贫困户特别是企业、大户具有更强的投资经营意识与能力，因而能够更有效地利用具有公共性的扶贫项目，甚至可能通过各种方式将带有公共物品属性的扶贫资源"私有化"（刘升，2015）。也就是说，在特色农业扶贫实践中，地方精英群体通过俘获相关扶贫资源使用权的方式将其实际占有，进而运用到特色农业发展中，在此基础之上，按照资本收益最大化的原则实现农业扶贫资源的价值增值，这些增值部分最终被精英群体所攫取。在经济发展上，地方精英常常占据了农业扶贫资源的使用权，通过投入农业扶贫资源所带来的经济增长无法直接作用于贫困农户身上，不能有效改善贫困农户在经济上的弱势地位。从社区治理的角度看，地方精英群体对农业扶贫资源的俘获过程，同时也是其掌握农村地区的政治、经济、社会关系网络等相关资源的过程。在这种背景下，特色农业扶贫项目需要精英群体的配合才能实现落地，因而相关资源也无法有效促进基层治理能力的提高，反而可能导致社区发展出现内卷化的倾向。

例如，笔者于2016年在秦巴山区一个贫困县调研烟叶产业扶贫时发现，为了加快该地区烟叶产业的发展，促进贫困户脱贫，地方政府与烟草公司合作在一个贫困村建立了省级烟叶核心示范区。一方面，示范区内的烟叶种植除了应用成熟技术和最新科技成果外，还享有烟草公司与地方政府的多种政策性优惠，如烟草公司为示范区内的烟叶种植无偿提供有机肥与饼肥，并优先提供种植技术指导；政府除了对示范区内的土地重新进行整理外，还进一步建设完善了相关的道路与水利设施。在此基础上，烟草公司还出资进行农用生产机械的购置与烟叶烘烤设施的建设，以供农户无偿使用。为便于统一管理与服务，政府与烟草公司倡导示范区内的土地向大户流转，政府除对发生土地流转的种植大户每亩补助100元外，还对大户购置化肥农药的贷款进行贴息。在此基础之上，示范区内的贫困农户通过给大户打工的方式实现脱贫。然而在示范区实际运作的过程中，烟叶产业发展的大部分利润由种植大户所获得，贫困农户获得的利益较少。具体来说，示范区内的贫困农户除了每年获得500元/亩的土地流转费用外，通过给大户打工每年还能获益3 500元左右，而种植大户每亩的净利润在8 500元左右。另一方面，示范区外的土地较为细碎，且位于偏远山坡之上，农户无法有效利用烟草公司提供的生产机械进行规模化生产，这使烟草公司提供的生产机械长期被那些通过流转方式种植了示范区土地的大户占据使用。贫困农户虽然通过给种植大户打工的方式实现了短期脱贫，但这种脱贫方式具有不稳定与不可持续性。通过发展烟叶种植，种植大户得到的利益多而贫困农户得到的好处少，从而在一定程度上扩大了两者之间的贫富差距。也就是说，上述案例中的特色农业扶贫实践没有处理好地方精英与贫困农户之间的关系，由此出现了"有钱赚却不扶贫"的现象。

二、深层原因

综上所述，特色农业精准扶贫实践中往往会出现三种常见的问题，一是政府动而农民不动，即政府将农业扶贫资源投入贫困农村，以带动发展农业产业项目，但是贫困农户参与产业发展的意愿不高；二是有产量但不赚钱，即特色农业扶贫实践没有处理好政府与市场的关系，虽然通过农业扶贫资源投入将产业发展起来，但是农产品始终无法被组织起来有效参与市场竞争，由此出现了农产品价格过低甚至是农产品无法进入市场等风险性问题，从而导致贫困农户无法通过产业发展实现持续性获益，甚至还会造成亏损；三是有钱赚却不扶贫，即特色农业产业虽然通过政府的扶贫政策措施及相关行为主体的参与发展起来，但是农业扶贫资源及其所创造的利润主要流向地方精英群体，这使两者之间的贫困差距进一步扩大，从而导致特色农业发展出现不惠贫的现象。对于这些问题发生机制的探讨，可以分别从政府错位、市场失灵及贫困农户缺席三个方面进行讨论。

（一）政府错位

从概念上看，特色农业扶贫本身存在着一定的内在张力，作为一种经济发展方式，特色农业产业化需要遵循市场逻辑来实现农业产业资源的有效配置，而扶贫则属于国家政策范畴，这意味着其也需要以行政逻辑对农业产业资源的分配进行统筹考虑，以更好地培育贫困农户持续发展的能力，因此政府部门在特色农业扶贫实践中需要对两种逻辑的张力加以有效调节。然而，地方政府在特色农业扶贫实践中往往存在角色错位问题，主要体现为：一方面，地方政府在特色农业精准扶贫实践中做了不应由其承担或其做不好的事项，具体表现为政府通过自上而下的行政逻辑对农业发展实践的过度干预。这种行政干预违背了农业发展的客观市场规律，造成了特色农业扶贫实践中政府行政逻辑对农业发展的市场逻辑的"遮蔽"，从而阻碍了特色农业扶贫项目运作过程中市场机制作用的有效发挥。另一方面，地方政府在特色农业扶贫实践中没有做好本应由其负责的事项，具体表现为基于自身利益考量或其他原因，地方政府在特色农业扶贫实践中没有发挥相关的公共服务供给或利益关系调节的行政功能，造成特色农业产业的实际发展与扶贫目标的脱节。

地方政府之所以出现角色错位问题，不仅与特色农业扶贫项目的实施过程相关联，还与其在特色农业扶贫实践中所形成的特定利益导向有关。具体来说，一方面，在当前脱贫攻坚的背景之下，贫困地区的地方政府开始大量实施农业扶贫项目。为了快速完成这些扶贫项目并以此获得较好的政绩，地方政府往往以强势的行政手段推进项目落地实施，特色农业扶贫项目的目标、规划、策略及具体操作的手段等都由地方政府一手包办。这种行政化极强的特色农业扶贫方式不但无法有效调动贫困农户的参与性、主动性，还有可能由于忽视市场的客观规律而面临农产品滞销的风险。更有甚者，地方政府在强势推动特色农业扶贫项目的过程中往往为当前的行政任务所遮蔽，致使其对于项目的后续服务与管理问题常常缺乏长远的统筹规划，更无暇深入考虑项目实施后是否可能出现负面效应及其出现后的应对措施。前文所述剑南县扶贫部门所提供的"扶贫鸡"变为"滞销鸡"的案例就很好地说明了这一点。另一方面，现阶段对于地方政府的扶贫绩效考核主要集中在"完成多少农业扶贫项目""带动多少贫困农户实现脱贫"等硬性数量指标上。在此情景下，基于自身利益的考量，地方政府在特色农业扶贫实践中自然倾向于选择成本低、见效快的项目及推进方式。这揭示出，地方政府在特色农业扶贫实践中本来就具有将更多资源投到"企业"或"大户"身上的动力（梁晨，2015）。进一步分析，由于"企业"和"大户"经营模式容易操作实施且能在较短时间内做出成绩，这对于地方政府提升自身政绩来说颇具吸引力。地方政府在自身利益驱使下容易产生复制推广这类模式的倾向性，从而出现在特色农业扶贫实践中过度依赖企业、大户，抑或富人等精英群体的现象。从根本上讲，特色农业扶贫项目的目标就是帮助贫困农户实现脱贫，发展特色农业产业项目仅仅是实现这一目标的手段。如果地方政府在特色农业扶贫实践中将其本末倒置，出现角色错位问题，毫无疑问会忽略对贫困农户的政策关照，进而使特色农业扶贫项目面临失败的风险。

（二）市场失灵

作为一种亲市场的扶贫开发方式，特色农业扶贫实践有赖于市场经济要素的引入和产业化水平的提高。传统小农生产状态下的自然经济是阻碍贫困农村发展现代农业的主要因素之一。在这种经济条件下，农户依靠劳动力所从事的农业生产充其量只能解决自身温饱问题。如果没有市场经济要素的引入，贫困农户在自然经济状态下很难真正实现脱贫。然而，单纯依靠市场机制的运作能否真正使产业扶贫资源得到最有效的配置呢？由于不完全竞争市场、外部经济效应及交易信息不对称的存在，市场机制在特色农业扶贫实践中也可能出现失灵，即市场失灵。从理论上看，市场失灵可分为两类：一类是微观失灵——因为现实中的市场并非完全竞争市场而造成的，如公共物品、自然垄断、信息不对称、外部效应等情形；一类是宏观失灵——在完全竞争市场条件下，市场机制无法达到社会要求而产生的失灵，如通货膨胀、收入分配不公、经济不稳定等现象（王宏军，2005）。特色农业扶贫实践之所以会产生市场失灵，既可能是相关参与主体基于各自利益考量和资源掌控能力所做出的行为选择的结果，也可能是经由市场本身周期性波动所引致的结果。

从上文的分析看，特色农业扶贫的根本目的是提升贫困农户的可持续自我发展能力，而贫困农户原子化小农经济的生产方式使其难以在市场竞争中立足，这使他们在特色农业发展中往往要借助一定的外力才能实现产业经营方式的变革。企业作为市场经济的重要参与主体，具有引导生产、开拓市场等多种功能，具有将千家万户的小农生产与千变万化的市场连接起来的潜力。但是从特色农业扶贫的实践效果来看，这种经由企业带动贫困农户的特色农业发展模式存在很多问题：一是作为市场参与主体，企业往往以追逐自身利益最大化为行动准则，它们寻求自身发展的经济目标与服务贫困农户的社会目标很可能相互冲突，从而导致企业无法利用自身在市场经济环境中的优势带动贫困农户实现脱贫，甚至还会利用市场机制损害与之合作的贫困农户的利益；二是在带动贫困农户发展特色产业的过程中，企业往往在与贫困农户的生产合作中扮演着主导性角色，从而有可能造成企业将市场风险转嫁给贫困农户的现象。例如，前述烟叶产业扶贫案例中，为了促进烟叶的规模化生产，提升烟叶种植的品质，烟草公司重点对种植大户进行了扶持，这虽然使当地烟草产业获得了发展，但贫困农户从中获取的收益有限，从而在一定程度上造成了"有钱赚却不扶贫"现象的出现。农业产业从投入到产出往往需要经历相当长的时间过程，在这一过程中，整个市场供求规模的变化可能使农产品价格出现较大波动，而特色农业扶贫参与主体的有限理性使其无法提前预知市场风险的发生，由此导致农产品低价贱卖甚至滞销情形的出现。这意味着经由外部市场无法预期的经济波动所产生的市场风险，也能在一定程度上促使特色农业扶贫实践中出现"有产量但不赚钱"现象。

（三）贫困农户缺席

如何将市场、政府、社会等外部干预性力量转化为贫困人口自我发展的能力，关系到贫困人口在反贫实践中主体性地位确立这个根本性问题。约翰·弗里德曼（John Friedmann）将集体的自我赋权视作解决贫困问题的根本，认为贫困人口的自我组织不可或缺，但也需要来自外界（特别是国家）的支持，从而获得与问题规模相当的满意结果（弗里德曼，1997）。基于传统生存模式与生存条件的考察，沈红（2002）认为贫困人群面对统一市场与政府救助时已处于天然劣势，分散的个体只有组织起来，借助社区网络接近稀缺资源，从而增强获得金融资本和经营管理的能力。钱宁（2007）从农村社会工作的角度出发，指出农民个体化的趋势使他们直接暴露在市场与社会力量的冲击面前，产生了以城乡贫富分化为特征的农村新贫困，他提出"以社区能力建设为中心的内源发展道路"，即以社区主体的能力建设来恢复贫困人口必不可少的社区关系和网络支持。从这些论述中可以看出，贫困人口主体性可以区分为个人（农户）主体性和组织（社区）主体性两个层面，它们共同影响着扶贫项目的实际效果。

在自上而下波澜壮阔的脱贫攻坚战背景下，特色农业扶贫项目取得良好成效的根本在于贫困农户本身的参与，但当前贫困农户个体层面的参与能力不足与组织层面参与表面化的现象，使贫困农户的主体作用难以有效发挥。从个体层次看，虽然贫困农户在反贫困场域内处于"在场"状态，他们拥有发展生产和脱贫致富的积极愿望，但由于主客观条件的限制，其主体作用的发挥比较有限。从组织层次看，贫困农户在反贫困场域内处于一种"被动在场抑或缺席"的状态，这种组织层面的缺席状态使贫困农户无法将自己的意见和要求融入扶贫政策的制定与执行过程，只是消极被动地参与外部力量组织的扶贫开发活动，进而导致贫困农户表面化、形式化，无效参与现象的出现。由于缺乏贫困农户的积极参与，社区组织常常沦为其他强势主体变相逐利的工具，或者成为自上而下、缺乏民众根基的"悬浮型"行政组织，这种所谓功能"异化"的社区组织的强烈在场反而构成了贫困农户有效发挥组织主体性的阻碍力量。

对于贫困农户来说，保护自身权益首先要有自己的声音、自己的力量，由于单个弱小农户参与外部竞争所需的个人能力和资源的短缺，贫困农户只有拥有真正代表自己的组织，才能够改变其社会参与的弱势状态。然而，面对贫困地区小农原子化与农民组织空心化的两极分化趋势，贫困农户的个人主体性与组织主体性处于一种不连续的状态，这种状态可能远远超过了想象的所谓"利益共同体"。贫困农户有意无意地游离于社区组织之外，甚至将社区组织当作"外部力量"来看待，是贫困农户陷入贫困陷阱的重要原因。

第三节　特色农业精准扶贫的参考借鉴

改革开放以来，东部地区领风气之先，不仅成为我国工业化推进相对较快的地区，也是农业产业化特别是特色农业的产业化发展取得较大成就的地区。东部地区特色农业走过的道路、积累的经验对中西部地区特色农业发展及产业扶贫具有重要借鉴意义。本章以寿光蔬菜、沭阳养殖、松阳茶叶为例，就产业发展不同环节的特征进行分析，进而讨论政府、企业、合作社、大户、普通农户等行为主体在产业发展过程中的作用，以及产业化发展的惠农利贫效果。

一、寿光蔬菜

寿光有种植蔬菜的传统，是中国蔬菜之乡，农业产业化发展水平很高，拥有蔬菜产业相关企业上千家，涉及育苗、肥料、农药、生产、销售、运输等各个环节。这里基于山东东方誉源现代农业集团、寿光市燎原果菜专业合作社（寿光市田苑果菜生产有限公司）、寿光市新世纪种苗有限公司、三元朱村等实地调研资料进行讨论。

（一）销售与物流

寿光蔬菜主要通过两条途径进入市场，一是由蔬菜企业直供超市，二是通过集散市场进入批发、零售市场。企业、合作社、中间商、经纪人等在蔬菜销售中发挥着关键作用。

寿光是全国具有重大影响的蔬菜集散地、蔬菜价格形成中心和蔬菜信息发布中心。与此相关，寿光蔬菜运输、装卸等物流环节和市场信息服务特别发达，蔬菜生产、销售非常有序。对于农户和企业来说，把产品按照合适的市场价格销售出去不存在大的问题。特别是对于黄瓜、辣椒、西红柿等在全国市场上占据较重要位置的优势品种来说，生产者目前面临的市场风险并不大。尤其是具有一定规模的蔬菜生产销售企业以标准化和品牌化为依托，以城市超市为主要销售渠道，销售市场和价格更加有保障。

（二）农资供给与科技服务

寿光蔬菜的集群化特征明显，产业链分化和专业化程度高，育种、肥料生产供给和病虫害防治等环节均达到很高现代化水平，企业和合作社已经构建起生产资料标准化供给和技术服务的细密网络。因此，蔬菜生产者能够便捷、低成本获得各种农业生产资料和农业科技服务。

（三）土地与劳动

寿光的土地流转具有一定规模：一是龙头企业为了做品牌，需要通过基地化生产提高标准化程度和保障蔬菜品质，从而需要通过流转获取基地建设所需土地；二是一些大户为了增加规模效益流转了一部分土地。不过，由于大棚蔬菜属于劳动密集型产品，且农产品生产劳动标准化监督的难度较大，雇工经营面临监督考核困难等约束，因而土地不存在大规模流转的趋势。

大棚蔬菜以农户生产为基础，寿光发达的蔬菜集散运输条件和信息技术服务是这种生产模式的支撑。合作社能够在推进统一生产和标准化生产方面发挥重要作用（统一生产和标准化生产可以提高蔬菜品质和销售价格），企业和大户是创办合作社的主要推动力量。企业和大户领办的合作社中，企业、大户与农户通常是互利共赢关系，合作社除组织统一供应生产资料和统一组织生产外，按等于或高于当时市场价的价格收购农产品并通常根据最终销售盈利予以返还红利。在这个过程中，企业通常旨在获得有品质保障的蔬菜以便占领超市市场获取更高销售利润，农户则得到企业在生产资料、技术服务等方面支持和不低于市场价的价格保障。相对而言，纯粹由小农户平等联合而组建的合作社很少见。与土地不存在大规模流转的趋势一样，劳动也不存在大规模组织化趋势。

（四）金融服务与政府作用

寿光蔬菜产业金融服务已经相当完善，企业或农户在融资方面都不存在大的困难，农业保险制度也在逐步建立。

在寿光蔬菜发展的过程中，政府发挥的作用包括补贴支持大棚建设、开展农业科技服务、支持建设集散市场和物流体系、支持育种企业发展、举办蔬菜博览会等。事实上，由于蔬菜产业集群化发展特征突出，政府发挥作用的空间越来越大、效果越来越好，已经形成政府、企业、农户等多方共生互利的良好局面。

二、沭阳养殖

苏北规模化养殖发展较好，这里以沭阳县益客食品有限公司、宿迁立华牧业有限公司为例进行讨论。

（一）销售与农资供给、科技服务

畜禽养殖的销售环节由企业负责，多为直供下游企业。龙头企业为农户统一提供幼禽或幼畜，统一安排防疫，统一供应饲料，统一指导圈舍建造，统一开展技术培训。

（二）土地与劳动

因为保护耕地，养殖不能大量占有耕地，相关的土地流转较少。一般只有统一养殖基地建设涉及部分土地流转。

农户在龙头企业的全方位指导下,分担养殖的中间环节。育种、饲料和销售这两头均由企业负责。农户严格按企业标准生产,否则,产品就达不到企业收购标准。企业收购后按收购量在扣除幼苗、饲料、防疫成本后向农户返还收益。收购价一般略高于同期市场价格,也有公司直接按每只畜禽的品质固定给农户一定范围内的利润。例如,宿迁立华牧业有限公司回收成鹅时,按照鹅的重量、料肉比、成活率等指标,每只鹅给农户 4~7 元利润。在这种情况下,市场风险全部由企业承担,农户只承担养殖环节的风险(如疾病等)。总体来看,在规模化养殖中,农户逐渐发展成为外包企业生产环节部分工作的养殖工人,主要获取劳动收入。市场经营风险和收益则趋向于由企业完全承担。在这种情况下,劳动的组织化程度实际上是非常高的。

(三)金融服务与政府作用

农户通常需要向龙头企业缴纳一定数量的保证金,然后由企业免费提供畜禽幼苗和饲料、药品等。对于无力支付保证金的农户,企业有时可以提供担保帮助农户从银行贷款,一般均能享受政策性保险优惠。

政府通过招商引资方面的优惠政策引进和扶持龙头企业是规模化养殖业发展的关键推动力量。此外,政府也在养殖圈舍建造等环节直接给予农户以扶持。

三、松阳茶叶

松阳是中国名茶之乡、全国重点产茶县、全国十大特色产茶县、中国绿茶集散地。全县 8 万多人从事茶产业,发展茶园 11 万亩,良种率达 93.6%,居全省第一,形成了“全县人口三分之一从事茶产业、农业总产值三分之一源于茶产业、农民收入三分之一来自茶产业”的发展格局。这里基于对松阳县茶叶交易市场、茶青市场和茶叶企业、茶农的实地调查进行讨论。

(一)销售、物流与产品深加工

活跃便捷的茶叶、茶青交易是松阳茶叶做大做强最重要的因素。

(1)普通茶农以出售茶青为主要获利方式。全县多个乡镇都建有独立的茶青交易市场,每天中午开始交易茶青。茶叶加工户或企业直接到田间地头收购茶青的也不少。农户一般是中午出售上午采摘的茶青,傍晚出售下午采摘的茶青。价格根据行情讨价还价确定,视品种和时间不同而不同,春茶中质量较好者可卖到数十元一斤。每亩茶园产出茶青的净收入平均可达 6 000 元以上。

（2）茶叶加工（由茶青经炒、烘焙或发酵等不同方法制成不同类型的茶叶）主要由小的个体加工户完成，也有少数相对较大的加工企业。一个普通加工户通常拥有 2~3 条小型且较简陋的生产线（依靠经验控制炒茶工艺等），他们在加工旺季的工作流程和时间大体为（以主产品绿茶为例）：中午和下午在市场或田间地头收购茶青，傍晚以后开始炒茶制茶，第二天早上拿到茶叶交易市场出售，出售完后再去收购新一天的茶青。一个普通茶叶加工户年收入通常可以达到 10 万元以上。价格好的年份收入则更高，有时一天就可以净赚 1 万余元。因为茶叶的特殊性（如个人经验对于评估茶青和茶叶的品质非常重要），看不出小型作坊式茶叶加工点有被大型工厂取代的趋势。正是大量小作坊和活跃的市场交易，使松阳茶青和时令茶叶能够卖出好价钱，这对于茶农是非常有利的。

（3）松阳县茶叶交易市场是茶叶流入流出的集散地，也是巩固和维护茶产业良性发展最为关键和敏感的部分。通过接收外界消费市场的信息，这一环节涉及更为广泛的利益群体，包括茶农、加工户、收购商等，这一环节能否顺畅运行关系到茶青的收购价格的高低、加工户的利润的高低、收购商收购的数量的多少等，因此这里亦是信息的获取地，通过这个环节农户可以了解市场需求、获取各方面的反馈信息，农户、加工企业及销售商也通过这一环节信息进行互动。

（4）松阳县产业品牌建设和茶叶深加工、茶产业链延伸方面发展也较快。"松阳银猴"获"浙江十大名茶"称号，跻身中国农产品区域公用品牌"百强"之列，品牌价值达 10.5 亿。茶叶深加工、茶产业链延伸主要涉及茶提取物、含茶食品、茶保健品、茶叶籽油及茶文化、茶旅游等领域的开发和发展，主要产品有速溶茶粉、茶多酚片、茶宁片、茶爽等茶叶保健食品，以及茶乡骑行等衍生产品。

（二）农资与科技服务

农药、化肥公司在各个村设立多个代销点，普通农户一般通过就近选择和价格比较在各个代销点自由购买，而加入合作社的成员由合作社统一购买，价格比散户单独购买略低。

新品种研发引进和病虫害防治方面，农业科技发挥了重大作用。松阳县虽然茶叶历史悠久，但是以前以种植粗茶为主。21 世纪初期，浙江省农业大学与浙江省科学技术厅经过多年的开发，研制出高效益、高质量的白茶、龙井等绿茶品种，这些新品种的引进提高了松阳茶产业的效益。农业科技推广应用以示范基地为中心，科研机构与省科技厅开发的新品种、先进病虫害防治技术及喷灌设施由这里向周边茶园推广扩散，然后由林业局、专业合作社负责进一步的推广实施工作，为茶农茶园提供指导。

（三）土地与劳动

在松阳，农户之间发生的土地流转情况少见。若有流转，则主要发生在两种情况下：一种是由于家庭从事茶叶加工，没有足够的劳动力和精力经营茶园；另一种是出外打工的收益高于在家务农的收益。大面积土地流转方式是企业、合作社及种植大户通过与村委会签订合同，租用集体土地。例如，松阳县青山生态农业发展有限公司通过与村委会签订20年土地合同，以每年15 000元的价格征用集体土地500亩作为公司的茶园基地。松阳县雪峰云尖茶叶有限公司2009年与村委会签订20年合同，以每亩250元的租金租流转集体500亩地，作为公司的茶园基地。松阳县茗春茶叶农机化生产合作社通过纳入110户茶农的2 000多亩茶园组建茶园基地，所有权仍归个人所有，但由合作社统一管理。

普通茶农人均茶园面积仅 0.6 亩，除了打理这些茶园之外，农户也会受雇于企业、合作社或者种植大户当茶叶包装工、小工或者采茶工以增加家庭收入。除了本地农户之外，企业、合作社及大户还需要从外地雇佣采茶工满足用工需求。雇工的高峰期在 2 月中旬至 5 月初，工资平均约为每天 150 元。大多数茶农未加入合作社。

（四）金融服务与政府作用

松阳县农民人均收入近 1 万元，普通茶农基本不需要通过银行贷款购买生产资料。小型茶叶加工厂因为成本投入较低也不存在资金短缺的问题。信贷的主要对象是一部分大型加工企业及销售企业。政府通过贴息贷款和机器补贴等方式鼓励企业扩大加工规模、拓展销售业务。例如，松阳县青山生态农业发展有限公司在标准化厂房建造过程中就获取了 500 万的贴息贷款。

政府通过建立茶青、茶叶市场和举办一年一度的"中国茶商大会"等活动，在做活茶产品市场和促进形成茶品牌、推广茶文化等方面发挥了重要作用。农业科技服务则是政府发挥促进茶产业发展作用的另一个重要领域。

第四节　特色农业精准扶贫的基本思路

特色农业精准扶贫包含两个缺一不可的环节，一个环节是让特色农业发展起来、壮大起来；另一个环节是让特色农业惠农利贫、实现扶贫效益。

一、让特色农业发展起来

销售市场是做大做强特色农业的核心。特别是对于鲜活农产品来说,如蔬菜、春茶等,具有活跃的市场和便捷的物流非常重要。要把市场做起来,大户、经纪人、企业等发挥着不可替代的龙头作用。换言之,要做大做强特色农业,就必须首先支持大户、经纪人、企业的发展。究竟优先支持大户、经纪人还是企业,要视地方市场传统和产品属性而定。在市场兴起以后,做大规模,延伸产业链条,发展产业集群,是做大做强特色农业的基本方向。随着产业聚集的发展,分工、专业化、规模化等会大大提升产业附加值和延伸效益。

农户+企业、农户+基地+企业、农户+合作社+企业、农户+合作社、普通农户+大户在不同农产品的产业化发展实践中或者同一产业发展的不同阶段各有用武之地。总体来说,产品标准化能够带来的附加值越大,龙头企业的作用就越大。对于难以标准化的农产品,大规模企业化生产相对于大户作坊式生产来说,不一定更具优势,因而不一定存在淘汰后者的趋势。农民组织化服务于产业发展需要,产业特点决定组织化形式。农民组织化形式多种多样,龙头企业、合作社、大户、经纪人均可以在农民组织化中发挥重要作用,并且不能简单认为孰优孰劣。合作社是个好东西,但小农户平等组建的合作社发展起来并不容易,大户或企业领办的合作社发展潜力较大。此外,可以从更宽广的视野理解农民的组织化,在一个有序和具有活力的交易市场下,小农户直接进入市场交易,并不必然等同于落后的组织化形态,松阳茶青和茶叶市场下的普通农户就是例子。

劳动密集型农产品生产环节,特别是在劳动质量难以被标准化评估和监督的情况下,土地流转的规模有限,即不存在大规模工厂化经营的发展趋势。在这种情况下,企业或合作社提供统一标准,生产环节由农户分散完成,是一条可行途径;标准化的基地则主要发挥示范和创造品牌的作用,不需要也不可能建设很大的基地。标准化和规模化是农用物资生产、供给的主要发展方向,农业科技是提高农产业效益的有力工具。公益性农业科技和市场化农业科技均具有很大发展空间。究竟采取哪一种发展途径要视发展阶段而定,在产业发展早期,主要靠公益性农业科技。但产业规模壮大后,市场化农业科技服务能够快速发展起来。

对于特色农业的产业化发展来说,政府扶持的重点领域包括农业科技研发推广、市场体系建设、大户或龙头企业的培育、农业生产条件改善等。

二、让特色农业惠农利贫

特色农业做大做强是其惠农利贫的基础。要把做大做强摆在优先位置，如果产业做大做强了，便能够通过涓滴效应等多种机制惠贫利贫。特别是产业聚集发展到一定水平后，会创造很多创业、就业机会，惠农利贫效果特别明显。

劳动密集型农产品生产具有惠农利贫的天然属性。特别是难以标准化评估劳动质量和产品质量的农产品，更具有惠农利贫的特点。以惠农利贫为首要目标但效率低下的合作社发展起来很困难。龙头企业和大户领办的合作社发展空间较大并且通常做到了龙头企业、大户与普通农户的共赢。

政府加大对农业的投入，加强相关各领域的补贴，是推进特色农业惠农利贫的重要保障。支持农业科技研发、推广和改善农业生产条件是政府促进特色农业惠农利贫的重点领域。对于前期投资较大的产业来说，政府直接补贴农户生产投入是促进该产业惠农利贫的有效举措。针对特定农产品的特殊属性，设计针对性政策，鼓励大户和龙头企业带动和扶持普通农户特别是贫困农户的发展是一个值得重视的问题。

第五节　特色农业精准扶贫的政策措施

在市场经济日趋成熟的背景下，促进特色农业精准扶贫，关键在于以尊重、利用市场机制为前提，更好发挥政府作用，进而引导相关市场主体和贫困农户投身产业发展、有序追求自身利益，并在这个过程中实现精准扶贫精准脱贫的目标。

一、理顺产业发展与精准扶贫的关系

特色农业大多生产劳动密集型产品（至少生产的某一环节需要投入大量劳动），因而具有惠农利贫的天然属性。在这个意义上，支持特色农业发展本身就可视为扶贫措施（少数较少使用劳动的特色农业除外）。

东部地区特色农业典型案例表明，特色产业一旦发展起来，就能够形成集群效应，降低获得生产资料、科技服务的成本，提高市场可及性，拓展农业利润空间，增加就业机会，从而给包括贫困农户在内的普通农户开辟增收致富的通道。反观中西部贫困地区，农业投入不足，市场发育滞后，特色农业发展水平低，农业经营投资回报少。这种局面严重制约着农业增效和农民增收,是农村贫困的重要原因,是农业扶贫的主要困难。

因此,本书认为,特色农业的产业化发展是其精准扶贫的前提,也是首先要解决好的问题。尽管产业化发展通常更多惠及大户、中高收入户,而非中低收入户、贫困户,但至少能够给后者带来增收脱贫的机会。大户和龙头企业在东部地区农业产业化发展中所起的关键作用揭示,若强调特色农业的发展须优先保障贫困户受益(或受益更多),那么特色农业可能根本就发展不起来,其结局是不仅不能实现贫困户优先受益,而且连受益的机会也创造不出来。换言之,对精准扶贫的追求须放在产业发展的后面,是在特色农业产业化发展基础上更高层次的追求,不能本末倒置。

二、找准政府在特色农业发展中发挥作用的关键环节

销售和市场是特色农业发展的龙头环节。为了培育发展中西部贫困地区特色农业,政府首先要在这个环节下功夫。基于尊重市场规律的原则,政府不能自己建市场、自己干预销售,而应该识别有活力的大户、企业并给予支持,让这些大户、企业去开创市场、拓展市场。在这一过程中,必须注重完善企业与农户之间的利益联结机制,坚持"利益共享、风险共担"原则,正确处理企业和农户之间的利益分配关系。一方面,树立农户的市场经济主体地位,优先考虑保护贫困农户的利益,鼓励企业采用赊购原材料、技术服务、保护价收购、超额利润返还等形式保证贫困农户的利益;另一方面,政府也要在企业和农户之间发挥黏合剂的作用,重点在政策、项目、资金方面支持企业发展,鼓励企业采用"非市场安排",主动吸纳广大贫困农户参与产业化经营。

随着市场的繁荣,卷入该特色农业产业化发展的农户及上下游市场主体增多,产业发展的新短板浮现出来,可能是金融服务或科技服务短缺,也可能是道路交通等基础设施滞后。政府只需要顺应市场形势变化,积极响应市场主体的需求,提供好相关公共产品和公共服务,就可顺利促进特色农业的产业化发展。在这一过程中,政府必须转变绝对主导性思维,对自己所担当的角色有正确的认识,做到"有所为有所不为"。例如,面对农户(特别是贫困农户)参与特色产业发展动力不足的问题,政府主导下的农业产业发展项目既要考虑到产业本身的可行性,又要考虑到产业发展所带来的惠贫效应。政府部门需要听取项目预期受益者,即贫困农户的意愿,而不是盲目安排农业产业发展项目的一切事宜。

三、有效发挥贫困农户的主体性

高度重视特色农业产业发展实践中贫困农户个体层面参与能力不足与组织层面参与表面化的问题，把培育、发挥贫困农户的个人主体性与组织主体性作为实现精准扶贫、精准脱贫方略的基本途径。关于个人主体性，一方面，政府等外部干预主体应牢固树立贫困农户是特色农业扶贫项目治理主体和直接受益人的价值理念，关注产业发展实践中贫困农户的主体性需求差异，将贫困农户的参与权、收益权等主体性权利置于产业扶贫项目的核心位置，从贫困农户最关心、最迫切需要解决的问题出发，通过激发贫困农户的主动性以实现精准脱贫的目的；另一方面，贫困农户自身也应该不断吸纳新知识，在反贫困实践中不断提高自身的持续发展能力和参与意识，走出自己只是被帮扶客体的消极状态，在承担反贫困的责任与义务的同时，提高分享扶贫资源与经济机会的能力，以积极的行动改变贫困状态。关于组织主体性，一方面，应当重视贫困地区内生性组织能力的培育，把分散的贫困小农变成有组织的现代小农，通过不断增加小农组织参与市场竞争的制度与政策供给，促进贫困地区和贫困农户生产经营收入的精准提升；另一方面，贫困地区的村民自治组织要真正发挥农民的自治作用，将贫困农户的组织愿望与当地传统的互动模式结合起来，进而产生自下而上的组织性合力，提升乡村社会与外部权威性干预主体之间的关系协调能力，构建多元行动主体共同参与反贫困实践的局面。简言之，将贫困农户的主体性需求分别从个体与组织两个层次嵌入特色农业扶贫项目的运作过程中，把实现贫困农户的主体性权利同时视为反贫困实践的手段和目标，就可以跳出"就扶贫论扶贫"的思维陷阱，进而从更加广阔的视野中探寻我国农村贫困治理之道，真正找到特色农业精准扶贫、精准脱贫的有效途径。

四、因地制宜探索特色农业精准扶贫的有效实现形式

在特色农业产业化发展的过程中，特别是在特色农业具备较好发展基础之后，市场为农户提供了发展机会，但贫困农户常常因为种种条件制约无法有效利用这种机会。这种情况下，政府可根据贫困农户参与产业发展面临的具体困难提供针对性的精准扶持措施。

（一）解决资金缺乏问题

面对产业发展机会时，缺乏购置基本生产资料的资金是贫困农户坐失良机的

常见原因。在这种情况下，通过小额信贷提供金融支持，或通过支持企农合作将投资环节、劳动密集环节分别分割给企业与农户，是促进贫困农户有效利用产业发展机会的有效途径。

（二）能力建设和科技服务

特色产业发展实践中，技能不足是导致贫困户边缘化的另一个重要原因：或者阻碍贫困户参与产业发展，或者在贫困户参与后制约其获得平均水平的投资回报。针对这种情况，政府应通过购买公共服务等方式，按照需要什么提供什么的原则，面向贫困户提供针对性的能力建设服务和农业科技服务。

（三）改善生产条件

在市场一体化的经济大环境中，贫困户的存在特别是贫困户集中而导致的贫困村的存在，除了扶贫对象家庭的原因，通常也与其所处村庄或所拥有土地的交通、水利等基础设施条件有关。当基础设施条件较好的村庄、农户发展特色产业取得突出成效以后，因生产条件制约而难以摆脱贫困的那些农户就会非常清晰地浮现出来，基础设施建设的重点和方向也会清晰地呈现出来，政府沿此方向即可开展基础设施领域的精准扶贫。

（四）支持股份化合作

贫困农户以土地、财政扶贫资金入股龙头企业、合作社并获取资产性收入，在特色农业精准扶贫实践中具有特别的价值。一方面，对于劳动力缺乏的贫困户来说，他们无法有效通过投入劳动分享特色农业发展的果实，资产收益扶贫是一条可行途径；另一方面，即使贫困户可以获取特色产业劳动密集环节的收入，若缺乏分享资产收入的机会，他们在产业链中仍然处于低端位置，增收空间有限。因此，政府通过土地制度、农村产权市场、扶贫资源资产化等措施支持贫困户入股特色农业相关龙头企业、合作社，使其获得资产性收入，是精准扶贫实践中值得大力探索的新领域。

（五）健全风险防范机制

一方面，农业具有天然的脆弱性，面临灾害和市场两方面风险；另一方面，贫困户也具有脆弱性，抗风险能力差。两方面因素相交织，致使贫困户面临特色产业发展机会时，即使拥有可投入的资金及其他条件，也常常因为惧怕投资风险而不敢投资、放弃投资。针对这种问题，政府应该通过支持开展农业保险为产业扶贫提供兜底保障。除了推广已经开展的一些农业灾害保险外，更重要的是要探索开展农产品价格保险。在商业保险缺乏的情况下激发农业保险的积极性时，政府要积极介入，通过保费补贴等措施引导，支持农业保险的发展，特别是要优先支持扶贫产业相关保险产品的供给。

参 考 文 献

弗里德曼 J.1997. 再思贫困：赋权与公民权[J]. 国家社会科学杂志（中文版），（2）：9-19.

梁晨. 2015. 产业扶贫项目的运作机制与地方政府的角色[J]. 北京工业大学学报（社会科学版），（5）：7-14.

刘升. 2015. 精英俘获与扶贫资源资本化研究——基于河北南村的个案研究[J]. 南京农业大学学报（社会科学版），（5）：25-30.

钱宁. 2007. 农村发展中的新贫困与社区能力建设：社会工作的视角[J]. 思想战线，（1）：20-26.

沈红. 2002. 穷人主体建构与社区性制度创新[J]. 社会学研究，（1）：40-54.

王宏军. 2005. 论市场失灵及其规制方法的类型[J]. 经济问题探索，（5）：126-128.

第十二章 甘肃省贫困特点及相关政策建议①

第一节 背 景

一、研究背景

消除贫困、改善民生、逐步实现共同富裕，是中国特色社会主义的本质要求，是党和政府义不容辞的历史责任。为完成这一任务，中国政府和社会各界进行了艰苦卓绝的努力，不断探索创新，在过去的几十年里，经历了体制改革推动扶贫、开发式扶贫、扶贫攻坚等反贫困历史阶段，取得了举世瞩目的成就，贫困人口从改革开放初期的2.5亿人下降到目前的710万人，为世界反贫困理论和实践做出了卓越贡献。

进入21世纪，国际、国内社会经济背景发生了很大变化，党的十八大审时度势制定了2020年全面建成小康社会的宏伟目标。习近平总书记明确指出："全面建成小康社会，最艰巨最繁重的任务在农村、特别是在贫困地区。没有农村的小康，特别是没有贫困地区的小康，就没有全面建成小康社会。"（姚润萍，2017）我国的扶贫攻坚被赋予新的历史任务和内容。党的十八届五中全会从全面建成小康社会奋斗目标出发，明确到2020年我国现行标准下农村贫困人口实现脱贫，贫困县全部摘帽，解决区域性整体贫困。为完成到2020年整体脱贫这一艰巨的历史性任务，填补小康社会建设的短板，党中央国务院做出了一系列重大决定，脱贫攻坚成为贫困地区各级政府"十三五"期间头等大事和一号工程，统揽经济社会发展全局。《中共中央关于制定国民经济和社会发展第十三个五年规划

---

① [作者简介] 张永丽，西北师范大学商学院，教授。

的建议》也明确指出："实施精准扶贫、精准脱贫，因人因地施策，提高扶贫实效。加强分类扶持贫困家庭，对有劳动能力的支持发展特色产业和转移就业，对'一方水土养不起一方人'的实施扶贫搬迁，对生态特别重要和脆弱的实行生态保护扶贫，对丧失劳动能力的实施兜底性保障政策，对因病致贫的提供医疗救助保障。实行低保政策和扶贫政策衔接，对贫困人口应保尽保。"这既表明了我国扶贫攻坚和实现全面脱贫的坚定决心，又指明了未来一段时间全面建成小康社会、践行扶贫攻坚的行动路线。

二、甘肃省脱贫攻坚的"一揽子"政策

甘肃省地处西部欠发达地区，地形地貌复杂，生态环境脆弱，自然灾害频繁，素有"陇中苦脊甲天下"之称，一直以来是我国贫困人口分布的主要地区，也是我国扶贫攻坚的主战场之一。长期以来，在党中央、国务院的帮助和支持下，甘肃省扶贫攻坚取得了很大进展，贫困人口大范围下降，贫困程度有所减轻。但由于自然、生态、历史等多方面的原因，脱贫任务依然十分艰巨。目前，甘肃省有 58 个集中连片特困县（市、区）、17 个插花型贫困县，6 220 个建档立卡贫困村、123 万建档立卡贫困户和 552 万建档立卡贫困人口，不同程度地分布在 14 个集中连片特困地区的六盘山区、秦巴山区和藏区，贫困分布范围广，贫困程度深，脱贫攻坚难度大。

为创新扶贫模式，加大脱贫攻坚的力度，"十二五"期间甘肃省实施了三大行动，即"联村联户为民富民行动""1236 扶贫攻坚行动""1+17 精准脱贫行动"，出台了包括基础设施建设、公共服务保障、产业扶贫、易地搬迁、劳务输转、生态扶贫、金融扶贫等为核心的"一揽子"政策和措施，涵盖了与贫困村和贫困户生产生活相关的方方面面，形成了全社会、全行业大扶贫的氛围和格局。

总体来看，为确保 2020 年整体脱贫，甘肃省出台并实施了"一揽子"扶贫攻坚政策，无论是目前的"853"挂图作业还是"3342"脱贫验收体系，脱贫攻坚完全是政府主导型的。虽然扶贫是一项具有公益性的事业，单依靠市场机制难以动员到足够的社会资源，难以辐射到作为市场弱质群体的贫困人口，政府在脱贫攻坚中责无旁贷，必须发挥主导作用。但是扶贫的主体是贫困户和贫困人口，他们的参与程度和积极性很大程度上决定着精准扶贫的成效，过度的行政化是否会带来效率损失？贫困户瞄准是否准确？贫困人口的发展意愿是否能够得到充分考虑？扶贫资金到村到户情况如何？这些都是值得研究的课题，需要深入农户进行广泛的调查研究。

第二节　样　本　概　况

一、样本村基本情况

　　为更加准确地定位甘肃省贫困状况和贫困特点的变化，对现行的扶贫政策及其实施效果进行科学评价，进一步完善精准扶贫、精准脱贫措施，课题组在近 10 年 4 次较大型的甘肃农村社会调查的基础上，于 2016 年 4 月，再次采取抽样调查的方式，对甘肃省 58 个贫困村、6 220 个贫困户进行了抽样，共抽取了 14 个村进行了农村社会调查，通过问卷调查，访谈获取了 14 个样本村及 1 749 户、8 319 人的基本信息，样本村基本情况如表 12.1 所示。

表 12.1　样本村基本情况

村组名称	总户数/户	总人口/人	常住人口/人	劳动力占比	人均耕地面积/亩	距离最近集市路程/千米	距离国道或省道路程/千米	饮水	电网	行政村道路	自然村道路	地理条件评估
临夏市康乐县五户乡五户村	289	1 337	1 156	60.5%	4.7	12.0	45.0	自来水	照明电	硬化路	土路	良好
天水市张家川县恭门镇城子村	254	1 204	880	66.7%	4.8	2.0	2.0	自来水	照明电	硬化路	土路	良好
白银市景泰县正路乡	126	470	370	61.4%	7.3	60.0	10.0	自来水	动力电	硬化路	硬化路	良好
平凉市庄浪县郑河乡史洼村	224	1 067	700	59.7%	4.0	15.0	10.0	窖水	照明电	硬化路	土路	一般
兰州市永登县通远乡团庄村	421	1 796	1 300	62.5%	3.2	7.0	24.0	自来水	动力电	硬化路	硬化路	良好
定西市漳县四族乡回族村	566	2 720	2 622	59.3%	6.5	0.1	41.0	自来水	动力电	硬化路	硬化路	差
庆阳市华池县五蛟乡杜右手村	321	1 368	1 028	61.5%	5.2	12.0	43.0	窖水	动力电	硬化路	土路	差
定西市陇西县宏伟乡文集村	296	1 147	0	74.8%	5.9	7.5	7.5	自来水	动力电	土路	土路	良好

续表

村组名称	总户数/户	总人口/人	常住人口/人	劳动力占比	人均耕地面积/亩	距离最近集市路程/千米	距离国道或省道路程/千米	饮水	电网	行政村道路	自然村道路	地理条件评估
临夏州积石山县小关乡大寺村	268	800	750	60.4%	4.1	5.0	15.0	窖水	照明电	硬化路	土路	一般
定西市临洮县龙门镇马家湾村	248	1 052	802	69%	4.6	4.0	8.0	自来水	照明电	土路	土路	良好
陇南市宕昌县南阳镇瓦石坪村	199	796	669	60%	3.5	10.0	15.0	井水	照明电	硬化路	土路	差
白银市会宁县八里湾乡富岔村	297	1 246	400	51.3%	5.7	5.0	10.0	窖水	照明电	土路	土路	差
陇南市礼县雷坝乡蒲陈村	193	870	606	62.8%	2.6	5.0	1.0	自来水	照明电	硬化路	硬化路	一般
陇南市礼县雷坝乡甘山村	70	275	63	47.3%	2.1	1.5	6.0	窖水	照明电	硬化路	土路	差

（一）自然条件极其严酷

对于贫困村来说，自然条件差是导致农村贫困发生的主要因素。调查样本村庄基本处于山大沟深的干旱半干旱山区或者高寒阴湿山区，要么沟壑梁峁交错纵横、干旱少雨、植被稀疏，要么水土流失严重、地质灾害高发。六盘山地区的 11 个村庄土地资源相对丰富但土地贫瘠，干旱少雨，秦巴山区的 3 个村庄土地资源稀缺。村庄大部分遥远偏僻闭塞，距离最近的集市部分高达 60 千米。干旱、冰雹、霜冻等时刻威胁着农户的生产生活，部分村庄不具备人类生存的条件。

（二）人口结构不容乐观

样本村的大小差别很大，最多的村子包括14个自然村将近600农户，少的仅有 70 户。劳动力占总人口的比重为60.6%，其中34.5%的劳动力在外打工，从事农业生产的人口平均年龄高达 47 岁，并且 65.4%为妇女。由于大量劳动力的转移，村庄的老龄化和空壳化都非常严重，近年来以各种原因搬离村庄的农户占6%，因外出打工 10 个月以上不在村庄的人口占 28%，因工作、上学等不常住的人口占 15%（如永登县通远乡团庄村有 60 户彻底搬走，115 户不常住，剩余 256 户农户家庭的青壮年劳动力也常年在外打工，农村剩余人口仅有 1/3），常住人口的平均年龄在 50 岁左右，人口结构不容乐观。

（三）基础设施建设成绩斐然

样本村照明电 100%解决，动力电 55%以上解决。住房问题也得到很大程度改善，有危房的农户所占比例为 13.5%。建制村畅通工程基本完成，样本村中有 11 个行政村的通村公路全部硬化，剩余 4 个村计划将于 2017 年完成，有 4 个行政村的自然村路全部硬化，交通问题主要面临"最后一千米"，即自然村的问题，但由于很大一部分自然村分布在山坡、山顶之上，建设难度和成本太大。安全饮水方面，有 8 个村庄的安全饮水问题已经解决，其余 6 个村庄由于地处干旱半干旱山区，受自然条件的制约，饮水主要依靠雨水集流和水窖，缺乏稳定的水源供应，自来水入户并不现实。另外，现有的农村文化室利用率不高，基本处于闲置状态。

（四）基本公共服务亟待解决

教育、医疗卫生、社会保障是贫困村反映最为强烈的问题。就贫困村卫生医疗条件来说，有 12 个村建有卫生室，运行良好，有两个村庄没有卫生室。调研中发现目前最大的问题：一是缺乏有执业资质的全科大夫，只能解决头疼脑热等小问题，医疗水平和条件比较差；二是医药费用太高。教育方面，在调查的 14 个样本村中，有 3 个村庄没有小学，适龄儿童只能到附近村庄上学。另外，有 10 个村庄没有幼儿园，初中和高中（职中）在镇上或者县城寄宿。贫困村教育公共服务存在的最大问题是幼儿园没有专职教师，小学没有一定的学生规模，到镇上或县城寄宿上学的成本太高。社会保障方面，低保成为农村非常敏感的话题，原因是一类、二类低保户条件明确、界限清楚，容易评定，而三类、四类低保户就不易界定，实际操作中引发了很多群众之间、群众与基层干部之间的矛盾。

（五）产业增收基础非常薄弱

甘肃省自然条件相对恶劣，50%的贫困村集中在干旱山区、高寒阴湿区及自然条件严酷、灾害频发的 225 个特困小片带，山大坡陡、耕地分布零散细碎，光、热、水、土等资源条件匹配特别差，主导产业和增收产业基本没有形成，靠传统种养殖业满足家庭需求，技术水平落后，规模化、市场化程度很低，有 4 个样本村基本上没有任何发展潜力。产业发展的第二个问题是农产品价格太低，距离市场远，绝大部分农户没有任何抵抗风险的能力，农户大力发展农业的意愿不足。在调查的样本村中共有 10 个村庄进行过产业扶贫，但 80%的农户表示不知道。大部分农户表示没有市场和技术，养的羊要么死、要么赔本，马铃薯、玉米、羊肉价格下降或者卖不出去，产业扶贫效果比较差。由于农业基础薄弱，非农产业发展水平也特别低，没有条件覆盖和带动贫困户。

（六）乡村环境问题突出

长期以来，大部分农村的生活垃圾、生活污水、畜禽养殖和农业废弃物任意排放的问题严重，"污水乱泼、垃圾乱倒、粪土乱堆、杂草乱跺、畜禽乱跑"在样本村庄都有不同程度的表现。集镇及村庄结合部，脏、乱、差问题还普遍存在，白色污染严重，有的垃圾难以及时清运，部分乡镇道路两侧还能见到暴露垃圾，少数乡镇秸秆乱抛现象比较严重，秸秆仍然堆在田头、沟渠边，影响沟渠正常排灌功能。

（七）村级组织实施能力有限

政府主导的脱贫攻坚行动主要采取了自上而下的形式，形成一个严密垂直的委托代理关系，村级组织是最后一级组织，具体负责贫困户的识别、低保户的评定、村级项目的组织实施、政策的传达、村级数据的上报等工作。由于中央政府是委托人，各级地方政府和村委会是代理人，代理人要落实一系列由上而下的政策，于是，在缺乏能力的时候，一种做法是由亲戚、朋友代理落实，附加条件优惠，政策自然也向他们倾斜；另一种做法是向村中的强势力量倾斜，因为他们在村里的影响力较大。这两种做法都会造成对贫困户瞄准的偏差，贫困人口在村里依然存在边缘化的问题。由于村委会工作能力有限，青壮年劳动力基本外出，各种社会力量尤其是各种民间组织存在不足。例如，农民专业合作社等缺乏参与机制，基层工作措施比较僵化，缺乏灵活性，委托人偏离代理人目标的问题比较严重，各类到户项目对贫困户的瞄准率不高，特别是三、四类低保界限模糊，导致干群关系矛盾比较突出。

（八）贫困村之间的差别比较大

根据对产业发展、收入来源、生态环境、自然地理条件的综合评估，调查样本村分可为三类：①距离城镇和市场距离比较近、外出便利，公共服务和基础设施改善较快，地势相对平坦，具有一定发展潜力，村庄综合评价为良好，贫困人口中智障、残疾、大病、五保等没有能力的农户通过社保兜底可以实现"政策脱贫"，其他农户基本可以稳定脱贫的村庄有 7 个；②具备一定发展条件，医疗卫生、教育、交通等条件正在改善，但山大沟深、干旱严重，村庄综合评价为一般，需要进行较大投入、较大规模的建设和扶持，绝大部分农户可以基本脱贫的村庄有 5 个；③山大沟深、距离遥远，扶贫成本太高，基本不具备发展条件，不适合人类生存的村庄有 2 个。

二、样本村农户基本情况

（一）家庭人口规模和结构

在被调查的 1 749 个农户中，共有人口 8 318 人，户均人口为 4.8 人，其中劳动力 5 039 人，占样本总人口的 60.6%。贫困村庄劳动人口比例严重低于全省71%的水平，家庭赡养系数高达 0.65，家庭负担问题特别严重。在样本村农户中建档立卡贫困家庭 766 户，占 43.8%，低保户 471 户，占 26.9%。无劳动力的家庭 46 户，占 2.6%；有严重疾病病人的家庭占总户数 10.8%，有慢性疾病病人的家庭比重高达 49.0%，两项合计占比接近 60%。贫困村庄的人口和家庭结构都非常差（表 12.2）。

表 12.2　样本村农户家庭基本情况

特征	户数/户	占比
户均人口	4.8	—
低保户	471	26.9%
建档立卡贫困家庭	766	43.8%
无劳动力家庭	46	2.6%
耕地极少或无地家庭	122	7.0%
有严重疾病病人的家庭	189	10.8%
有慢性疾病病人的家庭	857	49.0%
参加农村合作医疗家庭	1 745	99.8%

（二）家庭资产和住房条件

农村危房改造作为重要的民生工程，是甘肃省"1236"扶贫攻坚行动"三个保障"任务之一，从 2009 年全省开始实施以来成效显著，住房问题改善速度较快，但整体水平偏低。样本农户只有 6.7%的农户家庭住房是框架结构，71.7%的农户家庭住房为砖混结构，仍然有 21.2%的农户家庭住房是土坯房和窑洞，危房改造任务依然比较大。

从家庭资产状况来看，农户拥有的家庭资产仅仅能维持基本的生产和生活需要，农户家庭资产折合价值为 20 000 元到 30 000 万元不等（不包括住房）。样本农户家庭有拖拉机和三轮车等农具的占 61.2%，有播种机和收割机等农具的占 10%，30%的农户生产全靠畜力和人力（14.5%的农户有畜力）。样本农户家庭电视机、电话基本普及，电脑占有率仅有 6.9%，洗衣机的拥有率为 76.4%，电冰箱的拥有率为 49.0%。摩托车是农户的主要交通工具，有摩托车的农户占 63.3%，有大中型货车的比例 2.5%，小轿车的比例为 6.2%，有小商店和小作坊的比例为 6.2%（表 12.3）。

表 12.3　农户家庭资产状况

项目	资产类别	资产名称	户数/户	占比
农户家庭	生产性工具	拖拉机和三轮车	1 071	61.2%
物质资产		收割机	84	4.8%
		播种机	91	5.2%
		大中型货车	44	2.5%
		小商店和小作坊	108	6.2%
	耐用消费品	摩托车	1 107	63.3%
		小轿车	109	6.2%
		电冰箱	857	49.0%
		电视机	1 705	97.5%
		洗衣机	1 337	76.4%
		电话	1 621	92.7%
		电脑	121	6.9%

（三）农户家庭劳动力就业状况

由于大部分村庄自然条件严酷，存在"一方水土养育不了一方人"的问题，因此除了老人妇女照顾家庭、从事农业生产之外，绝大部分青壮年外出打工，非农产业就业人数很少。样本农户的劳动年龄人口（16~65 岁）5 905 人，占总人口的比重为 71%，学生和没有劳动能力的人口为 866 人（包括残疾 57 人），纯劳动力为 5 039 人，占总人口的 60.6%，劳动力中从事纯农业的占 47.0%，平均年龄 47 岁，平均受教育年限 4.3 年；纯务工人员占 34.5%，平均年龄 34 岁，平均受教育年限 7.8 年；兼业的占 8.8%，平均年龄 41 岁，平均受教育年限 6.1 年；从事个体经营的占 3.1%，平均年龄 41 岁，平均受教育年限 7 年（表 12.4）。

表 12.4 劳动力就业结构、平均年龄与受教育年限

劳动力特征	劳动年龄人口	劳动参与人数	就业状况			
			纯农业	纯务工	兼业	个体经营
人数/人	5 905	5 039	2 369	1 737	442	155
占比	71.0%	60.6%	47.0%	34.5%	8.8%	3.1%
平均年龄/岁		41	47	34	41	41
平均受教育年限/年		6.1	4.3	7.8	6.1	7

（四）农户家庭收入状况

收入水平的高低是衡量家庭贫困状况好坏的核心因素，我国贫困线一直采取单一收入水平作为衡量标准。从整体收入水平来看，样本农户人均可支配收入7 251 元，是全国农民人均可支配收入的 50%，整体收入水平很低。从收入差距来看，村庄之间、农户之间的收入差距特别大，人均可支配收入水平 2 800 元以下的占 14.8%，人均可支配收入水平高于平均水平的是 42.1%，高于 1 万元的占23.0%。从收入结构来看，样本农户务工收入占农户总收入的 62.5%，从事农业经营收入仅占农户总收入的 21.3%，非农经营收入仅占 6.7%，低保收入占3.0%。农民外出打工的工资性收入在农民家庭收入中的地位越来越重要，成为农民增收的首要因素，并且收入差距特别大，人均可支配收入水平在 2 800 元以下的农户占 14.8%，收入在平均收入水平以上的农户占 42.1%，入不敷出的家庭占 18.6%（表 12.5）。

表 12.5 农户家庭收入结构

分项	可支配收入/元	农业经营收入/元	务工收入/元	非农经营收入/元	低保收入/元	其他收入/元
人均	7 251	1 546	4 530	488	217	470
占比	100%	21.3%	62.5%	6.7%	3.0%	6.5%

此外，值得高度关注的是，农户有一部分收入为实物收入，主要包括小麦、玉米、小杂粮、马铃薯，户均粮食拥有量为 467 千克，基本能满足生活需要；猪的饲养量为户均 0.4 头，羊的户均饲养量户均达到 2.8 只（其中规模以上养殖 112户，户均 33 只），农户的肉食也基本能够得到满足，蔬菜基本自产，在冬季通过市场调节。

总体上，农户的收入水平很低，但食品、蔬菜、肉食都基本能满足需求，营养状况有了很大程度的改善，如果不存在大的自然灾害，"两不愁"问题能够得到保障。

（五）农户家庭消费支出状况

家庭支出水平和结构是衡量生活水平和贫困状况的另一个核心指标。从样本农户的日常支出水平来看，人均年支出总额为 3 976 元，生活性消费支出是贫困农户最大的支出，如柴米油盐以及水、电、暖等，占支出总额的 29.0%；教育支出占到支出总额的 26.9%，排到第三的是健康支出，占支出总额的 26.2%。可以看出，生活性消费支出、教育支出和健康支出是农户家庭最主要的三大支出，约占到支出总额的82%。而农业生产性支出仅占6.7%，农业生产在收支中所占的比例均较低，农民用于扩大农业生产的投入积极性基本没有，农业发展的后劲不是太强（表 12.6）。

表 12.6　农户家庭消费水平与支出结构

支出分类	项目	户均支出/元	占比
农业生产性支出 6.7%	农药化肥地膜等支出	945	5.0%
	农机支出	234	1.2%
	其他农业支出	87	0.5%
生活性消费支出 29.0%	粮油米支出	612	3.2%
	蔬菜水果支出	538	2.9%
	肉奶蛋支出	570	3.0%
	日用品支出	993	5.3%
	水电费支出	661	3.5%
	燃煤支出	1 167	6.2%
	电话费支出	884	4.7%
	网费支出	38	0.2%
健康支出 26.2%	严重疾病支出	2 188	11.6%
	慢性疾病支出	2 756	14.6%
教育支出 26.9%	子女上学支出	5 014	26.5%
	学技术支出	83	0.4%
人情往来支出 5.1%	婚丧嫁娶支出	977	5.1%
其他支出 6.1%	其他支出	1 161	6.1%
总支出		18 908	100%

（六）农业生产状况

样本贫困村户均耕地面积为 6.8 亩，水浇地仅占 3%，山坡地占 58% 左右。由于受到自然条件限制，农业基本上是自给自足的生产状况，具有明显的特色产业的村庄有 2 个（漳县、临夏），但没有形成规模，缺乏龙头企业，更不存在生产、销售、技术等服务一体化的产业体系，农产品市场销售率为 44%。绝大部分村庄主要以小麦、玉米、马铃薯为主，小麦、玉米的人均占有量分别为 137 千克、149 千克。此外，农户不同程度地种植一些水果、蔬菜，平常年景"口粮"没有问题，遇到自然灾害时没有保障。

第三节　贫　困　原　因

导致贫困的原因是多方面的，就样本村贫困家庭与非贫困家庭基本情况差异反映出来的问题来看，贫困主要源于两个方面，一方面是自然条件严酷导致的产业收入水平低下，另一方面是生活消费支出太高导致的入不敷出性贫困。调查样本村贫困家庭基本情况如表 12.7 所示，贫困发生率为 19.1%，贫困家庭与非贫困家庭在户主平均受教育程度、户均参与劳动人数、务工人数等方面差距很大，贫困家庭的特征主要体现在户主平均受教育程度低、户均参与劳动数量少、赡养系数高、残疾人数与慢性病比例高等方面。并且值得注意的是，贫困家庭户均教育支出明显低于非贫困户，存在着由于教育水平落后引发的贫困代际传递问题。

表 12.7　贫困家庭基本情况

类别	贫困家庭（纯收入低于 2 800 元）	非贫困家庭
户数/户	334（占比 19.1%）	1 415（占比 80.9%）
户均参与劳动人数/人	2.6	3
务工人数/人	165（户均 0.6）	1 703（户均 1.2）
户主平均年龄/岁	47.8	48.9
户主平均受教育程度/年	4.9	6.1
家庭人口平均受教育程度/年	4.9	5.8
赡养系数	0.9	0.6
大病比例	2.7%	2.6%
慢性病比例	19.6%	13.5%
残疾人数比例	1.6%	0.9%
家庭教育支持/元	3 819	5 318

一、自然资源贫瘠、生态严酷导致的收入贫困

产业发展水平低、生产成本高、市场冲击大是农户贫困的主要原因。大多数贫困村庄处于偏远山区，严重限制了农业生产的发展，并且山高坡陡，基础设施建设落后，导致农户的各项成本攀升，生产劳动成本普遍高于其他地区。一方面大多数村庄距离中心市场太远，销售渠道不畅，零散的农产品出售困难，特别是2014 年以来玉米、小麦、马铃薯的价格大幅度下降，严重影响了农户增收；另一方面，非农产业在这些区域基本没有发展。农户调查资料显示，70%的农户表示农业发展没有潜力，依靠农业生产很难增收。

打工收入是农户最主要的收入来源，占绝大多数农户收入水平的比例在 60%以上，是脱贫的主要途径。一方面，由于贫困地区地理位置遥远，信息不畅，教育落后，贫困人口基本没有技能，打工渠道受限，就业行业基本靠苦力，影响了打工收入的水平；另一方面，由于地处贫困地区，城镇化和非农产业发展水平不高，影响了劳动力转移就业。

二、因病、因学等问题导致的消费性贫困

在调研中发现看病花钱多、生活费用太高、上学花钱多是农户面临的最大支出压力，从农户对贫困原因的主观判断来看，认为这三项负担最重的农户比例分别达到调查农户的 49.9%，43.3%，40.1%。几乎一半的农户家庭认为看病贵、生活费用太高、上学贵是最大的经济负担和最大的难题（表 12.8）。

表 12.8　家庭贫困原因

贫困原因	没有劳动力	生活费用太高	农产品价格太低	劳动力没有挣钱门道	老人太多	看病花钱多	上学花钱多
户数/户	408	757	594	691	177	873	702
占比	23.3%	43.3%	34.0%	39.5%	10.1%	49.9%	40.1%

（一）因病致贫

近年来甘肃农村的医疗卫生条件有了极大的改善，农村缺医少药的一般问题已基本解决，新农合和大病救助也解决了很多的问题。但是，由于长期以来生活条件恶劣、生活艰苦、劳动负担重等原因，人口发病率特别高，加上因治疗不及时而将一些小病、慢病拖成大病、重病等现象在当地并不少见。农户家庭中若有

长期生病或重大疾病患者，不仅不能通过劳动获得收入，反而还会增加家庭费用的支出，有的甚至债台高筑，导致家庭长期陷入贫困之中难以脱贫。在家庭贫困原因调查中，所有贫困原因中占第一位的是"看病花钱多"，共有 873 户，占49.9%。在入户调查登记的 1 749 户家庭中，有严重疾病病人的家庭有 205 户，占样本总户数的 11.7%；家里有患有各种慢性疾病病人的户数达到 1 196 户，占调查样本总户数的 68.4%。"因病致贫"是当前一个比较突出的矛盾，尤其是有慢性病病人的家庭负担比较重（表 12.9）。

表 12.9　家庭疾病情况

分项	有严重疾病病人的	有慢性疾病病人的
户数/户	205	1 196
占比	11.7%	68.4%

（二）因学致贫

因学致贫是农户面临的又一个难题。甘肃省落实多元扶持与资助政策，教育扶贫力度很大，基本内容为免除幼儿园保教费，初中小学为义务教育，职业高中全部免除学费，建档立卡贫困家庭每人每年 800 元标准免除学杂费和书本费，为贫困家庭考入大学的每生每学年解决不超过 8 000 元的生源地信用助学贷款。应该说因学致贫的问题得到很大改善，但目前农户反映的主要问题一是不太认可中等职业教育，二是因为寄宿问题产生的寄宿费。由于教育资源的分布问题，小学有部分孩子，初中和高中基本 98%以上的孩子需要寄宿上学，除了食宿、交通费用之外，还有部分孩子家长陪读做饭，失去劳动机会，部分边打工边陪读。调查显示，样本农户共有学生 1 888 人，占总人口数的 22.7%，户均教育支出 5 097元，这个费用对于绝大部分农户来说，是一个难以承担的费用（表 12.10）。

表 12.10　家庭学生情况

分项	学生总数	小学	初中	高中	大学以上
人数/人	1 888	766	520	338	264
占比	100%	40.6%	27.5%	17.9%	14.0%

三、发展能力缺乏导致的能力贫困

发展能力缺乏导致的贫困包括主观和客观两个方面。从主观来说，贫困人口的教育程度普遍偏低，健康水平差，人力资本不足，劳动力短缺，这是影响农户向非农产业转移的主要障碍，也是影响掌握农业技术、提高生产的技术含量的主要因素，导致发展能力贫困；主观上的原因是"贫困文化"假说，即国际学术界所认可的贫困人口长期以来形成，如懒惰，没有远见，不良生活习惯，等、靠要思想严重等。从客观上来看，贫困人口的一个主要致贫原因是客观环境导致的能力贫困，如长期的闭塞、市场发育不足、社会资本缺乏等因素导致的能力不足。调查资料显示，样本农户有一定技术的人口仅占 10.1%，贫困户基本没有技术，39.5%的被调查者认为家庭贫困的主要原因在于"劳动力没有挣钱门道"，在所有贫困原因中排到第四位。劳动力没有挣钱的门道，原因是多方面的，其中缺乏技术、信息闭塞是其主要的原因。此外，社会资本匮乏对贫困的影响越来越大，调查资料显示：①农户家庭社会资本投资主要以婚丧嫁娶人情支出和通信费用支出为主，但人均支出很低，分别为 1 004.70 元和 934.77 元，表现出贫困地区农户家庭社会资本投资明显不足。②农户家庭社会网络主要建立在血缘、亲缘、情缘关系上，社会网络单一，家庭或个人获得帮助的主要渠道是通过"亲朋好友"的强关系支持，而很少获得弱关系支持。③广大青壮年劳动力外出务工，家庭外出人员所构建的社会关系较为薄弱。

四、丧失劳动能力和老龄化导致的贫困

由于地处偏远山区，智障、残疾、大病、五保、没有劳动力等原因导致的贫困所占比例非常高，这些家庭长期陷入贫困之中，难以脱贫。调查资料显示，大病、智障、残疾、五保有 323 人，导致将近20%的家庭陷入困境。此外是没有劳动力的46 户，占2.6%；缺乏劳动力的有408 户，占23.3%。这类贫困户在日常生活中，家庭劳动力一方面要照顾其家庭成员中的老弱病残，耗费很大精力；另一方面其外出务工和产业经营因此受到限制，很难通过自己的努力脱贫（表12.11）。

表 12.11　家庭健康状况（单位：户，%）

分项	无劳动力	大病	慢性病	残疾智障
户数/户	46	205	1 196	80
占比	2.6%	11.7%	68.4%	4.6%

此外，值得注意的是，老龄化的问题越来越来严重。调查统计发现，样本农户中 65 岁以上人口占到常住总人口的 19%，其中，除了小孩与老人之外，40~64岁的劳动年龄人口占比38.15%，老人、小孩、大龄劳动力等三类人口占留守人口的比例高达 78.67%，即常住人口大部分是由老人、小孩及年龄较大的劳动年龄人口构成，且常住人口中女性人口所占比例高达 64.5%（表 12.12）。

表 12.12　6 个月以上在村人口基本情况

在村人口特征	6 个月以上在村人口	女性人口	15~65 岁人口	劳动参与人口	65 岁以上老年人口	15 岁及以下人口
人数/人	5 163	3 328	3 666	2 879	998	1 499
占比	100%	64.5%	71.0%	55.8%	19.3%	29.0%

第四节　甘肃省贫困特点和性质的变化

贫困是相对的，贫困问题也是动态演变的。在一系列强有力的政策和措施推动下，甘肃农村发生了天翻地覆的变化，农村贫困人口大幅度下降，"两不愁"正在由基本解决向稳定解决转变，"三保障"和产业增收问题成为反贫困的两大焦点和核心，贫困类型和性质正在发生重大变化，主要表现在以下几个方面。

一、整体性、区域性贫困向小片区、个体性贫困转换

经济增长与区域社会经济发展是减缓贫困的最大推动力，不但提供了更多更好的就业机会，提高了人均收入水平，也带来了政府财政收入的增加，使政府有能力从事反贫困事业，这一点在甘肃得到充分验证，并且在进一步的反贫困措施中依然十分必要。通过对六盘山、秦巴山区、藏区甘肃片区的调查，大面积的整体性、区域性贫困得到有效缓解，贫困面正在向生态环境特别恶劣、扶贫难度特别大的 225 个小片带集中。与此同时，贫困人口的个体差异以及家庭突变等原因导致的个体性贫困问题突出，如自然灾害、家庭突变、重大疾病、重要劳动力丧失、市场决策失误、债务等因素导致的个体性、突发性贫困问题越来越突出，贫困的原因变得多元化，贫困户之间的千差万别给扶贫开发政策的实施带来了极大困难。

二、绝对贫困向相对贫困转变

从绝对和相对的视角可以将贫困划分为绝对贫困和相对贫困，其中绝对贫困是指在一定的社会经济条件下，个人和家庭依靠其全部家庭合法所得收入仍然不能维持其基本生存需要的状态；相对贫困则是指个人或家庭收入低于社会平均收入水平一定比例的生活状态，国际上一般将一个国家或地区 20% 的最低收入阶层或收入水平低于社会平均水平 1/2 的群体作为相对贫困人口，其本质上是不同社

会成员间分配关系的一种反映，主要由经济社会发展不均衡、收入差距扩大造成。收入差距主要表现为城乡之间、地区之间、人与人之间的收入不平等，这种差距的存在进一步带来教育、投资、就业等的不均衡，这些不均衡带来的贫富差距将成为相对贫困问题的起因，在贫困人口温饱问题基本解决的新时期，由贫富差距引致的相对贫困问题将变得越来越严峻。

省份内部贫困地区农村居民人均纯收入差距较大，以甘肃省为例，我们调查的 14 个建档立卡贫困村中农村居民人均纯收入低于 2 800 元的有 334 户，1 615 人，分别占总比例为 19.10% 和 19.42%；按 2 300 元的标准可以算得农村贫困人口有 229 户，1 089 人，分别占比为 13.09% 和 13.09%，贫困村农村居民人均纯收入差距较大，随着贫困标准的提高贫困人口比例会逐渐增加。

三、生存贫困向发展贫困转变

多年的区域发展、城镇化和非农就业，加上以贫困村和贫困户为单位进行的有针对性的扶贫开发和建设，如基础设施建设、产业开发、环境保护、危房改造、医疗保险、低保等工作，解决了贫困户的基本生活问题，甘肃已基本消灭了衣食住行无法得到满足的极度贫困，即物质性、生存性贫困得到基本解决，"两不愁"正在由基本解决向稳定解决转变，但相对贫困问题越来越突出。客观上由于贫困乡村自然条件严酷，社会经济发展水平比较低，发展机会十分欠缺，加上农户发展能力不足、抗风险能力差等问题，造成大面积的相对贫困。此外，由于市场的甄别机制和优胜劣汰的淘汰机制对农村的影响越来越大，贫困户在市场竞争中完全处于劣势，由农村贫富分化表现出来的相对贫困问题凸现，成为"十三五"时期贫困的主要特征。大量的农户抗风险能力很差，很容易返贫。整体来看，"十三五"期间的返贫问题依然是一个很大的挑战，稳定脱贫就成为最核心的问题。

四、物质贫困向精神贫困转变

反贫困的出发点和落脚点都应该是贫困的主体——人的发展。马斯洛将人的需求由低到高划分为生理、安全、社交、尊重和自我实现需求，只有满足贫困人群各方面的需求，才能实现预期的反贫困目标。贫困地区由于长期的交通信息封闭、机会缺乏、教育文化落后、物质匮乏，以及不良的风俗习惯和社会变革、大规模人口流动转移、收入差距拉大等形成的迅速人口分化等原因，部分处于社会最低层的贫困人口在价值取向、思维方式、行为方式等方面，落后于现代社会所认可的物质财富获取和精神生活需求满足的一般状态，集中表现为思想低落、精神颓废、观念陈旧、情绪消极等人文素养不高。自身发展动力不足，在物质财富获取上形成较强的依赖性，等、靠、要思想严重，缺乏改变贫困命运的精神动力，即所谓的人穷志短；在社会交往中，表现为封闭保守，自信心不足，自卑感强，社会资本和社会网络缺乏，尊严和自我实现需求难以得到满足。特别是政府主导的精准扶贫政策和农村低保政策实施以来，部分农户等、靠、要的思想越来越严重，进取精神严重不足，严重影响了扶贫政策的落实和扶贫效果的提升。随着物质性贫困的缓解，精神性贫困已经成为贫困地区十分严重的社会现象，对反贫困战略实施和政策选择提出了新的要求。

五、收入贫困向多维贫困转变

长期以来，由于受数据收集以及人类对贫困概念本身认识的限制，人们习惯于用收入、消费或其他货币尺度来测度贫困。事实上，贫困是一种复杂而综合的社会现象。例如，World Bank（2003）认为，贫困是人们想逃避的一种生存状态，贫困意味着饥饿、缺医少药、失业、无上学机会及权利和自由的丧失。可见，贫困意味着福利的丢失。世界反贫困理论和实践的演进经历了从单一经济指标向多维指标测度的转变，事实上这一转变是社会经济结构转型的必然要求。在传统农业社会时期，物质条件匮乏，整体收入水平低，贫困是整体性的。随着现代社会经济的不断发展，物质财富不断积累，人们的就业分工不断扩展和深化，获取收入的渠道不断多样化，大量人口的经济收入水平不断提高，越来越多的人口逐步实现在经济收入方面的脱贫。而在这一进程中，影响人类发展的其他因素的作用不断显现，诸如教育、健康等因素的作用将会越来越重要。经验表明：最早获得好的人力资本和技术、最早步入现代社会的地区、行业、阶层和人口将获得较多财富率先脱贫，而缺乏机会、缺乏能力的人口陷入贫困。随着社会反贫困事业的推进，在贫困人口的物质生存问题解决之后，马上突显的是权利、能力、教育、机会等问题。随着社会经济结构的演变，学术界对贫困问题的认识经历了由单一收入贫困向人类贫困、社会贫困、能力贫困、权利贫困等多视角、多维度的演进。

六、劳动力短缺和老龄化导致的贫困成为新的贫困问题

中国的老龄化问题和劳动力短缺问题已经严重困扰社会经济的发展，这一问题在农村尤其突出。农村一方面由于计划生育的实施，另一方面由于大量青壮年

外出打工，老龄化、劳动力短缺和少子化加速，已经成为一个十分突出的社会问题。家庭劳动力老化，或劳动力缺乏，使很多家庭收入来源萎缩，依靠政府补贴（低保）生存的家庭越来越多，财政负担不断加大。此外，农村空心化问题突出，大部分贫困地区的村庄已经找不到青壮年劳动力，边远村庄不同程度地出现凋敝，农村建设受到挑战。样本村的人口结构显示，60 岁以上人口占总人口的比重为 15.9%，10 年之后农村的人口结构更加突出。

第五节　甘肃省精准脱贫的政策建议

一、加强贫困人口发展能力建设，提高精准脱贫效率

（一）进一步完善精准识别机制，建立多维识别标准，注重贫困人口发展

从多次社会调查反映的问题来看，贫困问题与许多社会发展指标及环境指标有关，如健康状况、受教育程度、社会保障、个人权利、自然地理环境等，特别是随着"两不愁"问题的逐渐解决和贫困特点的变化，农村人口对教育、健康、就业等发展方面的要求越来越高。因此，在贫困人口认定过程中，科学的评价指标必然是多元指标，涵盖经济发展、社会发展、政治权利、自然条件等多个方面。目前贫困人口的认定主要依靠的是收入指标，由于技术和成本上的问题，政府没有能力对每个农户的收入进行精准统计，基本做法是采取名额控制和基层民主评议的方法，国家根据农户收入状况的抽样调查将名额分配到省、省到县、县到乡和村，村依靠民主评议确定。村一级的民主评议在缺乏统一标准的条件下，事实上综合考虑了收入状况、健康状况、家庭负担、财产状况、人际关系等多个方面。基层的这种方法一方面与单纯的收入目标有着一定的偏离，一方面由于缺乏统一标准，对家庭情况近似农户的评议比较困难，难免出现矛盾。

因此，建议逐步放弃单一的收入标准，采用多维贫困标准，逐渐从收入、消费、资产、健康、教育等多个维度来识别贫困户和贫困人口，对精准扶贫效果的考核评估也从多个维度进行。这一方面可以避免国家制定的标准与基层采用的标准脱节现象的发生，另一方面根据贫困特点的变化，将发展性指标纳入贫困监测体系中，从传统上只注重物质性贫困，向重视发展性贫困转变。这一转变既符合贫困人口的实际状况，同时又与国际倡导的多维贫困的趋势相一致。

（二）按照贫困人口的意愿和需求，加大公共服务力度，实现稳定脱贫

从农户的意愿和要求来看，公共服务应该成为精准脱贫的首要任务。目前，甘肃省贫困的特点正在由物质性贫困向发展性贫困转变，发展能力不足成为最主要的制约因素，其核心是公共服务与人力资本问题。因此，各项扶贫政策和措施要更加注重农户自身发展能力建设，在重视贫困农户的产业发展和创收的同时，重点解决农户反映最为强烈的教育、医疗卫生、社会保障、就业等问题，确实加强"造血"能力，阻断贫困的代际传递，保障稳定脱贫。

"因学致贫"是农户反映最为强烈的问题，教育扶贫政策在很大程度上缓解了贫困户的学费、学杂费压力。但农户面临的另外一个主要问题是教育资源分布不均，部分地区由于人口减少进行的撤校、并校问题，边远山区的孩子绝大部分寄宿上学，从而需要支付很高的食宿费、交通费（户均年教育支出高达 5 097元）及陪读成本，农民工孩子上学过程中还要支付借读费、择校费等费用。此外，农村幼儿专职教师高度缺乏，有学校无老师的问题也特别突出。这些问题靠简单的教育扶贫难以解决，直接指向中国的教育体制改革。贫困的代际传递问题突出，建议将贫困地区高中教育纳入义务教育。

"因病致贫"是农户关心的另一重大问题。值得引起全社会高度关注的问题是目前农村人口特别是贫困人口的健康问题特别突出，高血压、糖尿病、腰椎病、胃病、风湿病、关节炎等疾病高发，70%的家庭存在长期吃药的病号。合作医疗和大病救助虽然在一定程度上缓解了农户因病导致的高额住院支出，但大量的慢性病问题、医疗费用太高的问题、病人的料理成本问题都成为农户很大的负担。此外，农户普遍反映医药价格太贵，农村医疗卫生条件差，高水平大夫稀缺，这些问题也直接指向国家的医疗卫生体制改革。建议大力加强乡村医生的培训，并加大省市级高级医务人员地方巡诊的力度。

低保问题是另外一个引起农村社会强烈反响的问题。低保的实施有效解决了农村失去劳动能力人口的生存问题，确实起到了低保兜底的作用。问题在于在农村低保户的评定中，一类、二类低保户由于条件明确、界限清楚，容易评定，三类、四类低保涉及面广、界限不清，不易界定，实际操作中容易引发干群之间、群众之间的矛盾，从而耗损了很多农村内部发展的积极性和发展潜力，助长了等、靠、要等思想，甚至造成一些不公平现象。因此，建议将三、四类低保指标向不具备发展条件、不易进行重大建设的偏远村庄倾斜，条件相对较好的大部分村庄随着脱贫摘帽，逐步取消三、四类低保，激发农村内部发展活力和发展潜力。

（三）以现代农业体系建设为目标，加强特色产业和龙头企业培育，辐射带动贫困人口

产业增收成为贫困地区攻坚克难的重中之重。农户反映的农产品价格太低、销售困难、养殖技术差等问题，"谷贱伤农"问题严重，事实上是现代农业体系的发展问题，也是目前需要迫切解决的问题。从宏观经济形势来看，随着供给侧改革的进一步推进和产业结构升级步伐的加快，现代农业发展成为必然。现代农业的主要特征以现代市场营销理念和现代农业技术为基础，形成生产、加工、销售高度融合的产业体系和绿色、生态、安全高度结合的经营理念。从贫困地区的现实情况来看，农业是弱质产业，面临着自然风险和市场风险的双重压力，"谷贱伤农"的问题一直是个难以破解的难题。贫困人口是弱质群体，他们的生产条件恶劣，缺乏资金和技术，缺乏产业服务体系，生产规模狭小细碎，很难形成产业链条并参与市场竞争，进入市场的主要途径就是"龙头企业+农户"。实践证明，通过龙头企业辐射带动克服了小农户面临的各种制约，是产业扶贫的主要模式。因此，建议产业扶贫选择自然地理条件比较好、具有一定特色产业发展潜力的地区，以特色产业和特色产品开发为方向，以龙头企业和基地建设为重点，整合扶贫资金，解决农户面临的技术、资金、市场、风险等一系列问题，克服农户的弱质性，提高市场竞争力，增加农户收入。

二、完善医疗卫生服务体系，缓解"因病致贫"问题

（一）完善新农合筹资和补偿机制，提高贫困人口健康补贴标准

目前"新农合"覆盖率已经比较高，但由于受到基金总额的制约，报销比例比较低，报销范围十分有限，贫困人口受益水平受到一定制约。针对这一问题，首先，应该完善筹资机制，增加缴费水平和基金总量，同时由地方财政对贫困人口的缴费给予补贴。在提高基金总量的同时，提高补偿内容和补偿水平，拓宽报销范围，在考虑大病统筹的同时，适当地对小额医疗费用给予补助，并结合当地的实际情况，科学确定补偿水平，使制度真正能够取得减少因病致贫的效果。其次，健全管理机制，建立高效的管理制度，规范报销手续，增强制度对农户的吸引力，提高农户的真实参与意愿，提高新农合管理体制的运行效率。再次，完善监督机制，严格监督医疗服务供给行为，防止道德风险的发生，杜绝不合理用药和治疗措施，杜绝部分人口过度治疗对医疗资源的挤占。最后，统筹城乡发展，逐步建立城乡一体化的医疗保障制度，近期内尽快

建立新农合个人账户的滚动制度。

（二）优化城乡医疗资源配置，提高贫困地区医疗服务的水平和质量

城乡医疗资源配置不均，村级卫生室大量闲置，乡镇卫生所和县级医院能力有限，市级以上优质医疗资源严重短缺，农村缺乏有执业资质的全科大夫，乡村医生缺乏传播卫生保健知识的基本技能和主动性，只能解决头疼脑热等小问题，是农村居民看病难的一个重要原因。针对这一问题，应该进一步改革医疗资源分配机制，加强财政扶持政策向农村倾斜的力度，加强贫困地区县级医院的服务能力，加大人力、财力、物力等各方面的支持，逐步建立偏重农村的资源分配机制，切实提高农村医疗机构的服务能力；进一步加大高水平医生在贫困地区巡诊、培训、指导的力度，以县级医院为主，尽快培养一批高水平的基层医务人员，确实改变老百姓"看病难"的问题。

（三）完善医疗保障到户政策，逐步实现对特殊人口健康救助的全面兜底

目前甘肃省出台的十项医疗保障到户政策，是针对特殊群体的特殊政策，旨在给予建档立卡贫困户医疗救助方面的特惠政策，防止因病返贫、因病致贫问题。目前正处于实践阶段，从地方反映的问题来看，一是这些政策仍然存在很多条件和限制，在实际操作中很大部分政策不能落实到位；二是该政策仅仅针对建档立卡贫困户，一些相对贫困人口无法得到及时救助，非普惠性政策，不能适应农户的一些动态变化。针对这些问题，应该加大农村各种政策与制度的统筹衔接，防止政策的过度细碎化和实际操作的高成本，特别是将针对贫困户的医疗保障政策与低保政策、传统的计划生育等相关政策统筹衔接，高度关注一、二类低保户，老年人口，妇女等特殊群体，并逐步实现对这类特殊人口医疗救助的兜底。

（四）逐步建立农村慢性病的救助制度

一方面农村各种慢性病高发，并且有年轻化的倾向；另一方面就诊率低，具有病程长、难治愈和就诊费用高的特点。虽然慢性病患者一般不需住院治疗，但必须长期吃药，所以慢性病患者不能享受相应的大病或住院报销，仅能享受个人账户中财政补助的福利，这一点财政补助对于长期吃药的慢性病患者是远远不够的，并且由于各种制度和条件限制，农户也很难享受到这部分补贴。随着新农合制度和大病保险制度的逐步完善，慢性病治疗逐渐成为农村居

民医疗支出当中影响面最大的部分，是农户家庭贫困的重要因素之一，并且随着农村大量青壮年人口的外出打工，农村老龄化问题的不断严峻，因此这一问题应该引起各方的高度关注和重视，新型农村合作医疗制度需要将慢性病门诊费用的报销考虑进来，为日益增多的农村慢性病患者提供经济帮助，政府的农村医疗救助政策也应更多地覆盖贫困地区农村居民的慢性病，逐步建立和完善农村慢性病救助制度。

（五）完善农村疾病防御体系，创新疾病预防机制

针对农村慢性病高发、严重影响农户健康的问题，首先应该进一步完善农村公共卫生项目管理，继续实施重大公共卫生项目。在提高服务质量、居民知晓率和满意度的同时，做好群众健康的疾病防治（目前农村这一项目人均拨付经费45元，但使用效率低下），使这一项目能够很好地用于健康促进与教育、慢性病健康教育与防治，倡导健康的生活方式，引导合理就医和安全合理用药等方面。其次，依托县、乡、村三级卫生服务体系，完善专业公共卫生服务网络，支持农村院前急救体系建设，加强重大疾病防控和食品安全风险监测能力建设，通过医生当面指导、宣传手册、宣传栏、广播电视等形式，开展各类慢性病健康教育活动，从而使农户能够更好地对慢性病进行预防和控制。

（六）全方位提高贫困人口收入水平和人力资本存量，增强发展能力

贫困人口人力资本和收入水平偏低是很多问题的根源，从根本上提高贫困人口的人力资本和收入水平，促进他们自身发展能力的提高，打破健康与贫困的恶性循环，进而彻底杜绝因病致贫、因病返贫现象，是解决很多问题的根本所在。进一步建议通过多种途径提高农户收入，提高他们对基本医疗保健服务费用的支付能力，降低贫困脆弱性，提高防范风险的能力。农户自身发展能力贫困不仅表现为收入的低下，还意味着人力资本的匮乏。因此要从根本上解决"因病致贫"，必须加大人力资本投资，提高农户的自身素质，必须全面落实义务教育，保障受教育权利的公平性，并加强职业教育培训，提高劳动力素质，不断增强农村居民的就业能力、收入获取能力及适应现代生活的能力；加大对农村的健康教育，建立健康行为规范，以此改变传统、落后、不健康的行为，减少因不良的生活习惯引起的疾病，提高农民的保健意识，引导、培养他们主动预防疾病的社会心理，形成健康科学的生活方式，这也是提高健康人力资本的基本途径。

三、深化教育体制改革，解决"教育致贫"问题

（一）加强师资队伍建设，科学发展农村学前教育

首先，对学前教育进行科学规划、合理布局。以保护幼儿的安全和身心健康、方便农村适龄幼儿就近接受学前教育为出发点，充分利用中小学布局调整后的闲置校舍和农村公共场所资源，采取灵活多样的方式建设农村幼儿园，避免过度建设和各种指标考核造成资源的浪费。科学合理预测城镇化发展速度，加强城镇幼儿园建设，取消入园的户籍要求等不平等待遇，满足农民工子女接受学前教育的要求。

其次，建设一支具有较高专业素质，以公办教师为主的农村幼儿教师队伍，使他们能高效、稳定的从事农村学前教育工作，提高农村学前教育质量。

最后，坚持以政府投入为主的农村学前教育发展模式，重点推进学前教育资源向贫困地区行政村延伸，设立农村学前教育专项经费并建立相应的经费支出保障机制，扶持贫困地区学前教育事业发展。

（二）优化农村教育资源配置，促进城乡义务教育均衡发展

首先，以教育精准扶贫为契机，继续提高农村教师薪酬待遇，对边远地区的乡村教师给予补贴；在职称评定、评级评优等方面向农村一线教师倾斜；进一步改善乡村教师的工作和生活环境，采取多种措施和政策，鼓励乡村优秀教师扎根农村，推进义务教育均衡发展。

其次，在继续改善乡村办学条件的基础上，鼓励父母在农村的家庭子女就地上学，确保父母对子女的关爱和照顾；在城镇进一步解决农民工子女上学难的问题，鼓励有条件的孩子随打工父母随迁上学。通过这两种途径使小学教育阶段孩子尽量能够在父母和家庭的照顾下接受教育，解决小学生在寄宿过程中产生的一系列问题，如孩子太小生活不能自理、缺少父母关爱等问题带来的不良影响，确保农村子女身心健康，德智体全面发展。

最后，加强寄宿制学校建设，着力改善寄宿条件，提高办学水平。重点改善寄宿制学校的寄宿条件，提高管理水平，完善课程体系，提高办学质量，满足孩子成长所需要的从生理到心理等多种需求。鉴于寄宿制与非寄宿制学校在管理和成本上的差异，建立差别化的经费核拨标准，解决寄宿制学校的经费短缺问题。

（三）合理发展高中教育和高职教育，给学生更多的选择机会

就高中教育来说，针对其教育体系相对完善但教育规模不能满足需求、经费投入不足的问题，建议顺应民众对普通高中教育迫切的要求，科学预测适学人口规模和结构，适度扩大办学规模，提高农村子女入学比例，给予农村子女更多的选择机会。从不同教育阶段减贫效应来看，初中教育减贫的效应已趋边际递减，高中教育减贫效应非常显著，为保证农村家庭，特别是贫困家庭子女在初中毕业后能够继续接受高（职）中教育，以至大学或高职教育，建议尽快将高中教育纳入义务教育，减轻高中教育给农村家庭带来的负担，避免部分贫困家庭孩子初中毕业后过早加入打工的行列，防止贫困的代际传递。

就中职教育而言，首先应全面提高办学质量和水平，增强对学生的吸引力。首先，应尽快解决部分中职学校专业教师短缺、师资力量薄弱、专业设置与社会需求脱节、实训基地建设落后等问题，形成完善的职业教育体系。其次，应进一步扩大中职升高职、升大学的比例，保障贫困家庭后备劳动力能接受中长期职业教育和技能培训，掌握专业技能，提高脱贫致富能力。最后，加大职业教育免费力度，提高中职学校奖助学金标准，使贫困家庭中不能上高中的初中毕业生能接受更高一级的教育。

（四）完善贫困学生资助政策，切实减轻贫困家庭教育负担

全面落实《甘肃省精准扶贫学生资助专项支持计划（2015-2020 年）》，从以下方面完善各级各类贫困生资助体系，确保不让一名家庭经济困难学生因贫失学：一是进一步提高对各级各类农村寄宿就读学生的寄宿补贴标准；二是针对高中阶段成本较高的问题，尽快将高中教育纳入义务教育的范围，并适度提高贫困家庭子女普通高中助学金标准；三是提高教育精准扶贫识别，除扶贫部门已识别的建档立卡的贫困户外，可针对农村家庭多子女同时上学的情况扩大资助范围；四是尽快出台国家助学贷款还款救助细则，并不断完善。

（五）建立城乡一体化的劳动就业市场，提高农村大学生就业水平

改变大学生就业观念，完善就业体制机制，建立公平有序的城乡一体化劳动就业市场，给予生源地是农村的毕业生更多的就业机会，完善劳动就业保障制度，丰富、提高大学生就业层次和水平。

四、优化农村空间结构，实现区域发展与精准扶贫的有机结合

（一）针对不同村庄因地制宜、分类指导

随着城乡结构转型，人口城镇化和部分村庄的空心化是必然趋势，扶贫开发也必须遵循这一规律，顺势而为，与新型城镇化相结合，逐步引导贫困地区有条件的农户以及新生代农民工逐步下山、进乡、进镇、进城，彻底摆脱自然条件的束缚。

反贫困过程必须重视农村人口结构和空间结构的动态变化，对农村建设进行科学规划，重视项目布局，优化乡村空间结构。应该针对不同村庄进行有重点、有层次的分类、定位与规划的基础上，进行有序建设。对于偏远山区、空心化比较严重的村庄，重点以生态建设与生态恢复为主，不主张进行大范围、大规模建设和重点项目建设，而是大力推进这些地区的人口向城镇和中心村庄转移。以重点乡镇、中心村庄为主，大力推进农村生产生活条件建设，形成中小城市、重点乡镇、中心村庄为主的三层空间结构，对接小康社会建设。具体而言，第一层次，在中小城市、县城所在地，结合市县房地产去库存等政策，加大户籍制度、社会保障制度、教育制度、住房制度、土地制度等一系列综合改革，配套基础设施建设，促进新型城镇化建设和非农产业发展，吸纳更多的农民工转移就业并逐步市民化。第二层次，对于交通和自然地理条件比较好，具有特色产业开发基础和一定比较优势、人口相对集中的中心村庄，进行重点建设、重点布局，大幅度改善生产生活条件，支持现代农业和龙头企业发展，吸纳偏远山区人口就近就业。第三层次，对于偏远山区、空心化和人口老龄化比较严重的村庄，重点以生态建设与生态恢复为主，不主张进行大范围、大规模建设和重点项目建设，一是大力推进这些村庄的人口通过易地搬迁、转移就业、教育发展等措施，向城镇和中心村庄转移；二是对于不能转移出去的人口，通过退耕还林、生态扶贫、社保兜底等措施，保障其基本生活；三是采取以时间换空间的方式，随着这些村庄人口的逐渐迁移和转移，将村庄转换为生态建设用地；四是尽快落实进城农民工的一系列公共服务问题，实现农民工市民化，达到稳定脱贫。

（二）针对不同人口因地制宜、分类指导

分别以县、乡、村、户为识别对象，建立完善的识别和监测指标体系，结合国家主体功能区划，在明确各贫困地区功能定位、贫困类型、贫困原因的基础

上，确实落实精准识别、精准帮扶。例如，对于国家生态保护区贫困人口，完善生态补偿机制，保障贫困人口基本生活，逐步推进生态移民；对于残疾、智障、老年人口等特殊群体，实现社会保障制度与扶贫政策的有效衔接，逐步提高农村养老保险比例；对于自然灾害引发的扶贫，纳入国家灾害救济、救急体系；对于贫困地区的年轻人口，加强技能培训与劳务输转，以农民工市民化的方式引导永久性脱离贫困地区；加强农村留守人口实用技能培训，创造更多的农业和非农产业发展机会，提高其收入水平。

（三）激发农村内部发展活力，消除精神贫困

由于贫困地区长期的交通信息封闭、物质匮乏、机会不足、教育文化落后和不良的风俗习惯及社会变革、大规模人口流动、收入差距扩大等形成的迅速人口分化等，部分贫困人口在价值取向、思维方式、行为措施等方面落后于现代社会所认可的物质财富获取和精神生活需求应具备的状态。另外，社会资本和社会网络缺乏、自身发展能力不足导致封闭保守，自信心不强，再加上政府主导的精准扶贫政策和农村低保政策实施，进一步助长了部分贫困人口等、靠、要的思想，使其缺乏改变贫困命运的精神动力。基于此，建议加大扶持教育力度，引导贫困人口树立正确积极的价值观，保障物质和精神世界的和谐发展。首先，针对有劳动能力的人口，发挥政府职能，给予必要的鼓励和引导，激发其自身发展动力和潜力，树立其自信心。其次，逐步提高人力资源开发和投入的比重，加强贫困人口的教育、培训、就业、医疗、健康等投资，同时，引导合理认识市场经济，促进精神追求和物质追求的统一，倡导健康消费。再次，加大文化休闲娱乐设施建设，注重精神交往，培育文明风尚，提高生活品质，构建幸福人生。最后，完善精准扶贫制度，优化扶贫项目选择、精准实施扶贫措施，合理分配扶贫资源，提高精准扶贫效率。

（四）促进区域发展，辐射带动减贫

样本农户不同程度的分布在六盘山片区和秦巴山片区，通过区域发展带动扶贫开发，以扶贫开发促进区域发展依然是集中连片特困区扶贫开发的主要途径。因此，一方面应该通过进一步加强区域基础设施建设，加快工业化和新型城镇化建设进程，提高产业发展水平，增强区域发展能力，提高对贫困人口的涓滴效应和渗透效应；另一方面，应该努力将经济发展的成果渗透到贫困地区，通过加大扶贫力度，改善农村生产生活条件，加强特色产业和龙头企业培育，发展农村合作经济组织，开发乡村旅游，辐射带动贫困人口参与到经济发展中，在发展中缩

小收入差距，实现贫困人口的稳定脱贫。

五、加快体制机制改革步伐，提高精准扶贫效率

在脱贫攻坚项目的组织实施上，针对目前政府主导型的反贫困行动和自上而下的政策实施过程中存在的村委级组织行动能力相当有限和村民积极性不高的问题，应发挥各种社会组织，如专业协会、专业合作社的灵活性，参与扶贫开发，改变帮扶过程中存在的成本过高、工作效率较低的问题，提高反贫困效率。

在精准扶贫到村到户项目落实上，可以考虑把项目审批权下放到县一级政府，强化各行业部门资源整合与统筹协调，将水、路、电、幼儿园、卫生室建设等到村到户项目落到实处，根据村庄的确实需要优化空间布局，防止"一刀切""撒胡椒面"的问题，提高建设质量和建设标准，中央和省级政府负责监督、检查、考核和评估，确保扶贫的实际效果。据统计，目前 80% 的专项扶贫资金的管理权已经下放到县一级，但其他行业部门的资金管理方式变化不大，需要进一步下放资金管理权，才可能做到扶贫资金在基层的有效整合，提高精准扶贫的针对性和效果。因户、因人施策项目切实保证对贫困人口的瞄准，进一步细化措施，引导和鼓励贫困户广泛参与扶贫项目决策和实施，确保精准识别、精准帮扶、精准脱贫。

在反贫困体制上，实现由政策扶贫为主，向政策扶贫与制度扶贫相结合转换，逐步实现扶贫政策的制度化、法制化。推动"国家扶贫法"之类的反贫困专门立法，以法律制度的形式明确界定不同贫困地区的功能定位、贫困类型、扶持对象、扶持主体、扶持方式，减少现行政策扶贫中的人为干扰，确保政策的连续性。

参 考 文 献

姚润萍. 2017-05-22. 十八大以来党中央引领脱贫攻坚纪实[EB/OL]. http://www.xinhuanet.com/
　　politics/2017-05/22/c_129612970.htm.

World Bank. 2003. World Development Report 2004[M]. Oxford：Oxford University Press.

第十三章　青海省贫困特点及相关政策建议①

第一节　背　　景

青海省地处中国西北，属青藏高原一部分，北部和东部同青海省相接，西北部与新疆维吾尔自治区相邻，南部和西南部与西藏自治区毗连，东南部与四川省相望。全省土地面积 72.23 万平方千米，约占我国总面积的 7.51%，平均海拔在 3 000 米以上，最高海拔 6 860 米，属于高海拔地区。境内地形复杂多样，既有巍峨高耸的大山，又有大小不一的盆地，既有起伏不平的高原丘陵，又有坦荡肥沃的草原。昆仑山、祁连山、阿尔金山、唐古拉山等山脉绵延境内，是长江、黄河、澜沧江三大河流的发源地，当地生态环境对我国有着非常重要的意义。

青海省共辖 2 个地级市和 6 个民族自治州，即西宁市、海东市、海西蒙古族藏族自治州（简称海西州）、海北藏族自治州（简称海北州）、海南藏族自治州（简称海南州）、黄南藏族自治州（简称黄南州）、玉树藏族自治州（简称玉树州）、果洛藏族自治州（简称果洛州）。46 个县（市、区、行委），其中县 30 个，民族自治县 7 个，市辖区 4 个，县级市 2 个，县级行委 3 个。乡（镇）396 个，其中乡 201 个，民族乡 28 个，镇 137 个。青海省是一个多民族聚居的省份，全省有 45 个少数民族，在全省 8 个州、地（市）中，有 6 个民族自治州、7 个民族自治县、28 个民族乡，少数民族聚居区占全省总面积的 98%，是我国西部地区典型的少数民族省份。

青海属于西部最不发达的省份之一，全省有 15 个国家扶贫开发重点县和 10

① [作者简介] 张永丽，西北师范大学商学院，教授。本章涉及的青海省统计数据来源为：青海省人民政府网. http://www.qh.gov.cn；青海统计信息网. http://www.qhtjj.gov.cn；张晶. 转型时期少数民族地区反贫困问题研究[D]. 西北师范大学硕士学位论文，2014；张永丽，张晶. 社会经济结构转型背景下少数民族地区扶贫开发模式选择[J]. 商业时代，2014，（10）：132-134.

个省级扶贫开发重点县，占全省总县数的 54.3%，在 25 个贫困县中，有 2 453 个贫困村，占全省总村数的 54.7%。贫困人口总数 735 603 人，贫困发生率为 12.61%。在贫困人口中，少数民族贫困人口占到一半以上，其中牧区少数民族贫困人口高达 23.1 万人，占全省牧区少数民族的 34.20%。因此，青海省农村牧区贫困问题在一定程度上是少数民族的贫困问题。

第二节　青海省贫困概况

一、青海省贫困状况

（一）青海省居民收入水平

2016 年，青海省城镇居民人均支配收入为 26 757 元，农村居民纯收入为 8 664 元，仅为城镇居民人均可支配收入的 32.38%，城乡间存在较大的收入差距。同时，各地级市之间居民人均收入差距较大，西宁、海西和海东三市州居民人均收入较高，玉树州居民人均收入最低，不足其他市州的三分之一。

（二）青海省贫困人口的分布

西宁市贫困人口为 159 509 人，占贫困人口总数 735 603 人的 21.7%；海东市 293 601 人，占 39.9%；海北州 32 826 人，占 4.5%；黄南州 47 111 人，占 6.4%；海南州 55 703 人，占 7.6%；果洛州 31 057 人，占 4.2%；玉树州 94 560 人，占 12.9%；海西州 21 236 人，占 2.9%。从图 13.1 的贫困人口地区分布来看，西宁市和海东市即六盘山片区集中了全省 61.6% 的贫困人口，其他 6 州即青海藏区片区的贫困人口为 38.4%。

（三）青海省贫困区域分布

如图 13.2 和图 13.3 所示，青海省东部山区（西宁市、海东市）贫困村为 964 个，占 1 622 个贫困村的 59.4%；环湖地区（海西州、海南州、海北州）贫困村为 375 个，占 23.1%；青南地区（黄南州、玉树州、果洛州）贫困村为 283 个，占 17.4%。有近 60% 的贫困村集中在青海省东部干旱山区。

青海省的贫困村基本上分布在生产条件和生存环境极差的东部干旱山区和青南高寒牧区，青海的贫困人口相对集中在这些地区，占全省农村人口的比重大。

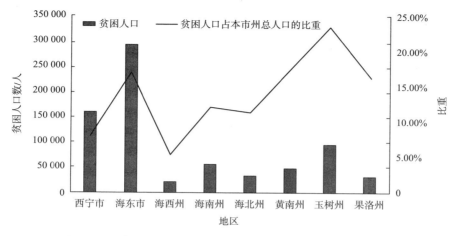

图 13.1　2014 年青海省贫困人口分布情况及当地总人口中的占比

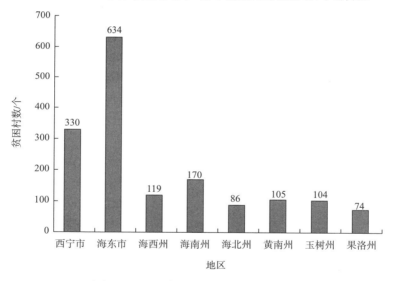

图 13.2　2014 年青海省贫困村分布情况

其中，东部地区是青海的主要农业区和人口密集地区，全区 9 个县中有 7 个国家扶贫开发工作重点县和 2 个省级扶贫开发工作重点县，贫困人口占全省贫困人口的 61.6%。青南地区的 16 个县中，8 个县是国家扶贫开发工作重点县，贫困牧民 12.4 万人；8 个省级扶贫开发工作重点县，贫困牧民 7.97 万人，贫困人口占全省贫困人口 23.5%。这两个地区从地域上看，贫困人口分布呈现出"大分散、小集中"的态势。东部干旱山区十年九旱，经常发生冰雹、霜冻灾害。青南地区海拔大多在 4 000 米以上，生态脆弱，气候恶劣，灾害频发，交通不畅，是我国生存环境最严酷的地区之一，再加上基础设施薄弱，产业结构单一，生产力水平低

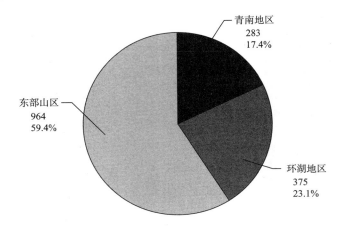

图 13.3　2014 年青海省贫困村区域分布图

各项百分比之和不等于 100%，是因为进行过舍入修约

下，文化教育落后，群众生活非常困难，进而加重了对这些地区的脱贫难度。东部干旱山区作为青海贫困人口比重最大的地区，既是青海省历史悠久的农业区和农业人口集中区，又是扶贫开发的重点地区，青海省"十三五"规划中也将其和青南高寒牧区共同列为两大扶贫攻坚地区。

　　综上所述，青海省是地域大省、人口小省、资源富省、经济穷省、贫困大省。青海省虽然地域大，但自然生态环境十分脆弱，灾害频繁；人口少，且少数民族人口比例高；资源虽富，但在现有生态、环境条件制约下很难开发；经济穷，表现在虽然经济发展速度较高，但经济发展起点低，经济总量小；贫困大，不仅表现为贫困面广、贫困程度深、贫困强度大、难脱贫，还表现为贫困脆弱性强，返贫情况严重，且城乡收入差距大。纵向看，青海经济、社会大幅增长，人民生活水平不断提升，贫困程度有所降低。横向看，青海省的经济发展水平不仅处于全国的末端，也处于民族八省区的末端，是全国贫困问题最严峻的省区之一。

二、青海省贫困特征

　　青海地处祖国内陆，地域广大，民族众多，农牧业人口占总人口 58%，基础薄弱，贫困面大，是一个经济社会发展滞后的省份。由于青海省所处的特殊地理位置和生态环境，农牧区贫困问题依然十分严重，农牧区贫困人口的减少速度明显缓慢，青海省贫困发生率成为全国最高的省份，农牧区贫困问题已成为青海省新阶段新农村新牧区建设中最大的障碍。青海省的贫困主要有以下几点特征。

（一）贫困分布范围广

就青海而言，属于西部最不发达地区，全省有 15 个国定扶贫开发重点县和 10 个省定扶贫开发重点县，占全省总县数的 54.3%，在这 25 个贫困县中有 2 453 个贫困村，占全省总村数的 58.95%，"两线合一"建档立卡贫困人口 52 万，贫困发生率为 13.2%，高于全国 7.5 个百分点。而这些地区自然条件严酷、生态环境恶化、自然灾害频繁、地域偏远、交通不便、信息闭塞、基础设施建设滞后、人才缺乏、产业结构单一、生产力水平低下、收入低而不稳是这些地区的共同特征。

（二）少数民族贫困比例高

青海省是一个多民族聚居的省份，全省有 45 个少数民族，在全省 8 个州、地市中，有 6 个民族自治州、7 个民族自治县、28 个民族乡，少数民族聚居区占全省总面积的 98%。2015 年，全省少数民族人口达到 280.74 万人，占总人口的 47.71%。在贫困人口中，少数民族贫困人口占到一半以上，其中牧区少数民族贫困人口高达 23.1 万人，占全省牧区少数民族的 34.2%。因此，青海省农村牧区贫困问题在很大程度上是少数民族的贫困问题。

（三）农牧区教育基础落后，人口素质低

目前，青海省农牧区教育事业取得了长足的发展，青海省文盲人口有所减少，人口素质也有一定的提高，特别是青壮年文盲下降较为显著。但总体上看，广大农牧区教育和文化工作还很落后，农牧民知识水平还很低，平均受教育年限短，各地区文盲率差距大。在青海 8 个市州中，玉树州文盲率最高，西宁市最低，各地区受教育程度不但低于全国水平，而且内部差距大，有的地区平均受教育年限只有两年至三年，农牧区人口受教育程度偏低，既严重影响了青海经济文化的发展，又影响了农牧区贫困群体的早日脱贫。

（四）农牧民增收困难

首先，许多农牧民文化素质较低，不愿接受新生事物，总是生产他们习惯生产的东西，不能根据市场的变化来决定生产经营什么，导致生产出来的产品缺乏优势，增收困难。还有许多地方的农牧民不了解市场信息，缺乏市场预测能力，不考虑本地实际，盲目跟风，市场热销什么就一哄而上发展什么，缺乏本地特色优势，形成了新的结构趋向和低层次重复，不善于调整农业结构，结果是"种啥啥多，养啥啥赔，越调越亏"。而且，传统农业效益比较低，农业生产结构适应性、战略性调整难，种植业易受到冲击。一是随着市场经济的发展，小而全和自求平衡的种植业生产结构和区域布局显得越来越不适应市场，大宗农产品难卖问题突出，由于成本居高不下，价格连年下跌，许多农产品生产已处于微利或者亏本状态。二是对土地的投入不断减少。由于农业比较效益下降，农牧民对土地再生产的投入不断减少，土质日趋恶化，贡献越来越低，有的地方甚至出现了大量荒地。三是从事农业生产的劳动力数量依然庞大，比重偏高。

其次，产品科技含量低也是导致农牧民增收困难进而导致贫困的原因之一。由于农牧民科学文化素质较低，缺乏运用新科技的能力，生产出的产品科技含量低，没有走品牌战略，在激烈的市场竞争中处于劣势，影响增收。政府农技部门在推广新技术方面也做得不够，许多新技术无法及时送到农牧民手中，致使许多好的增收新技术、新方法与他们无缘。从目前情况看，青海省从事农牧业生产的人员中，文盲占 49.5%，对生产技术不够重视和经验管理素质普遍偏低是导致青海农牧业产业经营效益低的因素之一。

再次，农村人口多，城镇化滞后，劳动力转移难。影响农民收入最突出的问题是农牧民数量持续快速增加，青海省每年净增人口 7 万左右，新增人口绝大多数在农村牧区，全省现有农村劳动力 170 万，从事二、三产业的劳动力不足 30万，仅占乡村劳动力总数的 15%。全省 80%以上的农村劳动力依附于土地，农村资源配置不合理，劳动生产率较低，制约了生产增收。

最后，农牧业产业化处于初创阶段，难与市场对接形成新型的利益机制。一是农牧业还一直停留在单一的生产环节上，尤其是农产品加工度过低，农产品不能及时消化、升值，只作为简单的原料致使库存积压甚多，无法增加附加值。二是缺乏准确、高效的市场信息网络，缺乏适应市场需求的产品品质标准，缺乏与农牧民利益联系紧密的大规模的营销组织和企业，缺乏现代化的储存、保鲜和运输能力，致使农牧民生产往往难以把握住市场需求变化，利益往往在流通环节受到较大损失。三是生产与加工、销售脱节，农牧民的初级农畜产品卖不上好价钱，又得不到加工和销售环节的增值，农牧业效益比较低，影响了农牧民收入的增加。

三、致贫原因分析

（一）生态环境严酷

青海省是青藏高原的一部分，位于青藏高原东北部，全省平均海拔在 3 000

米以上，自然环境严酷，极度缺氧，空气含氧量仅为海平面的60%~70%；气候寒冷，年均气温−5~8℃，个别地区最低气温达−40℃以下；无霜期短，海东地区农作物生长期为90~120天，青南及三江源等地仅为60天。东部农业区处于黄土高原和青藏高原过渡地带，半砂半土的湿陷性黄土，纵向垂直节理发育，遇雨则流失，遇旱则无收，水土流失、泥石流、滑坡等频发，黄土塬被切割得支离破碎，千沟万壑，干旱缺水，水土流失严重，农业用地中干旱地占70%以上，有灌溉条件的面积不到30%。柴达木盆地区极为干旱，是全国最干旱的区域之一，整体呈现出荒漠化地貌；三江源、青海湖生态区及高寒牧区雪线急剧上升，地下水位下降，草场退化沙化，约3 600万公顷天然草场面积中可利用面积为3 160万公顷。同20世纪70年代相比，单位面积产草量分不同区域下降了30%~80%。全省成片沙漠化面积约1 600万公顷，占青海总面积的22%，并有逐年扩大的趋势，农牧民生存空间越来越小。特殊的地理环境和恶劣的自然条件使青海成为全国农牧业生产条件最差的地区，由此贫困的概率在30%以上。

（二）自然灾害频发

自然灾害是导致青海贫困面大、贫困人口多、贫困程度深的一个重要原因。由于气候条件恶劣，旱灾、雪灾、风雹、低温冷冻、洪涝、地震、地下渗水、山体滑坡、病虫害、鼠害等频繁发生，而且灾害多发生在贫困地区和连灾区，如海东市、海北州、果洛州等市州的部分地区已连续三年遭受干旱和冰雹灾害，并且灾害带有很大的毁灭性，在通常年景下，农业区年受旱面积在13~20万公顷，雹灾面积在3~6万公顷，轻则减产减收，重则颗粒无收，粮油等农作物的产量较低；牧业区发生一场雪灾，会导致80%~90%的牲畜死亡，70%~80%的牧民数日内变为无畜户，居住在青海干旱山区的农民或高海拔地区的牧民，可以说是全省乃至全国最穷最苦的居民。

（三）产业结构单一

青海省农牧区贫困地区多以农牧业生产为主，生产结构较为单一，主要依靠第一产业，第二、三产业发展缓慢。不少牧区的工业几乎是空白，第三产业增长主要靠行政、事业单位财政转移收入和工资支出拉动，这种经济结构使贫困地区很难摆脱"民穷县穷"的局面。另外，由于农牧业产业化发展水平低，农畜产品生产与加工、销售脱节，初级农畜产品得不到增值，本身具有弱质性的农牧业生产效益低，从农牧业上得到的收入低且不稳定。具有较大增收潜力的油菜籽、马铃薯、蔬菜及制种业由于产业化发育程度低，缺乏技术支撑和加工产业带动，效益未能发挥。畜牧业的发展也由于高寒缺氧等的限制，引进推广难以进行且成本极高，风险极大而止步不前，饲养技术落后，经济价值不高。

（四）教育水平及人口综合素质低下

青海省是一个多民族地区，教育基础薄弱。适龄儿童入学率、巩固率、学生升学率都比较低，青壮年人口中文盲、半文盲比例高。据青海省第六次人口普查公布的数据显示，青海全省平均文盲率为 10.23%，而青南三州的文盲率则高达17.39%，是全省文盲率最高的地区，普及义务教育步履维艰，普通高中和中等职业教育发展缓慢，高等教育规模小，教师队伍数量不足、质量偏低，结构不尽合理。同时，教育费用的不断攀升，许多劳动力缺乏足够的投资能力，从而导致其贫困程度加深。

恶劣的生态环境及洁净饮水的缺乏，导致多种地方病流行，严重影响到人口身体素质和劳动能力。收入水平过低以及缺乏基本的医疗卫生服务，使婴儿死亡率、传染病死亡率、人口负担系数普遍较高，人口的预期寿命低于全国平均水平。人口健康素质差的直接后果是降低了人的劳动能力，从而造成了较低的劳动生产率，也由此影响到部分人口的就业。此外，较高的发病率和残疾率也加重了家庭的负担，成为加剧贫困状况的一个重要因素。

青海省农村贫困人口的文化素质低，一方面影响农业科技知识转化为现实生产力，成为农业经济发展的瓶颈，并且具有高附加值的农产品生产量满足不了市场消费结构升级的要求；另一方面，农村贫困人口的文化素质低能使参加二、三产业技能培训的人数少、比重低，导致大量从业人员无法在二、三产业部门就业而停留在第一产业部门劳作，第一产业部门的劳动生产率有边际递减的趋势，从而造成大量农村剩余劳动力，使贫困人口的人均收入下降。因此，今后的扶贫工作，应注重提高贫困人口的文化素质。

（五）宗教和文化因素

宗教因素的影响也是造成农牧民贫困的原因之一，青海省有汉、藏、回、蒙古、土、撒拉等民族，这些民族都有着悠久的历史，保持着独特的、丰富多彩的民族风情和习俗，群众的宗教意识较强，宗教感情较深。佛教、道教、伊斯兰教、天主教和基督教并存，寺院和宗教人员过多，信教群众众多，且大都不善于从事农业生产，不善于从事技术性工作，外出打工的比例非常低，文化融合也比较差，给宗教相关人员脱贫造成了极大的困难。加之大型宗教活动开展时会向信教群众摊派、收布施，有的占人均纯收入的 20%以上，也增加了信教群众的宗教负担。

四、青海省精准扶贫的政策建议

根据上述研究，青海省贫困状况的改变必须首先转变思想观念，实现由扶贫部门专项扶贫向"四位一体"大扶贫转变，由"输血"式扶贫向"造血"式扶贫转变，由分散式扶贫向集约化、规模化扶贫转变，由以村为单位扶贫向整个片区扶贫转变，由靠政府扶持向发动内力脱贫致富转变，切实构建立体式精准扶贫模式。

（一）加大公共服务力度，实现从生存扶贫到发展扶贫的转换

从农户的意愿和要求来看，贫困人口发展能力不足成为最主要的制约因素，其核心是公共服务与人力资本问题。因此，公共服务应该成为精准脱贫的首要任务。各项扶贫政策和措施要更加注重农户自身发展能力建设，在重视贫困农户的产业发展和创收的同时，重点解决贫困农户反映最为强烈的医疗卫生、就业等问题，切实加强"造血"能力，阻断贫困的代际传递，保障稳定脱贫。一是要加强贫困地区医疗卫生基础设施和能力建设。重点办好综合医院、中藏蒙医院、妇幼保健院及乡镇卫生院、村卫生室建设，形成三级医疗卫生服务网络。二是要抓好疾病预防控制工作。加强传染病、地方病和慢性非传染性疾病的防治，加强食品安全监督管理，强化环境、饮用水和学校卫生监管。建立突发公共卫生事件应急体系，提高处置突发公共卫生事件能力。三是加强农牧区卫生队伍建设。制定实施吸引人才的优惠政策，加强在职卫生技术人员、管理人员和乡村医生培训，健全考核奖励机制。四是完善医疗制度，提高医疗保障水平。要以政府为主导，以免费医疗为基础，实行大病统筹、家庭账户和医疗救助相结合的农牧区医疗制度，不断提高财政补助水平，增强医疗保障能力。

（二）加大教育扶贫力度，提升农牧民整体素质

青海省整体教育水平低下使贫困农牧民的"因学致贫"问题尤为突出，要扶贫必须先"扶智"以提升农牧民整体素质。教育投资是人力资本投资最主要的形式，也是衡量一个地区人力资本投资状况最直接的指标，为使反贫困取得实效，一是要使教育资源进入扶贫资源配置的格局。调整扶贫资金的使用方向，将扶贫资金重点用于基础教育学杂费支出以及用于贫困者的技能培训等方面。大力开发科技文化教育，围绕生产、建设项目的实施，把增温、节水、良种、疫病防治等

科技项目作为重点，采取集中培训、实地演示、示范引路、外出学习交流等方法，进行宣传教育和推广，坚持学用结合原则，组织科技人员深入基层、深入群众，加强对群众运用科技的指导，推广普及先进实用技术。二是实行教育投资多轨制，使公共教育投入向贫困人口倾斜。继续发挥政府在教育投资中的主渠道作用，建立政府教育投资持续增长机制，扩大教育投资的渠道来源。三是改革教育体制，提高教育投入的反贫困效应。

（三）引导传统习惯转变，实现现代意识融入

封闭的地理条件与狭小的人文社会生活圈，使贫困地区生产和生活的自我封闭性非常突出，对外界社会思想文化的接受能力极弱。特别是在青海民族地区，由于宗教的影响，一些现代思想文化很难被接受。受传统习俗习惯的影响，部分农牧民等、靠、要思想严重，或只善畜牧业，不善工、不善商、不善经营管理，导致其生产仅能提供肉、蛋、畜、禽等初级产品，加工能力严重不足，农畜产品能带给农牧民的收入极其有限。因此，必须以学校教育、媒体导向、现场宣讲、指导生产等方式进一步引导农牧民解放思想，摒弃"贫困文化"，从而在文化意识上产生自觉消除贫困的动力。改变现有的不利于脱贫的传统习惯，尽快融入现代生活方式，采用现代化的农业生产方式，推进贫困地区农牧业产业化经营，提高农产品附加值，解决贫困劳动力就地就近就业，提高产业促农增收能力。

（四）调整产业结构，加强特色产业和龙头企业培育

根据青海实际，农牧业产业结构调整的着眼点要放在大力发展特色农牧业和旅游业上，发展具有比较优势的农畜产品和旅游产品，使之成为带动农牧区经济发展和农牧民收入增长的重要产业。

发展特色农产品作为种植结构调整的方向，进一步推进特色产品优势区域集中，实现规模化生产，加快青海省贫困地区产业化发展进程。继续鼓励和组织贫困地区农牧民大力发展无公害、绿色、有机农畜产品，加快转变农牧业生产经营方式，以农牧民参股、土地入股、承包经营等多种方式，按照规模化、专业化、优质化、标准化的要求，重点扶持牛羊肉、毛绒、马铃薯、油菜、中草药、蚕豆、蔬菜、特色果品、饲草料等特色优势农畜产品基地建设。农牧区经济结构调整应以龙头企业、农村经济合作社和中介组织、小城镇建设为纽带，逐步提高第二、三产业从业人员在农村劳动力中的比重；鼓励和引导扶贫龙头企业与贫困农牧户建立比较稳定的利益关联机制，促进优势产业发展和农牧业结构调整，达到

贫困户长期增收、龙头企业持久增效的目的；积极实施农牧业科技示范区、示范推广基地建设，加速科技成果向现实生产力的转化。

调查显示，青海省约有 80%以上旅游资源集中在乡村牧区，以旅促农、以旅脱贫前景广阔。可以依托贫困地区自然或人文资源，结合旅游扶贫、休闲观光农业、高原美丽乡村建设等项目，发挥旅游业"造血"式扶贫的独特优势，科学合理开发贫困地区旅游资源。通过规划引领、科学规范、适度开发，广大农牧区在发展乡村旅游中调整产业结构，增加农牧民收入，实现贫困农户、牧户的脱贫、致富目标。

（五）加强牧区基础设施建设，大力发展现代养殖业

一是要继续加强基础设施建设，改善农牧区社会环境；要配合国家基本建设项目，大力组织群众参加建设，继续进一步抓好乡村道路、中小型水利及老化失修的水利工程、人畜饮水、牧区通电及电网改造等建设项目，改变贫困地区群众吃不上水、用不上电、行路难的状况，促进贫困地区的信息、人才流通和商品流通，提高商品率，进一步开拓市场，确保农牧民收入稳定增长。二是要推动草原畜牧业规模化生产、集约化经营，进一步建立草场的冬季防护机制和饲草料储备及调运机制，加大畜牧业保险支撑力度，降低畜禽养殖疫病风险和市场价格风险，确保牧民从容应对恶劣气候等突发状况，确保"因灾返贫"现象不再出现。三是要进一步推进退牧还草、草原围栏建设、自然保护区生态保护等生态治理工程项目，有效缓解草地退化，提高草地生产能力及植被覆盖度，减轻草地生态压力，缓解草畜矛盾，从根本上保障牧区经济发展的生态环境。

第十四章　新疆扶贫开发若干重点问题研究[①]

新疆作为我国少数民族聚居的西北边疆地区，贫困人口多、贫困发生率高，南疆四地州是我国14个集中连片特困地区之一。新疆贫困人口主要集中在贫困山区、边境地区和少数民族聚居地区，脱贫攻坚任务十分艰巨。为实现2020年新疆全面脱贫并与全国同步全面建成小康社会目标，深入系统地研究新疆扶贫开发问题具有重大的现实意义。本章采用实证研究与理论分析相结合的方法，选择与新疆扶贫开发紧密相关的人口与就业、特色农业发展、新型城镇化、贫困退出后的持续扶持机制与政策等问题进行重点专题研究。

第一节　新疆贫困特征与脱贫的主要困难

一、新疆区情

新疆位于亚欧大陆中部，地处中国西北边陲，总面积166万平方千米，占全国陆地总面积的六分之一，国内与西藏、青海、甘肃等省区相邻，周边依次与蒙古、俄罗斯、哈萨克斯坦、吉尔吉斯斯坦、塔吉克斯坦、阿富汗、巴基斯坦、印度8个国家接壤，陆地边境线长达5 600多千米，是中国面积最大、交界邻国最多、陆地边境线最长的省区，自古以来就是"丝绸之路"通向中亚、西亚、南亚和欧洲的重要通道。

[①] [作者简介] 肖春梅，新疆财经大学经济学院，副教授；李红，新疆发改委经济研究院，研究员；王英平，新疆发改委经济研究院，副研究员；马远，新疆财经大学经济学院，副教授；胡安俊，中国社会科学院数量经济与技术经济研究所，副研究员；秦春艳，新疆发改委经济研究院，副研究员。

新疆的地貌可概括为"三山夹两盆"：北面是阿尔泰山，南面是昆仑山，天山横贯中部；南疆有塔里木盆地、北疆有准噶尔盆地。在天山东部和西部，有被称为"火洲"的吐鲁番盆地和被誉为"塞外江南"的伊犁谷地。新疆属于典型的温带大陆性干旱气候，降水稀少、蒸发强烈。新疆现有耕地 6 180 多万亩，天然草原面积 7.2 亿亩。

2015 年末，新疆总人口 2 359.73 万人，其中少数民族人口占 63.5%；乡村人口占 52.77%，常住人口城镇化率 47.23%。2015 年，新疆生产总值 9 325 亿元，人均生产总值 40 036 元（相当于全国 49 351 元的 81%），三次产业结构比为 16.7∶38.6∶44.7，城镇居民人均可支配收入 26 275 元，农村居民人均可支配收入 9 425 元。

二、新疆贫困的主要特征

新疆是边疆少数民族地区，贫困的现实原因主要有贫困发生率高、区域比较集中、少数民族为主体、致贫原因复杂四个方面。与全国一样，新疆经过改革开放以来的扶贫开发工作，条件相对较好、减贫相对容易的地区和贫困家庭已经脱贫并逐渐走向富裕，剩余的贫困对象是脱贫难度大的地区和家庭及其成员。

（一）贫困人口规模大，贫困发生率高

2013 年底，新疆建档立卡贫困人口为 72 万户、261 万人，贫困发生率为 21%。贫困村 3 029 个，国家和自治区扶贫开发工作重点县（以下称贫困县）35 个。2015 年，新疆贫困人口 53 万户、185 万人，占全国的 3.3%，贫困发生率 15%，虽然比 2013 年下降 6 个百分点，但仍然较高，是全国平均水平的 2.63 倍，其中贫困村 2 553 个，贫困县 33 个[①]。

（二）贫困人口呈区域性集中，主要分布在南疆四地州和边境地区

新疆贫困人口主要集中在南疆四地州（和田地区、喀什地区、克孜勒苏柯尔克孜自治州、阿克苏地区）。2013 年，南疆四地州贫困人口、贫困村和贫困县占全疆的 84%、86% 和 74%。南疆三地州（和田地区、喀什地区、克孜勒苏柯尔克孜自治州）是全国 14 个集中连片特困地区之一[②]。2014 年第二次中央新疆工作座谈会召开，明确提出采取特殊措施支持南疆四地州加快发展。因此，南疆四地州为新疆"十三五"重点脱贫区域。新疆 35 个国家贫困县中有 17 个边境贫困县

---

① 马成：《"十三五"新疆 261 万农村贫困人口将脱贫》，今日新疆网，2016 年 1 月 26 日。
② 2015 年 6 月 2 日国务院扶贫办同意将阿克苏地区纳入南疆集中连片特殊困难地区范围。

市，贫困人口、贫困村的数据均占全疆的近三分之一。17 个边境县市呈沿边带状分布，守边又守穷的问题十分突出。

（三）贫困人口中少数民族所占比重高

新疆贫困地区是少数民族贫困人口相对集中的区域，形成以维吾尔、哈萨克、柯尔克孜、塔吉克、汉等民族"大杂居、小聚居、相互交融"的分布格局。新疆贫困人口中，少数民族占 90%以上，其中和田地区少数民族贫困人口占比达99.7%。南疆四地州是一个以维吾尔族为主体的少数民族高度聚居区，2015 年，南疆四地州少数民族人口占四地州总人口的 91.24%，其中维吾尔族人口占88.53%，占新疆维吾尔族人口的 77.93%。

（四）贫困户致贫原因主要是缺资金、技术、劳动力和土地

新疆农村贫困家庭的致贫原因复杂，主要是缺资金、技术、劳动力和土地，还有很多贫困家庭因病、因学、因残、因灾等因素致贫，南疆四地州和边境地区海拔高、气候寒冷，自然条件艰苦，耕地资源有限，减贫难度大。新疆有 87 万丧失或无劳动能力的贫困人口（占新疆贫困人口的三分之一）需要医疗救助和社会保障政策兜底脱贫。

三、新疆全面脱贫面临的主要困难

新疆扶贫开发的主要区域是南疆四地州集中连片特困地区、贫困山区和边境地区。这些地区人口规模大且增长快，人口文化素质较低，工业化和城镇化水平低，区域发展对扶贫开发的带动作用较弱，生态环境本底脆弱，开发与保护的矛盾突出。因此，新疆扶贫开发面临诸多困难与挑战。

（一）南疆四地州人口增长快，人口文化素质较低，转移就业难度大

新疆贫困人口集中的南疆四地州人口增长过快，减贫压力大。2015 年总人口995.01 万人，占新疆总人口的 42.86%，比 2000 年增长 32.36%，增幅高于新疆同期 4.77 个百分点。南疆四地州人口受教育水平相对较低。2010 年，6 岁及以上人口中，初中及以下教育程度人口比重较大，达 86.42%，高于全疆平均水平，其中仅接受过小学及以下教育的人口比重为 43.5%，文盲率高于全疆平均水平，平均受教育年限普遍低于全疆平均水平。

（二）工业化和城镇化水平低，区域发展对减贫的作用较弱

新疆贫困地区产业结构层次低，工业化和城镇化进程滞后，区域经济发展带动减贫的能力较弱。从产业结构看，2015 年，南疆四地州三次产业结构为 28.1：29.2：42.7，第一产业增加值占地区生产总值的比重比新疆平均水平高 11.4 个百分点，第二产业和第三产业增加值所占比重分别比新疆平均水平低 9.4 个和 2 个百分点。从就业结构看，南疆四地州从事农业的劳动力比重较高，农村富余劳动力转移就业的压力很大。

城市是带动区域发展的增长极，南疆四地州只有 4 个小城市，且城市规模小。2015 年，南疆四地州城镇化率为 26.8%，比新疆平均水平低 11.5 个百分点[①]。工业化进程缓慢，对非农产业的就业带动较弱，从而使城镇化缺乏产业支撑，城镇化进程也较为缓慢，难以发挥城市对区域发展的辐射带动作用。2015 年，南疆四地州工业增加值占地区生产总值的比重仅为 17.9%，比新疆平均水平低 11.5 个百分点，其中和田地区最低，仅为 4.5%。

（三）扶贫开发成本高

新疆贫困地区主要集中于南疆四地州、贫困山区和边境地区，这些地区处在沿边高寒山区和沙漠腹地，地域广阔，生产和生活基础设施建设成本高，整村推进成本尤为高昂。已经通过验收的部分贫困村仍存在基本公共服务供给不足、水平不高、后续管护无资金等问题。人口过快增长，造成人均资源严重不足，基础设施建设和基本公共服务投入成本加倍提升，大大增加了脱贫的成本和难度。贫困地区灾害种类多、发生频率高、分布地域广，每年贫困地区近50%以上的行政村遭受过各类自然灾害，给贫困群众生产生活带来严重损失，扶贫成本高、压力大。

（四）生态环境脆弱，水资源制约

新疆贫困人口比较集中的南疆四地州处于环塔克拉玛干沙漠的干旱荒漠区，北疆地区为沿天山、阿尔泰山的高寒农牧区，生态环境极其脆弱。由于特殊的自然地理特点，环境容量和承载力十分有限。尤其是南疆四地州，随着人口的快速增长，人地矛盾突出，水资源制约日益增强，绿洲生态环境面临较大的压力和风险，人口、资源和环境的矛盾愈加突出。按照国家和新疆主体功能区规划，35 个

---

① 此数据为户籍人口城镇化率。

国家级贫困县除了部分县城所在的城镇属于重点开发区域，其余均在限制开发区或者禁止开发区域，开发与保护矛盾突出，成为扶贫开发的重要瓶颈。

（五）经济下行压力和社会稳定对扶贫开发影响较大

"十三五"期间，新疆经济下行的压力加大，贫困地区经济发展将受到较大影响，经济增速和财政收入增长放缓，贫困人口的转移性收入增加空间有限，贫困地区农牧民增收的难度加大。新疆处于我国反恐前沿地带，遏制宗教极端、抵御"三股势力"渗透，促进民族团结和边防巩固，确保社会稳定和长治久安的任务十分艰巨。地方各级政府反恐维稳压力大，将大量的人员和精力放在维稳上，使经济发展受到较大影响。与此同时，社会稳定对投资环境、旅游市场、人才引进影响非常大，特别是引进优质企业的难度更大。人才流失、人才匮乏问题日益突出，经济发展后劲严重不足。

第二节　人口对区域减贫的影响及应对

贫困问题产生的原因及其复杂，其中人口是最重要的因素之一，人口的自然、社会和经济因素从不同方面影响或制约着区域的贫困发生和脱贫致富。新疆扶贫开发的重点区域是南疆四地州。南疆四地州人口过快增长，贫困人口多、贫困面广、贫困程度深，有效解决南疆四地州人口问题是实现新疆全面脱贫的重要途径。

南疆四地州包括和田地区、喀什地区、克孜勒苏柯尔克孜自治州和阿克苏地区4个地州33个县（市），国土面积58.63万平方千米，占新疆总面积的35%；2015年末总人口995.01万人，占新疆总人口的42.86%。南疆四地州是一个以维吾尔族为主体的少数民族高度聚居区，少数民族人口占四地州总人口的91.24%，其中维吾尔族人口占88.53%。本章主要根据2000年第五次人口普查和2010年第六次人口普查的数据分析南疆四地州人口规模、结构等方面的变化。

一、人口现状及演变

（一）南疆四地州人口增长快

2010年和2015年分别达到889.01万人和995.01万人，分别比2000年的

751.74 万人增长 18.26% 和 32.36%，增幅高于同期新疆平均水平 0.3 个和 4.77 个百分点。分地区看，喀什地区人口增长最快，2000~2015 年新增人口 113.36 万人，占南疆四地州新增人口总量的 46.6%。高出生率、低死亡率是主要原因。2015 年，和田地区、喀什地区、克孜勒柯尔克孜自治州、阿克苏地区人口自然增长率分别为 17.27%、26.06%、16.4% 和 18.41%，远高于全疆 11.06% 的平均水平。人口的快速增长，导致人口密度增加，对生态环境脆弱、水资源短缺的南疆四地州而言，人口密度的增长使人口、资源、环境之间矛盾更加凸显。

（二）青壮年劳动力资源充足

2000 年南疆四地州青少年（0~14 岁）、劳动年龄人口（15~64 岁）、老年人口（65 岁及以上）比为 33.33：61.86：4.81，2010 年调整为 25.49：69.61：4.9。总体看，劳动年龄人口占比 2010 年比 2000 年提高了 7.75 个百分点，加上 0~14 岁人口比重高，南疆四地州劳动力特别是青壮年劳动力资源充足。

（三）人口受教育水平相对较低

2010 年，6 岁及以上人口中，初中及以下教育程度人口比重较大，达 86.42%，高于全疆平均水平，其中仅接受过小学及以下教育的人口比重为 43.5%；接受高等教育（大学及本科以上）的人口甚少，仅占 1.43%，显著低于全疆平均水平。文盲率高于全疆平均水平，平均受教育年限普遍低于全疆平均水平。值得说明的是，南疆四地州受教育人口主要以掌握民族语言（维语）为主，掌握国家通用语言（汉语）的人口占比较低。即使接受过双语教育的人也由于师资问题和语言环境的原因汉语水平普遍较低。因为汉语水平较低，也使其学习各类技能的能力较弱。南疆四地州人口增长快，青壮年人口比重高，一方面是劳动力资源充足，另一方面劳动力素质较低，农村富余劳动力转移就业困难，加之浓厚的宗教氛围和长期形成的民族生活习惯与现代化产业工人的素质要求严重不符，使转移就业难度加大，也增加了就业压力和社会安全隐患。

（四）第一产业从业人口比重高

南疆四地州 2000 年、2010 年从事农林牧渔水利业生产人员占比分别高达 78.51% 和 81.65 %。未就业人口中，料理家务人员、在校学生、离退休人员和丧失劳动能力的人员位列前四位。其中料理家务人员所占比重达 38.18%。料理家务人员主要是妇女，风俗习惯和宗教原因，女性地位比较低，加之较大多数女性文化素质低、懂汉语的少、看孩子负担重、出去务工很困难，因此导致料理家务人员比重比较高。

二、南疆四地州人口特征及对脱贫攻坚的影响

南疆四地州贫困人口形成原因较为复杂，涉及自然地理、社会制度、文化传统、经济发展等多方面因素。统计数据显示，南疆四地州人口高速增长，已经成为新疆人口增长的主要来源和贫困发生的主要原因，人口的变动方向、结构和素质等因素对南疆四地州经济社会发展和脱贫攻坚产生了广泛和深远的影响。

（一）人口过快增长，不但是导致贫困发生的主要原因，而且极大地增加了脱贫难度

南疆四地州受较宽松生育政策、高自然增长率和生育观念落后导致的农村地区超生、多生等因素的综合影响，区域人口过快增长，成为新疆人口增长最快的区域。南疆四地州生态环境脆弱，地理位置特殊，外部环境复杂，经济发展滞后，经济建设与社会发展的生态约束紧、难度大、成本高，人口承载力有限。人口过快增长，新增人口增多，人口密度增大，一方面极大地制约了经济社会发展，抵消了经济发展的部分成果，积累与消费的比例失调，就业难度大，家庭收入低微，从而导致贫困发生和返贫问题突出，其至陷入"越穷越生、越生越穷"的恶性循环；另一方面，人口过快增长，造成人均资源严重不足，基础设施建设和基本公共服务投入成本加倍提升，大大增加了脱贫的成本和难度。

（二）人口受教育程度低，成为脱贫攻坚的瓶颈

受多种因素的影响，南疆四地州人口受教育程度低，特别是广大农村地区，人口整体受教育水平更低。受传统思想观念影响，南疆四地州大部分农村初中学生毕业后直接步入社会，高中及以上受教育程度人口比重明显偏低。这样的人口素质无法适应经济社会发展的需要，不仅极大地制约着南疆四地州的经济社会发展，也是导致贫困发生和脱贫攻坚的重要瓶颈。劳动年龄人口中，劳动力技能普遍较低，缺乏充足的高质量人力资本，从而使南疆四地州持续成为贫困重灾区。

（三）劳动年龄人口比重高，就业形势严峻

受生育水平持续较高和人口年龄结构的影响，南疆四地州劳动年龄人口持续

增长、占比高，显示当前及今后较长时期南疆四地州劳动力特别是青壮年劳动力资源充足。但劳动年龄人口所占比重不断提高，也导致就业形势异常严峻。当前，南疆四地州劳动力资源虽然丰富，但整体素质普遍偏低，就业观念落后，加上就业岗位有限，就业难和招工难问题突出，特别是少数民族青年劳动力就业问题更为突出，已成为当前新疆社会和谐稳定的隐忧。

（四）宗教活动和传统生活习惯对就业影响巨大

南疆四地州是新疆乃至全国少数民族高度聚居区域，维吾尔族、柯尔克孜族等占据了当地人口的绝大比例，浓厚的宗教氛围和长期形成的民族生活习惯与现代化工业生产要求不相适应。做礼拜、封斋等宗教活动较为普遍，做礼拜成为普通成年男性日常生活中必不可少的一项任务。南疆四地州居民以农耕为主，生活态度较为轻松随意，对于现代化工业生产的规范性和制度性重视不够，工人在企业表现随意自由，对企业生产影响较大，同时也造成企业用工困难，甚至影响企业招工培训计划。

（五）就业以第一产业为主，收入水平低，脱贫难度大

数据显示，南疆四地州从业人员比重（2000年78.88%、2010年79.23%）高于全疆平均水平（70.64%和70.46%），说明南疆四地州劳动参与率并不低，但多在第一产业就业，非农产业就业渠道窄，收入水平低，是导致贫困发生的重要原因之一。在校生、料理家务人员等在未就业人口中占比较大，极大地制约了家庭收入的提高，加大了脱贫难度。

三、人口变动视角下促进南疆四地州脱贫攻坚的对策措施

（一）因地制宜突出重点，切实控制好南疆四地州人口过快增长势头

因为少数民族实行计划生育政策的时间较晚，生育政策相对宽于汉族，人口自然增长率显著高于汉族，所以南疆四地州人口过快增长主要表现为少数民族人口过快增长。必须突出抓好南疆四地州人口控制工作，要坚持计划生育基本国策，在"全面实施一对夫妇可生育两个孩子政策"基础上，以降低并稳定适度生育水平为主要目标，以优化人口结构为主攻方向，调整完善计划生育政策，实行各民族平等的计划生育政策。要依法加强人口上千万少数民族人口的计划生育工作，以控制人口数量为前提，多措并举，千方百计降低生育水平，有效控制人口

过快增长势头。加强流动人口计划生育服务和管理，健全人口动态监测机制，提高人口管理和服务水平。

（二）加快对南疆四地州农村无户籍人口的贫困识别和建档立卡

目前，南疆四地州农村尚有部分政策外生育人口没有纳入户籍管理。实施精准扶贫，当务之急是尽快推进这些农村无户籍人口的落户工作，并抓紧对这些农村无户籍新落户人口依规按程序开展贫困识别，报国家批准后录入建档立卡系统，一并纳入脱贫攻坚等相关规划。

（三）高度重视教育发展，着力提高南疆四地州人口的文化素质

教育是南疆四地州脱贫攻坚的治本之策。南疆四地州脱贫攻坚，必须始终把教育放在优先发展的战略地位，大力实施教育扶贫专项行动，以提升教育质量为主线，以思想政治、民汉双语和职业技能教育为重点，坚定不移地推进双语教育，全面加强从学前到大学的双语教育，全面提升南疆四地州双语教育教学质量。大力推进教育质量提升工程，强化基础教育，加快职业教育和普通高中教育，重视高等教育，加大教育投入，深化教育和课程教学改革，加强教育教学管理，重视教师队伍建设，全面提升区域教育质量和水平。

（四）加快农村富余劳动力就近就地转移就业

从历史看，以农业生产经营为主要内容的家庭经济活动，大都伴随着较高的生育水平，这也符合南疆四地州的农村实际。减少第一产业就业，大力推进农村富余劳动力向二、三产业转移，不仅有助于改变南疆四地州农村人口的生育观念和生育行为，促进生育水平下降，也可以大大提高居民收入水平，是解决南疆四地州脱贫致富问题的重要途径。南疆四地州农村富余劳动力以少数民族为主，受语言、民俗习惯和文化传统等因素影响，向内地转移就业难度大，在疆内就近就地转移就业应是主渠道。以就业为先导大力发展非农产业，促进农村富余劳动力就近就地转移就业。根据南疆四地州劳动力技能低、青壮年多的特点，必须高度重视发展就业容量大的劳动密集型产业。围绕特色产业带动专项行动，实施"一村一品"、"一户一业"和"联户多业"产业推进计划，建立健全产业到户到人的精准扶贫机制，加快培育一批能带动贫困户长期稳定增收的特色产业，切实增强贫困户自我发展能力。鼓励和引导农村富余劳动力进城进镇务工经商向非农产业转移，参加乡村道路、农村水利、安居富民等民生工程建设和季节性务工创收，或成建制组织有意愿的农村富余劳动力到北疆、内地的企业就业；鼓励农村

女性走出家门从事生产活动，提高女性就业率。鼓励扶持南疆有能力的贫困家庭劳动力、农村致富带头人、返乡农民工、农村富余劳动力等自主创业。

第三节　新疆特色农业发展与扶贫开发

产业是发展的根基，也是脱贫的主要依托和抓手，产业扶贫是中国特色扶贫开发模式的重要特征，特别是针对新疆特有的区情条件，贫困人口外出就业难，特色农业及其相关产业仍旧是吸纳贫困人口的主要领域，是实现贫困人口脱贫的主要渠道。从脱贫方式来看，通过发展生产实现脱贫的人数在"五个一批"扶贫中数量最大，涉及涵盖面最大、关联性强，是脱贫攻坚的重头戏，也是有效避免返贫的最有效手段。

一、扶贫开发区域特色农业发展现状、特征和存在问题

（一）现状与特征

农业在国民经济中仍占有重要地位。2014 年，新疆一产占 GDP 比重为16.6%，35 个贫困县中，一产占 GDP 比重超过这一平均数的县达到26 个，占到贫困县总数的 74%。特别是一产占 GDP 比重超过 30% 的县达到 18 个，占到贫困县总数的 51%。可以看出，除了部分地州首府所在县市和工业相对农业发展较快的贫困县市之外，绝大多数贫困县市农业发展在整个国民经济中仍占较高比重，农业在整个国民经济中的基础地位还十分突出。

南疆贫困地区农林牧协同发展，林果业优势明显。南疆贫困地区[①]农业发展以种植业和牧业为主，尤以种植业较为突出，林果业在近些年取得了突飞猛进的发展。2014 年，种植业产值占到农林牧渔业总产值的 69.9%，牧业产值占到25.4%。南疆贫困地区已经形成粮食自给自足，以棉花为主要经济作物，其他农作物为辅的种植业发展格局。畜牧业发展较快，以羊牛为主、特色畜禽养殖并举的畜牧业发展格局逐步确立。经过多年发展，南疆环塔里木盆地已经成为新疆特色林果主产区。部分林果主产区，农民增收的 35% 来自于林果业，林果业在南疆贫困地区农民增收中发挥的作用逐渐增大。

北疆、东疆贫困地区农牧业发展并重，草原畜牧业特色突出。北疆、东疆贫

---

① 南疆包括和田地区的 7 县 1 市、喀什地区的 11 县 1 市、克孜勒苏柯尔克孜自治州的 3 县 1 市、阿克苏地区的柯坪县、乌什县。

困县①以农牧业发展并重，2014 年牧业、农业产值分别占到农林牧渔业总产值的53%和 42%。北疆、东疆贫困县草原资源丰富，草原畜牧业在畜牧业中占有相当大比重。牲畜品种主要以羊、牛为主。受气候影响，农作物种植品种主要集中在粮食、油料、苜蓿等品种上，高效经济作物少，特色经济作物基本固定，农作物种植结构调整空间有限。

（二）存在问题

（1）生产资料缺乏，质量不高，自我发展能力弱。

贫困人口生产资料相对匮乏，大多数农户户均耕地面积较少，耕地破碎分散。大多数农牧业户饲养牲畜数量有限，25%以上的贫困户无牲畜，52%以上的贫困户饲养牲畜不到 10 头（只）。部分牧民草场较少，受制于地理条件限制，建设人工饲草料地又存在成本高、产量低的问题。土壤有机质含量低，高标准农田占比小，中低产田占比大。生产资料缺乏和质量不高导致农牧业发展处于简单的再生产，贫困农牧民脱贫的根本路径受阻，贫困户自我发展脱贫能力弱。

（2）农业基础设施滞后，生产条件差，成本高、效率低。

贫困地区主要河流缺乏山区控制性水利工程，工程性缺水严重。大部分农田基础设施不健全，农田林网、机耕道建设、农田渠系防渗严重滞后，渠道防渗率低，节水灌溉推广滞后。部分地区饲草料地以及水利配套设施还不齐全，农牧民发展畜牧业的配套饲草料地无法保证，农业设施发展受到很大制约。特别是山区、边境牧区对外通达道路等级低，牧道年久失修，增加了牧民转场成本和农产品对外销售物流成本。

（3）农牧业种养殖方式粗放，科技应用水平低。

贫困地区劳动者科技文化素质普遍不高，加上农牧业技术推广服务体系建设滞后，农牧民农业科技应用意识不高，技术掌握程度低，生产经营仍延续着较为粗放的方式，土地产出率和劳动生产率都低于全疆平均水平。

（4）农业产业化发展滞后，对贫困群体的带动能力较弱。

农业生产大多仍延续传统生产方式，多数地区还处于原料直接销售阶段，精深加工产品较少，产品附加值低，种养加、产供销、贸工农一体化经营链接不紧密。缺乏有带头能力的种养殖大户，农业合作组织多数在政府政策的扶持下发展，运行机制还不完善。农业产业化龙头企业数量有限，企业在基地建设、技术服务、产品销售等方面对农户的带动能力不强。冷链等物流基础设施落后，电子商务等新型销售方式正处在试点、起步阶段，农产品市场开拓能力

---

① 北疆贫困县包括察布查尔县、尼勒克县、托里县、裕民县、和布克赛尔县、吉木乃县县、青河县；东疆贫困县包括巴里坤县、伊吾县。

不足，一、二、三产业融合发展能力较弱。

二、新疆特色农业扶贫模式探析

（一）强农惠农政策补贴型

通过积极落实国家各种强农惠农政策，并出台自治区和各地特有的一些强农惠农政策，大力实施 "短、平、快"项目，降低贫困户生产成本，增加生产资料的原始积累，加大贫困户受益程度。以畜牧业发展为例，通过落实国家草原生态保护补助奖励机制政策，促进人畜转移和草原生态恢复，实现牧区广大牧民人均新增政策性收入 6 000 元以上；通过实施牛羊良种冻精、种公畜补贴，减少引种支出，农牧民每年户均获益 2 000 元以上；实施南疆生产母畜扩增补贴与养殖贷款贴息补助政策，使项目户户均增收 2 000 元以上。

（二）公共基础设施投入共享型

通过项目建设，加强农牧业农田水利、田间道路、高效节水灌溉、土地整治、饲草料地开发等基础设施建设，进一步做好资源节约利用，便利农产品生产运输，降低贫困农牧民劳动强度和生产成本。例如，在贫困地区实施的高标准良田建设、高效节水灌溉工程，在牧区实施的牧民饲草料地开发建设工程等，对于提高贫困牧民整体生产水平都起到了良好的作用。

（三）依托企业和合作社带动型

积极发展以合作社和企业为主的新型农业合作组织，增强其带动贫困户脱贫的能力。其形式上主要有：一是构建"企业+合作社+贫困户"的生产模式，建立农畜产品生产基地，通过给贫困户提供生产技术、生产资料、金融贷款等服务，密切企业和贫困户利益关系，促进散户按照加工业标准组织生产，实现产品的订单收购。二是扶贫合作社模式，建立大户带动贫困户型合作社或贫困户散户组合式合作社，通过采用贫困户土地或牲畜入股和吸纳贫困户从事种植养殖的方式，贫困户享受效益分红，增加劳动收入，带动贫困户发展。

（四）科技推广提升型

农业科技推广应用不断降低农业生产成本，促进农牧业增产增效，带动农牧民增收致富。例如，喀什地区采用冬小麦加复播玉米的种植模式，每亩地毛收入达 2 400 元以上，除去生产成本每亩地纯收入达 1 200 元以上，较常规生产模式增加 400 元以上。通过推广多浪羊"两年三产"技术，与常规生产方式相比，每只能繁母羊每年可多收益 200 元以上。巴州新疆尉犁罗布羊农民专业养殖合作社通过推广大型棉杆微储窖藏技术，农牧户每只生产母羊每年节约饲养成本 200 元以上。

（五）农业多功能创效型

充分依托旅游优势，突出贫困村旅游特色，从建筑物、旅游景点、旅游文化等方面打造旅游特色品牌，大力开展农家乐等休闲旅游，提供吃、住、玩一体的旅游服务，以奖补的方式鼓励贫困户参与其中，或以入股等其他方式由旅游专业合作社代为经营，给予贫困户一定的利润返还，拓展贫困户经济收入来源。

（六）园区示范带动型

在贫困人口相对集中的区域，通过建立产业园区或利用已有园区，积极吸引企业入驻，大力发展一些劳动密集型民生产业，积极吸纳贫困农牧民就近就业，提高农牧民的工资性收入。

三、新疆特色农业扶贫中需要处理好的几个问题

（一）处理好产业扶贫投资和其他基础设施建设投资之间的关系

目前财政扶贫投资主要集中在农村公共基础设施投资和发展产业相关的投资两个方面。农村公共基础设施建设方向明确，项目较为具体，建设标准、规模较为统一；而产业发展相关项目不同的地方建设需求不一，需要大量的研究、筹划，建设周期相对较长，许多地方更倾向于将投资优先投向公共基础设施建设方面，而后才考虑产业投资方向。然而，产业发展才是最终解决贫困人口脱贫的根本路径。因此，扶贫中要处理好产业发展和公共基础设施建设之间的关系，将更多的扶贫资金优先用于产业发展，辅之于公共基础设施建设，才能更大地发挥扶贫资金的扶贫效益。

（二）处理好扶贫产业选择与市场开拓的关系

目前，农业扶贫主要集中在种植业和养殖业方面，多是在这些方面给予一定

的资金和项目支持，无可否认这是巩固贫困户发展的首要一步。但是，在目前农产品总体供给过剩的情况下，农业扶贫产业的选择也要充分注重供给侧结构性改革，在初始扶贫产业选择时，不能为了完成扶贫任务而盲目地选择产业，而要在统筹考虑农产品的生产和销售问题，考虑当地资源禀赋特点的基础上，科学合理地选择体现本地区特色的农业相关产业。这既包括对种植和养殖方面的扶持，又包括对农产品销售合作组织、农产品冷链系统、配送中心、专业市场、农村电子商务、农产品加工等方面的扶持力度，有些有条件的地区更要考虑将乡村旅游开发也纳入扶贫的扶持范围，以此来带动整个农业农村产业的科学合理发展。

（三）处理好贫困户自我发展和借力发展的关系

目前，农业产业扶贫资金一部分是以扶贫户为单位，给予每户一定的产业发展方面的扶持，另一部分是以公共项目的形式来投资带动周边的贫困户发展。前一种形式重在扩大贫困户的自我发展积累，后一种形式重在提升贫困地区整体发展条件，从而使各贫困户受益。无论是哪种形式，最终都提升了贫困户自我发展的能力，是一种积极正确的扶贫方式。但同时，我们还要创新扶贫的方式，处理好自我发展和借力发展的问题，要积极在扶贫资金的合理使用上下功夫，要充分借助合作社、企业等新型经营主体在产业扶贫中的带动作用，探索出扶贫资金使用中一些好的机制，使每家每户扶贫资金合力使用发挥效益的同时，又能使每家每户精准收益。改变以往扶贫资金集中扶持某个扶贫项目，实则扶持个别大户，贫困户收益较小的情况。

四、特色农业扶贫的主要措施

（一）夯实特色农业的自身发展基础

加强农业基础设施建设。加强以高效节水为重点的农田水利建设，积极推广高效用水和渠道防渗，提高农业节水能力。加强贫困区域高标准农田建设，加强对纳入小麦、玉米和棉花高产稳产田建设的贫困县粮棉高产稳产田工程建设，进一步提高耕地质量；加大对饲草料地的开发力度，继续加强畜禽标准化规模养殖场（区）建设，支持贫困地区各级政府、涉牧企业、种养大户建设规模养殖场（区）、畜牧养殖园区，开展以村（队）为单元养殖场（区）建设试点。

强化农业科技推广应用。开展最佳栽培模式、果树营养诊断、测土配方施肥、新品种培育、灾害性天气防控、有害生物防治、新型管理技术、林果产品精深加工、林果机械化等方面的攻关研究和集成创新推广；加强南疆及北疆贫困牧区肉羊纯繁、肉羊高频繁殖与经济杂交、肉牛繁育、牛羊育肥、特禽养殖等技术的推广应用。进一步强化贫困区域基层农技培训、动物防疫等公共服务设施建设。

（二）加强农业结构调整和生产管理，提升农业生产效益

优化种植业结构。重点在南疆贫困县发展具有当地特色的孜然、维药材、大芸、玫瑰花、伽师瓜、胡麻、万寿菊等品种，在北疆和东疆贫困县发展甜瓜、大麦、马铃薯、红花、打瓜、麻类、谷子、糜子等品种。积极扶持贫困县发展设施农业，加强高标准日光温室建设和设施配套，引导贫困农民发展短平快的大小拱棚，提高春提前和秋延晚蔬菜供应能力。加快推进畜牧业转型升级。加快绒山羊、特禽、驼奶、驴奶、蜜蜂等特色养殖业发展，培育贫困区域畜牧业增收新亮点。在贫困地区实施一批畜禽养殖专业乡、种养结合示范村、草料加工利用等示范工程。推进特色林果业提质增效。加强对35个扶贫开发工作重点县在林木良种培育、林木种苗发展及花卉种植方面的扶持力度。加大核桃、红枣等特色林果种植园改造，支持沙棘、肉苁蓉等特色沙产业发展，做优做大做强特色优势产品，提高果品产量和品质。大力开展庭院种养殖，充分利用各家各户庭院资源，鼓励户户养畜、户户种植，实施贫困户种植、养殖示范工程，加大对贫困户在庭院内部种植和养殖项目的支持力度，增加贫困户生产资料积累，调动农牧户种养殖积极性。加强庭院小型温室、大棚、小拱棚建设，积极引导贫困户种植一些投入产出比、附加值高的特色农作物。

（三）加快农业产业化发展

建立带动贫困户发展的有效机制。鼓励农业产业化龙头企业以"企业+农户""企业+合作社+农户"方式建立农畜产品生产基地，支持涉农企业、种养大户、合作社组织建设农牧业产业园区、规模养殖场和生产基地，不断提高农业生产组织化程度和标准化生产水平。引导龙头企业与农民建立新型利益分配机制，推行基地、龙头企业、合作组织、农户等灵活的混合编组发展模式，鼓励发展由贫困户自组织的或由大户带动组织的各类农民专业合作组织，引导贫困户以土地、草原、林地、扶贫资金等作为经营权入股，推行盈余分配、股份分红、二次利润返还、"保底+分红"等联结方式，让贫困户分享二、三产业的增值收入。

加快农副产品加工业发展。加快确立贫困地区农产品加工优势主导产业，

以提高加工转化能力和产品附加值为重点，大力扶持红枣、核桃、石榴、杏、巴旦木等产品加工业；以现代冷链物流运输建设为重点，突出发展以鲜食葡萄、苹果、香梨等产品外销为主的特色林果加工业；以牛羊肉加工为重点，加快形成以农区养殖为主的肉牛肉羊产业、禽肉禽蛋产业、水产养殖加工产业。建设特色农作物生产基地，支持民族特色的传统手工业、民族药业、清真食品加工业发展。用好纺织服装综合支持政策，进一步加强纺织服装产业发展，积极抢占高端市场。

积极推动农牧业产业园区建设。引导龙头企业向园区集中、生产要素向园区集聚、主要产业向园区集群、生产经营在园区实现集约。积极吸引援疆省市农业产业化重点龙头企业参与贫困县产业化园区建设。加强对园区农产品加工企业的公共服务，搭建产销、银企、科企对接平台，实施农产品加工科技创新驱动发展战略，为园区发展提供科技和人才支撑。

（四）推动农业和旅游业融合发展

加强旅游基础设施建设。加大贫困县特色旅游城镇、重点旅游景区基础设施和公共服务设施建设力度，着力打造一批旅游基础设施完善、公共服务设施配套，具有特色文化的旅游城镇、民族风情旅游乡村和知名旅游景区。推动乡村旅游与新型城镇化有机结合，合理利用民族村镇、古村古镇等资源建设一批环境优美、功能完善、特色鲜明的旅游名镇名村。统筹利用惠农资金加强贫困村环保、道路等基础设施建设，完善乡村旅游服务体系。

（五）着力提升农产品品质、开拓农产品市场

加强绿色有机农产品生产。统筹部署和整体推进贫困地区"三品一标"工作。鼓励引导农畜产品种养大户、家庭农牧场、合作社、农业企业积极开展无公害、绿色、有机农畜产品认证和地理标志农畜产品登记工作，提高农畜产品质量。积极推进有机农业示范基地建设，开展有机农产品生产示范基地（企业、合作社、家庭农场等）创建。加大贫困地区市场流通体系建设，加大对贫困地区农产品品牌推介营销力度，全方位开拓市场，打好绿色、生态有机牌，形成品牌优势。加强南疆贫困地区林果初级批发市场的升级改造，建设规范化的林果交易市场。按照统一标准、统一模式，在援疆省市打造新疆特色农产品终端销售平台。加快特色农产品信息平台建设。积极利用移动互联网拓展电子商务渠道。将信息平台与"三品一标"建设相结合，培育和提升贫困地区特色农产品品牌。积极发展农村电子商务，大力推进"互联网+"，完善网购、微商、电子结算、出口取

送货等服务功能，将农村电子商务作为精准扶贫的重要载体，打通农村电子商务"最后一公里"。

第四节　新型城镇化与解决区域性贫困

南疆四地州贫困人口集中，农村人口比重大。尤其是南疆三地州地区城镇化水平远远低于全疆的平均水平。加快推进城镇化能扩展区域发展的新空间，为非农产业发展提供空间载体，为农村劳动力转移拓展新的空间，对于改善区域基础设施条件和基本公共服务水平都十分有益。特别需要指出的是，南疆四地州地域比较封闭，传统文化和宗教的影响非常深厚，通过推进城镇化，能将城市现代文明更广更深地传播到农村，从而对传统的落后观念产生冲击，打破已有的社会结构，进而从思想观念、文化、宗教行为、习俗等方面改变农村封闭落后的面貌，从而有效地解决区域性整体性贫困问题。本节以南疆四地州集中连片区为重点，研究如何通过城镇化解决区域性的整体贫困问题，为解决区域贫困问题探索道路。

一、南疆四地州城镇化发展现状

2014 年南疆四地州人口总数占全疆比重为 42.51%，经济总量仅占全疆的 18.61%，非农人口占全疆比重只有 22.06%，表现出"人口基数大、非农人口占比小、城镇化率低"的特征。

（一）南疆四地州城镇化发展滞后

2014 年，南疆四地州城镇化率[①]为 44.95%，比全疆水平的 46.07%低 1.12 个百分点，比全国水平的 54.77%低 9.82 个百分点。其中南疆三地州城镇化率 38.5%，比全疆水平低 7.57 个百分点，比全国水平低 16.27 个百分点。

如表 14.1 所示，1994~2014 年，南疆四地州城镇化率整体呈波动递增趋势，由 1994 年的 30.46%提高到 2014 年的 44.95%，20 年提高了 14.49 个百分点，年均提高 0.72 个百分点，全国同期城镇化率年均提高 1.31 个百分点，说明南疆四地州城镇化进程的速度较慢，也意味着提升空间较大。

---

① 此数据为常住人口城镇化率。

表14.1 1994~2014年南疆四地州城镇化率

年份	城镇化率	年份	城镇化率
1994	30.46%	2005	33.78%
1995	30.89%	2006	37.30%
1996	31.05%	2007	43.66%
1997	31.57%	2008	43.75%
1998	33.33%	2009	43.85%
1999	33.53%	2010	43.65%
2000	33.40%	2011	43.46%
2001	34.30%	2012	43.44%
2002	37.73%	2013	45.42%
2003	33.19%	2014	44.95%
2004	33.00%		

资料来源：《新疆统计年鉴（1995~2015年）》

　　从发展趋势来看，1994~2014年，南疆四地州城镇化进程可以划分为两个阶段：第一阶段是1994~2006年低速波动提升阶段，城镇化率提高了6.84个百分点，年均提高0.57个百分点；第二阶段是2007~2014年整体较快提升阶段，城镇化率提高了7.65个百分点，年均提高1.09个百分点，这也表明国家对南疆四地州经济发展的扶持加快推进了该区域的城镇化进程。总体上看，南疆四地州的城镇化进程虽呈波动性稳步推进，但与全国的差距却越来越大，进程缓慢而且滞后（图14.1）。

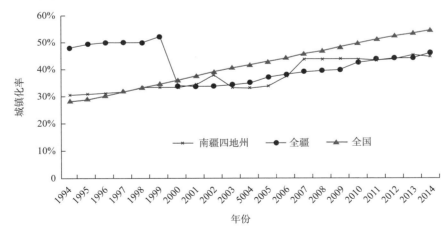

图14.1 南疆四地州与全疆、全国城镇化率变化趋势比较
资料来源：《新疆统计年鉴（1994~2014年）》《中国统计年鉴（1995~2015年）》

　　如表14.2所示，南疆四地州的城镇化率排名靠后，依次是9位、12位、13

位、14 位。城镇化率最低的是和田地区，仅为 35%，喀什与和田地区的城镇化率低于全疆水平。从年末总人口和城镇人口两个指标分析可知，南疆四地州中除阿克苏地区之外，年末总人口排名均较为靠前，依次是第 12 位、第 1 位和第 5 位；但城镇人口排名相对靠后，南疆四地州依次是第 4 位、第 13 位、第 3 位和第 8 位。这说明在全疆范围内，与北疆、东疆相比，南疆四地州人口基数较大，但城镇人口较少，乡村人口转为城镇人口的数量较少、速度较慢，导致城镇化水平较低，这也体现了加快人口占比较大的南疆四地州城镇化进程对于带动全疆整体城镇化水平具有很大的重要性。

表 14.2　2014 年新疆区域城镇化率比较

区域	地州市	年末总人口/万人	排名	城镇人口/万人	排名	城镇化率	排名
北疆	乌鲁木齐市	266.91	3	259.23	1	97.12%	2
	克拉玛依市	29.58	14	29.58	14	100.00%	1
	昌吉回族自治州	141.26	6	120.69	5	85.44%	4
	伊犁州直属县市	300.91	2	169.40	2	56.30%	12
	塔城地区	105.15	8	82.36	7	78.33%	7
	阿勒泰地区	67.58	9	38.47	12	56.93%	11
	博尔塔拉蒙古自治州	49.39	13	39.96	11	80.91%	5
东疆	吐鲁番地区	65.31	10	47.16	10	72.21%	8
	哈密地区	61.69	11	54.71	9	88.69%	3
南疆	巴音郭楞蒙古自治州	139.87	7	110.25	6	78.82%	6
	阿克苏地区	253.05	4	161.22	4	63.71%	9
	克孜勒苏柯尔克孜自治州	59.64	12	35.05	13	58.77%	11
	喀什地区	448.82	1	168.55	3	37.55%	13
	和田地区	225.82	5	79.03	8	35.00%	14
新疆		2 298.47		1 058.91		46.07%	

资料来源：《新疆统计年鉴（2015）》

（二）城镇之间距离远、集聚效应弱

南疆四地州城镇空间布局主要体现在城镇密度低、空间距离远、集聚效应弱等方面。2014 年，阿克苏地区、克孜勒苏柯尔克孜自治州、喀什地区、和田地区的城镇密度，分别是每万平方千米 3.54 个、1.38 个、3.63 个和 1.12 个。城镇密度较低主要与绿洲经济分布密切相关。新疆人口的区域分布呈现明显的绿洲分布特点，97%的人口集中分布在仅占新疆土地面积 8.87%的绿洲上（肖春梅，2010）。南疆四地州的城镇分布于塔克拉玛干沙漠的边缘，地广人稀，按照土地总面积计算的城镇密度和人口密度低，城市集聚效应和规模效应也很低。南疆四

地州的首府城市之间的距离较远，如阿克苏市距离和田市 769 千米、距喀什市 462 千米、距阿图什市 427 千米；阿图什市距离喀什市 35 千米、距和田市 520 千米；喀什市与和田市相距 485 千米。区域之间交通距离较远、空间成本较高，城镇化进程中人员、商品、信息等要素流动的成本高。

二、城镇化对南疆四地州扶贫开发的影响分析

（一）城镇化对农民增收的影响

城镇化主要标志之一是"人"的城镇化，城镇人口的增多主要来源于农村人口身份的转变。农村人口转变成城镇人口，一方面，能提高农业劳动生产率，从而增加农民收入；另一方面，农民变为市民从事非农产业，拓宽了收入渠道也能增加收入。

（二）城镇化对就业增加的影响

城镇化主要通过第二、第三产业发展带动和吸收农村剩余劳动力就业。首先，城市工业等第二产业的发展带动劳动力需求，增加就业。随着城市发展，城市基础设施建设、住房建设、环保建设等投资需要日益扩大，需要投入大量的劳动力。其次，城市化过程中第三产业与第二产业密切，且良性循环发展，第三产业尤其是与经济生活联系紧密的商业、餐饮业、住宿、旅游业、信息业等，投资少、收效快、就业容量大、就业门槛低，适合大量农业剩余劳动力的进入，并且这些分工较细的行业创造财富的成本和收益都大大优于传统农业。

（三）城镇化对提升社会保障能力的影响

城镇化是经济发展的重要抓手，决定着农村社会保障事业的发展。城镇化在推动经济发展的同时，为农村社会保障发展提供了物质支持，为农村劳动力增加就业机会，能促进农村居民生活水平不断提升，促使公共服务设施加速完善，在改善城镇居民生产生活环境的同时，也促进政府加大投入力度，以提高农村人口的社会保障水平和质量。

（四）城镇化对提高自我发展能力的影响

在市场规律的作用下，要素逐渐流向回报率高的地方，于是城市化使人

口、资源、要素向城市集聚，城市成为区域经济的发展极，对周边乡村地区具有较强的带动辐射作用。一是城市通过资金流、人才流、技术流、信息流把周边地区的经济网络连成一个整体，带动支配周边地区经济的发展；二是城市将自己的技术工艺创新、产品创新、产业创新、市场创新和制度创新推广到所在区域和周边广大农村，从而改变这些区域的经济发展面貌；三是城市通过高科技研发、潜能的释放以及以高科技为基础的知识密集型产业、技术密集型产业不断成长，为所在区域和周边农村经济提供重要支撑和持续动力；四是城市优秀的师资队伍、先进的教育理念和高效的技能培训服务，能够带动农村人口素质、劳动技能的提升。总之，城镇化对农村、农民提高自我发展能力有较为重大的影响。

（五）城镇化对改变思想观念的影响

城镇是人口集中的区域，城镇化发展通过这种集聚有助于推动现代文化传播，逐步改变传统、封闭的小农意识，尤其是多元文化的影响，将一定程度上开阔南疆四地州人民眼界。受城市自由民主先进文化的带动，农村劳动者的思想观念、文化素质和劳动技能都会得到提高，有利于增强农村劳动力的就业转移能力，拓展就业空间，提高农业劳动生产率，使农民彻底摆脱贫困。

三、以城镇化发展推进南疆四地州扶贫开发的政策建议

（一）大力推进以人为核心的新型城镇化，加快农业转移人口市民化

加快农业转移人口市民化，是推进以人为核心的新型城镇化的首要任务（陈锡文，2015），是实现农村富余人口转移就业、提高人口质量的重要途径。各地各级政府要高度重视农业转移人口市民化工作，尽快部署、落实《国务院关于实施支持农业转移人口市民化若干财政政策的通知》。财政部门要按照该通知要求，结合本地实际加快制定支持农业转移人口市民化的政策措施，完善自治区对下转移支付制度，加强对南疆四地州政府落实农业转移人口市民化政策的财政保障能力，引导南疆四地州农业转移人口就近城镇化。各地各级政府要将农业转移人口市民化工作纳入本地区经济社会发展规划、城乡规划和城市基础设施建设规划，统筹上级转移支付和自有财力，合理安排预算，优化支出结构，切实保障农业转移人口基本公共服务需求。建立绩效考核机制，督促南疆四地州财政部门尽快制定本辖区有关支持农业转移人口市民化的财政政策措施；建立自治区财政农业转移人口市民化奖励机制，调动南疆四地州政府

推动本辖区农业转移人口市民化的积极性，对其他地州市吸纳南疆四地州农业转移人口进城落户的给予奖励。建议中央财政加快调整完善相关政策，加大对新疆南疆四地州吸纳农业转移人口的转移支付支持力度，将城市基础设施建设和运行维护、保障性住房等相关专项资金向南疆四地州倾斜，推动南疆四地州城乡基本公共服务均等化。

（二）强化城镇与农村的联系

加快旅游拉动型、农业产业化型、边贸繁荣型、交通节点型和综合服务型城镇化发展（游俊，2015），进而带动辐射范围内贫困村的发展，实现有效减贫。连片特困区推进城镇化发展应遵循不同的路径，如移民搬迁、产城融合和组团发展等。由于连片特困区城镇化滞后，自组织城镇化进程缓慢，要进一步加大政府支持力度，加强规划引导与资金投入，根据不同类型、不同发展阶段、不同发展路径制定不同点的城镇化政策。进一步加强农村与城镇间联系，推进农超对接、农产品批发专业市场建设，提升城镇对农村的辐射带动作用，引导农民有序向城镇转移。与此同时，通过城镇自身发展，提高城镇经济影响力，促进城镇贫困市民增加收入，提高生活水平，更好地发挥示范带动作用。

（三）加强推进城镇产业园区建设

鼓励乡镇适度发展中小产业园区，依托贫困村"一村一品"产业推进行动及特色农业基地着力发展棉纺、农副产品加工，手工艺品制作等符合当地发展实际的劳动密集型中小企业，逐步向规模化方向培育，带动农民就业。南疆四地州第一产业可重点发展杏、核桃、大枣、香梨、石榴等特色农产品，在互联网金融、物流、控鲜等技术的配合下，延长产业链，增加产品附加值，开辟国内外市场。第二产业大力发展劳动密集型产业，针对各地区农牧产品、玉器产品，大力发展手工艺品加工业，和田玉、金丝玉、丝绸、地毯等手工艺品需要加强品牌效应，以及规模经济，提高知名度和美誉度。第三产业重点是加快旅游业的发展，新疆的旅游资源较为丰富，独特的自然景观闻名遐迩，但受制于景点之间里程较远、景区承载力以及旅游资源开发有限，旅游业发展并未发挥应有的优势与经济带动作用，需要在交通基础设施、招商引资、旅游管理相关人才以及旅游资源开发、旅游公司服务质量等方面投入人力、物力。与此同时，积极引导中央企业、民营企业设立贫困地区产业发展基金，采取市场化运作方式，吸引企业到贫困地区从事资源开发、产业园区建设、新型城镇化发展等，解决城镇中企业发展面临的资金问题。

（四）加强基础设施建设

重点是加强交通（尤其是高铁、高速公路）、电力、信息化、水利等基础设施建设。要进一步完善城镇与农村水、路、电、气等基础设施和环境配套设施建设及连接。依靠国家和政府财政政策，加快农村公路、城际高速公路、省际铁路、口岸公路的建设，以及航空建设。加快连接气源地至贫困县（市）天然气主干管网建设，"十三五"期间全面解决城镇居民用气问题。继续实施农村沼气工程，并逐步向农村推广使用液化石油气、压缩天然气、液化天然气。加快无电地区电力建设力度，提高农村电网和无电地区建设投资补助标准，发展农村小水电、风能、太阳能灯清洁能源，基本解决边远山区农牧区缺电、少电问题。

第五节　贫困退出后持续扶持机制与政策

一、贫困县摘帽之后面临的主要问题分析

贫困对象具有极大的脆弱性。脆弱性是指个人或家庭面临某些风险的可能，因为遭遇风险而导致财富损失或生活质量下降到某一社会公认的水平之下的可能。脆弱性包含两个方面，即受到的冲击和抵御冲击的能力，脆弱性是两者相较的结果。导致脆弱性冲击的种类很多，几乎包括了社会、经济、政治等各方面。对于某一地区，最常见的有自然灾害（洪水、干旱、地震、冰雹、台风等）、环境危机（土地沙漠化、水土流失、气候恶化等）、经济波动（通货膨胀、滞胀等）、政策改变、种族冲突等。对于家庭和个人，除上述冲击会产生直接影响外，疾病、失业、突发事故等都可能导致家庭财富的损失和生活水平的下降（韩峥，2004）。

（一）返贫

在扶贫开发中各地关注的重点在于如何"脱贫"，而很少关注"解困"，贫困区域还没有形成较好的持续发展能力。扶贫开发中由于没有形成较好的激励机制，一部分贫困户的积极性还没有被充分地调动起来。这些问题与生态环境、发展条件约束、社会稳定形势严峻等矛盾相互交织、互为因果，导致贫困县摘帽之后很容易返贫。

（二）"等、靠、要"和好闲的思维

在扶贫过程中，扶贫部门包办了扶贫点的一切事务，对贫困地区和贫困家庭的要求尽可能满足，投入大量的人力、物力和财力，倾其所有打造扶贫典型。上述做法没有充分调动扶持对象的积极性，贫困地区和贫困家庭往往消极应对，形成了"等、靠、要"的思维。此外，少数民族多具有即时享乐的性格特点，缺乏理财观念，没有形成一定的资本积累，在就业机会不足的情况下，非常容易形成好闲的思维和生活方式，这是贫困县脱贫之后返贫的主要原因之一。

（三）公共服务仍不完善

贫困县由于财力困难，尽管实现了脱贫摘帽，但是基础设施和公共服务设施配套仍不够完善和及时，教育、医疗等公共服务供给能力仍显不足，教育设施建设仍然滞后，医疗服务水平仍待提升。这一方面限制了贫困县人力资本的持续提高，限制了贫困县自生能力的成长；另一方面医疗等公共服务的不足，极容易因为疾病等原因导致农牧民致贫。

（四）自生能力弱、后续产业发展难度大

自生能力和后续产业的发展直接关系到贫困县脱贫之后的持续发展前景。为实现脱贫目标，地方政府集中人力物力财力，采取打歼灭战的做法，实现贫困县摘帽。这种做法确实起到了一定的效果，贫困家庭在很短时间内脱贫解困，贫困地区也得到了较快发展。但是，贫困地区人口的文化教育水平较低，小农意识强，对农业新技术接受能力较弱，加之缺少创业启动资金和致富带头人引领，致使没有形成自生能力，后续产业发展仍面临较大的困难。一旦外力撤离或遇到天灾人祸、重大疾病，则又很快重返贫困行列。

二、扶持贫困县摘帽之后持续发展的机制设计

扶贫的终极目标在于贫困人口持续脱贫、贫困县形成持续发展的能力，而区域持续发展的根本动力在于产业的发展。根据各个区域的优势，建立具有区域根植性的、持续发展的产业是贫困县摘帽之后持续发展的关键。而形成根植性的产业，需要四个支撑体系。第一，教育、医疗等的支撑体系；第二，要素流动的支撑体系；第三，条件扶贫的激励体系；第四，社会保障的支撑体系。需要特别说

明的是，持续发展能力的形成需要一个过程，因此贫困县摘帽之后持续发展的机制设计不能等到摘帽之后，而是在贫困县摘帽之前、在扶贫开发过程之中就要未雨绸缪，建立良性发展机制（图 14.2）。

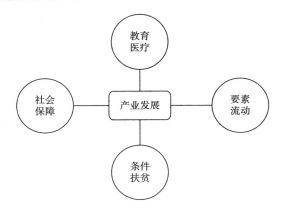

图 14.2　贫困县脱帽之后持续发展的机制

（一）建立根植性产业是持续发展的关键

贫困县形成根植性的产业是防止其摘帽之后返贫的根本举措。根植性产业既可以是农业，又可以是工业和服务业，关键在于产业的根植性。形成根植性的产业需要通过承接产业转移和激发本地企业家精神"内外"两条途径来实现。

以市场需求为导向，积极应用先进技术，优化农业产业结构，提高农业产业化水平，提高农业发展质量与效益。发挥石油石化、煤炭等产业的基础性作用，推进产业链向中下游延伸。加快钢铁、有色、化工、建材、轻工等传统产业转型升级，发展新能源、新材料、先进装备制造、生物医药等战略性新兴产业，加快把纺织服装、农副产品加工业等打造成重要的支柱产业；促进信息技术与制造业深度融合，提高机电装备、农牧业装备、电子信息等产业制造水平。加快发展商贸文化旅游业。支持建设市场体系，推进市场化步伐，充分发挥市场在资源配置中的基础作用。建设旅游文化推介及旅游景点、旅游服务中心，完善旅游基础设施和服务设施，加大旅游交通、重要景区（点）公共基础设施和服务设施建设力度，提高旅游服务能力重点。

（二）完善教育、医疗等服务体系是促进产业发展的基本支撑

完善教育和医疗体系，提高人力资本的存量和质量，是形成根植性产业的基本支撑。首先，着力加强教育。贫困地区最稀缺的是知识资源，发展的最大制约

因素也是知识资源。贫困人口最稀缺的资本是人力资本，最缺乏的机会是获得教育的机会，最缺乏的能力是知识能力；对贫困人口最大的剥夺是教育剥夺、知识剥夺。反之，对知识基础设施和对居民的人力资本投资就是对贫困地区和贫困人口最重要的投资，也是最经济、最有效率的投资（胡鞍钢和李春波，2001）。

加大对乡村教师队伍建设的支持力度，特岗计划、国培计划向贫困地区基层倾斜，为贫困地区乡村学校定向培养留得下、稳得住的一专多能教师，全面落实连片特困地区乡村教师生活补助政策，加强有专业特色并适应市场需求的中等职业学校建设，提高中等职业教育与实际相结合的能力。努力办好贫困地区特殊教育和远程教育。

其次，开展医疗保险和医疗救助。实施健康扶贫工程，保障贫困人口享有基本医疗卫生服务，努力防止因病致贫、因病返贫。采取针对性措施，加强贫困地区传染病、地方病、慢性病等防治工作。

（三）促进土地、人口和资本的要素流动，形成农牧业规模化、工业化、城镇化互动发展的机制

农牧区存在农牧民生产效率低、分布分散等问题，通过促进土地、人口和资本的有效流动，提高资源的利用效率，形成农牧业规模化、工业化、城镇化互动发展的机制。首先，贫困县致富的一条途径是农牧业的规模化，通过供给侧改革，促进土地资源的有序流转，促进农牧业的规模化生产。其次，引导劳务输出，促进城镇化发展，加大职业技能提升计划和贫困户教育培训工程实施力度，引导企业扶贫与职业教育相结合，鼓励职业院校和技工学校招收贫困家庭子女，确保贫困家庭劳动力至少掌握一门致富技能，实现靠技能脱贫，进一步加大就业专项资金向贫困地区转移支付力度。最后，以扶贫基金的一定比例作为担保基金，用于中小企业融资的担保基金，并建立完善的使用机制和信用体制，撬动资本向贫困县转移，提高扶贫基金的撬动效应。

（四）建立条件扶贫的激励体系，激发农牧民自身的扶贫动力

对于目前的扶贫政策与扶贫基金，贫困人口只享受使用的权利，并没有承担相应的义务，这不利于形成自身脱贫的激励机制。扶贫的终极目标在于贫困地区的人口，尤其是贫困人口形成了自我发展的能力，而自我发展能力的形成离不开好的激励机制。

加强贫困农牧民的家庭经济状况核查工作，根据各个贫困县贫困人口的收入情况，划分等级。对不同等级采取不同的策略。结合收入情况并综合考虑贫困人口的

意愿，以小组为单位，给予不同收入等级的贫困人口不同的贫困基金支持，设定相应的收入增长目标。对于完成目标的贫困人口实施奖励，对于不能完成目标的贫困人口，实施小组连带惩罚。这样的目的，是让贫困人口形成脱贫的压力，从而督促其提高自身素质和工作技能，挖掘其发展潜力，提高扶贫基金的使用效率。

（五）完善社会保障的支撑体系，形成返贫的救助机制

对于因病致贫、因病返贫、自然灾害、物价波动等不可预测和防范风险等导致贫困的贫困人口，实施农村最低生活保障制度。加大临时救助制度在贫困地区的落实力度，提高农村特困人员供养水平，改善供养条件。建立农村低保和扶贫开发的数据互通、资源共享信息平台，实现动态监测管理、工作机制有效衔接。

三、扶持贫困县摘帽之后持续发展的政策建议

（一）优化治安环境，建立安全保障

新疆的贫困地区是少数民族贫困人口聚集区，宗教氛围浓厚，境内外敌对势力渗透破坏活动频繁，边境管控压力进一步加大，社会稳定基础脆弱，历来是反分裂、反恐怖的前沿阵地。贫困县持续发展的基本前提就是优化治安环境，建立安全保障。良好的治安环境是促进产业在贫困县形成根植性，贫困县脱贫之后持续发展的根本举措。坚持依法治疆、团结稳疆、长期建疆，牢牢把握社会稳定和长治久安的着眼点和着力点，扎实做好维护稳定各项工作，不断提升反恐维稳能力。

（二）扩大对外开放，促进边境贸易发展

边境县地区要加强对外开放，通过建设边贸市场、出口加工区、边境合作区等对外开放平台，丰富贸易产品，优化贸易结构，从而提高边民的收入。同时通过边民贸易，加强国家间人文交流，减少冲突，实现共同富裕。积极融入国家"一带一路"倡议，抓住新亚欧大陆桥经济走廊、中国-中亚-西亚经济走廊、中巴经济走廊、中蒙俄经济走廊建设机遇，加快丝绸之路经济带核心区建设，推进与周边国家多领域互利共赢的务实合作。大力发展外向型产业集群，打造国家向西开放制造业的新高地。加强对外交流高端平台建设，畅通人流、物流、资金流、信息流，广泛开展与周边国家在教育、科技、文化、旅游、卫生、体育、新闻出版、广播影视、环保等领域的合作。

（三）规制产业开发目标，保证贫困人口利益与发展机会

由于贫困地区经济自我启动的困难，扶贫就成为缓解贫困的外部推动力量，即通过一定的组织规则把外部资源传给贫困者，这种外生性资源，包括物资、资金、技术、信息等稀缺资源。开发式扶贫的一个特点是市场机制运行的介入。真正意义上的产业扶贫，应该明确以"扶贫"为其宗旨，发展产业只是手段和途径，而反贫困和消除弱势群体的贫困状态是其核心目标。产业扶贫的特殊性就在于如何消除或减少贫困人口参与的障碍，正视扶贫目标与经济运作之间的矛盾。以产业开发为扶贫的途径，要正视扶贫目标与经济运作之间的矛盾，各级地方政府要发挥对产业扶贫的主导作用，有效规制市场运行，使社会扶贫目标真正成为产业开发中的关注点。

（四）完善基础设施，破除发展瓶颈

加快实施安居富民和定居兴牧工程，支持农牧民住房建设。按照"宜改则改、宜建则建、宜迁则迁"的原则，尊重农牧民群众的自愿选择和生活习惯，与社会主义新农村新牧区建设相结合，实施农牧民危房改造及老城区棚户区改造工程，实施人居环境综合治理工程。开展农牧区人居环境综合治理工程，着力解决水、电、路、通信等问题，有序推进特色小城镇建设。突出各自特色，提升城镇的综合承载能力和公共服务水平，不断完善城镇功能，增强城镇对区域的辐射带动能力。加快基础设施改造提升。加强县城和中心城镇市政基础设施和公共服务设施改造提升建设，重点加强道路、给排水系统、防洪排涝、污水垃圾处理、供暖工程、信息化工程建设。完善中心城镇社区生活设施布局，逐步建立社区养老服务体系和便民利民服务网络。

（五）建立评估体系，实现动态监测

第一，扶贫开发的综合评估。扶贫开发效益的综合评估主要有四类内容：一是扶贫开发对地区经济整体增长的作用；二是扶贫开发对该地区环境、社会、文化等方面产生的效应和影响；三是贫困地区人口由于扶贫开发而获得的收益和付出的代价的评估；四是贫困地区中贫困人口的受益和代价的评估。第二，重视贫困人口受益情况的评估。扶贫的效益评估，最重要的是扶贫目标人口的受益情况。与救济式扶贫相比，开发扶贫在"扶贫到户"的操作上要困难得多。现实中对其扶贫效应的评估容易聚焦在地区整体经济的增长问题上。但"贫困人口的直接受益""受益人口中贫困人口的比例""贫困人口受益的比例"等情况，是评

估中不可或缺的要素。第三，按照扶持对象精准、项目安排精准、资金使用精准、措施到户精准、因村派人精准、脱贫成效精准的要求，建档立卡。对建档立卡村、户和人定期进行全面核查，建立精准台账，实行有进有出的动态管理。第四，中期适度调整机制。经济发展经常受到不可预测的外部冲击，带来很多不确定性和经济发展的波动。建立健全规划调整反馈机制，在规划指标监测报告以及定期评估报告的基础上，广泛征求专家、基层组织和当地群众的意见，根据外部环境的重大变化和实际需要的动态变化，严格按照程序对部分规划目标和措施进行适当调整，增强项目对外部环境变化的弹性。

参 考 文 献

陈锡文. 2015-12-07. 推进以人为核心的新型城镇化[N]. 人民日报.

胡鞍钢，李春波. 2001. 新世纪的新贫困：知识贫困[J]. 中国社会科学，（3）：70-81.

韩峥. 2004. 脆弱性与农村贫困[J]. 农业经济问题，（10）：8-12.

肖春梅. 2010. 资源和环境约束下的新疆资源型产业集群的升级与转型[J]. 生态经济，（8）：105.

游俊. 2015-05-27. 推进城镇化是扶贫重要抓手[N]. 经济日报.

第十五章　西藏扶贫开发战略和政策研究①

第一节　西藏扶贫开发战略的实施背景

一、西藏贫困状况

（一）贫困标准与贫困规模

西藏自 1994 年开始实施有计划、有组织、有规模、有目标的扶贫开发以来，制定调整过 4 次扶贫标准。《西藏自治区扶贫攻坚计划》第一次制定的农区扶贫标准为 600 元、牧区扶贫标准为 700 元、半农半牧区扶贫标准为 650 元，对应的农牧区扶贫对象约 48 万人。第二次是 2001 年，西藏自治区党委、政府制定的农牧民人均纯收入为 1 300 元的扶贫标准，对应的扶贫对象为农牧区贫困人口 148 万人。经过"十五"和"十一五"时期的不懈努力，按照农牧民人均纯收入 1 300 元的标准，全区贫困人口由 2000 年的 148 万人下降到 2010 年底的 16.8 万人。第三次是 2006 年，随着物价及消费价格指数的变化，西藏扶贫标准由 1 300 元调整到 1 700 元，对应的农牧区贫困人口为 96.4 万人。第四次是 2011 年，西藏扶贫标准调整到 2 300 元，贫困人口从 2010 年的 83.3 万人降到 2015 年的 59 万人。

（二）贫困人口分布

西藏各地区的贫困人口分布差异，林芝地区贫困人口数量最少，为 3.23 万

---

① [作者简介] 杨斌，西藏大学经济与管理学院，教授、硕士生导师；徐爱燕，西藏大学经济与管理学院，副教授、硕士生导师；史磊，西藏大学经济与管理学院，助教。

人，日喀则地区贫困人口数量最多，为 23.45 万人，从贫困发生率来看，阿里地区的贫困发生率最高，林芝地区的贫困发生率最低。

受到经济发展水平、地理位置及交通通达度等因素的影响，西藏人口分布呈现出地区分布不平衡的特点，但是从贫困发生率来看，所有地区的贫困发生率都超过 24%，远高于全国平均水平，扶贫形势严峻。

（三）贫困状况

1. 贫困面大，贫困程度深

西藏是我国比较贫困的地区之一，也是全国唯一省级连片特困地区。据国家统计局对中国农村贫困监测结果分析，按照国家现行每人每年 2 300 元（2010 年不变价）的农村扶贫标准计算，2015 年农村贫困人口 48 万人，贫困人口占全国农村的 0.9%；2015 年农村的贫困发生率 18.6%，在全国各地区排第一位，是全国平均水平的 3.26 倍。

2015 年，西藏总人口 323.97 万人，占全国人口的 0.2%，其中乡村人口 234.1 万人；地区生产总值 1 026.39 亿元，占全国总量的 0.1%；地方预算内财政收入 137.13 亿元，占全国总量的 0.09%。城镇居民人均可支配收入 25 457 元，相当于全国平均水平 31 195 元的 81.6%；农民人均纯收入 8 275 元，相当于全国平均水平 10 772 元的 76.8%。

2. 基础设施状况依然落后

与全国相比，西藏地区基础设施的状况仍然处于较低水平。据国家统计局对中国农村贫困监测结果的分析，2015 年西藏通电的自然村比重、通电话的自然村比重、通宽带的自然村比重、主干道路面硬化的自然村比重和通客运班车的自然村比重分别为 92.1%、89.5%、8.5%、57.7%、29.1%，均低于全国平均水平。尤其是通宽带的自然村比重、主干道路面硬化的自然村比重和通客运班车的自然村比重，仅是全国平均水平的 15%、79%、61%（表 15.1）。与全国其他 13 个连片特困地区相比，西藏地区除通电的自然村比重排名 13 位外，其余指标均排名最后。

表 15.1　2015 年西藏农村基础设施状况

地区	通电的自然村	通电话的自然村	通宽带的自然村	主干道路面硬化的自然村	通客运班车的自然村
西藏	92.1%	89.5%	8.5%	57.7%	29.1%
比上年提高	4.3%	2.8%	1.3%	6.1%	0.2%
全国	99.7%	97.6%	56.3%	73.0%	47.8%
比上年提高	0.2%	2.4%	8.3%	8.3%	5.1%

资料来源：《中国农村贫困监测报告 2015》

3. 生活条件有待改善

家庭耐用消费品以及家庭设施的基本情况是识别贫困农户的重要指标，与全国相比，西藏地区农村耐用消费品状况依然处于落后状况。据国家统计局对中国农村贫困监测结果的分析，2015 年西藏农村每一百户居民拥有洗衣机台数、电冰箱台数、移动电话部数、计算机台数分别为 44、44.6、173.4、0.2，均低于全国平均水平。尤其是洗衣机、电冰箱、计算机的拥有量只有全国平均水平的 58%、66%、1.5%，计算机拥有量未有显著改善（表 15.2）。

表 15.2　2015 年西藏农村耐用消费品状况

地区	洗衣机 （台/百户）	电冰箱 （台/百户）	移动电话 （部/百户）	计算机 （台/百户）
西藏	44.0	44.6	173.4	0.2
比上年增加	10.5	6.7	27.2	0.0
全国	75.6	67.9	208.9	13.2
比上年增加	4.5	7.0	14.1	2.1

资料来源：《中国农村贫困监测报告 2015》

根据数据可以发现，西藏地区农民家庭设施同样落后于全国平均水平，存在不同程度的饮水、环境卫生、炊用燃料困难。2015 年，西藏农村使用管道供水的农户比重、使用经过净化处理自来水的农户比重、饮水无困难的农户比重、独用厕所的农户比重、炊用柴草的农户比重分别为 50%、25.5%、65.8%、71.5%、64.9%，均低于全国水平。同时，各项指标改善的状况不是特别明显，尤其是使用管道供水的农户比重没有显著的改善，落后的家庭设施状况极大地降低了农户的生活水平（表 15.3）。

表 15.3　2015 年西藏农村家庭设施状况

类别	西藏	比上年提高	全国	比上年提高
使用管道供水的农户比重	50.0%	0.0	61.5%	5.6%
使用经过净化处理自来水的农户比重	25.5%	4.2%	36.4%	3.3%
饮水无困难的农户比重	65.8%	1.0%	85.3%	3.0%
独用厕所的农户比重	71.5%	2.1%	93.6%	0.5%
炊用柴草的农户比重	64.9%	3.3%	54.9%	2.9%

资料来源：《中国农村贫困监测报告 2015》

二、西藏扶贫政策及成效

在改革开放前，由于全国普遍处于大规模的贫困状态，因此并没有针对农村贫困的专项扶贫政策。改革开放以后中国政府的专项扶贫项目的主要方针是采取开发式扶贫，其政策演变可以分为五个阶段：针对特殊贫困地区的扶贫开发尝试（~1986年）、以区域瞄准为主的大规模扶贫开发（1986~1993年）、改善资金投入和贫困瞄准的"八七扶贫攻坚计划"（1994~2000年）、以整村推进为主的扶贫开发（2001~2010年）和从2011年推出的集中连片特殊贫困地区的扶贫开发。

2011年12月，中共中央、国务院印发《中国农村扶贫开发纲要（2011~2020年）》，作为我国新时期扶贫开发工作的纲领性文件，将全国扶贫开发重点转移到14个集中连片困难地区。其中，西藏是全国经济比较落后的省区，其连片困难范围较大，因而成为国家扶贫工作的重点对象。

目前，西藏扶贫开发工作已初步形成了政策扶贫、专项扶贫、行业扶贫、金融扶贫、援藏扶贫五位一体，政府、市场、社会协同推进的扶贫格局。

（一）专项扶贫

专项扶贫主要是指国家安排专门投入、各级扶贫部门组织实施，通过既定项目，直接帮助贫困乡村和贫困人口，包括以工代赈、易地扶贫搬迁、整乡（村）推进、小额信贷、"雨露计划"、产业扶贫等。

1. 以工代赈

以工代赈是指政府投资建设基础设施工程，受赈济者参加工程建设获得劳务报酬，以此取代直接救济的一种扶持政策。现阶段，以工代赈是一项农村扶贫政策。西藏的以工代赈最早始于1951年，以工代赈的资金或物资来源以中央财政拨款为主。《西藏自治区"十五"以工代赈建设规划》对人畜饮水、县乡村公路、异地扶贫、草场、小流域治理与农村通信工程、农田水利、基本农田的建设进行了专项规划。以工代赈资金对西藏农牧区基础设施建设起到关键作用，每年为群众劳务投入安排的项目多达100个，主要包括小型农用水利建设、人畜饮水工程、乡村道路建设、基本农田建设、畜牧业建设、扶贫搬迁等内容。以工代赈安排的项目，有效地改善了农村贫困人口的生存环境，为当地的经济增长提供了必要条件，并使部分贫困人口在项目开展期间获得短期就业机会和非农收入。

2. 易地扶贫搬迁

在坚持群众自愿的前提下，对居住在生存条件恶劣、自然资源贫乏地区的贫困人口实行易地扶贫搬迁，是改善他们生存环境和发展条件的重要途径。西藏需要搬迁的贫困人口，大多数居住在海拔高、地方病高发区，"一方水土养不活一方人"。据官方统计，西藏2015年还有59万贫困人口，其中26.3万贫困人口居住在"一方水土养不了一方人"的地区。在西藏，国家级限制开发的重点生态功能区中生活着17.3万人，占全区总人口的5.76%，多数因为生态环境脆弱收入较低。通过扶贫搬迁，生存条件极差地区的贫困农牧民异地脱贫。例如，阿里地区坚持"政府引导、群众自愿，科学规划、分步实施，因地制宜、分类指导，整合资源、重点扶持"的原则，对全地区 1 390 户因自然条件恶劣、灾害频发、耕地水源缺乏等致贫的农牧民，统一制订方案、完善配套政策，采取集中安置、分散安置等多种方式进行生态扶贫搬迁，努力实现"搬得出、稳得住、能致富"。

3. 整乡（村）推进

整乡（村）推进就是以扶贫开发工作重点乡（村）为对象，以增加贫困群众收入为核心，以完善基础设施建设、发展社会公益事业、改善群众生产生活条件为重点，以促进经济社会文化全面发展为目标，整合资源、科学规划、集中投入、规范运作、分批实施、逐村验收的扶贫开发工作方式。随着大部分自然条件相对较好，或者具有一定资源优势的农村贫困地区相继脱贫，西藏农村贫困人口的分布呈现出分散的趋势。农村贫困人口不再以整体的形式分布在各个贫困县，更多的表现为零散分布，尤其是以贫困乡镇（村）为单位集中分布。2001 年，西藏圈定了 34 个县、393 个乡镇作为重点扶持乡镇。由于自然条件和社会经济发展的各种原因，这些贫困乡镇依靠自身脱贫的难度已经相当大，而以贫困县为主要扶贫对象的扶贫方式无法将资金、技术、项目以及政策落实到贫困农户。针对这种情况，以往将贫困县作为主要对象的扶贫方式已经不能适应西藏当前变化的贫困形势，扶贫工作要取得较好的效果，必须将以扶贫范围为单位的整乡（村）推进扶贫模式转换成适应当前扶贫工作新特点的有效方法。进一步缩小，直接锁定贫困人口。"十二五"期间，西藏计划完成 200 个乡（镇）的整乡推进扶贫任务。截至 2015 年底，全区共安排实施整乡推进扶贫乡（镇）330 个；2011~2015年，共实施 269 个整乡推进扶贫任务，投入财政扶贫资金 13.79 亿元，安排整乡推进扶贫项目 2 436 个，受益人口 46.5 万人，年人均增加收入 1 050 元。

4. 小额信贷

资金短缺一直是制约贫困人口生存和发展的重要因素。小额信贷是一种有效的直接向贫困农户提供小额金融服务，以帮助他们摆脱贫困，实现自我发展。中国农业银行西藏分行按照中央、自治区和总行对"三农"工作提出的新政策和新要求，出台《农行西藏分行扶贫贴息贷款发放与管理实施细则》，对"特殊集中连片贫困区域"农牧户，致富带头人带动贫困户共同致富的项目，扶贫贷款予以支持；对农业产业化龙头企业、扶贫龙头企业、农牧民专业合作经济组织和农牧区小型基础设施建设及社会事业项目等扶贫贷款予以支持。2015 年，西藏县域以下除小康户以外的所有农牧民以及与农牧民脱贫致富相关的企业、产业和项目均可享受该行 1.08%的年扶贫利率优惠。据统计，农行西藏分行成立 20 年来，累计投放扶贫贴息贷款 349.70 亿元，到 2014 年末余额达 204.41 亿元，较 1995 年底增加 203.21 亿元，增长 16 934.17%，累计扶持农牧户 32.29 万户。西藏扶贫基金会于 1998 年开始在那曲市的那曲县、聂荣县和山南市的扎囊县开展小额信贷项目。在小额信贷的扶持下，一大批农牧户通过发展种养殖业、运输业、餐饮服务业等，实现了脱贫致富。

5. "雨露计划"

"雨露计划"是以政府主导、社会参与为特色，以提高素质、增强就业和创业能力为宗旨，以中职（中技）学历职业教育、劳动力转移培训、创业培训、农业实用技术培训、政策业务培训为手段，以促成转移就业、自主创业为途径，帮助贫困地区青壮年农民解决在就业、创业中遇到的时机困难，最终达到发展生产、增加收入，促进贫困地区经济发展。例如，"十二五"以来，林芝市采取多种措施，精准扶贫，贫困农牧民素质逐步提高。林芝市依托"雨露计划"，培训贫困群众 4 850 人。群众月均劳务收入由"十二五"初期的 2 400 元增加到 2014 年底的 4 500 元，增长 87.5%，初步实现了"学到一技，终身受益，输出一人，全家脱贫"的目标。

6. 产业扶贫

产业扶贫是贫困地区扶贫开发的现实途径，是通过产业的培育、发展和壮大，来实现带动贫困群众脱贫致富的行之有效的好办法。针对西藏贫困人口现状，西藏要求扶贫专项资金的 70% 用于产业扶持，通过到户的方式把产业发展和贫困群众紧密联系起来。"合作社+能人+贫困户""党支部+能人+贫困户"等扶贫模式发展迅速。例如，2013 年建立的西藏山南市扎囊县强巴林村氆氇加工坊，这是一个以"村委会+专业合作+贫困户"的形式经营管理的扶贫开发项目，总投资 90 万元。2014 年全村 28 家贫困户共获得 13 万元分红，户均实现增收 4 600 元以上，同时解决当地劳动力 30 人就业。西藏集合种植业、养殖业、农畜产品加工业、民族手工业、旅游业为一体，开创产业扶贫的良好局面。

（二）行业扶贫

行业扶贫主要是指行业部门履行行业管理职能，支持贫困地区和贫困人口发展的政策和项目，承担着改善贫困地区发展环境、提高贫困人口发展能力的任务。行业扶贫包括明确部门职责、发展特色产业、开展科技扶贫、完善基础设施、发展教育文化事业、改善公共卫生和人口服务管理、完善社会保障制度、重视能源和生态环境建设等。

1. 科技扶贫

围绕贫困地区特色优势产业，采用科技承包、典型示范等方式，推广各类先进实用技术，提高种植业养殖业生产效率。以农村青壮年劳动力为重点对象，大规模培养种养业能手、致富带头人、农牧民技术员等。西藏地区开展教育支撑脱贫工作，推进科技特派员农牧区创业行动的实施，鼓励科技人员以定点、巡回、技术承包等形式带项目进村入户，加强贫困群众科学技术培训和科技扶贫示范村、示范户建设。西藏计划到 2020 年，建设 331 个乡镇农牧业技术综合服务中心、10 个农牧业科技成果转化示范基地，每个贫困村培育 1 个以上农业科技示范户。

2. 交通扶贫

积极推进乡（镇）和行政村通沥青（水泥）路建设，满足贫困群众的基本出行需求。加强农村公路危桥改造和安保工程建设，改善农村公路网络状况，提高农村公路安全水平和整体服务能力。推进乡镇客运站建设，加强口岸公路建设。例如，西藏自治区交通厅统筹厅综合规划处、建设管理处、农村公路处、财务处各部门对国家级贫困县昌都市察雅县开展交通扶贫，提出"小康路上绝不让任何一个贫困地区因农村公路而掉队的目标"。察雅是西藏 45 个贫困县之一，贫困人口占全县总人口的 42%，13 个乡镇中还有 7 个乡镇未实现通畅，138 个建制村仅 9 个实现通畅，78 座寺庙只有 1 座通畅，222 个自然村不通公路。

3. 水利扶贫

着力解决贫困地区农村人畜饮水困难问题，积极推进农村饮水安全工程建设。在有条件的地区，实施跨区域水资源调配工程，解决贫困地区干旱缺水问题，加强水源保护以及水污染防治。例如，"十二五"以来，林芝市共改造贫困乡村中低产田 5.49 万亩，建设人畜饮水和灌渠工程 241 千米，新修桥梁 28 座，改善灌溉面积 12.28 万亩，新增灌溉面积 4.34 万亩，显著改善当地农民生产条件。山南市曲松县"十二五"新建水渠 30 多千米、新建水塘 6 座，粮食单产平均提高 50 千克以上，使 1 073 户群众受益。

（三）社会扶贫

社会扶贫主要是指社会各界参与扶贫开发事业，从不同角度扩大扶贫资源，提高扶贫工作水平。社会扶贫包括定点扶贫、对口援藏、推进东西部扶贫协作、动员企业和社会各界参与扶贫等。下面主要介绍定点扶贫和对口援藏。

1. 定点扶贫

自实施国家"八七"扶贫攻坚计划以来，区党委、政府高度重视社会扶贫工作，积极组织党政机关、中直机关、企事业单位开展定点扶贫，特别是 2011 年以来，自治区党委、政府在全区开展了强基础惠民生活动，全区 5 464 个村都有驻村工作队，7 万多名优秀干部深入农牧区对贫困群众开展帮扶工作；充分发挥对口援藏优势，大力开展援藏扶贫，80%的援藏资金向农牧区倾斜，有的地区还专门安排援藏资金用于扶贫开发；制定出台了一系列特殊优惠政策，组织动员各类企业、社会团体、社会组织和广大公众积极参与扶贫开发；鼓励驻藏解放军和武警部队积极开展拥军爱民活动，实现军地优势互补，彰显军队扶贫帮困特色。

"十二五"期间，自治区组织安排了各个区（中）直单位对口帮扶重点贫困乡，各地（市）、县也相应安排了定点扶贫工作队帮扶当地的重点贫困乡（镇），从而实现了全区重点乡（镇）的全覆盖。据统计，前三年全区社会扶贫各类投资达 40 亿元，支持建设项目 5 583 个，使 50 多万群众直接受益。

2. 对口援藏

1980 年、1984 年两次西藏工作座谈会后，1994 年中央召开的第三次西藏工作座谈会，明确了新时期西藏工作的指导方针，制定了加快西藏发展、维护社会稳定的一系列政策和措施，作出了中央各部门和 15 个省市"对口援藏、分片负责、定期轮换"的重大决策，并动员各省区市和中央、国家机关援助西藏建设了62 个项目，开创了全国支援西藏的新局面。2001 年，党中央又适时召开了第四次西藏工作座谈会，决定进一步加大对西藏发展的扶持力度，在"十五"计划期间由中央政府投资 312 亿元，建设 117 个项目，中央还对西藏实行特殊的扶持政策。对口支援也进一步加强，确定各省市对口支援建设项目70 个、总投资约 10.6 亿元。这为西藏各项事业的发展带来了更大的生机。2010 年 1 月，中央召开了第五次西藏工作座谈会，对推进西藏跨越式发展和长治久安作出了全面部署，为做好西藏工作进一步指明了方向。

中央第三次西藏工作座谈会作出"对口援藏、分片负责、定期轮换"的重大决策后，各援藏中央、国家机关，企业和省区市，从西藏经济社会发展实际需要出发，采取多种形式，积极参与西藏建设，不断深化和发展援藏内涵。援藏项目广泛涉及农、林、牧、水、电、交通、能源、文化教育、医疗卫生、广播电视、城镇建设、基层政权建设、农房改造、人才培养等诸多领域。同时，随着援藏工作实践经验的积累和西藏工作发展新要求，援藏工作逐步增加了人才、技术的援助规模，进一步向基层倾斜，促进援藏工作向纵深发展，形成了全方位、多层次、宽领域的援藏格局。

第二节 西藏扶贫开发战略实施的关键影响因素 及应对

西藏地区具有显著特殊性，本章旨在分析西藏农牧民致贫客观、主观原因及扶贫开发工作宏观、微观制约因素，积极探索地区经济发展特征、民族特征、宗教信仰特征、文化教育等因素对扶贫开发战略实施的影响作用，并提出有效的应对措施。

一、西藏农牧民致贫原因分析

通过对西藏地区宏观贫困数据的分析可以看出，西藏的贫困状况在近年的发展中有所改观，但是从微观村庄层面、农户层面来看，西藏的贫困状况依然值得关注，贫困农户处于多方面的贫困之中。针对这一现象，我们不禁要问，西藏地区贫困的原因有何独特之处？

本节的分析思路是：从地区客观致贫原因和农户主观致贫原因出发，其中地区客观致贫原因主要从区域特征因素、社区特征因素、农户和个人特征因素等三个层面出发，农户主观致贫原因主要采用实地调查的农户自我评价。

具体地，西藏地区客观致贫原因主要有三个层次：①区域特征因素，主要从地理条件、气候条件等方面进行分析；②社区特征因素，主要从村庄的基础设施、公共服务、社会联系等方面进行分析；③农户和个人特征因素，主要从农户和个人的人口特征、经济特征和社会文化特征等方面进行分析。

（一）西藏地区的客观致贫原因

1. 区域特征因素

西藏土地面积约 120.2 平方千米，地处中国最大、世界海拔最高，有着"世界屋脊"之称的青藏高原，平均海拔 4 000 米以上，是青藏高原的主体部分。这里地形复杂，气温偏低，日温差大，气候类型复杂，温度垂直变化大，年降水量自东南低地的 5 000 毫米，逐渐向西北递减到 50 毫米。

与我国其他地区相比，西藏地区的自然环境恶劣，而且生态极其脆弱，对农牧业生产和基础设施极为不利，西藏超过 86% 的地区位于海拔 4 500 米以上的地区，在如此高海拔地区，"高"和"寒"是其主要自然特征，尤其是在贫困发生率高的西北部，高寒荒漠遍布，可以利用和可供开发的耕地草场十分有限，宜农耕地只有 680 万亩左右，只占全区土地面积的 0.42%，全区平均垦殖系数和复种指数分别只有 0.2% 和 100.2%，生态环境恶劣的土地面积占总面积的 30.7%。土地面积广，但是可供开发利用的土地很少，给西藏农牧区脱贫致富带来了极其不利的影响。除了土地资源结构性缺乏外，西藏自然灾害频发也给西藏农牧区生产带来了极其严重的危害。

2. 社区特征因素

（1）基础设施落后。

完善基础设施和公共服务，是我国扶贫政策和措施中的重要内容。由前文可知，西藏地区的基础设施状况得到了极大的改善，但是与全国相比，仍然处于较低水平（表 15.4）。

表 15.4　2015 年西藏农村基础设施状况

地区	通电的自然村	通电话的自然村	通宽带的自然村	主干道路面硬化的自然村	通客运班车的自然村
西藏	92.1%	89.5%	8.5%	57.7%	29.1%
全国	99.7%	97.6%	56.3%	73.0%	47.8%

资料来源：《中国农村贫困监测报告 2015》

基础设施的不足，影响了村庄的对外联系，也限制了村民的活动范围，更主要的是，对于进行必要的社会活动，村民需要花费非常大的成本才能完成。

（2）教育、医疗服务不足。

由 2015 年国家统计局贫困监测数据可知，西藏教育、医疗卫生发展仍然滞后。西藏地区行政村拥有卫生站（室）、合法医师或卫生员、幼儿园或学前班、小学的比例分别为 64.6%、68.8%、30.0%、21.0%，远低于全国平均水平（表 15.5）。这严重制约了西藏地区的贫困学生接受义务教育，影响了贫困人口接受医疗服务。由上述数据可以发现，西藏地区行政村拥有小学的比例远远低于前三个指标，这主要是受农村"撤点并校"政策的影响。本来西藏贫困地区的教育发展，同汉族地区相比就存在语言交流、文化沟通等方面的劣势，加上撤点并校没有考虑到西藏贫困村交通路途远、交通不便等因素，使小学生很难完成义务教育。

表 15.5　2015 年西藏农村教育、医疗情况

地区	有卫生站（室）的行政村	有合法医师或卫生员的行政村	有幼儿园或学前班的行政村	有小学的行政村
西藏	64.6%	68.8%	30.0%	21.0%
全国	94.1%	90.9%	54.7%	61.4%

资料来源：《中国农村贫困监测报告 2015》

教育、医疗服务不足，影响了西藏贫困地区人力资本的积累，不仅造成了西

藏贫困地区的贫困现状，还深深地影响了西藏未来的发展，成为西藏减贫的障碍和不得不面对的约束条件。

（3）远离市场、金融等公共服务。

由前文西藏人口的城乡区域分布可知，发展水平不足的城镇承担着辐射广大乡村的责任，这本身就限制了农户获取市场、金融等公共服务。此外，西藏地区地理条件、基础设施不足等影响到了市场、金融等公共服务的提供，而这些服务的不足又影响到了交易、借贷，进而影响到西藏贫困农户的日常生产和生活。同时，西藏贫困地区的对外联系以接受外部援助为主，很少有主动的对外经济联系，这样的发展模式使贫困地区难以形成内源型的发展，并且很可能会产生依赖，丧失主动发展的动力和能力。

3. 农户和个人特征因素

（1）人口学特征。

由前文结合表15.6可知，西藏地区教育水平较为落后、劳动力的抚养系数较高、农户家庭规模较大。这些因素使在生产资料一定的条件下，人均收入不足、人均消费也会降低，从而落入收入和消费意义上的贫困（表15.6）。

表 15.6　西藏家庭户规模

家庭户规模	三人及以下户	四人户	五人户	六人户	六人及以上户
比例	47.11%	15.20%	11.34%	7.87%	18.48%

资料来源：西藏自治区第六次人口普查

（2）经济学特征。

西藏农户经济特征主要为农业生产结构单一、外出打工比例较低、生产方式具有较强的传统特征。西藏主要从事种植业和养殖业，且由于自然条件和气候条件的限制，种植业和养殖业较为单一。由于种植业产量有限，并且村庄远离市场，农户的货币收入有限，这就造成了收入方面的贫困。西藏的农业生产方式还具有较强的传统特征，需要较多投入劳动力，农户内部的性别分工、时间配置都已经利用的非常充分，加之当地的地理位置比较偏远、交通不便，影响了劳动力的外出。这使贫困农户丧失了增加货币收入的机会。

（3）社会文化特征。

西藏深受佛教思想的影响，"重来世""惜杀"等传统佛教观念与社会主义市场经济不相适应，在西藏的宗教文化中，重视精神修行，反对物质欲望，提倡公平，强调"与世无争"，在"惜杀"理念下，畜禽的生长周期很长，出栏率很低，肉制品质量下降。以羔羊为例，根据统计资料显示，西藏羔羊饲养转化率为0.5斤肉/100斤草，而通常情况下羔羊饲养转化率为2~10斤肉/100斤草，转化率很低，忽视养殖的科学性和经济效益，人民安于现状，缺乏生产积极性，不利于贫困地区的扶贫工作，制约贫困地区的经济增长。

（二）农牧民的主观贫困原因

根据西藏大学关于农牧民最基本的生存形态、生计特征的调查，统计农牧民主观贫困结果——即被调查者自认为是否属于贫困户。2001 年认为是贫困户的有 347 户，2006 年认为是贫困户的有 285 户，2016 年认为是贫困户的有 191 户。据此农牧民的主观贫困发生率从 2001 年的 51.79% 降到 2016 年的 28.5%。2016 年的主观贫困发生率略高于 3 000 元贫困标准（2011 年 2 300 元的不变价格）下的收入贫困发生率。

由图 15.1 可知，2001 年农牧民认为导致贫困的主要原因（前三项）是缺少劳动力、缺少生产投入、婚丧嫁娶和建房支出等；2006 年贫困的主要原因是缺少劳动力、婚丧嫁娶和建房支出、教育医疗支出；2016 年导致主观贫困的主要原因是教育医疗支出、缺少劳动力和缺少生产投入。可见，农牧民一直认为缺少劳动力是导致其家庭陷入贫困的主要原因。此外，2001 年导致贫困的原因中缺少劳动力特别突出，而 2016 年尽管缺少劳动力仍然是导致农牧民贫困的主要原因，但是与其他致贫原因的差距正在逐渐缩小，而且教育医疗支出的原因特别突出，表明导致贫困的原因也在逐渐变得复杂。

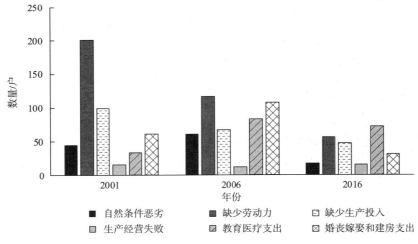

图 15.1　农牧民主观贫困原因分析

资料来源：根据西藏大学调研资料整理

二、扶贫开发战略的制约因素

影响扶贫开发的因素很多，但我们都知道要实现脱贫，要提高扶贫的效率，归根到底就是如何实现贫困者收入的提升和支出的合理，而宏观经济形势与此息息相关。因此，本节将着重从贫困者的收入与支出着手，即从影响扶贫开发的宏观因素出发，最后回到微观层面，利用微观数据来分析西藏的贫困问题。

（一）宏观层面：经济结构与扶贫开发

影响扶贫开发的宏观经济因素主要包括宏观经济增长等因素，因此，本节将重点分析宏观经济增长对西藏扶贫开发的影响。

西藏和平解放以来，特别是民主改革以来，西藏社会经济发展成绩斐然，2000~2015 年西藏地区生产总值和贫困人口情况如表 15.7 所示。

表 15.7　2000～2015 年西藏地区生产总值和贫困人口情况

年份	第一产业增加值	第二产业增加值	第三产业增加值	地区生产总值	地区生产总值增速	贫困人口
2000	36.32%	27.21%	53.93%	117.64%	2.1%	7.0%
2001	37.47%	32.18%	69.08%	138.73%	3.1%	148.0%
2002	39.69%	32.93%	88.81%	161.42%	4.4%	128.0%
2003	40.62%	47.99%	95.89%	184.50%	3.4%	107.2%
2004	43.33%	57.61%	110.60%	211.54%	4.9%	86.0%
2005	48.04%	63.52%	139.65%	251.21%	5.5%	37.3%
2006	50.90%	80.10%	160.01%	291.01%	13.3%	32.0%
2007	54.89%	98.48%	188.82%	342.19%	14.0%	27.4%
2008	60.51%	115.76%	219.64%	395.91%	10.1%	23.5%
2009	63.88%	136.63%	240.85%	441.36%	12.4%	23.0%
2010	68.72%	163.92%	274.82%	507.46%	12.3%	83.3%
2011	74.70%	209.50%	311.90%	605.80%	12.7%	71.3%
2012	80.38%	242.85%	377.80%	701.03%	11.8%	58.3%
2013	86.82%	292.92%	427.93%	807.67%	12.1%	45.7%
2014	91.57%	336.84%	492.42%	920.83%	10.8%	32.7%
2015	96.89%	376.19%	553.31%	1 026.39%	11.0%	59.0%

资料来源：《西藏统计年鉴（2000~2015）》

从表 15.7 和图 15.2 可以看出，进入 21 世纪以来，西藏经济增长速度很快，尤其是近年，在我国经济发展减缓和 GDP 进入"7"的形势下，西藏地区生产总值的增速依然能保持在 12% 左右，在强劲的经济增长势头下，西藏不同贫困标准下的贫困人口的数量一直呈下降趋势，这个趋势大致可以划分为两个阶段。

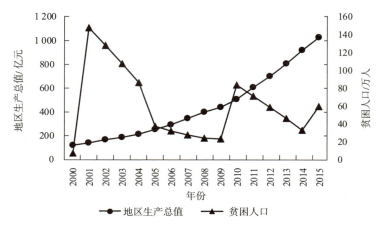

图 15.2　2000~2015 西藏地区生产总值和贫困人口变化趋势

资料来源：《西藏统计年鉴（2000~2015）》

　　第一阶段是 2001~2009 年，由于在 2001 年西藏的扶贫标准提高到 1 300 元（此前的扶贫标准为农区农牧民人均纯收入 600 元，牧区 700 元，半农半牧区 650 元），因此贫困人口从 2000 年的 7 万人增加到 2001 年的 148 万人，这个时期的西藏经济呈现出平稳、持续的增长态势，西藏贫困人口依然呈现出持续、快速的下降速度，从 2001 年的 148 万人下降到 2009 年的 23 万人，减少了 125 万人，降幅达到 84.46%。

　　第二阶段是 2010~2014 年，此时的扶贫标准是 2 300 元，2010 年的贫困人口比 2009 年的增加了 60.3 万人，达到 83.3 万人，这段时期由于中央政府高度重视西藏发展问题，西藏自治区党委带领全区各族人民，积极贯彻落实中央第五次西藏座谈会精神，大力发展西藏经济，因此西藏经济呈现出平稳高速发展的态势，2010 年全区生产总值达 507.46 亿元，增速达到 12.3%，到 2014 年全区生产总值更是达到 920.83 亿元，经济的高速发展也加速了西藏贫困人口的减少，西藏的贫困人口由 2010 年 83.3 万人下降到 2014 年的 32.7 万人，累计下降 50.6 万人，降幅达到 60.74%。

　　2015 年，西藏全区生产总值突破千亿，达到 1 026.39 亿元，增速达到 11%，原有标准下，贫困人口减到 24.7 万人。随着扶贫开发进入新时期，在国家现行标准下，2015 年西藏贫困人口为 59 万人。

　　由图 15.2 和图 15.3 可见：①2001~2009 年，由于 2001 年将扶贫标准提高到 1 300 元，贫困发生率从 2.69% 提高到 56.16%。但是，在西藏经济平缓、持续的增长下，贫困发生率也在一直下降，由 2001 年的 56.16% 下降到 2009 年的 7.77%，降幅达到 86.16%。②2010~2014 年，全区扶贫标准提高至 2 300 元，把更大范围的人口纳入扶贫对象，相应的贫困发生率也发生变化，由 2009 年的

7.77%提高到 27.75%，提高了 19.98%，但受到西藏这三年地区生产总值的平稳高速发展的影响，西藏贫困发生率仍然呈下降趋势，从 2010 年 27.75%下降到10.30%，降幅是 62.88%。即便是在现行国家标准之下，2015 年西藏的贫困发生率也下降到了 18.21%。

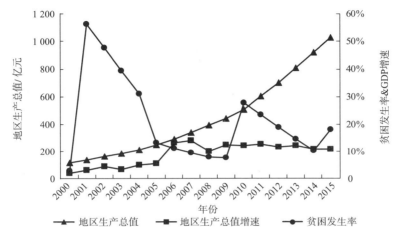

图 15.3　2000～2015 西藏地区生产总值和贫困发生率变化趋势

资料来源：《西藏统计年鉴（2000~2015）》

经济增长意味着更多的就业机会，在经济高速发展过程中，可以提供更多的就业岗位，提高职工工资待遇。从表15.8可以看出，在西藏经济高速发展的近几年，不管乡村就业人员还是城镇就业人员，都处于稳步增长趋势，经济增长为贫困人口提供了更多的就业选择，有利于贫困人员工资水平的提高，带动贫困地区发展。

表 15.8　2000～2014 西藏就业与地区生产总值增速的变动情况

年份	从业人员总数/人	职工年平均工资/元	地区生产总值增速
2000	124.18	14 976	2.1%
2001	126.33	19 144	3.1%
2002	130.20	24 766	4.4%
2003	132.81	26 931	3.4%
2004	137.32	29 292	4.9%
2005	143.60	28 950	5.5%
2006	148.20	31 518	13.3%
2007	158.15	46 098	14.0%
2008	163.50	47 280	10.1%
2009	169.07	48 750	12.4%

年份	从业人员总数/人	职工年平均工资/元	地区生产总值增速
2010	173.39	54 397	12.3%
2011	185.55	55 845	12.7%
2012	202.06	58 347	11.8%
2013	205.54	64 409	12.1%
2014	213.68	68 059	10.8%

资料来源：《西藏统计年鉴（2000~2014 年）》

综上所述，持续的经济增长为西藏的减贫事业带来了巨大贡献，但由于经济增长的减贫效果符合倒"U"形理论，已出现边际效益递减趋势，这说明不能把经济增长作为西藏反贫困的唯一手段，还应从其他方面进行分析，比如收入分配、消费结构等。

（二）微观层面：贫困结构与扶贫开发

农牧民的收入水平与贫困状况紧密联系，由于西藏农牧民收入平均水平较低，因此农牧民处于普遍的贫困状态。2011 年召开的中央扶贫工作会议再一次把西藏自治区全部纳入扶贫开发工作的重点区域，实行集中连片扶贫开发。农牧民的贫困问题既有恶劣的自然生态环境的原因，也有落后的市场经济的作用，政府扶贫政策与农牧民自身的生计特征对贫困问题的变化也有重要作用。本小节利用微观调查数据，从收入、消费以及包括教育、健康、公共服务、生活设施、就业、金融在内的多个维度的贫困现状，来分析农牧民贫困的原因，在此基础上为改善农牧民收入的政策建议提供思路。

1. 农牧民的收入贫困和消费贫困

2016 年，按照 2 300 元贫困标准，样本总体收入贫困发生率 22.41%，其中山南市最高达到 31.6%，日喀则市和拉萨市收入贫困发生率分别为 18.99%和8.94%。尽管在 2011 年中央政府大幅度提高了贫困线标准，但是由于我国贫困标准长期处于较低的水平，因此此处以较高的 3 000 元为标准进行了贫困测量。按照 3 000 元的贫困标准，样本贫困发生率达到了 29.53%，山南、日喀则、拉萨地区的贫困发生率分别为 37.85%、26.87%和 16.94%。在衡量贫困深度和强度的指标上，三个地区基本上表现出同样的趋势。需要说明的是，无论是按照 2 300 元贫困标准，还是 3 000 元贫困标准，都可以说样本地区处于非常严重的收入贫困状况（表 15.9）。

表 15.9 农牧民收入贫困

地区	贫困线=2 300 元			贫困线=3 000 元		
	贫困发生率	贫困深度	贫困强度	贫困发生率	贫困深度	贫困强度
拉萨	8.94%	3.32%	2.45%	16.94%	5.53%	3.25%
山南	31.60%	18.29%	14.87%	37.85%	22.17%	17.13%
日喀则	18.99%	6.31%	2.83%	26.87%	10.27%	5.15%
总体	22.41%	11.33%	8.58%	29.53%	14.78%	10.46%

资料来源：根据西藏大学调研资料整理

从消费角度衡量贫困的理论基础是消费是比收入更能体现个体和家庭生存状态的变量，有的家庭可能收入特别低但是有其他途径的消费平滑机制，因而整体福利状态并不低，因此从消费角度衡量贫困也是需要考虑的。按照消费贫困的标准，我们会发现与收入贫困不同的贫困表现。采用 2 300 元的贫困标准，我们发现样本总体的消费贫困发生率为 10.07%，远低于收入贫困发生率。分地区来看，则发现三个地区消费贫困表现出与收入贫困完全不同的趋势，并且差距更加明显，最高的日喀则市消费贫困发生率达到了 36.56%，而最低的山南市的消费贫困发生率只有 0.52%，与收入贫困发生率最高形成了鲜明的对比。如果采用更高的 3 000 元贫困线，样本总体的消费贫困发生率达到了 17.19%，日喀则市的消费贫困发生率高达 52.58%，拉萨市消费贫困发生率为 11.06%，山南市仅为 2.74%（表 15.10）。

表 15.10 农牧民消费贫困

地区	贫困线=2 300 元			贫困线=3 000 元		
	贫困发生率	贫困深度	贫困强度	贫困发生率	贫困深度	贫困强度
拉萨	3.18%	0.46%	0.13%	11.06%	1.74%	0.50%
山南	0.52%	0.06%	0.01%	2.74%	0.41%	0.09%
日喀则	36.56%	11.93%	5.21%	52.58%	19.29%	9.55%
总体	10.07%	3.08%	1.32%	17.19%	5.39%	2.52%

资料来源：根据西藏大学调研资料整理

从收入和消费的贫困发生率对比，可以发现尽管山南市农牧民收入贫困发生率比较高，但是消费贫困发生率显著低于其他地区。这说明山南市农牧民可能收入比较低，但是并未影响其福利状况。同样需要注意的是样本总体无论是收入贫困还是消费贫困，都处于比较高的水平。

2. 农牧民的多维贫困

多维贫困把贫困的视野放在了更广阔的层面来考察，其核心观点是，人的贫困不仅仅是收入方面的贫困，也包括饮用水、道路、卫生设施等其他客观指标的贫困和对福利的主观感受的贫困。虽然多维贫困比能力和收入等贫困测量有着明显的优势，但是多维贫困的测量难度也更大一些。2007 年 5 月由森发起，在牛津大学国际发展系创立了牛津贫困与人类发展中心，中心主任 Alkire 建立了研究团队，并致力于多维贫困的测量，提出了多维贫困的识别、加总和分解方法，认为多维贫困测量能够提供更加准确的信息，便于识别人们的能力剥夺（王小林和 Alkire，2009）。

　　本小节将分析框架分为健康、教育、生活设施、公共服务、就业和金融六个维度，20 个具体指标，并对每个具体指标给出了衡量其是否处于缺失或剥夺状态的临界值，在此基础上分析判断样本多维贫困的发生情况（表 15.11）。

表 15.11　农牧民贫困维度及指标

维度	维度定义	指标	指标定义
健康	家庭中健康人口的比例低于 80%	健康人口比例	家庭中健康人口与家庭总人口之比
教育	家庭成年人的平均受教育程度低于 6 年	平均受教育程度	家庭成年人的平均受教育程度（年）
生活设施	电力、电话、电视、广播、卫生设施、饮水有两项及以上不能使用	电力	家庭能否使用电力
		电话	家庭能否使用电话
		电视	家庭是否能观看电视
		广播	家庭是否能收听广播
		卫生设施	家庭是否有厕所
		饮水	单次取水超过 1 小时、距离超过 1 千米或缺水半年以上
公共服务	在到村委会、集市、乡镇政府、县城、银行、小学、卫生室、寺庙 8 处公共机构中有超过 2 项不能在规定时间完成	村委会往返时间	2 小时及以上
		集市往返时间	4 小时及以下
		乡镇政府往返时间	4 小时及以下
		县城往返时间	6 小时及以上
		银行往返时间	4 小时及以上
		小学往返时间	2 小时及以上
		卫生室往返时间	2 小时及以上
		寺庙往返时间	2 小时及以上
就业	劳动力平均非劳动时间超过半年	劳动时间比例	劳动总时间与全劳动时间之比
金融	在生产投资、生活消费和刚性支出任何一项面临缺口且不能借到足够的资金	生产投资借贷能力	生产投资有缺口且不能完全借到
		生活消费借贷能力	生活消费有缺口且不能完全借到
		刚性支出借贷能力	刚性支出有缺口且不能完全借到

　　根据以上多维贫困的定义，首先计算了单个维度的家庭贫困发生率。从表 15.12
和图 15.4 中可以发现，样本总体教育贫困、健康贫困和金融贫困比较严重，其贫
困发生率分别为 85.97%、24.18% 和 18.36%。如果分地区看，日喀则市比拉萨市
和山南市有更严重的贫困状况，其中生活设施、公共服务和金融三个维度的差异
尤其明显。日喀则地区 47.44% 的家庭处于生活设施贫困、46.79% 的家庭处于公共
服务贫困和 31.41% 的家庭处于金融贫困。可以说在多个维度表现出更严重的贫困
问题。

表 15.12　农牧民家庭单个维度的贫困发生率

地区	健康贫困	教育贫困	生活设施贫困	公共服务贫困	就业贫困	金融贫困
拉萨	18.44%	75.98%	10.06%	0.00	5.03%	13.97%
山南	25.97%	87.16%	2.69%	0.00	23.88%	14.63%
日喀则	26.92%	94.87%	47.44%	46.79%	1.28%	31.41%
总体	24.18%	85.97%	15.07%	10.90%	13.58%	18.36%

资料来源：根据西藏大学调研资料整理

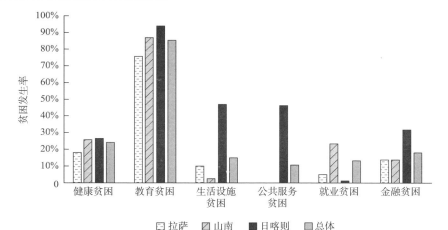

图 15.4　农牧民家庭单个维度的贫困发生率

　　需要特别说明的是就业维度，根据定义就业贫困指劳动就业人口休闲时间与
全劳动时间之比，原意衡量劳动力是否实现了充分就业，但是从另一个角度考
虑，休闲时间同样是劳动力的福利，因为专项调查没有严格设计农牧民就业的能
力、意愿的相关问题，所以应谨慎理解就业贫困。为了进一步解释就业现状，
表 15.13 和图 15.5 给出了样本地区农牧民劳动时间分配的基本状况。从表 15.13
中可以发现日喀则市农牧民用于农业劳动、畜牧业劳动的时间和本地务工时间明
显高于另外两个地区，而外出务工时间和休闲时间明显少于另外两个地区。农牧

民收入结构变化中工资收入越来越占重要的作用，而对于日喀则市而言，促进本
地劳动力从农牧业向二、三产业的发展无疑是值得考虑的政策方向。

表 15.13 农牧民劳动时间分配（单位：月）

地区	农业劳动时间	畜牧业劳动时间	本地务工时间	外出务工时间	休闲时间
拉萨	3.04	4.45	3.20	2.14	1.81
山南	2.98	4.59	1.07	2.49	3.37
日喀则	3.17	5.82	4.09	1.23	0.65
总体	3.04	4.85	2.37	2.09	2.29

资料来源：根据西藏大学调研资料整理

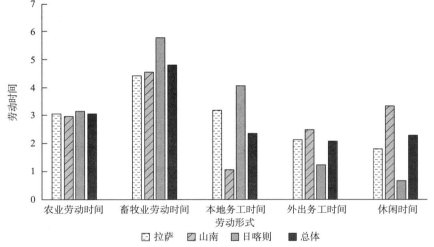

图 15.5 各地区农牧民劳动时间分配情况

与单个维度的贫困发生率不同，多维贫困的强度指样本中处于 1 个、2 个乃
至 6 个维度贫困的比例。分析样本地区的多维贫困的发生强度，研究发现样本总
体没有处于任何一个维度贫困的比例是 7.46%，有 43.73%处于 1 个维度的贫困，
30.60%的农牧民处于 2 个维度的贫困，11.19%的农牧民处于 3 个维度的贫困，
5.52%的农牧民处于 4 个维度的贫困，1.49%的农牧民处于 5 个维度的贫困。日喀
则市处于更加严重的多维贫困，具体表现是样本中处于两个及以上维度贫困的比
例更高，尤其是 3 个维度和 4 个维度的比例明显高于其他两个地区（表 15.14 和
图 15.6）。

表 15.14 农牧民多维贫困强度

贫困维度数量	0	1	2	3	4	5
拉萨	15.08%	50.84%	30.17%	3.35%	0.56%	0.00
日喀则	0.64%	30.13%	19.23%	26.28%	17.31%	6.41%

贫困维度数量	0	1	2	3	4	5
山南	6.57%	46.27%	36.12%	8.36%	2.69%	0.00
总体	7.46%	43.73%	30.60%	11.19%	5.52%	1.49%

资料来源：根据西藏大学调研资料整理

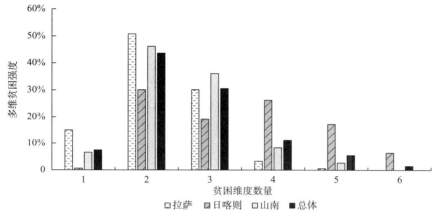

图 15.6　农牧民多维贫困强度

第三节　西藏扶贫开发战略的实施机制

一、目前西藏扶贫开发运行监督机制存在的问题

（一）贫困人口识别的标准单一、技术实现困难

当前精准识别主要根据收入水平制定贫困线识别贫困户。以收入水平识别贫困程度具有直观、可比等优势，但在识别贫困户时具有一定的局限性，存在一定的难选、漏选问题。究其原因，一是受西藏地区资产信息平台不完善、家庭微观统计体系不健全等方面的影响，难以及时、准确获得每家每户的真实收入情况；二是以收入标准识别贫困户在实际操作过程中难度较大，收入只能反映地区发展和贫困水平的一个方面，不能充分反映收入之外其他维度的贫困状况，如本书中的因学、因病、因婚导致的消费贫困。正因为个体真实收入的难测度性和指标的单一性，在贫困户精准识别时，西藏部分地区创新性地提出和实践了"一看房，二看粮，三看劳动力强不强，四看家中有没有读书郎"等更具比较性和操作性的

办法。在实际识别贫困户过程中普遍采用群众投票评选方式。与收入水平方式相比，这种方式具有一定的公平性、可操作性，但现有的贫困户识别办法主观性较强，可能造成区域不公平问题。村民代表开会评选，主观性较强，且在利益、权势驱使下容易受人操控。由于上级层层下达的贫困户指标有限，贫困面广、程度高的地方在评选时有一定难度，难以反映不同区域贫困人口的客观差异状态，同时，因贫困户指标分解造成区域不公平问题的出现。从农户实地调研情况来看，15%左右的受访农户认为建档立卡工作中漏掉了部分真正需要帮助的贫困户。

（二）扶贫开发的动态管理与考核机制不健全

贫困人口退出机制和再入机制不健全。贫困人口的退出与贫困人口的认定程序大致相似，主要采用自上而下和自下而上相结合的指标分解方法。通常依据扶贫资金投入的重点、现有的经济基础，将脱贫指标下达分解到各乡镇及重点村。一些群众担心这种退出机制会出现少数"被脱贫""假脱贫"现象。而"脱贫"人口的自我发展能力和承担风险的能力依然很弱，因灾返贫、因病返贫的机率较高。同时，贫困户退出机制需要贫困户签字，但一般贫困户因考虑享受不到扶贫政策而不愿签字。贫困人口认定"只出不进"，缺乏对脱贫人口的动态跟踪、精准管理。部分地区返贫率高，没有返贫人口再入机制，群众担心返贫人口能否再次被及时纳入扶贫对象。2010年西藏的贫困人口比2009年的增加了60.3万，2015年西藏贫困人口比2014年增加34万。这些返贫现象体现的是扶贫开发工作的艰巨性与反复性，而这些返贫人口能否再次得到扶贫救助也并没有明确依据，进一步明确动态管理和考核制度是西藏扶贫运行开发的重要保障。

（三）精准扶贫政策存在多部门协调难、扶贫资源配置低效问题

近年来，我国初步形成了专项扶贫、行业扶贫和社会扶贫"三位一体"的精准扶贫治理体系框架，但在具体实施过程中仍存在着部门协调难度大、扶贫资源配置低效的问题。首先，省级扶贫单位负责专项扶贫，但实际上其掌握的扶贫资金和资源相对较少，统筹协调各个地方单位的综合措施有限。其次，行业扶贫各自形成了相对独立的施策方案，根据各自部门的职责及其所能支配的扶贫资源，重点投向联系片区或扶贫联系点，缺少对整个行业扶贫资源的统筹考虑，造成有的地区扶贫资源过度集中，而有的地区扶贫资源相对匮乏，况且单一行业的扶贫资源很难有效解决贫困地区综合性发展问题，造成扶贫资源低效利用。最后，社会扶贫相对松散，与行业扶贫、专项扶贫的配合不够，难以形成精准扶贫的社会合力。

二、完善运行与监督机制的措施

（一）健全管理机制

建立精细化管理机制，对资金项目实行全过程监管。一是要推行按因素分析法分配资金，使扶贫资金的分配更加公平合理，尽量减少人为因素的制约。要严格按照扶贫资金管理办法，对扶贫资金专户专人管理，提高使用效益。财政部门要实行财政扶贫资金全程动态管理机制，推行"财政扶贫资金监管信息系统"，完善资金项目的报账制度、公示制度和招投标制度。二是要简化政府传递主体和传递层次，建立一个有效的传递通道，积极探索非政府组织承担部分扶贫资源传递的方式。解决扶贫部门的权责统一问题，加强部门间的协调和明确部门间的分工，增强扶贫开发组织领导的协调管理功能，落实扶贫目标量化管理责任制，适当下放审批权限。三是要整合各部门扶贫资金，合并有关扶贫专项，从程序和用途上统一资金分配，由财政牵头将各部门资金集中下达，但是要防止扶贫资金"被整合"出扶贫用途。四是要建立健全系统内部管理制度，重点建立考评制度、调研制度、岗位责任制度、目标考核制度、资金程序化管理制度等，明确相应违法责任，以法律责任的形式避免扶贫资金的被侵占或被挪用。

（二）完善监督机制

对扶贫开发重点县要制定专门的科学量化考核奖惩办法和跟踪问效制度，需要相关职能部门明察暗访，不能够仅满足于在会议上听听脱贫情况，杜绝任何形式主义或短期行为。因此，要建立一个自上而下、高效独立的贫困监督体系，由政府、其他投资主体和被扶单位、行业专家等组成的"扶贫资金监管委员会"。加强人大、审计、纪检监察部门的监督作用。加强思想教育工作，管好项目、管好资金、管好人。

（三）完善反贫困治理结构

政府集权、科层化低效率、路径依赖等组织特征被嵌入扶贫的治理结构中，带来了扶贫机制的缺陷。迫切需要完善反贫困治理结构，实现政府机制、社会机制和市场机制的有机结合。一是要划清政府与市场在反贫困过程中的作用边界，建立"服务型政府"；二是实行目标管理，各司其责，分工协作；三是建立群众参与机制，建立和培养相应主体适应市场经济的能力以及自我管理自我发展的能力；四是应鼓励和培养专业化的扶贫项目操作者，改善和创造有利的法律环境，根据其业绩和信誉进行赋权、资助和监管，赋予其更大的独立性和自治性。

（四）完善公共产品供给制度和公共财政制度的建设

在明确西藏各级扶贫单位权利和责任的基础上，改革政府财政收入分配体制。西藏各级政府在税收增加的同时，加大对扶贫开发地区的政府转移支付，大幅度增强贫困地区地方政府的财政能力，使公共财政和社会保障制度充分体现社会公平和城乡公平。同时，财政体制改革必须与行政体制改革同步进行。改变将多数财政扶贫资金投向生产领域和基础设施的做法，将扶贫资金部分投向公共产品的供给。同样重要的是，明确扶贫工作职责和目标任务，做到责权利相统一，提高反贫困战略的针对性和有效性，使弱势群体得到"阳光雨露的滋润"。

（五）加快推进精准扶贫各项配套政策和制度创新

加快推进西藏地区各项土地制度、金融制度和社会保障等相关制度改革，优先在贫困地区典型县域开展政策试验和制度改革试点，激发贫困地区要素资源市场，释放发展活力。首先，加快推进土地管理制度改革，结合贫困地区土地利用特点及问题，建立跨区域的农牧用地占补平衡制度，增加农民资产性收入，减少扶贫项目土地使用限制。对扶贫过程中的异地搬迁、光伏扶贫、危旧房改造等需要占用土地、占补平衡的建设项目，应在用地指标供给、规划调整、行政审批等方面予以特殊倾斜，确保扶贫建设项目如期保质完成。其次，创新银行机制，建立精准扶贫专项基金制度。加大对贫困地区扶贫企业、农户的金融扶持力度，破解扶贫企业资金短缺、贷款困难的主要困境，取消公益性项目的基层资金配套政策。不断创新扶贫小额信贷金融扶持政策和实施模式，丰富金融信贷产品，建立完善的农户授信机制，让真正需要资金的贫困户直接获得无担保、无利息的贷款，做到金融扶持资金到户到人。最后，需要进一步创建和完善贫困地区社会保障、社会救助、商业保险体系。不断增加扶贫保险种类，多样化投保档次，由贫困地区政府出资补助为特困人口购买新型农村医疗、养老保险。适应扶贫攻坚克难的新形势、新要求，加快完善社会救助体系，及时为突发重大伤病、重大灾害或其他大变故家庭提供救助。完善农牧民房屋、农业、畜牧等财产险和政策性保险，减轻或避免重大自然灾害对受灾人口的经济冲击。全力开展扶贫监测，建立动态信息统计数据库。全面掌握农户家庭基本情况、收支变化、从业情况等信息，及时监测扶贫进程效果。实施需求摸底，筛选辖内符合条件低收入农户，做好针对性需求调查，依托农户信用体系，充分听取村级组织意见，对农户偿贷能力和风险准确评估，掌握需求户数和额度，为发放贷款做好充足准备。

第四节　西藏扶贫开发战略选择

一、西藏扶贫开发的模式选择

（一）发展中的西藏扶贫开发模式

1. 西藏扶贫开发模式的转变过程

"十二五"期间，西藏逐步建立完善政策扶贫、专项扶贫、行业扶贫、社会扶贫、援藏扶贫、产业扶贫等扶贫模式，累计投入扶贫资金 91.9 亿元，比"十一五"增长 2.5 倍。在扶贫模式和资金投入的有力保障下，西藏 58 万人越过贫困线实现稳定脱贫。

为打赢脱贫攻坚战，与全国同步实现小康，西藏自治区党委、政府提出，"十三五"期间，在我国现行标准下，确保 59 万贫困人口全部脱贫，即实现农村贫困人口全部脱贫，贫困县全部摘帽，区域性整体贫困全面解决，贫困发生率降至 5% 以下，贫困人口可支配收入年均增长 16% 以上。西藏是全国唯一的省级集中连片贫困地，因地、因病致贫是贫困的主要原因。未来 5 年，西藏地区的贫困群众要实现拔穷根、摘穷帽，过上富裕生活的目标需要选择正确的扶贫发展模式。

2. 现阶段西藏扶贫开发模式的新要求

（1）规范化精准扶贫。

为适应西藏地区贫困治理形势的变化，精准扶贫政策实现了扶贫对象瞄准化、帮扶措施具体化、管理过程规范化、考核目标去 GDP 化，成了新时期我国扶贫开发政策的重大战略转型。长期的扶贫开发使西藏地区具有相对完整且系统的扶贫治理体系，精准扶贫政策能够将这一点充分发挥，将贫困家庭和贫困人口精准识别，最终使扶贫政策和措施到户到人。

（2）反贫困理论。

基于阿马蒂亚·森的权利贫困理论，强调以"机会均等"和"公平共享"为核心反贫困理念，要求减少与消除权利和机会的不均等，提高贫困人口的参与经济社会发展的能力来治理贫困。反贫困理论强调采取教育培训、产业发展、制度创新等措施赋予贫困地区和贫困人口个体更多的发展机会和更好的发展能力，让贫困人口共享经济增长成果，实现脱贫致富。

参与合作，是当前反贫困实践的先进经验，它源于参与式发展理念，强调贫困人口在扶贫开发过程的参与及合作，贫困治理不仅仅是政府的责任，更需要广大贫困人口的主动积极参与以及全社会的广泛合作。因此，调动贫困人口参与反贫困的扶贫开发过程，让贫困人口真正参与扶贫的产业项目，直接获得金融信贷，是反贫困的重大意义所在。反贫困理论还强调政府、社会、企业等不同扶贫主体直接与贫困户、贫困人口对话合作。

西藏地区的扶贫开发工作的成效直接关系到全国在 2020 年全面建成小康社会宏伟目标的实现，如期实现现有贫困人口全面脱贫的目标，亟须针对当前西藏农牧民普遍面临的劳动人口缺乏、生产资料缺乏、教育医疗资源缺乏、公共基础设施缺乏、社会金融服务缺乏等贫困化面临的突出问题，以及收入贫困、消费贫困等多个维度的贫困，转变西藏的扶贫开发方式和创新精准扶贫机制，在贫困村、贫困县区域精准的基础上，科学推进精准扶贫综合战略，助推扶贫开发规划决策更加科学合理。其核心在于，推进形成适用于西藏地区的精准扶贫的科学认知，探究攻坚克难的科学途径，研制支撑全面脱贫的科学决策，在精准扶贫实践中不断探索和完善科学的战略体系、政策体系、管理体系和制度体系。

（二）创新和完善扶贫开发模式

1. 深化扶贫领域前沿理论研究和实践探究

围绕西藏地区农牧民贫困化基本特征、区域态势、发展形势，创新立足微观实证研究、服务宏观决策的精准扶贫科学认知与决策方法体系。加强经济新常态下西藏发展和扶贫开发面临的新难题、新问题的动态监评与研判推进。利用现有和以前的统计数据研究深入扶贫开发的有效方式，并结合国内外扶贫领域的最新研究进展，及时调整扶贫政策，紧跟时代步伐，做到科学扶贫，有理可依，理论与实践相结合。

2. 强化扶贫制度的管理创新和平台创建

按照尊重事实、讲求实效、扎实推进、实现目标的逻辑路径，全方位推进西藏地区集中连片贫困地区素质性扶贫、发展中减贫、内生性脱贫的参与式、多途径、差异化管理模式。依靠现有的扶贫制度，不断推进制度创新，促进管理与政策的系统化、精准化、法制化，规避漏贫、返贫、被脱贫等突出问题。同时，重视扶贫开发信息平台的构建，发展针对西藏不同贫困区的平台共建机制，将不同贫困区的扶贫开发模式信息共享，充分利用平台的信息资源，及时学习和跟进新的扶贫模式和经验，并吸取其他地区返贫发生的经验教训，避免在扶贫开发过程中重蹈覆辙，规避潜在风险。利用平台的力量实现西藏各地区的协调统一发展，不因任何一个贫困区掉队而输掉扶贫开发的整盘棋。

3. 重视不同类型区扶贫开发中涌现的新模式总结

充分发挥专家学者、专业企业、社会团体的智力优势，系统开展典型贫困区精准扶贫与区域发展协同耦合研究和示范，深入研究土地、水资源、能源、矿产生态保护等相关产权、政策创新及其减贫作用。探究具有西藏地方特色、兼具时代特点的重点扶贫区域政策和保障体系。建立健全西藏农牧地区精准脱贫成功模式、组织方式、科技范式的交流观摩机制、总结推广机制、成效奖励机制。

4. 创建精准扶贫考核多目标体系和动态评估机制

扶贫开发是一项复杂的系统工程，旨在激发不同行为主体能动性与创造性，急需加快研制精准扶贫多层级考核评估体系，推进实施省市县精准扶贫成效考核办法。将实施精准扶贫第三方评估系统化、常态化、制度化，并贯穿于扶贫开发前期规划评审、中间过程评价、后期绩效评估的全过程，强化实施精准扶贫、精准脱贫的多主体、多层次与多目标性，创新精准扶贫第三方评估理论与方法体系。基于历史范围内，西藏地区贫困化时空演进的自然、经济与社会规律性，重点推进贫困人口识别精确度、贫困人口退出认同度、精准帮扶群众满意度、扶贫政策落实精准度、贫困农户综合参与度、精准脱贫措施有效度的"六度"评估，引导营造实施精准扶贫、精准脱贫的良性协同机制和良好社会环境。

5. 统筹规划、长远谋划脱贫与可持续发展战略

西藏扶贫开发工作要始终服务于国家面向全面建成小康社会和城乡发展一体化战略，既要立足当前脱贫任务，锁定目标、认定方向，全面打赢扶贫攻坚战，又要着眼长期发展、系统规划。在全国进入经济发展新时期的历史节点，努力探索新的扶贫模式，使之适用于发展转型的需要，使之与新时代的扶贫开发需要相融合。西藏各级政府应统筹谋划全部脱贫的时间规划，以及脱贫后各地区转型发展的长远战略，切实为中国的全面减贫大局与可持续发展的战略目标做出贡献。

（三）西藏扶贫开发的实施方案

1. 转变体制机制适应贫困人口基本诉求

随着国家长期以来对西藏地区的扶贫开发投入，西藏贫困人口极大解决了温饱问题，开始有部分扶贫开发绩效显著地区从温饱阶段逐渐转向发展致富。改"输血"为"造血"是目前西藏部分贫困区扶贫开发新阶段的需求，扶贫的理念

和方式也因此被迫要求发生转变。随着西藏地区近年来经济的发展和社会重视程度的加深，由"输血"式扶贫如何转变为"造血"式扶贫新要求的背后，是对体制机制的创新的要求，资金已经不是最主要的问题，更重要的是创新精准帮扶机制，确保扶真贫、真扶贫。此外，需要完善产业保障民生实施的机制；完善贫困识别体系和贫困人口信息管理系统，根据不同情况有针对性地实施救助式扶贫、搬迁式扶贫和开发式扶贫。例如，拉萨市周边的县（区）目前发展了很多特色农产品种植产业公司，拉萨市通过采取与这些公司的合作，把财政扶贫资金作为贫困群众的股份投入公司并签订分红协议，极大提高了公司工作人员的福利。此外，拉萨地区将实施的玛卡种植、灵芝种植、奶牛养殖、净菜加工厂建设项目等均列入入股项目，促进了当地居民的收入水平，帮助很多贫困居民脱离了贫困。

2. 建立扶贫开发档案卡

扶贫开发建档立卡工作是西藏地区与全国统一实践的一项基础性任务。在新制定的《西藏自治区贯彻〈关于创新机制扎实推进农村扶贫开发工作的意见〉的实施意见》中，把精准扶贫工作机制纳入体制机制改革的重点任务中。其中，把建档立卡工作作为一项基础性、重要性的工作。每个贫困家庭的基本情况、致贫原因、帮扶需求及规划、帮扶措施、帮扶成效、帮扶责任人等均详列在档案卡中。此外，《贫困户登记表》则会详细记录贫困户的真实情况。在对西藏地区贫困人口兜底性识别普查工作的基础上，按照"对象瞄准到户，情况掌握到户，项目扶持到户，措施落实到户，效益体现到户"的总体要求，进一步丰富和完善贫困农户建档立卡工作，做到户有卡、村有册、乡（镇）有簿、县区有档、市有贫困人口信息动态管理平台，层层联动。为推进精准化扶贫工作，2015 年拉萨市扶贫办把建档立卡作为扶贫工作的"一号工程"，坚持以"县为单位、规模控制、分级负责、精准识别、动态管理"的原则，以"四清""六有"为目标，建立了户有账、村有册、乡有簿、县有电子档案的贫困人口建档立卡信息体系。

3. 产业规划与行政规划相统一

产业是"造血"式扶贫的根本，在西藏目前对于"造血"式扶贫的新要求下，抓住了产业就抓住了扶贫开发的重中之重。西藏地区的扶贫开发应结合当地特点和特色产业，重点将种植业、养殖业、农畜产品加工业、民族手工业、旅游业五大产业作为产业扶贫重点。据统计，"十二五"期间认定自治区级扶贫龙头企业、农牧民合作社 25 家，培育龙头企业和农牧民专合组 32 家，一大批产业基地兴起，是扶贫开发阶段性胜利的重要标志，然而，做到产业规划与行业规划相统一，使建设内容与行业项目相衔接，搭建起产业扶贫的平台，是"造血"式扶贫能够持续造血的关键。目前，西藏新建高标准农田 39 万亩，推广农牧业新品种种植 170 万亩，新建人工牧草基地 15 万亩，积极开展标准化规模养殖示范创建活动，天然饮用水销售达到 100 万吨以上，全年接待游客突破 2 300 万人次、增长 15%，旅游总收入达到 330 亿元、增长 17%。藏青工业园区产值增长 1 倍以上。特色产业的发展极大加速了西藏的扶贫开发，使整体脱贫成效显著提升。

4. 继续加强基础设施与公共服务建设

本书通过对实地调研的统计分析结果显示，基础设施落后仍是目前西藏地区致贫的主要原因之一。交通、水利、能源、通信和信息化等基础设施建设的缺乏，是目前制约扶贫开发的瓶颈，在西藏地区新一轮减贫工作中，应重点以县、乡、村整体推进为载体，以路、水、电、通信等为突破口，将行业部门所能与贫困地区所需相结合，加快基础设施向重点区域延伸、向薄弱环节倾斜，扎实推进乡村公路、林草地水利设施、乡村能源建设等工程，打通"断头路"，保障"安全水"，提供"小康电"，使贫困群众出行难、发展难、商品流通难得到有效缓解。

加大贫困地区社会事业投入力度，把公共服务作为"全域扶贫"的基本要求，完善城乡一体的公共服务体系，促进教育、文化、卫生、科技等基本公共服务向农村延伸、向贫困村覆盖倾斜，提供更加优质、更加满意、更加有力的基本公共服务保障，切实织好网、兜住底、促公正。目前，中央投资 500 亿元以上，在西藏地区实施 12 项重大公路建设项目，开工建设山南贡嘎至泽当、日喀则桑珠孜区至和平机场、昌都卡若区至加卡段高等级公路，加快建设拉林高等级公路，建成拉萨环城公路。推进拉林铁路建设，实施青藏铁路格尔木至拉萨段扩能工程。加快推进贡嘎、米林、邦达机场改扩建。同时，果多水电站全部机组建成投产，开工建设苏洼龙水电站和藏中电网、昌都电网联网工程，启动建设湘河水利枢纽工程，建成那曲镇和狮泉河镇供暖工程。就目前而言，西藏的基础设施建设已初见成效。

5. 狠抓保障改善民生

加大资金投入力度，着力办好惠及民生的实事，完善惠民政策。例如，完善重点群体就业创业的优惠政策，制定出台被征地农牧民社会保障政策，完善低保政策，对低保标准以下的全部贫困人口以家庭为单位提供补助，维持其最低生活水平。本书发现，西藏地区人口的教育水平普遍低于全国平均水平，教育资源匮乏是造成西藏教育与全国教育水平不均等的重要原因。在西藏全区范围内广泛建立幼儿园、希望小学、中学能够减少因地理条件限制造成的硬件教育资源匮乏。此外，定向培养培训各学科教师，加大力度开展全国范围内教师"组团式"援藏工作，有利于缓解西藏地区的师资力量匮乏的现状。此外，教育扶贫还应体现在对贫困学生的帮扶上，通过多途径的资金募集及下放，每一个因资金问题而无法接受教育的人能够享受受教育的权利。近年来，日喀则市通过扶贫培训工作积极探索创新职业教育与"雨露计划"培训相结合的运行机制，不断加大对农村贫困劳动力和贫困家庭子女的教育培训力度。自 2012 年至今由县扶贫办牵头，组织县直机关单位、乡（镇）、学校、社会各界爱心人士捐款，筹措援藏扶贫资金，建立扶贫专项项目资金，用于人均收入 2 300 元以下的扶贫户的高中落榜生就学、就业和技能培训等方面的扶持，使大批学生得以继续学业。

6. 重视"开发式"扶贫

"救助"式扶贫，关注的是人的生存权，而为所有具有劳动能力的扶贫对象创造条件，提供生产发展机会，提高其自我发展能力，则称为"开发"式扶贫。"开发"式扶贫更多关注的是人的发展。扶贫先扶智符合西藏扶贫开发战略的长远目标。西藏自治区各贫困区政府应始终坚持把提高贫困群众整体素质、增强贫困劳动力就业能力作为扶贫开发的重要工作，不能一味追求扶贫的快速成效而忽略了长远利益，做到以人为本的扶贫式开发。近年来，拉萨市分批对村第一书记进行了精准扶贫的培训，为进一步扶贫工作打下了基础。另外，坚持"以项目为依托、企业为平台、转移就业为主，自我创业、自我发展为辅"的扶贫培训路子，按照"扶贫项目+培训""用工单位+培训"的方式，进行了保安、扶贫度假村服务员、民族手工艺、藏餐烹饪等培训。按照"扶贫办+培训机构+就业单位"模式，实行"一条龙"就业培训服务，与企业沟通对接，建立用工合作协议，实现了部分群众长期就业的目的。

7. 创新金融制度

健全引导信贷资金投向贫困地区激励机制，扩大扶贫贴息贷款规模，吸引更多的信贷资金和社会资金参与"造血"，形成财政资金与金融资金协调配合，政策金融、商业金融分工协作，民间资金等为补充的多元化金融供给保障体系，以撬动更多资金以市场经济的方式进入扶贫事业。扶贫机制的创新给了市场主体更多机会和更大吸引力，而市场主体具有无尽的创造力，促进了各类扶贫资源和要素优化配置。这不但可以帮助农牧民将产业发展起来，而且还能提高他们在市场经济中的对话能力。目前，拉萨市建立开发资金滚动发展机制，健全信贷体系，创新金融产品，加大龙头企业、农牧民专合组织、致富带头人等支持力度，有效开展农牧区各类产权的评估、质押抵押登记、贷款等业务，将财政资金作为群众的股份投入产业化项目实施当中，实现了群众的长期增收。目前，拉萨市以净土健康产业为平台，强化与贫困地区优势资源的对接，引导各类资源要素向贫困地区流动，各类市场主体到贫困地区投资兴业，采取了群众参股入股、到户养殖、建立种植养殖基地、原材料订单购销等带动贫困群众增收的产业发展机制，让5 460 户贫困群众直接受益。

8. 深化改革开放

当前的西藏扶贫工作依然面临贫困人口基数大、贫困集中连片、局部贫困突出、贫困程度深、返贫现象普遍、相对贫困突出等困难和问题。为此，"十三五"期间西藏应继续加大扶贫开发力度，通过健全整体攻坚机制、落实精准扶贫举措、统筹推进易地扶贫搬迁、实行扶贫开发目标管理责任制等措施，打造大扶贫格局，实现贫困人口全部脱贫。

9. 坚守"三条底线"

在西藏扶贫大开发进入攻坚阶段的新时期，扶贫开发工作仍需要坚持三条底线，确保扶贫开发工作能够稳定有效开展。一是坚守和谐稳定底线，加强社会治安综合治理，深入落实维稳措施；二是坚守生态保护底线，编制生态功能区划，划定生态保护红线，出台加快推进生态文明建设意见，继续推进水生态补偿试点，完成造林绿化；三是坚守安全生产底线，着力实施公路安全生命防护工程，抓好重点领域隐患排查，严防重特大安全事故发生。

二、西藏扶贫开发的实施路径

（一）建立科学的扶贫管控系统

1. 健全精准扶贫的分级管控体系

西藏扶贫开发的宏观层面重在制定连片贫困区精准扶贫规划与配套政策基础设施先行，率先解决交通、水利、能源等重大基础设施短缺问题；市域层面，重在分类指导、分区诊断，将扶贫开发与区域规划、城乡发展相结合，促进贫困地区产业互动、区域联动；贫困县层面，则应立足发展阶段性、差异性，精准识别贫困村、贫困户，将扶贫开发与发展县域经济、新型城镇化进程相融合，实行整村推进、靶向治疗；贫困村镇层面，着力对贫困对象进行分组归类，摸清扶贫对象、致贫原因、脱贫路径，因人因地施策，因贫困原因、贫困类型、贫困程度施策，真正做到精准发力，实施精准帮扶，实现精准脱贫。

2. 建立贫困状况动态监测与识别机制

推进西藏贫困地区建档立卡信息与不动产登记、低保、公安系统等信息的衔接，完善贫困户基本要素信息；健全多维贫困测算与动态管理方法，建立贫困人口退出和再入动态机制。加大对脱贫户的后续跟踪与动态监测，准确掌握其脱贫后在生产、生活中遇到的新情况、新问题，并给予适时指导、适宜引导，避免一些贫困地区的脱贫户因主客观因素重新返贫。建立贫困化动态评估及公示制度，是强化精准扶贫、精准脱贫有效性与可持续性的基本前提，是切实解决漏贫、返贫、被脱贫"三贫"难题的重要保障。只有扶贫开发对象识别精准，才能做到真扶贫、扶真贫。

3. 推进形成贫困乡村发展战略格局

坚持开发式扶贫战略，把发展作为解决贫困的根本途径，既扶贫又扶志，调动扶贫对象的积极性，提高其发展能力，发挥人民群众的主体作用。针对经济新常态下西藏地区城乡转型与乡村发展新态势、新格局，面向"十三五"实现现有标准下，西藏有 59 万贫困人口全部脱贫的总体目标。这要求各级政府急需加快贫困地区分层级行政体系、战略体系、制度体制与政策创新，加大实施精准扶贫与脱贫的投入力度和建设强度，引导具有一定基础和能力的贫困人口城镇化，主动参与大众创新、万众创业，整体营造促进贫困地区人地关系转变、生产方式转型的新环境、新机制。在实践中，亟须基于贫困地区微观解剖、个体分析、问题诊断，拔除"穷根""病根"，为全面谋划精准扶贫宏观战略和减贫路径提供坚实基础。

4. 加快贫困地区发展观的全面革新

贫困地区是西藏乃至全国经济增长的短腿、民生保障的短板，使得经济发展和社会认知层面因缺乏资本、技术、人才而呈现封闭、低层次发展，表现出典型的"孤岛效应"。因此，急需全面变革贫困县发展观，借智借力、依山就势、因势利导、显现特色，通过内涵拓展和外力撬动，坚持走错位发展、差异化发展之路。充分发挥西藏地区特有的资源优势、比较优势，做强后发优势的转化和内生发展动力的培育。同时，贫困地区应坚持产城融合发展途径，推动人口、产业、资源的合理分布和适度集聚，形成以产兴城、以城聚产、产城联动、融合发展的新理念。因地制宜发展新村，促进公共服务向农村覆盖、资源要素向农村辐射、城镇资本向农村转移，形成以城带乡、以乡促城、城乡互动的发展新范式。

5. 构筑贫困地区乡村重构的新平台

贯通贫困地区与其周边地区之间区域协调、城乡一体的发展路径，围绕城乡发展一体化、新型城镇化、乡村建设，结合扶贫开发生态移民、产业发展、社区管理机制创新，优化西藏贫困地区农村政策普惠和扶贫政策特惠的县域发展格局、城镇体系布局，加快构建贫困地区村镇建设新平台、新政策。遵照自然规律、经济规律和社会规律，按照"大分散、小集聚"的空间组织与结构形态，规划好、组织好、落实好贫困地区重点城镇、中心村镇、新型社区的联动建设，协同推进贫困地区人口居住社区化、就业基地化、服务社会化。重视乡村地区扶贫开发与乡村价值挖掘、结构优化、功能提升战略相结合，在宏观谋划上，与新型城镇化、空心村整治、中心村建设战略相融合。

6. 打造贫困地区乡村转型的新主体

深度解析不难发现，智力性、素质性贫困是制约贫困地区转型发展的主要内在因素，如何既精准扶贫，又精心育人，培育贫困地区适应精准扶贫、转型发展的新主体、新风尚至关重要。当前的首要任务是精准扶贫与扶智、扶志的有机结合，通过加大基础教育、职业教育、技能培训的力度，完善干部驻村、对口帮扶、科技扶贫制度，创新土地流转经营、股份合作社、专业合作社新模式。既进行贫困地区知识性、智力性输血，提高教育和医疗救助水平，着力阻断贫困的代际传递，又进行贫困地区生产性、技术性改造，推进形成贫困地区乡村建设的新型主体形态、孕育新型智力业态；针对贫困户、贫困人口精准施策，要与全面根治乡村病、发展地方经济、增加就业机会有机结合，实现乡村转型带动乡村产业培育和人口的"素质性"脱贫，促进强内功、健体力、自发展。

7. 建立贫困地区联动协调的发展机制

贫困地区的资源优势、生态优势通常跨地区、集中成片存在。通过创建贫困片区经济联动、县域联合协调技术扶贫、产业扶贫、教育扶贫、制度扶贫新机制，引导贫困人口主动参与发展经济、自食其力、建设家园。同时，破解"上面千条线、基层一根针"的现实难题，要注重创新精准扶贫与县域转型发展、城镇化融合新机制，以及"多位一体"政策。强化以人为本，不求高大上，只讲有实效，营造贫困地区一切有利于农户生计、增进就业、增收富民的贫困地区"特区"内生机制和发展环境，有效实现在区域联动、城乡互动发展中带动贫困地区、惠及贫困群众。

（二）准确把握历史机遇，全面落实国家的扶持政策

要彻底改变十藏区的经济落后状况，现阶段就是要充分利用西部大开发的有利时机，认真落实中央的各种优惠政策，集中资金尽快改善基础设施条件，变闭塞为通达，改善投资环境，从而变资源优势为产业优势。建议国家加快建立起有效的协调和督促机制，对扶持政策进一步细化，按照科学发展观的要求，制定具体办法和实施方案，明确工作责任、保障措施和工作进度要求，加强组织协调和督促检查，确保各项扶持政策措施落到实处。

1. 加大财政转移支付力度，实现十藏区基本公共服务均等化

要彻底改变十藏区贫穷落后面貌，必须先"输血"培育，以增强内部活力，

逐步完善市场机制，进而提高自我发展能力，最终实现"造血"功能。针对目前十藏区经济发展差距大、基础设施建设落后，地方财政困难的实际，国家应进一步加大财政转移支付力度，尤其是一般性转移支付，以缩小区域人均可用财力差距，促进区域基本公共服务均等化和人民实际生活水平同步提高。

2. 建立有序协作关系，改进和完善地方服务机制

一是政府应尽快采取措施，调整、改善和建立适合十藏区生产生活实际的人才培养、引进、管理与使用体制。二是加强地区间、部门间的协作，把"高管"挂职锻炼范围扩大到一般职务和普通行业，扩大对口支援范围和数量。三是以"高原特色"为主打内容，建立广泛的商品、贸易、信息交流平台。国家应进一步整合项目、产品信息，每年选择不同的城市地区，统一定期召开招商引资、商品交易等交流、推广、洽谈会，把十藏区"高原特色"经济推向全国、推向世界。

3. 建立倾斜性金融制度，实现经济金融协调发展

要建立适合十藏区经济发展的金融组织体系，并建立贷款保险制度和风险补偿机制，以防范和化解信贷风险，提高金融支持的积极性。同时，要把财政和金融有效结合起来，通过将一部分财政资金注入银行以壮大资金实力，或将一部分财政资金作为银行经营的风险补偿来撬动银行信贷，扩大信贷投放。这样不仅能解决十藏区基础设施落后和生态环境保护、资源开发有效投入不足的问题，而且能通过信贷资金的有偿性原则，培育信用意识，实现经济金融的协调发展。

4. 建立生态补偿长效机制，实现高原生态良性循环

当前应加快游牧民定居、生态移民步伐，进一步完善高原生态保护、产业调整、劳动力转移、财政扶持等机制，充分发挥农合组织在市场中促进生产和销售的协调作用，通过实施"人工建设""高原草场围栏""划区轮牧""禁牧、休牧"等制度，逐步达到草畜平衡，不断恢复高原草地生态系统，增强水源涵养功能，建立生态补偿长效机制，使其进入良性循环。另外，还要明确和规范生态补偿主体，继续强化政府在生态补偿机制中的主导性作用。通过对生态系统所在地政府和居民的适当补偿，最终通过他们对生态环境影响行为的变化，以保护和恢复生态功能，促进区域经济可持续发展，为整个青藏高原地区乃至国家的可持续发展提供强有力的生态安全保障。

5. 发展多元优势特色产业，扩大城乡居民就业渠道

藏区经济发展必须突出特色，因地制宜，扬长避短，积极培育和发展能够发挥当地资源优势的支柱产业，形成新的经济增长点。当前要按照《国务院办公厅

关于应对国际金融危机保持西部地区经济平稳较快发展的意见》中"支持西部地区大力调整产业结构，形成特色优势产业、高新技术产业、新兴战略性产业协调发展的新格局"的要求，在发展中应注重发挥比较优势，立足各自的优势资源，选择具有地域特色和市场前景的品种作为开发重点，尽快形成有竞争力的产业体系。大力发展生态农牧业和高原特色农牧业，注重特色产业同其他地区特别是经济发达地区的合作，把经济发达地区的资金、技术、人才优势和藏区的资源、劳力优势相结合，扩大合作领域，扩大群众就业渠道，增加就业岗位，提高藏区人民综合收入水平。

6. 反贫困战略

反贫困战略是综合性的，采取了救济性、开发性和保障性的多种方式，来解决当地的贫困问题。随着西藏地区的大开发进程的不断推进和现代化的到来，反贫困战略也必须适时调整，以适应大开发进程不断推进和新形式下经济快速发展的转型时期的社会环境，最终实现经济社会的协调发展。因此，扶贫开发是喀什市反贫困战略的重中之重。例如，自喀什市 2010 年 11 月被确立为国家扶贫开发重点市以来，一直高度重视扶贫开发工作，按照"中央统筹、省负总责、市县抓落实"的管理体制要求，坚持"片为重点、协调到乡、工作到村、扶贫到户"的工作机制，把实现好、维护好贫困群众的利益作为一切工作的出发点和落脚点。2011~2012 年，其共实施整村推进村 7 个，已顺利完成 7 个村的整村推进验收工作任务，完成贫困人口脱贫 2 024 户 7 898 人，取得了扶贫开发工作的新胜利。

参 考 文 献

王小林，Alkire S. 2009. 中国多维贫困测量：估计与政策含义[J]. 中国农村经济，（12）：
　　4-10，23.

第十六章 武陵山片区扶贫政策评价及省际差异比较[①]

武陵山片区作为 2011 年以来率先启动"区域发展与扶贫攻坚"的连片特困区，国家高度重视武陵山片区在集中连片特困区减贫与发展中的先行效应。习近平总书记、李克强总理先后深入片区考察并寄予厚望，"精准扶贫"方略也于片区内花垣县十八洞村最先提出。与之对应的是国家层面、片区 4 省市层面出台了一系列面向武陵山片区的扶贫政策。然而时光飞逝，5 年多已过去，片区扶贫攻坚战已进入后半程，那么这些扶贫政策实施及其成效如何呢？每年片区内报告的减贫人数当然是一种回答，如 2016 年湖南省贫困人口减少 125 万（大部分来自湖南武陵山片区）等，但这一回答可能过于简单，并不利于扶贫政策的调整和优化。为了在决胜阶段提高扶贫政策的有效性，确保 2020 年如期全面脱贫，本章尝试给予另外一种回答，即从专家、村干部和村民三重视角来评价武陵山片区的扶贫政策并对比 4 省市的差异，进而提出相应的优化建议。

第一节 理论基础与评价设计

一、理论基础

（一）贫困的系统化认知

将贫困置于"人地关系地域系统"中，则不难发现，贫困可以被理解为特定

① [作者简介] 游俊，吉首大学"武陵山片区扶贫与发展"湖南省普通高校 2011 协同创新中心，教授；冷志明，吉首大学"武陵山片区扶贫与发展"湖南省普通高校2011 协同创新中心，教授；丁建军，吉首大学"武陵山片区扶贫与发展"湖南省普通高校 2011 协同创新中心，教授。

时空情境下"人"（贫困主体）、"业"（生计活动）、"地"（自然和社会环境）维度上的缺失或三者之间未能实现协调发展的过程与状态，或者说，贫困是特定地域综合体中主体性要素（"人"）、中介性要素（"业"）和情境性要素（"地"）三者相互耦合、演化的自然结果和外在表现（丁建军，2016；田宇和丁建军，2016）。

1. 贫困的主体性要素——"人"

虽然在贫困瞄准中，贫困的主体或对象可以是贫困个体、家庭、区域（贫困村和贫困县等），但贫困的最终主体只可能是"人"，这一点在不同学科、贫困认知的不同阶段中高度一致。例如，经济学认为贫困是个体收入、消费及财富水平等低于某一标准的状态；政治学认为贫困是个体政治权利的剥夺或缺失。不过，在"人地关系地域系统"中，贫困的主体"人"只是"贫困"这一过程或状态的构成要素之一，要全面理解贫困，还需同时考虑其他构成要素以及各构成要素之间的互动过程。当然，作为主体性要素和具有"能动性"的要素，"人"的重要性不言而喻。

2. 贫困的中介性要素——"业"

在人地关系地域系统中，"人"与"地"的互动通过"业"实现，也就是说"业"是"人地关系"的中介。因而，"业"也是"贫困"的构成要素之一。"业"的表现形式多样，与贫困的主体性要素"人"对接时，表现为生计活动，如种植、养殖、经商、务工等各种工作或职业类型；而与贫困的情境性要素"地"对接时，则表现为产业形式的经济社会活动，如农业、工业和服务业等。由于"业"形式的多样性和复杂性，贫困研究通常忽视这一要素，仅仅从"人"和"地"两个层面来探讨贫困。事实上，"业"这一中介要素本身的缺失、单一化或者缺乏包容性，往往是造成"人地关系"不协调的重要原因。并且，"业"通常与技术进步、文明形态的变更紧密相连，是较为活跃的构成要素，在"人地关系"的变迁中起着"破坏性创新"的作用。例如，新职业类型、新产业形态的出现会破坏初始的"人地关系"，并产生新的"贫困"。

3. 贫困的情境性要素——"地"

大量的研究表明，贫困具有地域或空间属性，贫困的产生离不开"地"这一情境性要素。当前，我国面向14个集中连片特困区的扶贫攻坚正是基于这一理解的实践。需要强调的是"地"这一情境性要素既包括自然环境，又包括社会环境，既包含"第一性地理因素"，又包含"第二性地理因素"（罗庆和李小建，2014）。前者多为地理学所关注，后者则被社会学、政治学、经济学和管理学等学科所研究。此外，在"人地关系"中，"地"这一要素具有更强的客观性和相对静态性，特别是"第一性地理因素"通常是制约性因素或致贫因素，而"第二性地理因素"和社会环境则相对可塑，在与主体性要素"人"和中介性要素"业"的互动中有较大的调节弹性，可以通过改造将其转化为消贫因子。

4. 综合贫困——"人业地"负向耦合

贫困的形成是一个典型的非线性过程，通常表现为"人""业""地"三个层面要素的"负向循环累积过程"，即"贫困陷阱"。例如，从情境性要素"地"开始，若某地地理资本较弱，表现为区位劣势或生态劣势明显。同时，经济社会文化制度相对滞后，阶层对立、社会排斥突出，这将限制产业的发展，产业结构低、产业类型单一、产业竞争力不强，即产业的脆弱性较高、包容性较弱，中介性要素"业"的容量和质量有限，难以满足主体性要素"人"的生计需求，并将生计资本和可行能力更弱的个体排斥在外，造成生计策略和生计输出不足，这又影响生计资本的积累，生计资本积累有限制约了可行能力的发展，可行能力不足又进一步加剧主体性要素"人"的贫困。这便完成了从"情境性要素贫困→中介性要素贫困→主体性要素贫困"强化的过程。显然，这一过程并没有结束。生计资本、可行能力的缺失使主体性要素"人"难以参与、开拓生计活动，如受金融资本、物质资本、自然资本等的制约，无法从事生产经营活动，或者由于生产能力、发展能力等可行能力的缺失，不能有效地利用有限的生计资本从事生计活动，这将进一步萎缩和恶化现有的产业，使中介要素"业"更加贫困，容量不足，质量不高，包容性不强。产业的萎缩和恶化，或者停滞不前，将难以为区域提供公共投入的积累，基础设施建设等"硬""软"环境建设跟不上，将不可避免地强化区位劣势、生态劣势、经济劣势、政治劣势及制度环境劣势等，即情境性要素"地"的贫困进一步加剧。于是，从"主体性要素贫困→中介性要素贫困→情境性要素贫困"实现了逆向强化。综合上述两个过程，贫困三层面要素"人业地"耦合的"负向循环累积过程"得以实现。

（二）"人业地"综合贫困识别与治理

基于系统化贫困认知可构建如表 16.1 所示的"人业地"综合贫困识别指标体系，该指标体系涵盖了 3 个一级指标、6 个二级指标和 25 个三级指标。其中，主体性要素层面，重点考察"人"的生计资本和可行能力；中介性要素层面，重点关注"业"的脆弱性和包容性；情境性要素层面，则着重考虑地理资本和社会排斥状况。

表 16.1　"人业地"综合贫困识别指标体系

一级指标	二级指标	三级指标	指标内涵解读	
人 （主体性要素）	生计资本	自然资本	拥有的林地、耕地、鱼塘等自然资源	
		物质资本	拥有的住房、耐用家具、交通工具和生产工具等	
		人力资本	家庭成员受教育程度和健康状况等	
		社会资本	参与的社会网络和能动用的社会关系、资源等	
		金融资本	银行存款和证券资产、借贷能力等	
	可行能力	生活能力	躯体生活自理能力	非残疾、智障等
		工具性日常生活能力		如使用电话、交通工具、 普通话语言能力等
		生产能力	利用生计资本从事生计活动的能力	
		发展能力	整合生计资本，适应环境变化，进行风险控制和生计创新的能力	
业 （中介性要素）	产业脆弱性	竞争力	产品的外销比例及市场占有率	
		可持续性	资源和环境可持续性	
		多样化	生计活动的类型、产业结构及产业类型等	
		发展条件	产业发展基础设施、农业保险制度等"硬""软"条件	
		经济活力	如致富带头人数量、创业活动频率等	
	产业包容性	就业创造力	产业的当地劳动吸纳能力、岗位创造数量等	
		穷人参与度	穷人参与相关产业的比率、难易程度等	
		经济利贫性	穷人从经济活动中受益程度、利益对接和利润分享情况	
地 （情境性要素）	地理资本	区位资本	地理区位及交通功能定位	
		生态资本	生态条件及功能定位	
		经济资本	经济要素禀赋及经济功能定位	
		政治资本	政治地位与政治影响力	
	社会排斥	经济排斥	劳动力市场、消费市场排斥	
		政治排斥	政治参与权、公民权和人权排斥	
		关系排斥	边缘化、孤立和生活机会排斥	
		文化排斥	文化边缘化、价值观念和身份排斥	
		福利排斥	社会权利和福利以及基本公共服务的剥夺	

　　依据指标体系，采用定性、定量相结合的测度方法可识别出特定时空情境下"人""业""地"三个要素层面的贫困格局，基于"人业地"耦合互动状况识别出综合贫困格局，即三要素制约型、两要素制约型或单要素制约型贫困等，最终综合确定特定区域的贫困格局类型。

　　贫困的综合治理总体上包括要素层干预和系统性干预。前者主要针对要素贫困格局实施干预，即分别针对主体性要素"人"、中介性要素"业"和情境性要素"地"实施"靶向干预"。在干预过程中，结合贫困综合识别指标体系，对缺失或被剥夺的指标进行精准干预。后者则是在要素层面"靶向干预"的基础上，充分尊重"人业地"之间的耦合互动规律，着重打破"负向累积循环"链条，发挥要素层面各"靶向干预"措施的协同效应，形成区域自我发展能力，跳出"贫困陷阱"（游俊等，2017）。

二、评价设计

（一）评价指标体系

打破"人业地"耦合互动过程中任一层面要素上的缺失或制约引起的"负向累积循环"及"贫困陷阱"。需要找准贫困要素及其格局类型，基于"人业地"耦合规律和进程，实施综合和系统性干预，从而突破"负向累积循环"，在外力的帮助下走出"贫困陷阱"。因而，连片特困区需要面向"人""业""地"及其促进三者相互协调的政策支持。基于这一思路，结合表 16.1 的综合贫困识别指标，可构建基于政策需求的整体扶贫政策评价指标体系。

该指标体系由 4 个一级指标、7 个二级指标和 28 个三级指标构成，其中，4 个一级指标分别指向"人""业""地"三个要素层面以及"人业地"协同综合层面的政策需求，二级指标则将这些需求细化为 7 个维度，即提升生计资本、提升可行能力、降低产业脆弱性、增强产业包容性、提升地理资本、降低社会排斥以及提升协同性的政策。三级指标则进一步具体化，如生计资本的五个维度（自然资本、物质资本、人力资本、社会资本和金融资本）提升的政策需求。而对应于一级指标但不明确针对特定二、三级指标的综合性政策也等同于二级指标，并给予相应的权重考虑。

（二）评价方法

扶贫政策评价包括政策设计、政策实施和政策成效评价三个方面，鉴于专家、村干部和村民各自的信息优势，本章基于专家、村干部和村民的三重视角对扶贫政策实施综合评价。

1. 基于专家视角的扶贫政策设计评价

（1）全面梳理武陵山片区国家层面及 4 省市自 2011 年以来发布的相关扶贫政策，并依据政策内容归类对应评价指标体系的三级指标，对应于一级指标但不明确针对特定二、三级指标的综合性政策则归类为综合性政策，等同于二级指标。

（2）向5位武陵山片区区域发展与扶贫开发领域的相关专家提供归类整理后的扶贫政策文件，请其依据评分表进行独立评分，评分的依据是若有涉及对应三级指标（或等同于二级指标的综合性政策）的政策，则根据政策内容与指标内涵的匹配程度进行打分，最高为5分，最低为1分，若没有涉及对应三级指标（或等同于二级指标的综合性政策）的政策则计0分。

（3）对5位专家各三级指标评分取平均值，然后加权加总并标准化为百分制得分。

（4）在分别得到国家层面、4省市各指标评分及加总评分的基础上，加权计算得到武陵山片区整体扶贫政策各指标及加总得分，权重分别为国家层面为30%，4省市层面为70%，而4省市各自的权重则为各省市片区内县市区数量占武陵山片区总县市区数量的比例，即湖南、湖北、贵州和重庆各自的权重分别为37/71、11/71、16/71和7/71。

2. 基于村干部视角的扶贫政策实施评价

（1）设计扶贫政策实施调查问卷，调查内容涉及面向"人""业""地"3个一级指标、6个二级指标和25个三级指标（同表16.1）。

（2）调查贫困村村干部，针对每个三级指标分两步开展调查，一是请调查对象回答是否实施了这方面的政策，回答"是"赋值为"1"，回答"否"则赋值为"0"；二是根据第一步的回答展开，若回答"是"则继续从"政策合理性""配套资金""政策效率""政策管理"和"政策成效"五个方面进行调查，要求调查对象分别对上述五个方面作出主观评价并打分，"1、2、3、4、5"分分别表示"差、较差、一般、较好、好"五个等级，若第一步回答是"否"则无须回答上述五个问题。

（3）为了保障问卷的质量，调查过程中两人一组，一人负责提问和沟通，一人记录。

（4）实地考察扶贫项目并进行开放式深度交谈，进一步了解扶贫政策实施状况。

3. 基于村民视角的扶贫政策成效评价

（1）设计扶贫政策实施成效调查问卷，调查内容涉及面向"人""业""地"3个一级指标、6个二级指标和25个三级指标（同表16.1）。

（2）调查贫困村村民且以贫困户为主，针对每个三级指标分两步开展调查，一是请调查对象回答是否发生了相应的变化，如"自然资本是否发生了变化"，回答"是"赋值为"1"，回答"否"则赋值为"0"；二是根据第一步的回答展开，若回答"是"则继续从"量的变化"、"质的变化"和"对变化的满意度"三个方面进行调查，要求调查对象分别对上述三个方面作出主观评价并打分，"1、2、3、4、5"分分别表示"没有变化/很不满意、变化小/不满意、一般/一般、变化较大/比较满意、变化大/满意"五个等级，若第一步回答是"否"则无须回答上述三个问题。

（3）为了保障问卷的质量，调查过程中两人一组，一人负责提问和沟通，一人记录。

（4）实地察看贫困户贫困状况并与户主进行开放式深度交谈，进一步了解扶贫政策实施成效。

（三）调查对象概况

2016 年 5~6 月，课题组深入武陵山片区 12 个贫困村，对 60 位村干部、300户农户（其中，贫困户 246 户，非贫困户 54 户）进行问卷调查和深入访谈，获得了翔实的第一手资料。这 12 个村分别为湖南片区的大坡村、追高鲁村、十八洞村、比耳村、长坪村、望远村、五郎溪村、伞家湾村，湖北片区的讨火车村、后坝村，重庆片区的平所村和贵州片区的龙兴村。所调查的 60 名村干部中男性占74.72%，年龄处于 35~60 岁的占比也为 74.72%，初中及以下学历的占 37.36%，高中及同等学历水平（中专、技校）的占比 56.87%，党员占比 82.91%，在村内连续生活半年以上的占 98.96%。所调查的 300 名村民中男性占 68.87%，年龄处于35~60 岁的占比为 56.81%，初中及以下学历的占 89.26%，高中及同等学历水平（中专、技校）的占比 10.46%，在村内连续居住半年以上的占比 85.47%。

第二节　政策设计评价与省际比较

一、一级指标政策评价及对比

武陵山片区扶贫政策体系中，关注"人业地"协调发展的综合性政策偏多，面向"业"的政策相对偏少，面向"人""地"的政策居中，得分分别为 3.27分、2.41 分、2.80 分和 2.70 分。

面向"人业地"协调的政策方面，重庆得分最低，仅为 1.6 分，原因在于研究期内，重庆市出台的综合性政策文件相对有限，湖南、湖北和贵州得分几乎一致。面向"业"的政策方面，湖北得分最低，其次是重庆，二者的得分分别为0.83分和1.91分，贵州最高，为2.93分，这与贵州省出台了一系列旅游扶贫、特色产业发展的政策有关。面向"人"的政策方面，贵州、湖北得分较低，湖南较高，分别为1.52分、1.65分和3.24分，这体现了湖南省"以人为本"的扶贫思路，几乎对生计资本、可行能力各个维度的提升都有政策涉及。面向"地"的政策方面，贵州、重庆较好，湖南、湖北偏弱，得分分别为2.9分、2.87分、2.05分和1.77分，这在一定程度上与贵州省、重庆市的区位角色有关，前者有国家专门的扶贫政策文件支持，后者则是我国中西部地区唯一的直辖市。此外，总体上国家层面的扶贫政策在各维度上都有相对更好的表现。

二、二级指标政策评价及对比

从二级指标的对比来看，武陵山片区扶贫政策中得分最高的是提升可行能力的政策，其次是提升生计资本的政策，降低产业脆弱性的政策得分最低，增强产业包容性和提升地理资本的政策得分也较低。总体而言，武陵山片区的扶贫政策更关注"人"的可行能力和生计资本，而对增强"业"的竞争力、可持续性、多样化及改善发展条件、经济活力方面的支持有限。

从武陵山片区内4省市的对比来看，湖南省最关注贫困家庭生计资本的改善，但针对降低产业脆弱性、增强产业包容性和降低社会排斥出台的政策不多。湖北省在各二级指标上整体得分都偏低，特别是降低产业脆弱性和增强产业包容性的政策很少，得分最高的提升可行能力的政策略强于贵州省。贵州省增强产业包容性和降低社会排斥的政策有良好的表现，但提升可行能力、降低产业脆弱性、提升地理资本和提升生计资本的政策表现平平且彼此差别不大。重庆市在可行能力提升方面政策支持力度最大，在4省市中得分最高，其次是降低社会排斥的政策，但降低产业脆弱性、增强产业包容性和提升地理资本的政策表现不佳。

从4省市各维度上政策得分的差异性来看，产业包容性增强政策差异最大，其次是可行能力提升政策，差异最小的是地理资本提升政策。

三、面向"人"的政策评价及对比

自然资本改善方面，除湖南有专门的政策文件《以高标准农田建设为平台开展涉农资金整合试点方案》以外，其他3省市及国家层面并不涉及。物质资本改善方面，湖南关注最多，其次是贵州和重庆，湖北没有相关的政策文件。人力资本提升方面，4省市都有专门的政策支持，湖北表现突出，其次是湖南，重庆和贵州表现欠佳。社会资本提升方面，政策的整体得分不高，仅为 2.37 分，在 9 个三级指标中排名倒数第三，湖南、贵州和重庆大体无差别，但湖北省没有政策支持，得分为 0。金融资本提升方面，湖南、湖北的政策支持力度最大，其次是重庆，贵州最弱。生活能力提升方面，贵州的政策支持力度最大，湖南和重庆次之，湖北最小。生产能力提升方面，贵州没有相关政策支持，重庆支持政策得分最高，湖南、湖北相继次之。发展能力提升方面，重庆仍然支持力度最大，其次是湖南、湖北，贵州支持力度最小。此外，湖南省还出台了面向"人"的综合性支持政策，如《2016 年湖南省重点民生实事项目"实现 110 万贫困人口脱贫"实施方案》。

综上，不难发现武陵山片区面向"人"的帮扶政策中，对人力资本、金融资本、生活能力、发展能力提升的支持较大，而对自然资本改善的关注较少。

四、面向"业"的政策评价及对比

面向"业"的政策主要包括支持降低产业脆弱性和增强产业包容性两个方面，然而，武陵山片区 4 省市对前者的支持较弱，对后者的支持相对较强。

具体地，在降低产业脆弱性方面，4 省市注重对发展条件和经济活力的改善，两者的得分分别为 3.65 分和 2.97 分，其中贵州的发展条件改善政策得分最高，其次为湖南、重庆，湖北的得分最低。除湖北以外，湖南、贵州和重庆对经济活力增强的支持力度不相上下，如湖南支持新型农业组织参与产业扶贫、贵州支持微型企业发展、重庆支持贫困毕业生和农民工等返乡人员创业等。产业多样性和可持续性发展方面，仅有湖南通过出台加快发展村级集体经济的政策以支持产业的可持续发展。产业竞争力提升方面，贵州的政策得分最高，出台了促进民族药业和特色旅游产业发展、乡村旅游倍增计划等政策，其次是重庆。

产业包容性增强政策中，提升就业创造力支持力度最大的是贵州，其次是重庆，而湖南、湖北没有专门的政策支持。增强穷人参与度方面，湖南和贵州支持力度较大，如贵州出台了《创新产业化扶贫利益联结机制的指导意见》，湖北和重庆次之，主要通过就业扶贫给予支持。经济利贫性提升方面，湖南、贵州有相关政策支持，即通过发展村级集体经济和创新产业化扶贫的利益联结机制来实现，但湖北、重庆没有相关的政策文件。

不过，4 省市仍然通过一些不明确指向三级指标维度的综合性产业政策以支持贫困地区"业"的发展，如湖南"加强产业扶贫"、湖北"加强专项扶贫项目管理"等方面政策。

五、面向"地"的政策评价及对比

面向"地"的政策旨在提升贫困地区的地理资本和降低社会排斥，其中，地理资本涉及区位、生态、经济和政治资本四个维度，社会排斥则包括经济、政治、关系、文化和福利排斥五个方面。

地理资本提升的政策中，政治资本提升政策最为给力，其次是生态资本和区位资本，经济资本提升几乎被忽视，仅有贵州通过乡村旅游倍增计划政策给予一定支持。政治资本提升则得益于国家对贫困地区扶贫攻坚和全面小康社会建设的高度关注，湖北通过多次发文重点支持老区乡镇、插花贫困乡镇、重点贫困村和重点老区村而获得最高得分，湖南、贵州和重庆则得分相近。生态资本提升方面，湖南因加强乡镇国土资源所建设、国土管理支持扶贫攻坚等政策而得分最高，其次是重庆、贵州，湖北则因缺乏相关的政策文件而排名最后。区位资本方面，湖南仍然得分最高，公路建设补贴、龙凤协作示范区（龙山）项目支持政策等有重要贡献，其次是湖北、重庆，贵州因仅有异地变迁工程相关政策而得分最低。

社会排斥降低政策中，政治排斥、经济排斥方面的支持力度较大，这和政治资本提升政策一致，文化排斥政策整体表现欠佳，关系排斥、福利排斥则4省市差异较大。政治排斥、经济排斥方面，湖南都略低于其他3省市，但总体表现较好，并且政治排斥降低政策略好于经济排斥降低政策。文化排斥方面，湖南、贵州有相关政策，而湖北、重庆没有涉及。关系排斥方面，贵州和重庆得分最高，如重庆出台了"片区扶贫措施到户到人""我们一起奔小康"扶贫支援服务行动等政策，湖北次之，湖南最低。福利排斥方面，重庆得分最高，其次是贵州、湖南，湖北则没有专门的相关政策。

事实上，面向"地"的政策通常更倾向于以综合性政策的形式出现，武陵山片区面向"地"的综合性政策得分为3.62，仅略低于政治资本提升政策得分，并且湖南、湖北得分最高，重庆次之，贵州相对较低。

六、面向"人业地"协调的政策评价及对比

面向"人业地"协调的政策指协调贫困地区"人""业""地"之间相互冲突的政策文件、指导意见等，根据其具体指向不同可分为增强协同性的政策、提升系统性的政策和综合性政策。在实际归类时，增强协同性的政策侧重于协同帮扶对象、扶贫产业、区位改善等具体性指导意见、实施办法等；提升系统性的政

策更关注扶贫中全面统筹"人""业""地"协同推进的原则性指导意见等；综合性政策则指更为宏观的总体性规划等。

武陵山片区面向"人业地"协调的政策中，总体上表现为综合性政策、系统性政策、协同性政策得分依次降低的情形，即片区在促进"人业地"协调发展方面，总体性规划、原则性指导意见多于具体性指导性意见和实施办法。从 4 省市的对比来看，湖南、贵州几乎没有差异，三类政策的得分非常接近，湖北省虽然系统性政策得分低于湖南、湖北，但协调性政策得分在 4 省市中最高，重庆市则几乎没有系统性政策和协同性政策，只是在综合性政策或者说总体性规划方面得分与其他省市没有差异。

第三节　政策实施评价与省际比较

一、政策实施认同度比较

从三级指标维度政策认同度的对比来看，虽然各维度政策总体认同度都在50%以上，即在调查中有超过一半的村干部认为在他们村实施了相应的政策措施。认同度超过 80%的有自然资本、物质资本、人力资本、生活能力、生产能力、经济多样化、经济发展条件、经济活力、区位劣势、政治劣势和政治排斥等11 项，占全部指标不到一半（11/25），超过90%的则只有自然资本、物质资本、人力资本、经济发展条件4 项，不到全部指标的1/6。可见，各维度政策的认同度存在明显的差异，并且认同度高的政策占比不高（图 16.1）。

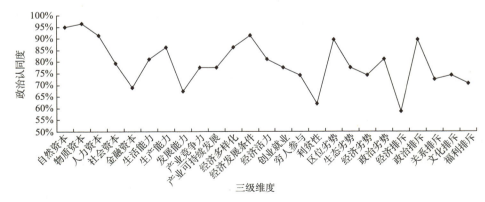

图 16.1　三级指标维度政策认同度对比（村干部视角）

从二级指标维度政策认同度的省际比较来看，除地理资本维度外，4 省市在其他维度政策认同度上存在明显差异，如湖南、湖北所调查的贫困村的村干部认为有比较强的可行能力提升支持政策，但重庆、贵州所调查的贫困村村干部则认同度较低，特别是贵州认同度低于 40%。此外，社会排斥、经济包容性、生计资本维度上也存在这种省际差异。并且，湖南片区的政策认同度总体上高于其他片区。

二、面向"人业地"三维度的政策实施评价及比较

在村干部看来，面向"人""业""地"三维度的政策实施中，面向"人"的政策更受重视，其次是面向"地"的政策，面向"业"的政策则垫底。当然，这一顺序在不同省份之间稍有不同，如湖南三个维度上政策实施由强到弱依次是面向"人""业""地"的政策；重庆则在"地"维度上的政策最给力，而面向"人"和"业"的政策实施力度相差不大，这一点在对秀山县精准脱贫第三方评估过程中得到了印证；湖北、贵州两省在"业"的政策实施方面也不理想，得分均低于 2 分，其中贵州最低，仅为 1.41 分，此外，湖北面向"人"的政策实施较好，贵州面向"地"的政策表现相对较好。可见，4 省市中，湖南、湖北更重视提升贫困主体"人"的生计资本、可行能力，而重庆和贵州则相对更重视贫困的情境如地理资本、社会排斥问题的改善（表 16.2）。

表 16.2　6 个二级指标维度政策实施得分比较（单位：分）

政策	湖南片区	湖北片区	重庆片区	贵州片区	片区整体
面向"人"的政策	3.94	3.07	2.69	2.21	3.48
生计资本提升政策	4.07	3.09	2.71	3.57	3.69
可行能力提升政策	3.80	3.05	2.67	0.85	3.28
面向"业"的政策	3.63	1.99	2.61	1.41	3.04
经济脆弱性降低政策	3.70	2.55	2.85	1.03	3.18
经济包容性增强政策	3.55	1.43	2.38	1.79	2.91
面向"地"的政策	3.49	2.29	3.05	2.69	3.17
地理资本提升政策	3.62	3.04	3.28	2.33	3.37
社会排斥降低政策	3.36	1.54	2.82	3.05	2.97

在 6 个二级指标维度上，生计资本提升的政策实施最好，片区整体得分为 3.69 分，其次是地理资本提升政策的实施，得分为 3.37 分，可行能力提升、经济脆弱性降低政策实施得分也达到了 3 分以上，但社会排斥降低和经济包容性增强政策得分均低于 3 分，这意味着让穷人更好地参与、分享发展成果等政策的实施仍是难点。此外，贵州片区的可行能力提升、经济脆弱性降低政策以及湖北片区

经济包容性增强、社会排斥降低政策实施力度弱，急需加强。

三、面向"人"的政策实施评价及比较

在面向"人"的政策实施中，生计资本提升政策的实施力度又略大于可行能力提升政策，前者的整体得分为 3.69 分，后者则为 3.28 分。从 4 个分片区的对比来看，湖南、贵州、湖北、重庆片区生计资本提升政策实施力度依次递减，并且形成了两个差距较为明显的梯度；可行能力政策实施方面，湖南片区最强，贵州片区最弱，湖北、重庆片区居中，并且差距十分明显，如湖南与贵州片区得分差距为 2.95 分，可见贵州片区在可行能力提升政策实施方面急需加大力度。

生计资本提升政策实施方面，总体上，物质资本的提升更受重视，其次是自然资本、人力资本、社会资本，金融资本提升政策推进力度仍然有限。不过，4 个片区中，湖南、贵州片区对 5 类生计资本提升政策的实施力度差别不大，但湖北、重庆片区的差异明显，如湖北片区的社会资本、金融资本提升政策及重庆片区的金融资本提升政策推进力度弱。此外，湖南片区在金融资本提升政策实施方面具有明显的"领先"优势。

可行能力政策实施方面，湖南、湖北片区均达到了 3 分以上，分别为 3.80 分和 3.05 分，重庆片区为 2.67 分，贵州片区则低于 1 分，分别位居第三、第四。从可行能力提升的三个层面来看，生产能力提升政策实施力度最大，其次是生活能力提升政策，发展能力提升政策实施力度最小。这一推进顺序与村干部的关注点相符，生活能力提升似乎更多的是个人、家庭的事，不好干预，发展能力提升相对而言"投入周期长，见效慢"，生产能力提升则相对好操作又能见成效，如开展生产技术培训等。这一点在贵州片区表现更为极端，如村干部反映几乎没有实施提升生活能力、发展能力的政策。

四、面向"业"的政策实施评价及比较

在面向"业"的政策实施中，经济脆弱性降低政策实施总体上略好于包容性增强政策，前者的得分为 3.18 分，后者为 2.91 分。从 4 个片区的对比来看，湖南片区在经济脆弱性降低和包容性增强政策方面都实施得最好，得分分别为 3.70 分、3.55 分；其次是重庆片区，经济脆弱性降低、包容性增强政策实施得分分别为 2.85 分和 2.38 分；湖北片区虽在经济脆弱性降低政策实施方面好于贵州片区，但后者在经济包容性增强政策实施方面好于前者，不过，二者的得分都不高。

经济脆弱性降低政策实施方面，经济发展条件改善政策实施得分最高，为

3.40 分，其次是促进经济多样化政策、产业竞争力提升和经济活力提升政策，产业可持续发展政策实施得分略低，也达到了 3.08 分，可见，经济脆弱性降低政策实施方面各具体政策实施力度的差异不大。4 个片区中，也只有重庆、贵州片区各政策的实施有较大的差异，如重庆片区在经济活力提升、贵州片区在产业可持续发展政策实施方面明显弱于其他政策。

经济包容性增强政策方面，促进创业就业政策实施力度略大于促进穷人参与和利贫性提升政策的实施力度，三者的得分分别为 3.11 分、2.93 分和 2.69 分。类似的，经济包容性增强政策中各具体政策实施力度总体上差异不大，湖南、重庆片区也保持了这一特点，如湖南片区促进创业就业、促进穷人参与和利贫性提升政策实施得分都在 3~4 分，重庆片区三者在 2~3 分。不过，湖北片区促进穷人参与和贵州片区利贫性提升政策实施则明显弱于其他政策。

五、面向"地"的政策实施评价及比较

在面向"地"的政策实施中，地理资本提升和社会排斥降低政策实施得分分别为 3.37 分、2.97 分，前者好于后者。从 4 个片区的对比来看，湖南片区在地理资本提升、社会排斥降低两个方面的政策实施中表现最好，得分分别为 3.62 分和 3.36 分；重庆片区则居中，地理资本提升政策实施得分 3.28 分，排名第二，但社会排斥降低政策实施得分位列第三，为 2.82 分；贵州片区虽社会排斥降低政策实施得分为 3.05 分，排名第二，但地理资本提升政策得分依然垫底；湖北片区地理资本提升政策实施得分位列第三，得 3.04 分，但社会排斥政策得分垫底，仅为 1.54 分。可见，湖南、重庆片区相对于贵州、湖北片区，在地理资本提升和社会排斥降低政策实施方面相对均衡。

地理资本提升政策实施方面，区位劣势降低政策实施力度最大，得分为 3.81 分，其次是政治劣势降低、生态劣势降低政策，经济劣势降低政策实施力度相对较弱，得分为 3.07 分。区位劣势降低和政治劣势降低政策实施力度相对更大，与国家大力推进武陵山片区基础设施建设和高度重视片区的脱贫与发展密切相关，如习近平总书记、李克强总理均考察武陵山片区，并做了重要指示。4 个片区中，湖南、重庆片区各具体政策实施的差异相对较小，而湖北、贵州片区差异比较明显，如湖北、贵州片区经济劣势政策实施力度明显偏弱，特别是贵州片区，所调查的村干部给出了 0 分的极端分值。

社会排斥降低政策实施方面，政治排斥、福利排斥、文化排斥、关系排斥和经济排斥降低政策实施得分依次递减。政治排斥降低政策实施得分最高，为 4 分，经济排斥降低政策实施得分最低，仅为 2.29 分，两者差距较大，相差 1.71

分。可见，武陵山片区不少的贫困村虽然得到了各级政府的高度关注，基层党组织建设、村级民主等推进力度较大，但面向老百姓以提升经济参与度的劳动力市场、消费市场建设等政策实施进展滞后，这在湖北、重庆片区所调查的村表现得更为突出。

第四节　政策实施成效评价与省际比较

一、政策成效认同度比较

25 个三级指标维度政策实施成效的认同度显示，虽然所有指标上的变化认同度都高于 50%，即一半以上的调查对象认为上述所有维度都发生了变化，不过，各维度上变化的差异十分明显。变化认同度最高的是区位劣势的改变，认同度为92.07%；其次是生活能力、物质资本和利贫性的变化，认同度处于 80%~90%；自然资本、经济劣势和生产能力变化的认同度最低，分别为 50.30%、55.79%和59.76%；其他维度变化认同度均处于 60%~80%。可见，各维度政策整体实施成效并不理想，大多数维度变化认同度在 60%~80%（图 16.2）。

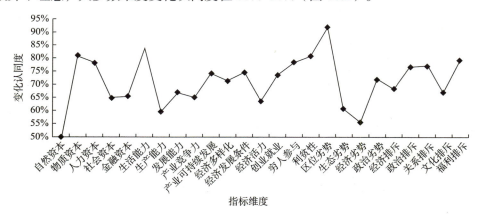

图 16.2　三级指标维度变化认同度对比（村民视角）

二级指标变化认同度的省际比较则表明，武陵山片区 4 个分片区间政策实施成效也不平衡。其中，湖北片区表现更抢眼，村民的认同度更高；其次是贵州、湖南片区，重庆片区的表现则很不理想，变化认同度明显低于其他片区。具体而言，湖北片区在生计资本、可行能力、经济包容性三个维度上的变化认同度最高，特别是经济包容性维度上大有"遥遥领先"之势，这意味着湖北片区在扶贫中创新穷人的利益联结机制上取得了突破，如产业扶贫的"咸丰模式"等；贵州片区则在地理资本、社会排斥和经济脆弱性维度上的变化认同度领先，特别是地理资本维度上，这与国家在扶贫开发方面对贵州的"厚爱"分不开，近年来，贵州片区确实在地理资本上有显著提升；湖南片区的表现整体上"中规中矩"，6个维度的变化认同度均处于70%左右；重庆片区的表现让人感到意外，6个二级指标变化认同度在4个片区中均垫底，产生这一结果可能有两个方面的原因，一是所调研的重庆市平所村扶贫政策实施成效确实不理想，拖了重庆片区的后腿，二是本调研所考察的主要是近几年来的变化，重庆片区可能整体水平不低，但近几年的变化相对较小，与村民的期望存在一定差距。

二、面向"人业地"三维度的政策成效评价及比较

在村民特别是贫困户看来，武陵山片区扶贫政策实施的成效与预期仍存在较大差距，他们普遍认为近年来各指标的变化比较小，对这种变化不够满意。不过，相对而言，面向"地"的政策成效略好于面向"业"和"人"的政策，6个二级指标上经济包容性增强成效相对更显著，得分为2.75分，其次是社会排斥降低、地理资本提升成效，生计资本和可行能力提升成效最不明显，二者的得分分别为2.32分和2.49分（表16.3）。

表16.3　6个二级指标维度政策成效得分比较（单位：分）

政策	湖南片区	湖北片区	重庆片区	贵州片区	片区整体
面向"人"的政策成效	2.51	2.56	1.77	1.58	2.41
生计资本提升成效	2.47	2.33	1.92	1.42	2.32
可行能力提升成效	2.55	2.78	1.62	1.74	2.49
面向"业"的政策成效	2.64	2.99	1.84	2.09	2.64
经济脆弱性降低成效	2.55	2.64	2.10	2.22	2.53
经济包容性增强成效	2.74	3.33	1.58	1.95	2.75
面向"地"的政策成效	2.78	2.58	1.44	2.77	2.69
地理资本提升成效	2.81	2.31	1.55	2.78	2.66
社会排斥降低成效	2.75	2.84	1.33	2.76	2.72

从4个分片区的对比来看，湖南片区面向"地"的政策成效好于面向"业"和"人"的政策成效，与片区整体保持一致；湖北片区则面向"业"的政策成效最好，得分为2.99分，其次是面向"地"和"人"的政策，二者仅相差0.02分；重庆片区同样是面向"业"的政策成效相对突出，略高于面向"人"的政策成效，面向"地"的政策成效则最不明显；贵州片区面向"地"的政策成效优于面

向"业"和"人"的政策，并且优势明显，高出 0.68~1.19 分。可见，4 个分片区大体可分为两种类型，一是面向"地"的政策成效领先型，包括湖南、贵州片区；二是面向"业"的政策成效领先型，包括湖北、重庆片区。

三、面向"人"的政策实施成效评价及比较

面向"人"的政策实施成效不理想，可行能力、生计资本提升成效得分分别为 2.49 分、2.32 分，虽前者略好于后者，但均处于"变化小/不满意"到"一般/一般"这一等级之间。从 4 个片区的对比来看，湖南、湖北片区好于重庆、贵州片区，如生计资本提升方面，湖南、湖北片区的得分分别为 2.47 分、2.33 分，重庆、贵州片区则只有 1.92 分、1.42 分；可行能力方面类似，湖南、湖北片区得分均在 2.50 分以上，接近 3 分，而重庆、贵州片区尚不到 2 分。可见，面向"人"的政策实施成效中，湖南、湖北片区明显好于重庆、贵州片区。

生计资本提升成效方面，物质资本提升成效相对较好，得分为 2.83 分，其次是人力资本、社会资本和金融资本，得分均在 2 分以上，最差的是自然资本提升成效，得分仅为 1.65 分。不过，生计资本中各资本维度的提升成效在 4 个片区中呈现出一定差异，如湖南片区物质资本提升成效最突出，得分 2.85 分，其次为人力资本和社会资本，得分都在 2.5 分以上；湖北片区也是物质资本提升成效最明显，得分 3.20 分，同时在所有分片区中得分最高，其次是人力资本和金融资本；重庆片区得分最高的是物质资本和人力资本提升成效，最低的是社会资本提升成效，这与其他片区均为自然资本提升成效最低不同；贵州片区提升成效相对较好的是社会资本，得分也只有 1.88 分，自然资本、金融资本提升成效更是低至 0.56 分、0.99 分，几乎没有改善。

可行能力提升成效方面，生活能力提升成效好于发展能力、生产能力，得分突破 3 分，达到 3.08 分，具体到 4 个分片区则略有不同，如湖南、湖北、贵州片区与片区整体保持一致，生活能力提升最明显，其次是发展能力和生产能力，不过，生活能力提升成效湖南片区好于湖北片区，发展能力、生产能力提升成效则反之，贵州片区在三者中垫底；重庆片区则生产能力提升成效相对较好，其次是发展能力和生活能力。

四、面向"业"的政策成效评价及比较

片区整体层面，经济包容性增强政策成效略好于经济脆弱性降低政策成效，两者的得分分别为 2.75 分、2.53 分，不过，成效都不明显。从 4 个分片区的对比

来看，湖北片区经济脆弱性降低和经济包容性增强成效都好于其他分片区，并且经济包容性增强成效更为明显，得分达到 3.33 分；排第二位的是湖南片区，经济脆弱性降低、经济包容性增强政策成效得分分别为 2.55 分、2.74 分；贵州、重庆片区分别排第三、四位，并且经济脆弱性降低成效都好于经济包容性增强成效，后者的得分均低于 2 分，与村民的预期存在较大差距。

经济脆弱性降低方面，各维度政策成效相对均衡。表现相对较好的是经济发展条件改善和产业可持续发展成效，得分分别为 2.70 分、2.68 分，其次是促进经济多样性政策的成效，产业竞争力、经济活力提升成效相对较差，得分均为 2.37 分。具体到 4 个分片区，则彼此稍有差异。例如，湖南片区经济发展条件改善成效最好，其次是产业可持续发展、经济活力提升成效；湖北片区则经济多样化成效最为明显，达到 3.15 分，产业可持续发展、经济发展条件改善成效次之；重庆片区经济发展条件改善最佳，其次是产业可持续发展和经济活力提升成效；贵州片区则产业可持续发展成效最抢眼，其次是经济发展条件改善和产业竞争力提升成效。

经济包容性增强方面，利贫性提升、促进穷人参与和促进创业就业的成效依次递减，三者的得分分别为 2.93 分、2.73 分和 2.59 分。4 个分片区中，湖南、湖北、贵州 3 个分片区各维度成效的排序与片区整体保持一致，重庆片区则略有不同，该分片区中促进创业就业的成效略好于促进穷人参与和利贫性提升成效，三者的得分依次为 1.88 分、1.42 分和 1.42 分，不过在村民看来都没有明显的变化。

五、面向"地"的政策成效评价及比较

片区整体层面，社会排斥降低成效与地理资本提升成效得分分别为 2.72 分、2.66 分，前者略好。不过，4 个分片区中只有湖北片区与片区整体保持一致，并且湖北片区的社会排斥降低成效相对于地理资本提升成效有较大的优势，前者比后者高出 0.53 分。其他 3 个分片区则地理资本提升成效好于社会排斥降低成效，湖南、重庆、贵州片区前者得分比后者高出 0.06 分、0.22 分和 0.02 分。此外，4 个分片区中，重庆片区在社会排斥降低、地理资本提升成效上与其他 3 个分片区存在较大差距。

地理资本提升方面，区位劣势降低成效最好，得分达到 3.58 分，与政治劣势降低、生态劣势降低和经济劣势降低成效拉开较大差距。4 个分片区中，排第一位的均为区位劣势降低成效，并且湖南片区得分最高，3.74 分，重庆片区得分最低，仅为 2.61 分。排第二位的则出现了分异，湖南、重庆片区为生态劣势降低成效，湖北、贵州片区则为政治劣势降低成效。此外，湖南、湖北、重庆、贵州片

区表现最差的分别是经济劣势、生态劣势、政治劣势和生态劣势降低政策成效。

社会排斥降低方面，关系排斥降低成效最为显著，得分 3.02 分，福利排斥和政治排斥降低成效次之，处于第二梯队，且与关系排斥降低成效差距不大；经济排斥、文化排斥降低成效相对较差，得分为 2.41 分、2.39 分。4 个分片区中，湖南片区政治排斥、关系排斥和福利排斥降低成效较好；湖北片区则是关系排斥、福利排斥和文化排斥降低成效靠前，经济排斥降低成效垫底；重庆片区社会排斥各维度成效整体最差，特别是经济排斥降低成效得分低于 1 分，成效相对较好的福利排斥降低政策得分也只有 1.67 分；贵州片区关系排斥和经济排斥降低成效较明显，得分均达到 3 分以上，分别为 3.39 分、3.26 分，政治排斥降低成效得分最低，为 2.17 分。

第五节　结论与建议

一、主要结论

在详细对比武陵山片区扶贫政策设计、实施和成效评价结果的基础上，进一步得到如下结论。

（1）总体上，政策设计和实施中面向"人""地""业"的政策逐渐减弱，但实际成效是"地""业""人"的改善程度依次递减，即"人"（生计资本和可行能力）的贫困减贫难度大、周期长。

（2）政策设计和实施层面，可行能力、生计资本、社会排斥（地理资本）更受重视，但实际成效却相对较差，可行能力、生计资本改善程度垫底。

（3）生计资本提升政策中，政策设计和政策成效相对一致，但政策实施中却有所偏离，如村干部对"自然资本"提升认同度较高，但政策设计和政策成效中，自然资本的表现垫底。

（4）可行能力提升政策中，政策设计更重视发展能力，生活能力次之；实施中最受重视生产能力，生活能力次之；成效上生活能力改善最多，生产能力提升最小。

（5）脆弱性降低政策中，政策设计整体重视不够，实施中则得到了较高的重视，成效上改善有限，不过，经济发展条件在政策设计、实施和成效方面都相对突出。

（6）包容性增强政策中，政策设计更重视穷人参与，实施中则强调创业就业，成效上则利贫性表现较好。

（7）地理资本提升政策中，政策设计、实施的重点和成效改善相对一致，政治、区位和生态劣势的改变是重点，表现也相对较好，但经济劣势重视不够且改善很小。

（8）社会排斥降低政策中，政治排斥在政策设计、实施中备受重视，成效也较显著；经济排斥虽在政策设计上比较重视，但实施及其成效差，此外，文化排斥重视度不够，政策实施及其成效也较差。

（9）湖南、湖北、贵州、重庆4省市在各维度政策设计、实施及成效上的表现也存在偏差，但总体上，湖南片区在政策设计和实施中表现相对较好，湖北省在政策成效上略微占优。

二、对策建议

（一）提升扶贫政策的整体性、系统性和跨省协同性

当前，面向武陵山片区的扶贫政策不可谓不多，出台频率不可谓不高，政策内容不可谓不具体，但众多的"条块"性、"碎片"化、"应急"式政策，使扶贫工作人员疲于政策的上传下达，甚至面对不匹配、不协调的政策时"不知所措"，最终不少政策形同虚设，难以发挥应有的作用。因而，在梳理现有政策基础上，进一步提升扶贫政策的整体性、系统性和跨省协同性应引起足够的重视。具体而言，一是要始终将武陵山片区看作一个整体，将《武陵山片区区域发展与扶贫攻坚规划（2011-2020年）》作为政策制定的蓝本，围绕规划中应实现的目标以及实现目标所必须给予的支持来整体规划政策设计。二是在整体政策规划方案的指导下，结合贫困主体性要素、中介性要素、情境性要素层面上的缺失以及三者耦合失调的状态，整合相关政策供给部门，形成若干多部门联合实施政策文件。三是推进4省市政策设计、实施中的协同，一方面是注重对现有政策之间的对接，特别是减弱和消除彼此冲突，甚至是"以邻为壑"的政策；另一方面是建立4省市片区扶贫政策制定和实施协调工作机制，联合出台和推进实施片区扶贫政策。总之，通过上述途径增强政策供给的有效性。

（二）建立科学的扶贫政策评估指标体系和方法

扶贫政策是否科学合理、是否有成效等需要及时评估和反馈，进而通过调整和优化提升政策的有效性。然而，遗憾的是当前武陵山片区缺乏对扶贫政策的综合评估，一方面是科学的扶贫政策评估指标体系和方法缺失；另一方面是相关部门对政策实施及成效评估重视不够，高等院校、研究机构等第三方评估主体参与

度不高。鉴于此，本书建议：一方面，要加快扶贫政策评估指标体系和方法的研究，尽快建立科学的评估指标体系和方法。本书中构建了一个基于"人业地"综合减贫视角下的政策评估指标体系，设计了基于专家、村干部、村民三重视角的政策设计、政策实施和政策成效三层面综合评估方法，并运用该方法对武陵山片区扶贫政策进行了综合评价。当然，该指标体系和方法的科学性、严谨性还有待进一步检验，但也为如何开展扶贫政策的综合评估提供了一种思路。另一方面，要增强政府部门对政策设计、实施、成效评估的重视程度，不能只注重出台政策，还应高度重视政策的执行、反馈和优化。同时，为了保障政策设计、实施和成效评估的客观性、公正性，要鼓励高等院校、研究机构、智库组织等第三方机构作为评估主体开展政策评估。此外，要高度重视第三方评估结果，将其作为扶贫政策动态优化的重要参考。

（三）畅通政策设计、实施、成效之间的反馈通道

通过对武陵山片区扶贫政策的政策设计、政策实施和政策成效三者的评估比较发现，三者之间存在一定偏差，出现了政策设计上备受重视的政策，在实施中却可能由于主客观原因并没有得到同样的重视，实施成效也不理想等现象。出现这种偏差的一个重要原因是政策设计者、政策实施者和政策成效受益者之间缺乏及时有效的沟通，其背后则是政策设计、政策实施和政策成效之间反馈通道缺失或不畅。因而，本书建议畅通政策设计、政策实施和政策成效之间的反馈通道，具体包括以下方面：一是建立政策实施及成效反馈例会制度，政策设计者定期组织政策实施者（包括村干部）、政策受益者（贫困户及相关村民）开展沟通会，一方面，及时、准确地向基层政策实施者和政策受众传递政策设计理念；另一方面，听取政策实施过程中面临的困难以及政策受众的感受和需求。二是借助移动互联网技术，搭建社会公众监督反馈平台，实现不受时空限制的及时互动反馈。例如，创建扶贫政策实施 APP，一方面将扶贫政策及实施情况搬上手机，实现及时监控政策的执行及成效；另一方面，借助公众评论与"民间智慧"及时了解政策实施中存在的困难，修正和完善政策设计。

（四）补齐面向"业"的政策短板

从"人业地"综合减贫分析视角来看，武陵山片区扶贫政策中面向"业"的政策依然是短板，也就是说面向"业"的政策在政策设计上创新不够、政策实施上力度不足、政策成效上存在差距。事实上，"业"作为中介性要素，是贫困主体"人"与贫困情境"地"之间耦合的纽带，也是更为"活跃"的"牵引"性要

素，在"人业地"综合减贫系统中起着"引擎"的作用。这与我们通常所听到的"产业扶贫在扶贫攻坚中具有十分重要的地位和作用"的论断是一致的。因而，尽快补齐面向"业"的政策短板，促进"人业地"扶贫政策及成效的正向耦合是武陵山片区扶贫政策优化的重点。具体而言，一是在面向"业"的政策设计中要紧扣"降低脆弱性""增强包容性"两大关键词，将其作为政策设计、政策创新的基本导向，同时在资金支持方面，应将具备上述两大特征的政策作为优先支持的重点。二是脆弱性降低方面，在继续支持经济发展条件改善的同时，要重点突出对产业竞争力提升和产业多样化发展的支持。武陵山片区现有扶贫产业"不大不强"是制约产业扶贫效应的重要瓶颈，"做大做强"需要市场需求和规模经济，因而，通过政策支持"培育市场"，创造规模经济是一条重要出路。此外，扶贫产业需适应多样化，这在具有适度经营规模限制的特色农业扶贫产业发展上更加突出，尽量规避不必要"恶性竞争"带来的利润损失以及外部市场冲击带来的风险，降低扶贫产业脆弱性，形成一批长效扶贫产业。三是包容性增强方面，要进一步凸显扶贫产业的"扶贫""益贫"性质，将鼓励为穷人创造就业的创业和产业发展以及让穷人更多地分享经济增长成效的利益联结机制创新作为政策支持的重点。

（五）汇编政策简易版，让政策"进村入户"

课题组在本书中一个最大的感受是政策文件多、内容交叉重复且庞杂，要明确和熟悉究竟有哪些政策内容是不容易的。面对整理出来的厚厚的一大堆政策文本，真有不知从何下手的感觉。实际调研中，我们发现基层管理部门、扶贫干部、村干部等对政策了解都不够全面，贫困户和一般村民则更是知之甚少，这无疑影响了政策的实施和成效。因而，本研究建议在提升政策整体性、系统性和跨省协同性的基础上，进一步梳理和归类政策内容，并通过精简和通俗化，汇编形成《武陵山片区扶贫政策手册》，让政策文件走出"办公室""文件柜"，走向"田间地头""进村入户"，真正为基层政策实施者、政策受众所知晓、所应用。当然，政策文件精简和通俗化汇编对于部分深度贫困村、贫困户而言还只是第一步，对他们进行宣讲、培训也必不可少。此外，这些政策也要对"外"宣传，特别是对那些有可能到武陵山片区进行投资的市场主体、社会帮扶主体等进行宣传，吸引更多的社会主体参与武陵山片区的扶贫开发，以提升政策的利用度和有效性。

参 考 文 献

丁建军. 2016. 连片特困区统筹发展与多维减贫研究——以武陵山片区为例[M]. 长沙：中南大

学出版社.

罗庆，李小建. 2014. 国外农村贫困地理研究进展[J]. 经济地理，34（6）：1-8.

田宇，丁建军. 2016. 贫困研究的多学科差异、融合与集成创新—— 兼论综合贫困分析框架再建[J]. 财经问题研究，12：21-28.

游俊，冷志明，丁建军. 2017. 中国连片特困区发展报告（2016-2017）[M]. 北京：社会科学文献出版社.